阐释的限度
"强制阐释论"的讨论

王双龙◎主编

中国社会科学出版社

图书在版编目(CIP)数据

阐释的限度:"强制阐释论"的讨论／王双龙主编．—北京：中国社会科学出版社，2017.1
ISBN 978-7-5161-9538-3

Ⅰ.①阐… Ⅱ.①王… Ⅲ.①阐释学—研究 Ⅳ.①B089.2

中国版本图书馆 CIP 数据核字(2016)第 326874 号

出 版 人	赵剑英	
责任编辑	王 茵 张 潜	
责任校对	张依婧	
责任印制	王 超	

出　　版	中国社会科学出版社	
社　　址	北京鼓楼西大街甲 158 号	
邮　　编	100720	
网　　址	http://www.csspw.cn	
发 行 部	010-84083685	
门 市 部	010-84029450	
经　　销	新华书店及其他书店	
印刷装订	北京君升印刷有限公司	
版　　次	2017 年 1 月第 1 版	
印　　次	2017 年 1 月第 1 次印刷	
开　　本	650×960　1/16	
印　　张	31.25	
字　　数	338 千字	
定　　价	98.00 元	

凡购买中国社会科学出版社图书，如有质量问题请与本社营销中心联系调换
电话:010-84083683
版权所有　侵权必究

序　　言

如何认识"阐释"和如何"阐释"一直是困扰人类的一个问题。早在古希腊时期，柏拉图在《理想国》中借用"洞穴"寓言就展现了"阐释"的困境：

让我们想象一个洞穴式的地下室，它有一长长通道通向外面，可让和洞穴一样宽的光照进来。有一些人从小就住在这洞穴里，头颈和腿脚都绑着，不能走动也不能转头，只能向前看着洞穴后壁。让我们再想象在他们背后远处高些的地方有东西燃烧着发出火光。在火光和这些被囚禁者之间，在洞外上面有一条路。沿着路边已筑有一带矮墙。矮墙的作用像傀儡戏演员在自己和观众之间设的一道屏障，他们把木偶举到屏障上头去表演……

接下来让我们想象有一些人拿着各种器物举过墙头，从墙后面走过，有的还举着用木料、石料或其它材料制作的假人和假兽。而这些过路人，你可以料到有的在说话，有的不在说话……

火光将这些物件的阴影投射到对面的洞壁上，囚徒们便通过这些阴影和背后发出的声音来辨别这些东西。久而久之，他们习惯成自然，以假当真，把阴影当做实物。①

柏拉图通过对洞穴中囚徒处境充满睿智而又寓意深刻的描绘，形象地表达了人类处境中认识的局限性：人总是为事物的假象所蒙蔽而看不到事物真相，只有从这种处境中挣脱出来，才能获得真正的知识。虽然柏拉图洞寓的目的是突显他的教育观和哲王之治的思想，描绘的是人类认知过程中的普遍困境，但我们如果把这一寓言视作一个文学问题，那突显的又何尝不是文学中一个重要的问题——阐释的必要性及其困境这一理论难题。如洞穴囚徒般的读者阅读所见是不是把阴影当实物？如何才能越过矮墙的屏障，见到洞穴外面真正的太阳呢？谁才是使洞穴囚徒得以解救的真正力量呢？解救者和被救者之间的中介是什么？

当然，以柏拉图哲学理论之精深，做这种简单的比附是极其危险的，难免会流于浅薄而贻笑大方。但是，即便以文学比附哲学是一种"误读"，也自有其道理和意义。无论如何，自人类诞生始，能否有效阐释及如何阐释的问题就如影随形地成为一个理论问题，文学这一艺术样态出现后，"阐释"问题就成了文学话语必须解决的理论问题。从西方文论的发展历史来看，在古希腊时代诠释《荷马史诗》的语文阐释学和解释宗教经典的神学诠释学的基础上，西方文论史上汗牛充栋的理论著

---

① ［古希腊］柏拉图：《理想国》，郭斌和、张竹明译，商务印书馆 2009 年版，第 206 页。

序 言

作或多或少地都回答了如何认识和阐释文学的问题，柏拉图的《文艺对话集》、亚里士多德的《诗学》、贺拉斯的《诗艺》、阿奎那的经院哲学、布瓦洛的《诗的艺术》、维科的《新科学》、康德的《判断力批判》、泰纳的《艺术哲学》、歌德的《歌德谈话录》、弗莱的《批评的剖析》、什克洛夫斯基的《作为手法的艺术》、英伽登的《论文学作品》、海德格尔的《林中路》、艾略特的《传统与个人才能》、维姆萨特、比尔兹利的《意图谬见》《感受谬见》等，无一不涉及如何"阐释"文学的问题。到了 20 世纪 60—70 年代，现代阐释学的兴起更是让"阐释"成为具有完整学术体系的方法论和理论流派。经过施莱尔马赫、狄尔泰、赫斯到伽达默尔的学术建构，阐释的循环、解释的有效性、成见、视域融合等一系列理论话语对当下的学术研究依旧发挥着作用。从中国文论的发展历史来看，在对《诗》《骚》等古代文学经典的阐释基础上形成的一套独特的阐释思想和方法，也在以中国独有的视角和方法在回答如何认识和阐释文学的问题。曹丕的《典论论文》、陆机的《文赋》、刘勰的《文心雕龙》、钟嵘的《诗品》、严羽的《沧浪诗话》、叶燮的《原诗》等，这些蔚为大观的论著，也都是在回答这一问题。在各自的理论道路上前行的中国和西方，都在以自己的方式并行不悖地回应文学何为及其如何阐释等相关问题。

然而，自晚清以来特别是"五四"之后，西学东渐的浪潮逐渐地让这两条平行发展的道路出现了偏斜，西方话语和文论体系成了一种霸权话语渗透到中国文学研究的每个角落，成为一种显学，而中国传统的文论话语资源则日渐衰落。远的不说，

阐释的限度

就说从改革开放以来，中国的文学批评领域流行的术语不是风骨、养气、隐秀、别才、意趣、妙悟、神韵、性灵，而是新批评、原型批评、结构主义、解构主义、原型批评、精神分析、新历史批评、女性主义、后现代主义，中国学者在运用西方理论话语的自觉性和熟练程度上远超对本土理论话语的掌握和使用。这种畸形繁荣不是没有引起中国学者的忧虑和反思，他们开始寻找自身的内部原因去讨论中国文论为何"失语"及其出路。不论是钱钟书的中西互证互释之说，张隆溪的中西互证互补之说，还是叶维廉的融西于中之说，抑或是叶嘉莹的借西释中之说，均是在反思中西文论之间的关系。这些学说试图找到一种中西合璧的理论出路，但无疑对西方文论话语体系存在的问题及其根本弊病未能予以充分的阐释。

与从中国文论自身来找内部原因不同，国内越来越多的学者开始深入思考出现上述情况的外部原因，即从西方文论本身去找寻这些问题产生的根源。张江教授就是在这一问题上用力颇深并有独到发现的一位。张江教授用"强制阐释"来总结和概括西方文论的根本缺陷以及对中国文论形成压倒性倾轧的根源，无论是"场外征用""主观预设"还是"非逻辑证明""混乱的认识路径"，都切中要害，准确地找到了症结之所在。张江教授的《强制阐释论》甫一发表，我立刻意识到这是国内近些年思考如何破除西方话语霸权和重构中国理论话语的一篇力作，它一定会引起广泛关注与讨论。因此，《文艺争鸣》特意在 2014 年第 12 期上转载该文，引起了不小的反响。

理越辩越明，道越论越清。没有激烈的思想交锋，没有学界群策群力的补益，我们对问题的思考就无法真正深入。为了让这一理论话题有更深入和全面的探讨，《文艺争鸣》杂志社先后于2015年1月和7月主办了两次"强制阐释论"理论研讨会。两次会议邀请了五十多位国内学界一流的学者与会，这些学者涵盖了古代文论、西方文论、中国现当代文学、中国古代文学、外国文学等多个领域，范围之广，讨论之深，交锋之烈都是罕见的。通过这两次会议的热烈讨论，在全国掀起了一次反思西方文论弊病和重构中国文论话语的高潮。《文艺争鸣》杂志也在2015年全年开设了有关"强制阐释"的讨论专题，一共用了12期的版面让这一理论问题的讨论得到延续和深化。

本书所选的三十多篇文章，是《文艺争鸣》2015年第1期至第12期所刊发的有关"强制阐释"讨论的论文。这些文章大体可以分为以下几类：一是剖析西方文论的理论弊病；二是反思中国文论话语存在的问题；三是反思和补充"强制阐释论"的相关说法；四是重估中国文论话语的理论资源；五是从具体文学研究现象入手为重构中国文论的话语体系提供思路。这五大方面基本涵括了"强制阐释"这一理论话题的各个层面的问题。这些文章发表之后在国内学界反响很大，《新华文摘》《中国社会科学文摘》《人大复印资料》等权威期刊都有转载。

我深知，要整合中国文论的话语资源，建设有中国特色、中国风格和中国气派的理论体系，非一日之功、一时之力就能完成的，也不是一个杂志或者几次学术会议就能解决的。这一理论问题体系宏大，精深超妙，需要几代学界同仁耗费诸多的精力才可能成功。但是，合抱之木，生于毫末；九层之台，起于累土；千里之行，始于足下。《文艺争鸣》虽然力量微薄，但甘当"毫末"和"累土"，愿意为中国的学术研究的兴盛和繁荣服务，聚沙成塔，集腋成裘，发挥好平台作用，全心全意地贡献自己的一分力量。

是为序。

王双龙
2016 年 10 月 20 日

目　录

反思与求变
　　——关于中国古代文论研究方法的再思考 …… 蒋述卓(1)
20世纪早期中国文学批评史研究中的"强制阐释"
　　谈略 ………………………………………… 党圣元(13)
文学阐释与对话精神 ………………………… 李春青(23)
"强制阐释论"的方法论元素 ………………… 姚文放(32)
如何"强制"，怎样"阐释"？
　　——重建我们时代的批评伦理 …………… 李遇春(43)
"拿来"之后：盗来天火如何煮
　　自己的肉 ……………………… 李俊国　田　蕾(58)
文本意图与阐释限度
　　——兼论"强制阐释"的文化症候和逻辑
　　缺失 ………………………………………… 陈定家(69)
用自己的眼光看西方文论
　　——张江的"强制阐释论"与中国文论建设 … 王学谦(82)
中国文论的当代性反思与本土性建构
　　——兼及对当下文学批评存在问题的思考 … 庄伟杰(91)

反向性强制阐释与"文学性"的消解
　　——兼对某些文学阐释之例的评析 ………… 赖大仁（106）
"强制阐释"与当代西方文论的要害 ………… 昌　切（126）
场外征用的必要性与有效度 ………… 赵炎秋（137）
理论霸权、阐释焦虑与文化民族主义
　　——"强制阐释论"略议 ………… 王　侃（154）
阐释的冲突："认识"与"理解"的张力
　　——关于"强制阐释论"的哲学方法论
　　　　思考 ………… 宋　伟（168）
从"妄事糅合"到"强制阐释"
　　——20世纪以来关于西方文论与中国文学关系的
　　　　三次省思 ………… 夏　秀（183）
"强制阐释论"的理论路径与批评生成 ………… 段吉方（199）
"强制"之后，如何"阐释"？
　　——《人民日报·文学观象》之观象 ………… 许　徐（210）
强制阐释论与比较文学 ………… 朱静宇（232）
唯知识论和强制阐释 ………… 文　浩（246）
王国维如何超越"强制阐释"
　　——从《〈红楼梦〉评论》到《人间词话》的审美
　　　　阐释 ………… 刘锋杰（263）
以"文化政治"作为批判性反思的切入口 ………… 贺绍俊（292）
理论的限度 ………… 杨　冬（300）
"反思与重构：'强制阐释论'理论研讨会"
　　综述 ………… 李明彦（312）

目 录

古代文论研究中阐释的有效性问题 …………… 李春青（326）

走向中西会通的中国文论

　　——兼论张江教授"强制阐释论" ………… 吴子林（340）

强制阐释与文论异化症 ……………………………… 朱　斌（373）

理论泡沫化与学科转基因 …………………………… 高小康（386）

强制阐释论与西方文论话语

　　——与"强制阐释"相关的三组概念

　　辨析 ………………………… 刘　剑　赵　勇（404）

"过度阐释"与"强制阐释"的机理辨析………… 李啸闻（419）

"强制阐释"与中国当代文学研究 ………………… 王　尧（435）

文学思想的两种阐释路径 …………………………… 夏　静（441）

传统文论理论与批评和创作实践相互融通特点

　　说略 ……………………………………… 党圣元（453）

强制阐释：西方文论的一个理论母题 …………… 高　楠（474）

反思与求变

——关于中国古代文论研究方法的再思考*

蒋述卓

写下这一题目的时候,我的思绪仿佛又被拉回到 20 世纪 90 年代中期(1994—1997 年)。那个时候,我们许多学者都在讨论中国古代文论的"失语"与"转换"问题,为此,不少刊物如《文学评论》《文艺争鸣》等都发表过关于此类问题的多篇文章,笔者亦曾参与过这场讨论。时间一晃又是十七八年了,我们重续这一问题的讨论又将站在什么样的出发点和落脚点上呢?我想,那就是再度反思,旨在求变。

张江先生在 2014 年提出的对当代西方文论特性的"强制阐释"的反思和对中国当代文论构建应走"本体阐释"道路问题的建议[①]给我们打开了一条新的思路,那就是我们所做的中国古代文论研究是否也存在一种用西方文论"强制阐释"中国文论的问题,以及我们如何在中国古代文论研究之中构建起"本

---

* 《文艺争鸣》2015 年第 1 期。
① 张江:《当代文论重建路径——由"强制阐释"到"本体阐释"》,《中国社会科学报》2014 年 6 月 16 日。张江:《强制阐释论》,《文学评论》2014 年第 6 期,《文艺争鸣》2014 年第 12 期转载。

体阐释"的方法论意识和研究途径。

"强制阐释"在中国古代文论的研究领域是确实存在的，这种现象不仅存在于文学领域也存在于哲学、语言学等领域，也不仅仅是20世纪80年代后才开始，而是在20世纪初就已开始，梁启超、王国维、胡适等学术大师就是先行者。胡适因其《中国哲学史大纲》被誉为第一个用西方学术方法系统研究中国哲学史的人，后来的哲学家冯友兰也明确指出过："西洋哲学之形式上的系统，实是整理中国哲学之模范"；[①] 王国维的《宋元戏曲考》和《〈红楼梦〉评论》也是运用西方文论模式，如用"悲剧"概念与范畴来阐发中国文学的。对此，当时的学者虽有所警觉但并未意识到他们日后对学科建设和理论研究模式影响的危害，像梁启超就批评过胡适的《中国哲学史大纲》，认为它是以实验主义为基准来研究中国哲学的，常有强人就我的毛病。[②] 王国维用西方的"悲剧"观念来评论《红楼梦》，就认为唯有《红楼梦》的结局才符合一悲到底的概念，并将其看作是中国文学史的例外。殊不知这种强人就我的模式让我们在中国戏剧归类时产生了若干的困惑甚至难以自圆其说，弄得我们在如何去界定什么是中国古典悲剧时左右为难。

有学者在分析王国维的失误时指出："王国维历来以治学严谨著称，而《〈红楼梦〉评论》却不少生搬硬套、牵强附会之处，最显著之处，就在于把《红楼梦》视为不折不扣的叔本

[①] 冯友兰：《怎样研究哲学史》，《出版周刊》第233期。
[②] 胡适：《中国哲学史大纲》，耿云志、王法周"导读"，上海古籍出版社1997年版，第1—3页。

华思想的文艺版,这实际上是把一部作品纳入某个先验的和既成的理论构架之中,以一个先验的僵硬框架为标准,来剪裁活生生的文艺现象,难免削足适履和削头适帽,因为把叔本华这双鞋子和这顶帽子套在《红楼梦》上面并不一定合适。"① 历史地看,这些学者以西方的观念、方法、术语、范畴来研究中国语言、文学、哲学,开启了学术现代化的旅程,是有贡献的,但由此带来的强人就我的弊端却一直得不到纠正,且随着意识形态发展的进程愈演愈烈。

大作家茅盾接受苏俄的文艺理论,在 20 世纪 60 年代所写的《夜读偶记》里就完全套用西方文论模式,把中国文学史简单地归为现实主义和反现实主义的斗争史。由于茅盾所处的政治地位高,这种观点一出,连中国文学史的编写都得按照这一模式来进行。即使是到了改革开放的 20 世纪 80 年代,在古代文论研究尤其是《文心雕龙》的研究领域内也照样依此模式去套。如用浪漫主义与现实主义去解释理论"奇正"的范畴,认为"奇"是浪漫主义,"正"是现实主义;用内容与形式的关系去解释"风骨",认为"风"是形式,"骨"是内容,因为内容决定形式,所以"骨"是决定"风"的;等等。在中国古典诗学发展历史研究上,也有学者照搬黑格尔"正—反—合"的逻辑体系去演绎和建构中国古典的诗学思想史,认为中国诗学在古代也有一个螺旋式发展的进化过程,有一个"正—反—

---

① 代讯:《断裂与延续:中国古代文论现代转换的历史回顾》,西南师范大学出版社 2002 年版,第 82 页。

阐释的限度

合"的否定之否定的圆圈演化史。① 用西方的模子套用中国古典文论的研究，其实在我国香港与台湾流行得更早，台湾比较文学界在 20 世纪 70 年代就开始盛行，并冠名为"阐发派"，被认为是"比较文学中国学派"的实绩，代表性学者有古添洪、杨牧、周英雄、郑树森、袁鹤翔等人。虽然这种模子套用法时常受到人们的批评，但流风所及并不为研究者所抛弃。闹不懂的是，在大陆后来也时常有学者照搬巴赫金的"复调"小说理论或者"狂欢化"理论模式去分析中国古典小说或民间文学，这似乎成了一种潮流。在文化研究领域亦如是，照搬西方模子几乎成为研究套路。文化研究的本土化问题也亟待解决。

对于中国古代文论的研究如何做到既能尊重原意又能阐发新意，在一些学者那里都已经开始了有益的探索。虽然大家都没有提出一个"本土阐释"或"本体阐释"的模式来，但都提出了许多建设性的有启发性的意见，有的还通过自己的研究实践做出了示范。像童庆炳的《中国古代文论的现代意义》一书，在 2001 年的时候就针对中国古代文论研究的学术策略问题提出了"三大原则"，即历史优先原则、对话原则、自洽原则。② 此书是童庆炳先生在给学生讲课的讲稿基础上修改而成的，既有很强的理论性，也有很强的示范性和可操作性，他所提出的"三大原则"对学生从事古代文论研究有很强的指导作用，其实对所有的从事古文论的学者来说都有普遍性的指导意

---

① 见萧华荣《中国诗学思想史》，华东师大出版社 1996 年版，第 16 页。
② 见童庆炳《中国古代文论的现代意义》，"导言——中国古代文论研究的学术策略"，北京师范大学出版社 2001 年版，第 1—3 页。

义。后来，他在《文艺学与文化研究丛书》"总序"里针对"文化诗学"的研究方法问题，又重申了这三条原则，并增加了第四条"联系现实问题原则"。也就是说童庆炳先生此时已把他对中国古代文论研究的学术策略上升为"文化诗学"的研究策略；同时在此"总序"里，他还严肃地指出，"我们不必照搬西方的文化研究"，因为西方的文化研究主要特色是一种政治批判，它们的关键词及其研究是从西方的历史文化条件出发的，并由此形成了西方的一批文艺学流派，而"我们的文化研究则要走自己的路，或者说要按照中国自身的文化实际来确定我们自身的文化诗学的思路"。①

童庆炳先生提出的"历史优先原则"，说的是将中国古代文论进行"还原"的工作，即将中国古代文论放回到它所产生的文化、历史语境中去研究，考察古文论作者论点的原意、与前代思想的继承关系、背景因素、现实针对性等。当然，这种还原一般是不可能完全做到的。② 依照我的理解，这是所有对待古代文化遗产应该取的态度，也是一种"实事求是"的研究态度。在研究中保护好古人的原意是极其重要的，是对古人的一种尊重。但吊诡的地方在于，古人在解释前人的经典时常常借题发挥、牵强附会，如汉儒的解《诗》与宋人朱熹的解《诗》，就大有强人就我的毛病。对于他们对前人经典的解释，也要用"还原"的原则，将它们的动机、背景、成效、利害关系讲清楚。因此，

---

① 童庆炳：《文艺学与文化研究丛书》"总序"，载李珺平《中国古代抒情理论的文化阐释》，北京大学出版社 2005 年版，第 1—5 页。
② 童庆炳：《中国古代文论的现代意义》，北京师范大学出版社 2001 年版，第 2 页。

阐释的限度

"还原"的原则首先要做到的，应该是从中国古代文论产生的背景、文化环境包括文化语境、动机以及所产生的成效、提供的智慧出发，抱着尊重的态度与实事求是的态度，尽量去"接近"古人的原意，而不是一上来就将它们纳入西方文论的"模子"或者用现代文艺学的观点去套用或解释它们。关于这一点，我在1985—1988年师从王元化先生攻读中国文学批评史博士学位时，得到王先生的指导与其主张"三结合"研究方法的启发，就曾撰文阐述要将中国古代文论放到中国文化背景中去考察研究。我认为"中国古代文论之所以具有浓厚的民族特色，是因为它植根于中国文化背景，而中国文化背景及其传统从它形成以来便与西方存在着差异。我们研究中国古代文论，正是为了揭示我们的古代文学和古代文论是怎样在中国的文化背景中滋长起来的，它带有怎样的民族特色，其发生发展有什么规律，它为世界文学理论提供了哪些有价值的东西"[①]。

当时我着眼的还是古代文论研究的外部因素的研究方面，并未从其内涵与内部研究入手，但所提出的要重视考察中国古代文论产生的文化精神气候、重视它们所受到的本民族传统的思维方式以及传统性格的制约、重视它们的文史哲融合的特点等，对于中国古代文论研究的"还原"问题还是有价值的。关于这一点，我觉得美国学者厄尔·迈纳在其著作《比较诗学》中，从东西方文化体系尤其是文类的不同指出它们各自形成了原创性诗学的方式，是值得我们借鉴的。他指出，西方诗学是

---

① 蒋述卓：《把古代文论放到中国文化背景中去考察研究》，《文艺理论研究》1986年第5期。

亚里士多德根据戏剧定义文学而建立起来的,于是形成了"模仿—情感"的诗学,而中国诗学是在《诗大序》的基础上产生的,其文类基础是抒情诗,于是便产生了"情感—表现"的诗学。① 从文类基础的分析出发就是一种从历史文化语境出发的"还原"态度,是对东方文化的实事求是的研究态度与尊重态度,而不像黑格尔那样,只从西方哲学的视角出发而否定中国哲学的存在。

当然,在20世纪80年代中期,我的思维方式也还是比较僵硬的,同样在《把古代文论放到中国文化背景中去考察研究》一文里,我提出要用历史与逻辑相统一的方法来考察中国文艺史及中国文学思想史,还简单地套用列宁给欧洲哲学史举出的几个圆圈,认为中国古代文论围绕着一些关键的理论范畴形成了一个又一个圆圈,并认为"整部中国文学思想史就是由一个由肯定到否定、由否定到否定之否定的过程,是由许多小圆圈构成的大圆圈"。② 提历史与逻辑相统一的方法在当时是一种时髦,但是现在看来,这样简单的套用未免就有了用西方"模子"去归并中国古代文论的简单化毛病,也有一种理论在先、观念在前然后将中国材料往理论框架里装的毛病。前文提到的萧华荣先生的著作《中国诗学思想史》也正是在这种思维定式下写成的。萧华荣先生是指导我的博士生导师组的副导师之一,他与陈谦豫先生一起协助王元化先生指导我,并一起都

---

① 见[美]厄尔·迈纳《比较诗学》,王宇根、宋伟杰等译,中央编译出版社1989年版,第1—49页。
② 蒋述卓:《把古代文论放到中国文化背景中去考察研究》,《文艺理论研究》1986年第5期。

做过我的副导师，他们当时也都受到王元化先生崇拜黑格尔哲学的影响。若干年后，王元化先生对他运用黑格尔哲学逻辑方法问题有过重要的反思，我在此就不多言了。我那时也迷恋这种逻辑思维方法，企图用这种"正—反—合"的模式去研究中国古代文论中的"文气论"，但后来发现这根本难以规范"文气论"内涵的复杂性和丰富性，文章写了近两万字，总觉得难以满意，只好彻底放弃。后来运用新的综合研究方法包括系统论的研究方法，重起炉灶，才完成了《说"文气"》一文。① 这篇文章努力从中国文化语境出发去探讨，就显得更实事求是了。

我之所以提我的这一段研究历程，主要就是想说明，如果要建立"本体阐释"的话，"历史优先原则"而不是"观念优先""模子优先"是极其重要的。童庆炳先生所说的"对话原则"，指的是古今对话、中西对话，其实质还是不要强人就我。他指出："古今对话原则的基本精神是把古人作为一个主体（古人已死，但我们要通过历史优先的研究，使其思想变活）并十分尊重他们，不要用今人的思想随意曲解他们；今人也作为一个对话的主体，以现代的学术视野与古人的文论思想进行交流、沟通、碰撞，既不是把今人的思想融会到古人的思想中去，也不是给古人穿上现代的服装，而是在这反复的交流、沟通、碰撞中，实现古今的融合，引发出新的思想与结论，使文艺理论新形态的建设能在古今交汇中逐步完成。"② 在古今对话

---

① 蒋述卓：《说"文气"》，《中国文学研究》1995 年第 4 期。
② 童庆炳：《中国古代文论的现代意义》，北京师范大学出版社 2001 年版，第 3 页。

中应该这么做，在中西对话中也应该这么做。在这方面，钱钟书先生的《七缀集》所收的七篇文章给我们做出了典范，如其中的《通感》《诗可以怨》，文风平缓，娓娓道来，绝无强人就我的毛病。吾师王元化先生的《文心雕龙创作论》也是这么做的，他在论述某一创作理论问题时往往将西方人关于这一理论问题的阐述作为附录列入文后，而不是用西方理论去强释中国问题。这种善于给读者留下想象空间和发挥余地的做法，反而使理论研究更有中国特色。童庆炳先生秉承他的老师黄药眠先生的传统也是这么做的，他在进行中西对话时往往仔细分析中西文化间的差别，而不是强中就西。比如他比较中国的"虚静"说与西方的"心理距离"说，认为它们有相通之处，那就是认为审美必须摆脱现实的功利欲望的束缚，使人的内心处于一种"澄明"状态，这才有可能去发现普遍事物的美的一面。但是，两者又有很大区别，"虚静"说是心胸理论，"心理距离"说则是注意理论。因此，"虚静"要靠长期的"养气""养心"而成，而"心理距离"只是一种注意力的调整、心理定向的临时转变，与人格心胸无关。[①] 同样，中国的艺术"物化"论是"胸次"理论，要靠长期的修养和体验，没有刻骨铭心的体验，是不可能达到"物化"境界的，就此，童庆炳先生举秦观的词《踏莎行·郴州旅舍》最后两句"郴江幸自绕郴山，为谁流下潇湘去"为例来加以佐证。而西方的"移情"说是注意理论，在物我之间，主体把注意力放在自身感情上面，面对着

[①] 童庆炳：《中国古代文论的现代意义》，北京师范大学出版社2001年版，第119—123页。

物所引起的情，形成大脑皮层的兴奋中心，于是发生强烈的负诱导作用抑制了周围区域的兴奋，使人的注意力从物移到情，甚至物我两忘、物我互赠，而专注于情。① 这便是一种很有节制但又非常注意从中西文化环境不同出发的对话，从而会更深入地揭示出中国文论的现代意义。我在论述中国文论中的"文气"说与西方"风格"说时，也这么分析过，认为如果简单地把"文气"与西方文论中的"风格"一词等同起来，是不恰切的。西方文论认为"风格即个性"，其中的"个性"偏重于作家的心理素质方面；而"文气"一词还强调作家的血气和精力，主张个性之中的人身之气以血气为内核，然后通过内养外养才形成一定的创作心理素质，而在这心理素质中对道德养成又强调得较多。同时他还从天人合一角度独特地强调了对天地之气的吸收，这种近乎气功炼气式的人身之气是西方"个性"理论所没有的。同样，"文气"说中的艺术之气也不仅仅是"风格"，它的含义比"风格"更宽泛，包容面更广，它不仅包括语言风格、文体风格，还包括艺术的魅力、艺术的生命力与内在精神力量。因此，由人身之气化为艺术之气所形成的"文气"理论，要比西方文论中的"风格即人"这一命题的内涵丰富得多，其美学意义与价值也深刻得多。②

童庆炳先生说的第三条原则"自洽原则"指的是要达到逻辑的自圆其说，也相当于张江先生所指出的"强制阐释"的第

---

① 童庆炳：《中国古代文论的现代意义》，北京师范大学出版社2001年版，第119—123页。
② 蒋述卓：《说"文气"》，《中国文学研究》1995年第4期。

三种毛病即逻辑的自相矛盾。我想，这是从事任何学术研究都应该遵循的最基本原则，规避逻辑自相矛盾的毛病，这恐怕是学者从事学术研究最基本的底线了。

童庆炳先生后来加上的第四条原则是"联系现实原则"，虽然是就"文化诗学"研究来说的，但对古代文论的研究也是有意义的，当然这条原则也可以包括在古今对话的原则之内。但之所以专门列出来，我认为是指在阐发古代文论的现代意义或者实现古代文论的转换时要指向当下的社会发展现实尤其是文艺发展的现实。1997年时我也提出过类似的意见，当时从"用"的方面强调得比较多。我在《论当代文论与中国古代文论的融合》一文中，提出了三点意见，认为一是要立足于当代的人文导向与人文关怀，面向当代人文现实，开展现实与历史的对话，吸收古代文论的理论精华；二是要立足于民族精神与民族性格的继承与发扬，寻找当代文论的现实生长点，探索其在理论意义上和语言上的现代转换；三是要从继承思维方式和批评形式入手，将古代文论特有的思维方式以及独有的批评方式与技法融入当代文学批评与文论中去，创造具有鲜明民族特色的当代文论。① 我认为"没有'用'的实践，就有可能流于空谈；没有'用'的探索，就不知道古今转型的艰难；没有'用'的过程，就很难达到有机的融合"②。现在重读旧文，我还觉得我们"用"的实践开展得太少，大家不习惯于用中国古

---

① 蒋述卓：《论当代文论与中国古代文论的融合》，《文学评论》1997年第5期。
② 同上。

阐释的限度

代文论的思维方式与语言表达方式去评论当下文艺，因为觉得用西方文论的思维方式与语言表达方式更顺手。习总书记在中央文艺座谈会上的讲话中说到我们作家的作品要有筋骨、有温度，这就是很中国化的文艺评论方式，为什么我们的文艺评论家要抛却"自家宝藏"不用，却偏爱西方表达方式呢？正因为我们不熟悉用、不喜欢用，于是中国当代文论就愈益与古代文论隔离、疏远乃至失语。古代文论研究的求新求变，并不是跳跃式的、断裂式的，从"温故而知新"中我们会知道如何求新求变，在"温故"中会渗透反思，在反思中我们会知道哪些该变、哪些东西该有新的增长点、哪些路向与途径已然向我们展开。这也便是我这篇文章重提旧事旧文的意向所在。

（作者单位：暨南大学）

20世纪早期中国文学批评史研究中的"强制阐释"谈略[*]

党圣元

近一段时间以来，关于当代西方文论中的"强制阐释"问题受到了广泛的关注，已经成为一个热点性话题，更可望成为今后文论研究中一个新的问题域。《中国社会科学报》于2014年6月16日刊登了题为《当代文论重建路径——由"强制阐释"到"本体阐释"——访中国社会科学院副院长张江教授》的长篇访谈，是为这一问题的初次提出，也是张江关于"强制阐释"问题的发轫之作。新近，张江又在《文学评论》2014年第6期发表了《强制阐释论》一文，从四个方面全面、细致、深入地阐发了他对这一问题的见解。张江在文中指出"强制阐释是当代西方文论的基本特征和根本缺陷之一"，并且对"强制阐释"的特征做出归纳："强制阐释是指，背离文本话语，消解文学指征，以前在立场和模式，对文本和文学作符合论者主观意图和结论的阐释。其特征有四：第一，场外征用。广泛征用文学领域之外的其他学科理论，将之强制移植文论场内，抹杀文学理论及批评的本体特征，引导文论偏离文

---

[*]《文艺争鸣》2015年第1期。

学。第二,主观预设。论者主观意向在前,前置明确立场,无视文本原生含义,强制裁定文本意义和价值。第三,非逻辑证明。在具体批评过程中,一些论证和推理违背基本逻辑规则,有的甚至是逻辑谬误,所得结论失去依据。第四,混乱的认知路径。理论建构和批评不是从实际出发,从文本的具体分析出发,而是从既定理论出发,从主观结论出发,颠倒了认识和实践的关系。"① 张江在文中对"强制阐释"的具体表现特征、理论得失等的分析与评价,首先是针对当代西方文论的整体特性而做出的极具思想个性和观念冲击力的认知与评说,但是这个评说同时也触及了当代中国文论体系和话语建构与发展中的一些学术、文化方面的深度问题,需要进行认真检视和深度反思。如题所示,本文的主旨不是对"强制阐释"论本身进行评说和延伸性阐述,因此不拟涉及当代西方文论体系的总体性认知及其优劣评价等问题,而仅就"强制阐释"在20世纪以来中国古代文论研究中的体现及其影响进行简要的反思性讨论。我们认为,张江所提出的"强制阐释"问题,对于当代中国文论的建设和发展,在理论和方法两个方面具有积极的意义,尤其是对于我们反思20世纪以来的中国古代文论研究及中国文学批评史书写,极具启发性,提供了一个很好的切入点和问题域。

对于"强制阐释"在当下的中国古代文论研究及批评史书写中有无体现,回答是肯定的,我们甚至可以说,20世纪以来中国古代文论的现代阐释史和中国古代文学批评史的现代

---

① 张江:《强制阐释论》,《文学评论》2014年第6期。

书写史,在一定程度上可以说是在西方文论话语权规约下的"强制阐释"史,当然其具体表征不完全如张江在《强制阐释论》中所列举的那样,其中有变异、有损益。笔者认为,中国古代文论研究中的"强制阐释"现象,有的体现在对古代文论的文本章句解释方面,有的体现在对古代文论的话语体系整合建构方面,有的体现在对古代文论思想理论的价值评判方面。这种现象其实在20世纪初中国文学批评学科草创阶段即已出现,新文学诞生之后,传统诗文评退出了当时文学批评的舞台,进入了历史的橱窗,新文学理论批评与传统诗文评彻底断裂。而此时,以引进的西方文学观念和文学理论批评知识为工具,对传统文学理论批评进行梳理、阐释、整合、建构的古代文论研究和批评史书写随之开始,并且逐渐形成了古代文论研究中的援西入中、以西解中、以西律中的模式。按照陈寅恪的说法,王国维研究传统诗学是"取外来之观念,与固有之材料互相参证"[①]。陈中凡说自己撰写《中国文学批评史》,所采用的方法是"以远西学说,持较诸夏"[②]。《中国诗学大纲》的作者杨鸿烈说自己对于传统诗学的书写是"把中国各时代所有论诗的文章,用严密的科学方法归纳排比起来(按:这里所说的'严密的科学方法',实际上就是采用西方文学观念和理论的逻辑分类思想),并援引欧美诗学家研究所得的一般诗学原理来解决中国诗学的许多问题"[③]。同时又申说"我们现时绝

---

① 陈寅恪:《王静安先生遗书序》,见《金明馆丛稿二编》,上海古籍出版社1980年版,第219页。
② 陈中凡:《中国文学批评史》,中华书局1927年版,第6页。
③ 杨鸿烈:《中国诗学大纲》,商务印书馆1933年版,第1页。

阐释的限度

对的要把欧美诗学书里所有的一般'诗学原理'拿来做说明或整理我们中国所有丰富的论诗的材料的根据"①。朱光潜认为"诗学在中国不甚发达","中国向来只有诗话而无诗学",而"诗话大半是偶感随笔,信手拈来,片言中肯,简练亲切,是其所长;但是它的短处在零乱琐碎,不成系统,有时偏重主观,有时过于传统,缺乏科学的精神和方法",这是因为"中国人的心理偏向于综合而不喜分析,长于直觉而短于逻辑的思考"。在朱光潜看来,"谨严的分析与逻辑的归纳恰是治诗学者所需要的方法",因此必须运用西方文学理论的基本原理,来讨论诗的问题,"对于中国诗作一种学理的研究",并且还要进行中西比较,"一切价值都由比较得来,不比较无由见长短优劣。现在诗作品与诗理论开始传到中国来,我们的比较材料比从前丰富得多,我们应该利用这个机会,研究我们以往在诗创作与理论两方面的长短究竟何在,西方人的成就究竟可否借鉴"②。由此,我们可以说,"取外来之观念,与固有之材料互相参证"是20世纪初中国古代文论研究和中国文学批评史书写的一般方法论和具体的解释学策略。我们的意思不是说这一方法和策略是错误的,更不是否定其对于催生和促进古代文论研究、中国文学批评史书写及学科创建、发展方面所具有的积极意义。事实上,从历史的眼光来分析和评价,我们认为,在20世纪早期随着新文学、中国现代学术诞生而兴起的中国

---

① 杨鸿烈:《中国诗学大纲》,商务印书馆1933年版,第28页。
② 朱光潜:《诗论·序》(抗战版),见《朱光潜美学文集》第2卷,上海文艺出版社1982年版,第3、4页。

20世纪早期中国文学批评史研究中的"强制阐释"谈略

古代文论研究和中国文学批评史书写,选择这种方法和策略,体现的是一种历史的进步,一种不可避免的历史必然性选择。我们所要指出的是这种方法和策略,在发挥其积极意义的同时,是否同时也扮演了20世纪以来古代文论研究和中国文学批评史书写中"强制阐释"的催生婆呢?对于这一问题,我们的回答也是肯定的。

援西入中、以西解中、以西律中,以西方文论为式样,剪裁古代文论的一些文本材料,将其强行纳入西方文论模式之中,在具体的解释中妄事糅合,通过攀援依附西方文论来申说、证实所解释的古代文论章句在知识、思想方面的意义之合法性,在20世纪早期的古代文论研究和文学批评史书写中即已出现,而且其作为一种"强制阐释",在当时便已经得到了关注与反思。我们先从已故著名中国文学批评史大家罗根泽先生当年在其《中国文学批评史》第一篇《周秦文学批评史》"绪言"中的一段话说起。罗氏之言如下:"学术没有国界,所以不惟可取本国的学说互相析辨,还可与别国的学说互相析辨。不过,与别国的学说互相析辨,不惟不当妄事糅合,而且不当以别国的学说为裁判官,以中国的学说为阶下囚。糅合势必流于附会,只足以混乱学术,不足以清理学术。以别国学说为裁判官,以中国学说为阶下囚,简直是使死去的祖先,做人家的奴隶,影响所及,岂止是文化的自卑而已。"[1] 这段话是罗根泽在"绪论"第十三"解释的方法"

---

[1] 罗根泽:《中国文学批评史》第一册,上海古籍出版社1984年版,第30—32页。

阐释的限度

一节中说的,不要以为罗根泽在此所言是在排拒西方文论,以及反对在中西比较的视野中解释中国传统文论,我们只要读一下罗氏这篇共分为十四小节,从"文学界说"到文学批评、文学批评史、中国文学批评的特点,最后落脚于中国文学批评史书写的方法论和体例的长篇"绪言",就可以知道,他是在全面、细致、深入地比较了中西文论各自关于"文学""文学批评"之不同特点之后,专门针对当时古代文论解释中的"妄事糅合"中西、以中就西,进行"强制阐释"而发言的。为此,罗氏提出了他自己的关于古代文论研究和批评史书写中意义解释的"明训""析疑""辨似"三原则。在罗根泽看来,所谓"明训","就是顺释其意",用我们今天的话来讲,也就是回到古人的语境之中,在不脱离、不暌违古人原意的前提下来解释古人之言;所谓"析疑",就是要认识到古人的理论批评话语都是"以他的根本观念为出发点"的,因此在解释时必须要透过古人的一些表面上看起来与其"根本观念不很融洽"的言语,整体、有机地分析、解释和阐发之;所谓"辨似",就是"辨别异同",在解释中发现中国文评"与众不同"与"与众不殊"的意涵。罗根泽继之而讲道:"凡是有价值的学说,必有与众不同的异点;但创造离不开因袭,所以也有与众不殊的同点。不幸研究学艺者,往往狃同忽异;大抵五四以前则谓后世的学说上同于上古,五四以后则谓中国学说远同于欧美。实则后世的学说如真是全同于上古,则后世的学说应当取消;中国的学说如真是全同于欧美,则中国的学说应当废弃。所以我们不应当糅合异同,应当辨别异同。辨别异同就是辨似。"①罗根泽在此所提出的古代文论解释中的"妄事糅合",与"强制阐释"有无相似之处呢?我们认为其与张江指出的"强制阐释"中的"主观预设"方式的第二种做法"前置模式"非常相近相似。张江指出"前置模式"的做法是"批评者用预先选取的确定模式和式样框定文本,作出符合目的的批评。批评者认为,这个模式是普适的,具有冲压一切文本的可能,并据此作出理论上的指认"②。而我们看到,古代文论研究中的"以西解中""妄事糅合",正是以所选定的西方文学观念为模式和式样,带着这个前置预设进入所要解释的古代文论文本,并且用这个前置预设来强行"冲压"所"框定"的符合自己解释意图的文本。为此,罗根泽提出了他自己关于古代文论释义的"直解法":"无论明训、析疑或辨似都需用直解法,不必胪列许多后人的曲解附会。因为释义与述创不同,述创必述因革的创造,释义必弃后人的曲解,彼是'以传还传',此是'以经解经'。"③

20世纪初古代文论研究和文学批评史书写草创阶段的这种以西解中、以西律中的"强制阐释"方法,其表现不唯"妄事糅合"一端,而是多方面的,并且随着中国现代文学理论话语和学科体系的发展,古代文论研究中的"强制阐释"

---

① 罗根泽:《中国文学批评史》第一册,上海古籍出版社1984年版,第31页。
② 张江:《强制阐释论》,《文学评论》2014年第6期。
③ 罗根泽:《中国文学批评史》第一册,上海古籍出版社1984年版,第32页。

也在跟随着西方文论的话语翻新而不断地发展变化着。比如，百余年来在研究中以西方文论为模本，对古代文学理论文本和古人批评话语进行选择性过滤与提纯、对古代文论概念范畴进行意图性极强的定向性发掘和阐释、对古代文论理论体系进行筛选目的极其明确的梳理和建构性整合、以西方文论为裁决尺度而评说传统文论的种种不足和短劣之处，等等。又比如，我们引进、接受了西方的文学主体论，于是就会立马以西方的主体说为蓝本，将古代文论中的"言志说""缘情说"等阐释为文学主体论；西方的"接受"美学传进来之后，便一窝蜂地将古人的"诗无达诂"以及其他诗论家关于批评鉴赏中因接受者而异的片言只语阐释、建构为系统的中国"接受美学"；引入了西方的生态美学、生态批评，古人的"天人合一"、庄老的道论思想等本属于天道、性命、政治、道德论范畴的思想就马上成为中国古代生态美学理论话语；西方叙事学、阐释学引进来并风靡全国，于是也很快就会有中国古代叙事学、中国古代阐释学的著作问世等，不一而足。我们不是说这种在西方文论启示下或观念和方法借鉴下的对于古代文论的研究、阐释一概不对，而是说在这种情形下难免出现和反反复复地衍生出"强制阐释"的现象，这种"强制阐释"所导致的必然结果就是势必会脱离古人原意和传统文化原点，洗褪掉中国传统文化、文论的本色，在对传统文论进行重新编码的过程中改写了中国传统文学精神和传统文论的理论话语形态与实质，结果便将古代文论家的相关思想、传统文论中的相关文献仅仅作为证明西方文论普适性意义和决定性正确的事实材料，或曰西方文论的脚注。关于这一点，笔者在以往的论文中曾经指出过①，这里略而不论。如果仔细地梳理和辨析，我们会发现，如张江在《强制阐释论》一文中所列举的诸如"挪用""转用""借用""话语置换""硬性镶嵌""词语贴附""主观预设""非逻辑证明"等"强制阐释"的"十八般武艺"，在20世纪以来的古代文论研究和文学批评史书写中均有体现，其结果难免导致如张江所指出的"实践与理论的颠倒、具体与抽象的错位，以及局部与全局的分裂"②。张江在文中还指出："当代文学理论话语的建构必须坚持系统发育的原则，在吸纳进步因素的基础上，融合理论内部各个方向和各个层面，建构出符合文学实践的新理论系统。"我们认为，这一想法也适合于古代文论研究方面。

近年来，国内学界关于中国文论如何建构、如何发展的讨论，关于古代文论研究和中国文学批评史书写的学术反思、方法论重建的讨论，可谓是一波未平，一波又起，语速轻快，观念凌乱，其中话语空转、思维倒悬的现象在在有之。愚意以为，无谓的争论、虚假的观念构建、空洞的言语机锋，是没有意义的，切实可行的则是回到历史与现实的经纬度上来，回到当下中国思想文化和文艺理论批评的事实语境中来，回到古代文论研究的百年学术史反思中来，认真检视、清理其中的几成学术顽疾的"强制阐释"现象，使西方文论在我们的研究中真正成

---

① 参考党圣元《学科、体系及书写体例：古代文论研究中诸问题的思考》，《甘肃社会科学》2007年第4期；《论中国传统文论经典阐释中的视界融合问题》，《中国社会科学院研究生院学报》2006年第6期。

② 张江：《强制阐释论》，《文学评论》2014年第6期。

为比较、对话的一方，而不是成为如罗根泽所说的"裁判官"。"强制阐释"的克服，可以使我们的古代文论研究真正回到立足自我、面向现实、守正创新的正确位置上来，并且才有可能使我们步出当代中国文论学科发展、古代文论研究和批评史书写所面临的种种困惑、重重迷雾，才能规避、戒除实践已经证明了的预想通过"强制阐释"而实现的纯粹原则与理念构想，以及规划行动策略，少作空洞浮泛之想，少为英雄欺人之语，切切实实地进行一些深度的思想、文化方面的学理性反思，扎扎实实地开展一些贴近本土思想文化、贴近现实文化国情、贴近人文诗意、贴近具体问题的思考和研究阐述，此之为立足自我、面向现实、守正创新。

（作者单位：中国社会科学院外国文学研究所）

文学阐释与对话精神*

李春青

30多年来，西方文学理论与方法的引进大大开阔了我们的眼界，提升了我们发现问题、分析问题的能力，中国文学理论界可谓获益良多。然而这里也确实存在很大的问题，主要表现在两个层面上。一是有些研究不顾西方理论方法与作为研究对象的中国文学之间的某种"错位"现象，犯了"削足适履"或"圆凿方枘"的毛病。二是西方某些理论本身就存在"强制阐释"问题，特别是各种"文化理论"，往往不顾文学现象本身的鲜活性、复杂性，只是从一个角度、用一种模式面对纷繁复杂的文学现象。这显然是有问题的。近年来，中国社会科学院张江教授在一系列论文和会议发言中敏锐地指出了西方文论中存在的"强制阐释"的偏颇与谬误，引起学界广泛关注。在张江教授看来，运用某些西方文论来阐释文学现象，其结论常常不是阐释的结果，而是已经存在于其理论预设之中。这样的文学阐释当然是不可取的。[①]

---

* 《文艺争鸣》2015年第1期。

① 张江先生近年来的一系列论文对这种"强制阐释"现象进行了深入而系统的分析，可谓切中要害，值得学界高度关注，主要有《当代西方文论若干问题辨识——兼及中国文论重建》（《中国社会科学》2014年第5期）、《强制阐释论》（《文学评论》2014年第6期）。

那么这种"强制阐释"的症结何在呢？愚以为，其主要症结之一乃在于缺乏"对话"精神，完全是把阐释对象视为一堆可以任意剪裁、重构、评判的材料，忘记了任何文学文本，乃至一切文化文本都是一种言说，都是一种主体心灵与精神的话语表征。因此用通俗的话说，"强制阐释"所犯的错误实质上是只知有己，不知有人，用古人的话说，就是"六经注我"。

那么我们如何避免这种"强制阐释"之弊呢？中国古代文论中的"对话"精神值得我们借鉴。

中国古代文论中有一种很好的传统，那就是对文本的充分尊重。其中蕴含着一种"对话"精神。这一传统早在孟子提出"知人论世""以意逆志"的说诗方式时就开始了。《孟子·万章下》云："一乡之善士斯友一乡之善士，一国之善士斯友一国之善士，天下之善士斯友天下之善士。以友天下之善士为未足，又尚论古之人。颂其诗，读其书，不知其人，可乎？是以论其世也。是尚友也。"这就是著名的"知人论世"说的来源。过去论者多以现代的认识论角度来理解"知人论世"的含义，将之解释为：要真正理解一首诗，就必须了解作者的情况，而要了解作者的情况又必须了解其所生活的时代的情况——总之是理解为一种诗歌文本的解读方法了。这种理解当然并不能算错，只是并没有揭示孟子此说的深层内涵。这里孟子真正想要表达的意思是"交友之道"。在此章的前面孟子先是回答了万章"如何交友"的问题，说"不挟长，不挟贵，不挟兄弟而友。友也者，友其德也，不可以有挟也"。然后又讲到贤明君主也以有德之士为师为友的诸多例子，最后才讲到有德之士之间亦应结交为友的道理。古代的有德之士虽已逝去，但是他们的品德并没有消失，所以今天的有德之士也要与古代的有德之士交友。与古人交友看上去是很奇怪的说法：古人已经死了，如何与之交友呢？但这恰恰是孟子的过人之处——试图以平等的态度与古人交流对话：既不仰视古人，对之亦步亦趋；也不鄙视古人，对之妄加褒贬。"尚友"的根本之处在于将古人看成是与自己平等的精神主体。与古人交流对话的目的当然是向古人学习，以使自己的品德更加高尚。所以，"知人论世"之说实质上是与古人对话，向古人学习美好品德的方式，用今天的话来说就是将古人创造的精神价值转化为当下的精神价值。这绝不仅仅是一种诗歌文本的解读方式。如果沿着孟子的思路进行进一步的阐释，我们就会得出这样一个结论：孟子的"知人论世"说可以理解为一种"对话解释学"——解释行为的根本目的不是要知道解释对象是怎样的（即对之作出某种判断或命名并以此来占有对象），而是要在其中寻求可以被自己认同的意义。这也就是后世儒者常常强调的"体认"一词的含义。"体认"不是现代汉语中的"认识"而是"理解"加"认同"。对于古人，只有将他们视为朋友、主体，而不是客体、不是认识对象，才能以体认的态度来与之对话。因为古人在其诗、其书之中所蕴含的绝不是什么冷冰冰的知识，而是他们的生命体验与生存智慧，是活泼泼的精神，故而后人就应该以交友的态度来对待之。读古人的诗书就如同坐下来与老朋友谈话一样，其过程乃是两个主体间的深层交流与沟通。通过这种交流与沟通古人创造的精神价值或意义空间就自然而然地在新的主体身上获得新生。由此可见，孟子的"知人论世"之说实际上包含着古人面对前人文化遗留的一种极为可贵的阐释态度。在当今实证主义的、还原论的研究倾向在人文学科依然有很大市场的情况下，孟子的阐释态度尤其具有重要的现实意义。

相较而言，那种具有"强制阐释"倾向的西方文论显然缺乏"对话"精神，它们是不屑于与那些作为"历史流传物"的文学或文化文本"对话"的。例如在后殖民主义理论看来，西方人关于东方的一切言说无不具有"西方中心主义"或"帝国"色彩，无论其对东方文化是如何赞赏有加；而在女性主义理论的视野中，则到处充满了男权主义的偏见，即使对女性热情赞美与讴歌也同样是出于男性的立场与审美趣味。毫无疑问，无论是后殖民主义还是女性主义，作为一种文化理论都有其合理性，它们也确实揭示了许多从其他视角无法看清的问题，但是这些理论的片面性也是非常明显的，它们不仅常常会遮蔽研究对象的许多丰富性与复杂性，而且还极容易对研究对象进行"强制阐释"——赋予其所不具备的特点与性质。

孟子提出的另一个重要解诗方法是"以意逆志"。他说："故说《诗》者，不以文害辞，不以辞害志；以意逆志，是为得之。"（《孟子·万章上》）根据历代注释，"以意逆志"的意思是说，以说诗者自己从"文辞"中读出来的"意"去推测诗人作诗之旨。这里既有对"志"，即作诗者之旨的尊重，又有对"意"，即说诗者的理解的肯定，这里也还是体现出一种平等的对话精神，既不是我注六经，也不是六经注我，而是说诗者与诗人通过诗歌文本而进行的交流与契合。一首诗、一篇文章总会包含着作者的意图，如果一味强调文本的自足性与解释的任意性那肯定也是有问题的。西方从俄国形式主义、英美新批评到法国结构主义、解构主义基本上都是"文本中心主义"的，把作者排除于文学批评与研究之外。这些批评流派尽管早已成为明日黄花，但余风所及，今日许多批评者还是讳言作者，好像文学批评一谈作者就不入流了。这实在是一大谬误。尊重但又不囿于作者的意图与思想情感，才是文学批评的恰当态度。这里孟子的"以意逆志"说正是如此，对我们有重要启发意义。

在孟子之后，中国历代的学术研究与诗文评中也包含着十分珍贵的"对话"精神。我们知道，包括诗文评在内的中国文化古代学术最基本的运思方式是"体认"与"涵泳"。这种运思方式不同于西方的"认知"和"分析"。孔子说："知之者不如好之者，好之者不如乐之者"（《论语·雍也》），"知之""好之"都是表面知道，实际并未知，至少是知之不深。"乐之"则是真正懂得并且已把所知化为自身体验了。"体认""涵泳"正是这种"乐之"的运思方式。盖中国古代学术，根本上都是讲做人的道理，故其关键不在知其文义句义，而在于身体力行之。能身体力行者方为真知。"体认""涵泳"就是懂得并身体力行的意思。这也就是明儒王阳明"知行合一"之本义，在王阳明看来，知而不能行，只是未知。这种运思方式的前提是把自己和自己所面对的言说者置于同一境界之中，感受其所思所想，即禅宗所谓"心心相印""以心传心"。这是一种真正意义上的对话，是通过与对方的交流而在自家身上生成某种体

阐释的限度

验与感受,从而达到与对方心灵的默契融合。这是"对话"中的最高境界,是对对象的"真了解"。"所谓真了解者,必神游冥想,与立说之古人处于同一境界,而对其所持论所以不得不如是之苦心孤诣表一种之同情,始能批评其学说之是非得失,而无隔阂肤廓之论。"① 中国古代学术的传承、交流都是践行这种"对话"精神的。这里的关键在于,通过"体认""涵泳"得到的东西已经是自家的东西,而不再是外在于自己的东西。孟子说:"君子深造之以道,欲其自得之也。自得之,则居之安;居之安,则资之深;资之深,则取之左右逢其源"(《孟子·离娄下》),正是讲这个道理。"自得"出来的道理之所以重要,是因为它已经不完全是对方传达给你的东西,其中包含了从自己的生活经验中体会出来的道理,在这一过程中对方的言说只是起到启发的作用,"君子"不是对它照单全收。所以这里"君子""自得"出来的东西就是与之对话者给予的和自家经验的融合,是一种新的构成物。用伽达默尔的话来说,就是"视域融合"的产物,是类似于所谓"效果历史"的东西。朱熹说:"入道之门,是将自家身己入那道理中去。渐渐相亲,久之与己为一。而今人道理在这里,自家身在外面,全不曾相干涉。"(《朱子语类》卷八)这就是说,在"对话"过程中,不能仅仅从对方获取,不能把自己置于被动接受位置,更主要的是要从自身寻觅,要把自身与对话者置于同一语境去体察感受,从而"悟出"其中的道理来。换言之,"对话"的过程应

---

① 陈寅恪:《冯友兰〈中国哲学史〉审查报告一》,见冯友兰《中国哲学史》下册附录,中华书局1961年版。

该是生成性的、创造性的,结果是获得新的,即与对话双方原有的知识都有所不同的新知。这种运思方式是中国古代学术的重要特点,也是中国古代学术获得现代意义的重要可能性之所在。

在诗文评中这种"体认"与"涵泳"的思维方式更是得到广泛运用。兹略举数例:"东坡长句波澜浩大,变化不测,如作杂剧打猛诨入,却打猛诨出也。《三马赞》:'振鬣长鸣,万马齐喑',此不传之妙。学文者能涵泳此等语,自然有入处。"(吕本中《吕氏童蒙训》)又:"张子韶云:'文字有眼目处当涵泳之,使书味存于胸中,则益矣。'韩子曰:'沉浸浓郁,含英咀华。'正谓此也。"(蒲大受《漫斋语录》)又:"看诗不须着意去里面分解,但是平平地涵泳自好。"(《诗人玉屑》录朱熹语)这都是说,对诗文作品的理解不能以旁观者姿态来品评,不能停留在理性分析,而是要深入其中,体味感受其中情味与妙趣,才能真正理解其意涵。这种以体认与涵泳为基本思维方式的诗文解读可以说是中国古代源远流长的诗学阐释学。

在我们看来,以体认与涵泳为基本思维方式的阐释学也同样是一种"对话"精神的体现。何以见得呢?首先,这种阐释学不是建立在"主体—客体"模式上的,不是对象化的,而是建立在"主体—主体"模式上的,是"主体间性"的。这里的关键在于,阐释者不是把作为阐释对象的诗文作品当作客体,或者文字,或者文本、材料来看待,而是当作一个主体,一种活泼的人的精神、情感、心灵来看待,对之充满了尊重与同情,这是真正的"了解之同情"。其次,这种阐释学的目的并不是单向的理解与获得，不是知识的认知，而是意义的建构，是在阐释者与被阐释者心灵沟通、精神契合基础上新的意义的生成。从某种意义上说，对于文学文本的阐释就是一个无限展开的意义生成过程，有一个阐释者就会有一种新的意义被建构起来。一个国家、一个民族文学传统中的人文精神、审美趣味就是在这样不断的阐释过程中得以传承延续并不断丰富的。意义建构不能牺牲研究对象的固有意义，不是以阐释主体为对象强行赋予意义，这是一个"双向建构"的过程，在这个过程中，阐释者与被阐释者都是主体，都是意义的来源。但是由于阐释对象是以文本形式存在的、呈现为话语形态的"主体"，故而更需要阐释者的充分尊重，这是一个阐释的立场与态度问题，否则就难免造成"六经注我"，即"强制阐释"了。

值得一提的是，在我们当下的古代文论研究中，对于古代诗文评中那种对文本与作者的尊重以及"对话"精神却继承得很不够，相反倒是颇有西方文论的"强制阐释"之弊。特别是用西方文论的概念和观念来解释或命名古代文论的术语时这种弊病尤显突出。诸如把"神思"等同于想象、"体性"解释为风格等，不胜枚举。甚至有学者还从作为中国古代最具形而上色彩的"道"中读出了"言说"的含义，可谓"强制阐释"的典型例证。古代文论固然是一个现代学科，但其研究对象毕竟是古人审美经验与诗文观念的集中体现，这就要求古代文论研究不能简单地套用西方文学理论的概念与观点，研究对象的复杂性与特殊性对研究方法有着适应性要求，否则就必然导致对研究对象的简化或扭曲。

那种具有"强制阐释"倾向的西方理论不是把研究对象视为"对话"者，而是看作证明自身理论合理性与普适性的材料，对其缺乏基本的尊重态度，故而常常断章取义，任意取舍，对那些与此理论相矛盾的材料一概视而不见，这显然不是一种恰当的治学态度。故而，经过30多年的引进与接受，时至今日，对于西方理论，我们确实应该深入反思一下，宜分辨其短长优劣，以往那种照单全收的态度是不再可取了。

（作者单位：北京师范大学文学院）

"强制阐释论"的方法论元素[*]

姚文放

最近西方文论研究领地中闯出了一匹黑马,"张江"这个圈内人士可能感到有点陌生的名字高频率、高显示度、集中性地发表了若干有关当代西方文论的长篇大论,[①] 其思想之锐利、文风之犀利、语言之峻利,让人刮目相看、错愕不已,使得当代西方文论研究 2014 年几乎成了"张江年"。这些充满精气神和冲击力的文章搅动西方文论领域一时风生水起,惊涛拍岸。尽管读了这些文章后窃以为其中有些论断仍可以进一步推敲和打磨,但触及其凌厉之处有如冷水浇背,陡然一惊,很是提神!张江将当代西方文论的积弊归结为"强制阐释",并在上述文章中对之进行了批评。所谓"强制阐释",用张江的原话讲,是指"背离文本话语,消解文学指征,以前在立场和模式,对文本和文学做符合论者主观意图和结论

---

[*] 《文艺争鸣》2015 年第 2 期。
[①] 张江近期发表的文章主要有:《当代西方文论若干问题的辨识——兼及中国文论建设》,《中国社会科学》2014 年第 5 期;《当代文论重建路径:由"强制阐释"到"本体阐释"》,《中国社会科学报》2014 年 6 月 16 日;《强制阐释论》,《文学评论》2014 年第 6 期;《当代西方文论:问题和局限》,《文艺研究》2012 年第 10 期。

的阐释"。① 从而"强制阐释"论也就成为他评说当代西方文论的逻辑起点,其中包含了颇多值得关注的方法论元素。

一

张江指出,"强制阐释"的表现之一是"场外征用"。如今,"场外征用"已经成为当代西方文论诸多流派的通病,尤其是晚近以来国际政治、经济、文化的格局发生深刻变动,矛盾愈加尖锐,当代西方文论对于其他前沿学科理论的依赖愈见严重。这些被征用的理论并无任何文学指涉,也无任何文学意义,却入主于文学理论和文学批评之中,直接侵蚀了文学理论和文学批评的本体意义和基本范式,改变了其基本生态和走向。张江将这一现象称为"场外征用"。

就笔者看来,文学理论借助其他学科的理论以建构自身已成惯例,由来已久,即如现行"文学概论"教材中关于"文学"的意识形态性质的厘定借用了社会学中关于社会结构三层次的分析,关于"文学内容/文学形式"范畴的凝练沿用了"内容/形式"这对哲学范畴,关于"艺术生产/艺术消费"二者关系的分析则移植了政治经济学的理论,如此等等。即便是中国古代文论,魏晋南北朝文论受玄学影响,唐宋文论受佛教、禅宗影响,明清文论受理学影响,都是不言而喻的事。应

---

① 关于"强制阐释",张江在《强制阐释论》(《文学评论》2014年第6期)一文中论述得比较全面和清楚,本文主要依据该文进行论述,以下引用之处不再注明。

该说，不同学科、不同理论的交叉融合总是给文学理论提供丰富的营养和不竭的动力，但关键之处还是如张江所说，这种借用、沿用和移植必须依靠文学实践的内生动力，必须达成与文学经验的强力碰撞和深度融合。否则这种"场外征用"就是生搬硬套、生吞活剥，不仅伤害了文学，也伤害了引进的理论。在此张江划清了界限，即必须考量"场外"的其他学科理论与"场内"的文学实践和文学经验是否具备较高的互洽性和交融性。

二

同样的情况来自对于文学文本的当下意义的认定。文学文本在时光隧道中穿行，逝者如斯，人不可能两次跨过同一条河流，因此人们对于文本就有两种理解——历史理解与当下理解；从而文本也就有两种意义——历史意义与当下意义。在阐释学中对此有两派对立的意见，以施莱尔马赫、狄尔泰为代表的古典阐释学主张对于文本应通过历史理解去把握其历史意义，阐释应原封不动地回到历史事实的本义，因此它只谈理解功能而不谈应用功能。而以海德格尔、伽达默尔为代表的现代阐释学则反其道而行之，对于历史在当下的应用功能予以重视，认为应用是阐释学首要的东西和不可或缺的组成部分，人们如果要正确把握历史，就不能忽视阐释者当下处境、自身主观因素和生命状况的影响，必须将这两个方面联系起来。伽达默尔指出，在观照历史时，"即使是历史方法的大师也不可能使自己完全摆脱他的时代、社会环境以及民族立场的前见"①。任何阐释都体现着一定的动机与需要,因此当阐释者在特定时代、具体语境中以不同的方式做出阐释时,它就已经是一种应用了,因此"应用不是理解现象的一个随后的和偶然的成分,而是从一开始就整个地规定了理解活动"②。

伽达默尔的观点导致了晚近西方文论中关于文本释义的"当下论",主张通过当下理解去把握文本的当下意义。张江并不反对对文本做当下理解,但对于这种谋求当代"应用"的做法划定了一个不可逾越的限度:对于文本历史和原生话语的理解,是一切理解的前提。只有在这个基础上,当下理解才有所附着。否则皮之不存,毛将焉附?对于文本的当下理解可以对文本原意有所发挥,但是不能歪曲文本的本来含义,用当下理解强制文本历史。同样,用新的理论去回溯旧的文本更应警惕,可以用新的眼光认识文本,但不能用今天的理论取代旧日的文本。

三

"主观预设"是"强制阐释"的又一表现,张江认为它是"强制阐释"的核心因素和方法。这里有一个必须明辨的问题:文学批评应该从哪里出发?文学批评的结论应该产生于文本的

---

① [德]伽达默尔:《诠释学与历史主义》,载《真理与方法》下卷,洪汉鼎译,上海译文出版社1999年版,第678页。
② [德]伽达默尔:《真理与方法》上卷,洪汉鼎译,上海译文出版社1999年版,第416—417页。

阐释的限度

分析还是理论的规约？张江指出，"主观预设"即属于后者，它是指批评者的主观意向在前，即先预定明确立场，用以强制裁定文本的意义和价值。主观预设的批评是从现成理论出发的批评，对它来说，文学文本和文学活动已沦为证明理论的材料，而文学批评只是变成对文学文本和文学活动符合理论目的所做的注脚。而这一切主观的预设均与原生文本无关。这显然是不合适的。

马克思指出，任何科学研究都有两种方法，一是研究方法，二是叙述方法："当然，在形式上，叙述方法必须与研究方法不同。研究必须充分地占有材料，分析它的各种发展形式，探寻这些形式的内在联系。只有这项工作完成以后，现实的运动才能适当地叙述出来。这点一旦做到，材料的生命一旦在观念上反映出来，呈现在我们面前的就好像是一个先验的结构了。"① 也就是说，从科学研究的工作程序来说，应是研究在先而叙述在后，不言而喻，只有通过大量探讨、求证、分析、综合等研究工作，才能把握研究对象的本质和规律，然后才有可能"适当地叙述出来"；而从科学研究的表达方式来说，事情恰好颠倒过来，变成叙述在先而研究在后了。此时研究成果的叙述是从结论开始，而此前经历的所有研究过程都只是成为检验和支撑结论的印证了。到这个时候，研究的结论就变为讨论的起点，而这个起点"就好像是一个先验的结构了"。就拿马克思的《资本论》来说，这一庞大的理论结构就是建立在"剩

---

① ［德］马克思：《资本论》，《马克思恩格斯文集》第5卷，人民出版社2009年版，第二版跋，第21—22页。

余价值理论"这一对于资本主义制度的颠覆性发现之上，是从"现存事物必然灭亡""把资本主义制度……看作社会生产的绝对的最后的形式"的概念和判断出发的，这些结论性的东西恰恰成为叙述资本主义发生发展全过程的起点。[①] 这一做法并非马克思首创，其实在哲学史上早已是通则，像黑格尔《精神现象学》的体系就是从"理念"出发建构起来的，而黑格尔《美学》的体系就是从"美是理念的感性显现"这一命题出发展开论述的，只不过他是在物质与精神"头足颠倒"的世界里完成这一建构而已，可见从某一概念和命题出发乃是科学研究之叙述方法的常规。说得近些，即便张江本人的西方文论研究亦然，检视以上引述张江的有关论文，大多是从概念和命题出发的，当然这些概念和命题的得出，均有作者对于西方文论的长期关注和潜心研究在先的。《强制阐释论》一文就是显例，该文开门见山指出强制阐释的四大特征"场外征用""主观预设""非逻辑证明""混乱的认识路径"，这些概念和命题看似是"先验的结构"，但它恰恰是大量研究的"结果"；看似是"预设"，实际上恰恰是"结论"，它们在文章中都成了叙述的"起点"。

　　这就引出了一个问题，马克思所说"好像是先验的结构"是"预设"，而张江批评的"主观预设"也是"预设"，此"预设"非彼"预设"，二者不可混为一谈，其中的界限何在？在笔者看来，界限有三条：其一，马克思所说的合理的"预设"应是有大量的、深入的甚至是艰苦卓绝的研究工作在先

[①] ［德］马克思：《资本论》，《马克思恩格斯文集》第5卷，人民出版社2009年版，第二版跋，第22、16页。

的,而就张江批评的"主观预设"而言,这些前期的研究工作是缺位的、不在场的;其二,对于文学批评和文学理论来说,合理的"预设"其前期研究是以文学为对象或切近文学本身的,而张江批评的"主观预设"则是远离文学甚至是无关乎文学的;其三,合理的"预设"即便借鉴吸收其他学科的理论和方法也是时时眷顾文学自身的内生动力,始终保持与文学经验密切联系的,而张江批评的"主观预设"则是生搬硬套其他学科的理论和方法而毫不顾及它与文学及文学理论之间的互洽性和相融性的。

总之,两相对照,两种"预设"孰正孰误、孰是孰非,一目了然。

四

在"主观预设"问题上让人感兴趣的,还有张江提出的有关文本阐释的"道德论"标准。在他看来,从道德的意义上说,公正的文本阐释应该符合文本的实际情况,文本中实有的则称之为有,文本中没有的则称之为无,这符合道德的要求。对作者更应如此,作者无意表达而文本中又没有确切证据的,批评家却偏要将自己的意志强加于人,这是违反道德的。不过张江也承认,文本是复杂的,文本的复杂性决定了批评的复杂性,批评家可能比作者更深刻地理解文本,从而找到文本中存在而作者并不自觉认知的内容,这都是道德论可以承认和接纳的。但"强制阐释"不在其列,因为"强制阐释"是一种前期研究缺位、背离文学经验、照搬其他学科概念的"主观预设",因而既违反了认识规律,又违反了道德理性。

张江讲的其实就是现代阐释学的一大要义"视界融合"的问题。所谓"视界",是指从某一占主导地位的观点出发所能看到的区域,包括这一区域的宽窄情况以及它可能的张开限度。现代阐释学认为,任何阐释活动都是"视界融合"的过程,即阐释者的现在视界与文本的过去视界的交融,两者相互开拓、相互彰明,最终都突破了原有的水平而达到了新的水平。文本的视界总是属于历史、属于过去,但阐释者的视界则是现时的、当代的,在这两种视界的对话和交谈中,往往阐释者的声音更加洪亮,盖过了文本所发出的声响。阐释者总是根据自己所处的时代条件,从自身的现实需要出发来理解和解释历史。因此,阐释不是对历史客体的趋附,而是对现时主体的执着。伽达默尔说,"在精神科学里,致力于研究传统的兴趣被当代及其兴趣以一种特别的方式激发起来","每一时代都必须按照它自己的方式来理解历史流传下来的文本"。[①] 由于阐释者视界的现时性介入,文本的意义才不会被锁闭在历史的迷雾之中,而不断地表现为对现时的从属和向现时的生成。唯其如此,文本才会反复被人提起,时时翻出新意,并在这种旧话重提和意义重建中不断地发挥其追随时代前进的社会功能。

但是阐释者对于现时主体的执着有可能带来阐释的随意性,甚至造成主观性的恶性膨胀,导致对于文本的客观规定性的无

---

① [德]伽达默尔:《真理与方法》上卷,洪汉鼎译,上海译文出版社1999年版,第365、380页。按译文依原意稍有改动。

视。对于文本阐释来说,起码必须承认这样一个事实:一部文学作品一旦问世,它便具有某些客观存在的、不以人的主观意志为转移的性质和特点,它的题材和情节、形象和场景、结构和语言、技巧和手法等都是有其自身规定性的,并不是没有客观标准、可以任意解释的。不管读者的理解如何独特、诠释如何新颖,这些客观的规定性都是不能否定和推翻的。俗话说:"种瓜得瓜、种豆得豆",不管种子撒在什么土地上,遇到的生长条件如何,种瓜总不至于得豆,种豆也不至于得瓜。读者的主观认识再悬殊,在阅读《死魂灵》时,也不至于将乞乞科夫造访的玛尼罗夫、科罗潘契加、罗士特莱夫、梭巴开维支、泼留希金五人混为一谈,尽管他们都是旧俄农奴制度下的地主形象;在阅读《红楼梦》时,也不会对大观园中数十上百的少女混淆不清,尽管她们都是那样活泼可爱。

因此不应对文本阐释做一种实用主义的理解,更不应将历史看成可以任意打扮的女孩子,甚至对文本进行随心所欲的释义和断章取义的使用,人们只能在继承和接受的既定条件下进行阐释,只能在辩证把握现实与历史之关系的前提下进行建构,因此,文本阐释对现时的执着同时也应是一种对历史的致敬,应是现时性与历史性、真实性与真理性、科学性与进步性的辩证统一。

五

在阅读和梳理张江的论文时,笔者有一个强烈的感觉:张江做的不是"拾遗补阙"的学问,而是"补偏救弊"的学问,或者说做的是"症候解读"的工作。张江的"强制阐释"论质疑了晚近以来盛行的种种新潮理论,例如对于文本的历史意义与当下意义之关系的辨析质疑了克罗齐"一切历史都是当代史"的观念,对于主观预设前置立场、前置模式、前置结论等做法的拷问质疑了伽达默尔"视界融合"的主张,对于批评的公正性的掂量质疑了乔纳森·卡勒"过度阐释"的概念,如此等等。这些新潮理论流行多年,在学术研究中似乎已成定则,鲜见对其合法性的挑战,其实它们不无偏颇和瑕疵。它们在突破旧有的理论框套和学术范式方面功不可没,但往往矫枉过正、过犹不及,进而为当代西方文论中种种凌越规矩、弃绝绳墨之见输送理论根据。张江的"强制阐释"论运用"症候解读"的方法,通过发现其种种"症候"去探寻整肃纪律、重建规范的路径,因此时时会让人感觉到其中有一种设限和画线的冲动。不用说,上述新潮理论不乏真理性,但也带有片面性,因此不妨说是一种"片面的真理"。如果分寸拿捏得不好,对于事情的某一侧面强调得过了头,就有可能走向极端,到这时,真理离谬误往往就只有一步之遥、只是一念之差了。而张江就在这"一步""一念"之上设定界限、划清底线。譬如他强调文学理论的方法应当是它自己的方法,但也不否认文学理论在生成过程中可以接受其他学科的研究方法,不过需要设定一个前提和条件,那就是这种接受必须基于对于文学实践的深刻把握,必须与文学经验达成深度融合。

看得出来,张江除了质疑20世纪以来其他新潮理论之外,主要对现代阐释学的理念提出挑战,如所谓"视界融合""历史效果""阐释循环""前有""前见""前结构"等命题,都不无"强制阐释"之嫌,而当代西方文论的种种偏执也往往肇端于此,因此张江的文章对于这一块儿所做的分析特别细腻和周密,既有理念方面的推演抽绎,又有逻辑方面的条分缕析,还有文本个案的细腻解读。这里需要插一句,张江概括"强制阐释"的四大特征其实是两个层次,"场外征用""主观预设"属于理念层次,而"非逻辑证明""混乱的认识路径"属于逻辑层次。但无论是理念层次还是逻辑层次,对于问题的分析厘定都做得特别细,抽丝剥茧,丝丝入扣,这一特点,不啻是古典阐释学的"释义"精神与新批评派的"细读"方法的巧妙结合。联系对于现代阐释学的质疑态度,使得张江对于"强制阐释"的批评似乎表现出向古典阐释学"倒退"的动向。不过笔者以为,在事物发展的正、反、合三段论中,与其将这认知为向过去"倒退",毋宁将这理解为理论在螺旋式上升的运动中在更高的水平上向起点复归。

(作者单位:扬州大学文学院)

如何"强制",怎样"阐释"?
——重建我们时代的批评伦理*

李遇春

毋庸讳言,中国当代文学批评在我们这个消费主义时代里陷入了困境。一个是商业消费主义,作为媒体批评的文学批评也不幸卷入其中,要么是红包批评或吹捧式批评,要么是黑色酷评或棒杀式批评,其实都是为了吸引眼球,都围绕着所谓视觉经济学这个中心,都把文学批评当成了消费主义时代的文化消费品。再一个是学术消费主义,作为学院批评的文学批评如今日益被学术消费体制所捆绑,置身学院的文学批评家被越来越严苛的学术数字化管理模式所宰制,文学批评因此而沦为没有灵魂的学术消费品。当然,这两种消费主义文学批评模式在当下的中国文坛已经开始合流,由此导致中国当代文学批评的现状乱象丛生,日渐失去了文学批评原本应该具有的有效性或公信力。这种乱象背后的原因当然是多方面的,需要我们当下的中国文学批评家不断地反躬自省,除了看得见的表象上的经济消费动因之外,究竟还有哪些看不见的深层的思维方式或批

---

* 《文艺争鸣》2015年第2期。

评模式上的因素,在暗中制约着我们的批评生态或批评伦理的重建和发展。

正是在这个意义上,张江先生提出的"强制阐释论"显示出了一种强大而少见的理论穿透力,它直抵我们时代的文学批评内在症结,对于我们重建中国文学批评伦理乃至于整个中国文学批评生态的重建都具有十分重要的指导意义。按照张江先生的解释,"强制阐释是指,背离文本话语,消解文学指征,以前在立场和模式,对文本和文学作符合论者主观意图和结论的阐释"①。这是一种脱离了客观文本实际的主观主义批评模式,它强行按照批评家的主观意图或文学理念来宰制或阉割文本的客观蕴含,因此必然陷入反文学的文学批评的泥淖。作为一种特殊的人文学科形态,文学批评和文学研究有其自身的特殊学术规律,我们不能强行征用其他人文社会科学的理论和方法,不经改造而直接套用在文学批评或文学研究领域中,那样只会最终取消了文学批评和文学研究的独立性,导致其陷入学术合法性危机。因为顾名思义,文学批评首先必须是"文学"的批评,不能把文学批评变成哲学理论、心理学理论、文化理论、社会学理论、政治学理论、传播学理论的理论集散地或试验场。一种非文学的人文社会科学理论必须经过符合文学创作实践的理论改造,才能进入文学批评或文学研究领域中来,否则强行进入后就会导致"强制阐释"的文学批评危机。诸如现代性理论、精神分析理论、女权主义理论、权力话语理论、符号学理论、现象学理论之类,都需要经过符合文学创作的理论

---

① 张江:《强制阐释论》,《文学评论》2014 年第 6 期。

改造，才能正常地发挥其作为文学理论的功能，而这一文学性的理论改造的过程必然是一种创造性的理论再生产，它不是简单的理论嫁接或拼贴，不是简单的拉郎配式的理论交叉或学科交叉，而是必须把普遍性的理论与特殊性的文学熔冶于一炉，继而创造出有独特生命力的文学理论或批评方法。而以上所提到的西方现代诸多人文社科理论与方法，并非每一种都得到了文艺理论家的成功改造，而且也并非每一种改造后的文艺理论都具有理论的普适性，事实上恰恰是它们各自都有自身的理论弱点，如果强行征用，必将导致削足适履或胶柱鼓瑟的尴尬情形。而这种强行征用西方现代时髦理论（文艺理论和非文艺理论）的行径在当下中国文学批评界可谓大行其道，许多批评家固执于先在的主观预设，彻底颠倒了理论与实践的关系，一切从理论出发，从理论到理论，以理论为阐释的前提，同时也以理论为阐释的指归，由此陷入西方人所谓的"阐释的循环"，让文学批评沦为无效的语言的空转。这就是当下中国文学批评的基本症结之所在。

　　提到"强制阐释"，有人会联想到"过度阐释"和"反对阐释"。这三个概念之间的差异需要辨析。"过度阐释"或"过度诠释"是意大利符号学家艾柯提出来的一个概念。20世纪90年代末，艾柯的《诠释与过度诠释》被译介到国内，后来就有国内学者据此而反思中国当代文学批评或者中国现当代文学研究中的"过度诠释"问题，并得出结论说："现当代文学经过这样种种色色的社会文化思想的实验操作，无疑已由一个鲜活的形象世界，变成了一座僵死的资料仓库，经过这样一个资料

阐释的限度

化的过程，现当代文学无疑也就部分地失去了它的艺术生命。"① 显然，艾柯所反对的"过度诠释"不仅在西方文学批评界存在，在中国文学批评界更为泛滥，因为中国当代文学批评理论大抵来源于西方现代批评理论，属于西方现代批评理论在中国文学批评界的一种派生或衍生形态，故而西方现代批评理论中原发性的"过度诠释"病灶，一经传播并感染到中国当代文学批评界，势必作为继发性的文学批评流行病而不断蔓延，其后果比在西方文学批评界所导致的更严重，也更广泛。按照艾柯的说法，文学诠释应该"在'作品意图'与'读者意图'之间保持某种辩证关系"②，而且必须接受"本文的制约"，不能越过"诠释的界限"，否则就会导致"过度诠释"。不难看出，艾柯的"过度诠释"是从诠释的结果立论的，而张江的"强制阐释"是从阐释的方式立论的，二者立论的角度不同，其理论的内涵和外延也会不一。"强制阐释"的后果不仅包括艾柯所谓的"过度诠释"，而且还应包括艾柯所忽视的"不及诠释"等后果。中国古人说"过犹不及"，"过度阐释"与"不及阐释"都不是"科学"（"客观"）和"道德"（"公正"）的阐释。当批评家无中生有的时候，他是在"过度阐释"；但当批评家视而不见的时候，他又在"不及阐释"，因为此时的他囿于主观理论预设，故而对不符合其理论诉求的文本意图视而不见，由此导致人为的对文本的意义损耗。无论"强制阐释"

---

① 於可训：《对现当代文学研究中"过度诠释"现象的反思》，《文学评论》2006年第2期。
② ［意］艾柯等：《诠释与过度诠释》，柯里尼编，王宇根译，生活·读书·新知三联书店1997年版，第77页。

带来的是"过度诠释"还是"不及诠释",都是不科学的和不道德的阐释。真正意义上的文学阐释应该是客观而公正的阐释,它通过合理的方式挖掘文本的意蕴,在作品意图和读者意图之间保持良性的辩证关系,由此带来文本的意义增值,而"过度诠释"带来的是文本的意义膨胀,"不及诠释"带来的是文本的意义贬值或削减。

不仅如此,艾柯的"过度诠释"与张江的"强制阐释"这两种理论所提出的历史语境也是大不相同的。对于艾柯而言,他之所以反对"过度诠释",是因为在 20 世纪这个西方人所谓的"批评的世纪"里,他深感批评理论的恶性膨胀,已完全凌驾于创作之上,许多西方文学理论不再是对具体的文学创作经验的理论提升和理性总结,而是异化成了理论家自言自语的理论生产机器,这样的文学理论已沦为理论怪胎。置身于现代西方理论界从现代阐释学到接受美学再到读者反应批评的理论谱系中,艾柯清醒地意识到了这种以读者为阐释本位的文学批评模式业已陷入危机,现代西方批评界所大力鼓吹的"作者之死"其实不过是言过其实的哗众取宠,而那种拔高"接受主体"地位的论调最终必将导致"读者之死",甚至是"文学之死",因为读者的自我膨胀终将威胁到作者的自我没落,真正的文学也将因此而日渐沦丧。其实,合理和公正的文学批评应该是作者与读者的对话,在对话中构成主体间性,在对话中达成视界融合,在对话中实现文本意义的生产与再生产,而不是通过"强制阐释"的"非民主"批评模式,对文本的意义进行暴力式的扩张或削减,所以反对"强制阐释"其实也就是为了重建新的文学批评伦理。与艾柯站在西方现代文学批评理论谱系内部自我反思"过度诠释"不同,张江是站在当代中西文学批评交流中的西方中心主义批判的立场上反思"强制阐释"的,也就是说,张江"强制阐释论"的提出与20世纪90年代以来中国国内日渐强势的后殖民主义理论思潮有关。包括张江在内的许多国内文学批评家和理论家都在不断地反思西方现代批评理论在中国的理论扩张和话语殖民,他们试图立足中国文学的本土经验来提炼具有中国特色的文学批评理论和方法,而不是一味地照搬照抄西方现代批评理论和方法,他们为中国文论界的集体失语痛心不已,有识之士甚至开始理论突围,企图对中国古代文论进行现代转换,但遗憾的是至今鲜有成功者。张江敏锐地意识到了当下中国文学批评的症结之所在,他提出"强制阐释论"主要是为了给中国当代文学批评松绑,把那些长期压抑和捆绑中国文学批评的西方理论绳索解开,大胆指出现代西方文艺批评理论各流派的自相矛盾和不合逻辑之处,以此祛除国内批评家对西方批评理论的魅惑和集体无意识崇拜心理,继而回到中国语境,回到文学文本,回到中国文学经验(当然这是一种中西文明冲突与遇合之后的中国文学经验),以期在此基础上重建中国当代文学批评伦理和批评理论生态,像巴赫金和萨义德那样通过活生生的文学经验提炼出有生命力的文学理论。

说到这里,有必要区别"强制阐释"与"反对阐释"这一对概念。美国女性批评家苏珊·桑塔格在20世纪60年代提出"反对阐释"的概念,这比艾柯提出"过度阐释"早了将近30

年,但他们都是建立在反叛西方现代以读者为阐释本位的批评理论谱系的基础上的,不同的是,艾柯在反对"过度阐释"的同时并不反对"适度阐释",即客观而公正的不脱离文本意图的阐释,而桑塔格则走得更远,她明确提出"反对阐释",这种绝对化的反阐释立场[1]是建立在她对所有阐释的意识形态性质的不信任的基础上的,所以她把阐释的意义世界贬称为"影子世界"[2],而她在《疾病的隐喻》中所要做的事情就是彻底祛除阐释的魅影。桑塔格是一个典型的后现代主义者,主张解构意义及其滋生的意识形态,而且她受到了法国人福柯的知识考古学和权力话语理论的影响,视一切阐释为话语构型,而反对阐释也就是拆解阐释所建构的权力话语或意识形态。她明确指出:"曾几何时(高级艺术稀缺的时代),阐释艺术作品,想必是一个革命性、创造性的举措。现在不是这样了。我们现在需要的绝不是进一步将艺术同化于思想,或者(更糟)将艺术同化于文化。""现在重要的是恢复我们的感觉。我们必须学会去更多地看、更多地听、更多地感觉。""我们的任务不是在艺术作品中去发现最大量的内容,也不是在已经清楚明了的作品中榨取更多的内容。我们的任务是削弱内容,从而使我们能够看到作品本身。""现今所有艺术评论的目标,是应该使艺术作

---

[1] 苏珊·桑塔格在《反对阐释》中声明自己并非反对一切阐释,但她认为"当今时代,阐释行为大体上是反动的和僵化的",她把艺术阐释者形容为"吸血鬼",进而赞成艺术家在创作中"逃避阐释",而且她主张的阐释主要是对艺术作品的文本形式进行分析,反对对作品内容的阐释。参见 [美] 苏珊·桑塔格《反对阐释》,程巍译,上海译文出版社 2003 年版,第 6—15 页。

[2] [美] 苏珊·桑塔格:《反对阐释》,程巍译,上海译文出版社 2003 年版,第 9 页。

品——以及，依此类推，我们自身的体验——对我们来说更真实，而不是更不真实。批评的功能应该是显示它如何是这样，甚至是它本来就是这样，而不是显示它意味着什么。"[1] 对于桑塔格而言，在所谓20世纪的批评的时代里，文艺批评不再是革命性和创造性的劳动，而是陷入了机械的知识复制和再生产，文艺批评被各种体系化的知识所包裹和裹挟，我们的批评家已经丧失了对艺术作品的感受力，他们总是主观而固执地去开掘或榨取文本的剩余价值或剩余意义，而不知道如今的批评重要的不是做加法而是做减法，重要的是回到文本、回到体验，揭示艺术作品被包裹或被遮蔽的真相。与桑塔格绝对化的"反对阐释"相比，张江反对的只是"强制阐释"，因为张江是相信并捍卫文本的意义的，他坚信对作者意图或文本意图的阐释是文学批评的要务，读者意图或批评家的意图并不能取代作者意图和文本意图。在桑塔格的视域中，张江依旧未能拒绝阐释的诱惑或意义的诱惑，而在张江的视域中，桑塔格为了反对过度阐释和话语膨胀，结果把婴儿和洗澡水一起给泼了出去。总之，张江要反对的是"强制阐释"（包含艾柯所谓的"过度阐释"），即非文学性的阐释，至于不脱离文学文本的、客观而公正的文学性阐释，张江不仅不反对，而且是强烈拥护并且深切召唤的，由此可见张江捍卫文学和文学批评的赤子之心。

其实，"强制阐释"不仅是一个理论概念，它还是一个历史范畴。在中国当代文学批评史上，"强制阐释"在不同的历

---

[1] ［美］苏珊·桑塔格：《反对阐释》，程巍译，上海译文出版社2003年版，第16—17页。

史时期会以不同的历史形态或隐或显地存在、演变着。20世纪50—70年代是中国当代文学批评发展的第一个历史时期,这个时期的中国文学批评话语内部存在某种分裂性和悖谬性:一方面是政治权威话语对于中国当代文学批评的"中国化"形态或"民族化"方向的大力倡导,比如毛泽东从延安以来到新中国成立以后一直在提倡"古为今用、洋为中用",他希望中国作家能够创造出为中国老百姓所喜闻乐见的具有"中国作风"和"中国气派"的作品,而且包括周扬等人在内的党内文艺批评家也曾经公开呼吁"建立中国的马克思主义的文艺理论和批评"[1],也就是希望建立中国形态的或曰有中国特色的马克思主义文艺理论与批评,这可以说是新中国早期对文艺批评界流行的"强制阐释"批评模式的抵制;但另一方面,由于中国化的马克思主义文学批评理论形态在当时并没有真正地建构成型,因为当年的主流文学批评家基本上还是套用经典的马克思主义文艺理论和批评方法来阐释中国文学文本,包括古代文学经典作品和现实中不断涌现的当代文学作品,故而不可避免地会出现不同程度的"强制阐释"现象。著名者有当年的"两个小人物"——李希凡和蓝翎就是直接套用马恩列斯的经典文论来重新阐释《红楼梦》,以此对所谓资产阶级权威红学家——俞平伯发起文艺批判。[2] 他们主要借用恩格斯论巴尔扎克和列宁论

---

[1] 1958年7月31日至8月6日,河北省举行文艺理论工作会议,周扬在会上做了题为《建立中国的马克思主义的文艺理论和批评》的讲话。载《文艺报》1958年第17号。

[2] 李希凡、蓝翎:《关于〈红楼梦简论〉及其他》,《文史哲》1954年第9期。《文艺报》1954年第18号转载。

阐释的限度

托尔斯泰的行文思路和论断，认为曹雪芹的世界观像巴尔扎克和托尔斯泰一样充满了矛盾性，即他们都陷入了没落的剥削阶级思想与新兴的民主主义思想之间的冲突，故而一方面为颓败的封建贵族阶级唱了一曲挽歌，另一方面又为新起的民主力量唱了一曲赞歌。据此他们认为《红楼梦》的文本意图是为了揭示中国封建社会及其地主阶级必然灭亡的历史命运，而俞平伯断言《红楼梦》的主题是所谓情场忏悔录，是曹雪芹以自传的形式书写个人的情感悲欢和家族的兴衰际遇，这种主题阐释被判定为典型的反马克思主义的资产阶级唯心论的阐释。应该说，李希凡和蓝翎对《红楼梦》所做的阶级论阐释有其合理性，但如果以此否定俞平伯对《红楼梦》所做的自传性或个人化阐释的合理性，那就带有"强制阐释"的色彩或性质了，因为此时的文学批评已经陷入了"唯阶级论"阐释，所导致的后果必然是弱化或简化了《红楼梦》的意义世界，这显然不符合这一伟大的文学经典的客观实际情形。事实上，在那个政治化的年代里，不仅《红楼梦》遭到了"强制阐释"，而且其他古典文学名著也大都未能幸免，甚至连古人的山水田园诗也要被纳入阶级论阐释模式中。如同《红楼梦》被阐释为中国封建社会地主阶级四大家族的腐朽灭亡史一样，《西游记》被阐释成了以孙悟空为代表的地下被压迫者对天上统治者的阶级斗争叙事，《水浒传》更是被阐释成了典型的封建社会统治阶级和被统治阶级之间的直接对垒，《三国演义》的拥刘反曹立场则因为正统的封建主义保守立场而遭到批判。至于在当年的现实题材文学作品的批评中，像这种唯阶级论的政治阐释模式就更多了。

这种"强制阐释"现象的存在，其中隐含了20世纪50—70年代中国文学批评话语体系内部的裂隙，即中国化的文学批评理想与客观现实尚未能实现之间的差距。

20世纪80年代以降，随着改革开放大幕的拉开，中国当代文学批评开始进入极力推崇西方现代文艺批评理论的西化时期。伴随着文学批评西化时代的到来，中国当代文学批评的中国色彩日渐淡化，曾经在50—70年代受到主流意识形态推崇的文艺民族化和中国化方向则遭遇冷落。在这个西化的文学批评时代里，"强制阐释"的大流行比之上一个历史时期有过之而无不及，只不过是由一元化的"强制阐释"走向了多元化的"强制阐释"而已。在20世纪80年代的中国当代文学批评界，文学研究的"方法热"和"观念热"不断升温，根据新的批评方法和新的文学观念而进行的"重写文学史热"也在不断地制造文学热点①，包括茅盾、丁玲、何其芳、赵树理、柳青、郭小川等在内的经典左翼文学家不断地被新的文学观念和新的批评方法所拆解或曰祛魅，与之相对应的则是周作人、沈从文、废名、张爱玲、钱钟书、师陀等曾经被现当代文学史冷落的自由主义作家又被根据新的批评方法和新的文学观念所重评、重构或复魅。而在这一祛魅与复魅的现当代文学重构过程中，各种纷至沓来的西方现代批评理论，包括哲学、美学、心理学、

---

① 1982年《当代文艺思潮》创刊，该刊相继推出《美学与文艺学的现代化问题》《文艺学与现代科学》等专栏，《文艺报》《文学评论》《文艺理论与研究》等刊物相继设立《文艺特征与新方法》《文学研究方法创新笔谈》《新方法与文艺探索》等专栏；《文学评论》1985年第4期开始推出《我的文学观》专栏；《上海文论》1988年第4期开始推出《重写文学史》专栏。

文化学、社会学乃至自然科学的理论释放出强大的理论原动力。举凡精神分析批评、神话原型批评、现象学批评、英美新批评、俄国形式主义批评、结构主义批评、解构主义批评都在一时之间猛然涌入中国文学批评界，中国的文学批评家们甚至还来不及好好地理论消化就仓促披挂上阵，他们欢快地挥舞着各种西方文学批评理论的刀枪剑戟大开杀戒，将古往今来的中国文学文本肆意肢解乃至恶意扭曲，虽然其中也有少数批评家能做到庖丁解牛的娴熟与逍遥，但大多数则陷入了在文学场域外征用理论的"强制阐释"的陷阱。一个极端的例证是，在1985年前后，甚至连系统论、控制论、信息论、耗散结构、熵等现代西方新兴自然科学的理论和方法也被强行植入中国文学批评实践之中，中国文学批评由此沦为西方现代理论的演兵场或竞技场。及至进入20世纪90年代以后，随着市场经济时代的开启，新一轮的中国文学批评西化运动进一步扩张，除了20世纪80年代引进的各种现代西方文论依旧不衰之外，女权主义、新历史主义、后殖民主义、文化研究等西方理论话语再度横扫中国文学批评界，以至于不少中国文学批评家开始反思和警醒中国文论的失语症问题。诚然，我们今天已经很难再界定一个纯粹的中国或中国性，因为离开了世界和西方的中国是不可能存在的，但这并不能成为我们放任自己的园地成为西方文论的跑马场的理由，因为西方文论大都来自西方理论家对西方文学创作的理论提升和理性总结，虽然也有不同程度的普适性，但毕竟不能照搬照抄、简单移用至中国文学实践，归根结底还是需要中国文学批评家从中国文学经验中去创造新的文学批评理论形态。未来的中国形态的文学批评理论学派或流派,并不是拒绝西方文论的中国复古形态,而是能够融会中西、打通古今的新型中国文论话语体系。它能够根治我们的"强制阐释"批评病灶和所谓的中国文论失语症。唯其如此,我们看到,继王瑶等人倡导中国文学研究的现代化之后,章培恒等人开始转而倡导中国文学古今演变研究,钱中文和童庆炳等人开始倡导中国古代文论的现代转换①,这一切都是为了把中国当代文学批评或文学研究从20世纪80年代以来的那个"去中国化"的批评时代里扭转过来,这一批评时代的反拨可以被称为"再中国化",它不是为了回归50—70年代相对闭关锁国的"中国化"文学批评时代,而是创造一种立足当下中国文学经验的、熔中外古今文论于一炉的"再中国化"文学批评时代。前者是一个单调的"中国化"批评时代,后者是一个复调的"再中国化"批评时代,这就是两个批评时代的本质区别。

而张江的"强制阐释论"的提出,正好回应了21世纪中国文学和文学批评发展中要求"再中国化"的内在呼唤,它必将引发更多的中国文学批评家开启中国文论的重建之路。

然而,问题在于,破除"强制阐释"之后的中国文学批评出路在哪里,所谓的"中国化"或"再中国化"的具体路径如何,这都是摆在中国当代文学批评家面前的艰难课题。"强制阐释"并非绝对地反对阐释,因为一切文学批评都离不开阐

---

① 王瑶主编:《中国文学研究现代化进程》,北京大学出版社1996年版;章培恒等主编:《中国文学古今演变研究论集》,上海古籍出版社2002年版;钱中文等主编:《中国古代文论的现代转换》,陕西师范大学出版社1997年版;童庆炳:《中国古代文论的现代意义》,北京师范大学出版社2001年版。

释，离不开意义的发现和生产，问题的关键不在于废除阐释，而在于把握好阐释的限度，保证阐释的客观性和公正性。这就要求批评家必须处理好阐释与实证之间的关系。"阐释与实证，并不是一个对立的范畴，而是一种体用关系。阐释为体，实证为用。"① 所有客观而公正的阐释，都必须建立在实证的基础上，而实证又包含了三种维度或三种方式：其一是"形证"，即必须立足于文本的审美形式分析来阐释文本的意义，任何脱离了审美形式分析的文本意义阐释都是场外阐释或非文学性的阐释，其论证必然是缺乏说服力的，因为"形证"是不可或缺的内证，是文学阐释的最核心的因素。其二是"心证"，即必须立足于作者的显在意图或潜在意图，也就是作者投射在文本中的精神世界或意义世界来做心理分析，任何撇开了作者意图的纯文本分析都是缺乏说服力的，那样只会跌入读者意图的"感受谬误"，或者成为拒绝意义阐释的抽象形式剖析。而在"心证"的过程中，任何哲学流派的精神或心灵理论都必须转化为作者的艺术心理世界的有机构成部分之后才能进入文学阐释过程，否则就是强制性的场外理论征用。其三是"史证"，即必须立足于作者和作品存在的整体外部社会历史文化语境来阐释文本的意义，而不能简单地割裂作家作品与外部历史语境之间的有机联系，因为一切文学作品都是特定社会时代环境的产物，脱离了"外证"的"内证"，同样也会缺乏阐释的力量。只有建立在实证（"形证""心证""史证"）基础之上的阐释

---

① 於可训：《西部作家精神档案》，李遇春"序言"，商务印书馆2012年版，第2页。

才是客观而公正的阐释，符合我们时代所呼唤的批评伦理。而且也只有在这种建基于实证的文学阐释中，我们才能在具体而鲜活的中国文学创作实践中去抽象或提炼出属于中国文学经验的文学理论范畴或文学批评方法。所谓开创中国当代文学批评的"中国化"或"再中国化"进程，并非拒绝西方批评理论和方法，也非全面复归中国古代文学批评理论和方法，而是力主在融会中西古今的基础上创造中国批评家所独有且又有普适性的文学批评范畴和方法。就像当今许多亚裔批评家在欧美主流文学理论批评界所成功地做到的那样，也像许多中国古代文学理论批评家所曾经做到的那样，在融会佛理的基础上创造出为中国所独有而又有普适性的文学批评理论和方法。这当然是对中国批评家也是对中国作家的巨大考验，因为只有在"中国化"或"再中国化"的中国文学创作经验中，才有可能提炼出中国形态的文学理论范畴和文学批评方法。

（作者单位：华中师范大学文学院、湖北文学理论与批评研究中心）

"拿来"之后：盗来天火如何煮自己的肉

李俊国 田 蕾

一

回顾当代文学理论批评30年，一个显著的特点，就是对于域外文艺思潮文学理论批评方法的全面引入。1984年，随着"信息论""系统论""控制论"被引入文学批评领域，这一年遂被称为文学研究的"方法年"。自此，文学研究方法、工具、原理、思潮的引入，成为中国文学理论批评的兴奋热点与主要工作。随着西学引进的敞开，大凡哲学的存在主义、解释学，文化学的原始思维与原型批评，语言学的结构主义，历史学的新历史主义，文化政治学的后殖民理论，文化社会学的消费主义、女性主义，文学批评学的形式主义、文学符号学与文学新批评理论等，都被引入中国文学理论与批评的文学实践。时至今日，中国文学理论批评已经熟练地形成并操练着以作家为中心的表现主义、以作品为中心的形式主义、以读者为中心的接

---

* 《文艺争鸣》2015年第2期。

受美学等理论体系和研究方法。借用当年蔡元培对于"五四"文学的总结性描述:"短短十几年间,把自文艺复兴以来几百年的欧洲文艺思潮,几乎重演了一遍。"①

从近处说,1984年至今30多年;再往远点算,"五四"至今已近百年。百年以来,中国对于世界(主要是欧美与苏俄)文艺思潮文学理论的接受,其热情、范围、力度,大大超过其他民族与国度。但是,只开花不结果,看似众声喧哗实则理论"失语""失效",又的确是中国文学理论批评的客观事实。正如张江先生《强制阐释论》《当代西方文论若干问题辨识》等系列文章所系统剖析的,"一些理论和方法之间几乎没有联系和照应""如鸿沟般相互割裂",大量存在诸如"场外征用""主观预设"等"强制阐释"现象。②

引入、模仿、移植、吸收、拿来,当然是中国现当代文学理论与批评必须经历的初生发展形态和重要的文学理论资源。问题在于,为什么我们历经百年之久的那么多的"拿来",反而还没能形成有效的中国文学理论批评?

二

如果把西学引进誉为"盗来天火",那么,我们如何用"天火"来"煮自己的肉"?这,的确是个问题。在我们看来,

---

① 蔡元培:《中国新文学大系·总序》,上海良友图书出版公司1935年版,第5页。
② 张江:《当代西方文论若干问题辨识——兼及中国文论重建》,《中国社会科学》2014年第5期;《强制阐释论》,《文学评论》2014年第6期。

阐释的限度

中国当代文学理论批评，只顾得上或者只满足于对他者的学术理论研究方法的照搬式的"拿来"，而长期忽视了对于"中国""现当代""文学"内涵的焦灼性思考与体验性提炼，可能是主要原因之一。什么是"文学"？这个看似常识的问题，的确需要重新厘定。按照马克思的经典论述，人类存在"科学的""宗教的""艺术的""把握世界的方式"。文学，属于人类艺术地把握世界的形式。在此意义上，文学区别于宗教、区别于科学，也区别于政治学、哲学、历史学、社会学、新闻学、法学等能够构成社会公共空间的相关学科。所以，在近代中国，受西方学科分类的直接影响，文学（小说、诗歌、散文、戏剧）开始成为自足的独立的文本范畴与学科门类。[①] 但是，同样在近代，因为近代中国"救亡保种"的特定历史语境，中国的"文学"就一直成为社会公共空间的中心物，与政治、哲学、军事、历史、新闻、法学紧紧缠绕。近代先觉者用文学"新民"；"五四"启蒙者用它警醒"铁屋子里昏睡的国民"；革命时代，文学还一度承担着"匕首""投枪"的功能；和平年代，文学依然有着"服务"（为人民服务）的功能要求。

显然，文学，作为人类艺术地把握世界的审美方式的本体属性，与现当代中国文学历史性和当下性的呈现形态，这二者之间存在明显的错位，相当地不一致。因此，在"现当代""中国"语境里说"文学"的事，任何一种"拿来"的文学理论和文学批评方法，都会感到如张江先生所揭示的某种言不及

---

① 贺昌盛：《晚清民初"文学"学科的学术谱系》，中国社会科学出版社2012年版，第7页。

"拿来"之后：盗来天火如何煮自己的肉

义或者文不对题的"尴尬"。因此，我们的文学理论，不能仅仅满足于在西方文学理论疆域里做"跑马圈地"式的理论搬移，我们的文学批评也不能仅仅满足于对某一研究方法和模式的纯技术性操演。沿用鲁迅先生当年的主张，我们的文学理论与批评，的确需要"拿来主义"，需要"别求新声于异域""盗取天火"。因为，中国作为世界格局中"后发展"国家的历史规定性，只得借用"他者话语"，来为"自我命名"①。从这个意义上说，中国的文学理论批评，不能排除"他者"的"拿来"。没办法，这是历史的宿命。

但是，"拿来"之后怎么办？有如政治学"革命之后的第二天"的问题，往往被人忽视，或者，被"成功"的表象与狂欢所遮蔽——这，既是后发展国度的社会政治学问题，也是它的文艺学理论问题。依然回到鲁迅的生命实践，鲁迅先生更为注重的，是用"盗来的天火""煮自己的肉"。由此看来，我们的文学理论批评所缺乏的，只是"盗来了天火"没能"煮自己的肉"。

"煮自己的肉"有两层意思。一是文学理论批评从业者得把自己的生命"扔"进自己的研究对象中去。研究者与文学研究对象之间，不是书斋式的静态的"工程作业程序"式的关系，而是主客体间的燃烧、博弈、激活、互动的相互激发创造的关系。二是沉入中国文学对象中，切实研究合理解释有关"中国现当代文学"如何"艺术地把握世界"的文学现象文本形式及其诸多文学问题。所谓"煮自己的肉"，在某种意义上，

---

① 引文参阅［英］艾勒克·博埃默《殖民与后殖民》，盛宁等译，辽宁教育出版社1998年版，第131页。

可以表述为有关中国现当代文学的理论批评的建构。因为，依现象学观察，中国现当代文学的实际存在与文学的非公共空间性的本体属性之间，的确存在明显的"错位"状态。但是，正是这种"错位"现象，却蕴含了有关"中国现当代文学"的芜杂而巨大的语义空间。当"文学"与"中国现当代"相遇，许多关于"文学"的理论界说都发生了变化和变异。中国文学的形态与内涵，可能是20世纪以来在世界范围内最为复杂的文学形态。从这个意义上说，中国现当代文学，本身就是对既有文学理论的"挑战"——以它的变异性复杂性挑战一切既有的文学理论的常规性。

也从这个意义上，我们得感谢我们的研究对象，中国现当代文学因其变异性复杂性所导致的对文学理论常规性的挑战，恰恰为我们提供了文学理论与批评实践的创造性空间，从而使我们所说的中国当代文学理论批评建构，有了学理与事实的支撑与可能。当代中国的文学理论批评的建构基点，换一种表述，我们应该从文学本体属性与文学历史存在形态的"错位"里，寻找、提炼、建构中国现当代文学的理论话语和批评方式及其研究理路。

三

近年来，中国文学理论批评已经开始了建构"中国话语"的理论自觉。

检视百年中国文学理论批评，一批又一批学人正在从事着

"盗来天火""煮自己的肉"的工作。他们的文学理论批评实践，构成了重建中国文学理论批评的重要资源。

20世纪30年代，历经了"五四"时期的世界文学思潮文学理论的"重演"之后，以朱光潜为代表的一批留学欧美的文学理论批评者，开始了对西方学说的选择性创化工作。朱光潜可谓西方美学史通家，在上自古希腊下至20世纪的西方美学思潮流派中，朱光潜独选康德的"审美无功利"与布洛的"审美距离说"，谈美论诗。《谈美书简——给青年的十二封信》《诗论》，不仅显示了朱光潜对于中国古典诗歌和文学审美的独到阐释，更为有着道德性审美、功利性审美传统的中国文学，注入或张扬起超越性审美的文学精神。再如梁宗岱，从法国象征主义文学中论文学的"契合"理论，并以此解读诗歌"借有形寓无形，借有限表无限，借刹那抓住永恒"的象征意味的哲学缘由与生成原理。[①] 相比于以"气""味""趣"等感悟式解诗传统，"契合论"避免了传统诗歌解读方法的虚飘，多了理性的学理阐释。还有李健吾的文学批评，既借用法国印象主义文学批评对于文本"饕餮式"的体验性解读，又兼合了"比较"和"科学"的分析方法，发现并解读当下文坛的新人新作，显示出精准、犀利、新鲜、灵动的批评风格。[②]

如果说20世纪30年代的学人从事的是对"他者"理论方法的选择性创化，是对中国传统文学理念习惯具有某种扬弃和

[①] 梁宗岱：《象征主义》，见李振声编《梁宗岱批评文集》，珠海出版社1998年版，第58、59页。
[②] 参阅李俊国《新鲜·犀利·灵动——论李健吾的文学批评》，《湖北大学学报》1995年第2期。

改造的"煮肉"工作；那么，20世纪80年代以降，一批从事现当代文学史研究与当代文学批评的学者，不再只是满足于选择搬用"他者"的语汇和方法，而是在大量的西学引进的话语背景下，从事着对于"中国""现当代"与"文学"的焦灼性潜入式的研究与思考，并提炼出一系列属于中国现当代文学的症结性的"中国文学话语"。

20世纪80年代初期，新中国第一位现代文学博士王富仁率先以"反封建的思想革命"确立为研究鲁迅文学创作的现代思维理路，首创以具有现代性价值的"思想"作为研究中国现代文学的研究范式。[①]

随之，具有现代性价值特征的"思想""理性""意义"，成为现当代文学研究的有效关键词。[②] 如果按今天的"后学"者来看，所谓"思想""理性""价值""意义"，只能是对文学的伤害，应该加以屏蔽。须知，在漫长的封建文化传统里艰难转型的现当代中国，正是这一类看似与"文学"无涉的术语，支撑起"现当代中国"的文学风骨。南帆由文艺学进入现当代文学研究，是善于化用"他者"学理来思考、诊断"中国现当代"社会及其文学症候的学者。南帆以"革命"为节点，探究"文学·革命·知识分子·大众""文学、革命与性""历

[①] 王富仁：《中国反封建思想革命的镜子——论〈呐喊〉〈彷徨〉》，《中国现代文学研究丛刊》1983年第2期；《〈呐喊〉〈彷徨〉综论》，《文学评论》1985年第4期。

[②] 参见程文超《意义的诱惑：中国文学批评话语的当代转型》，时代文艺出版社1993年版；姚鹤鸣《理性的追踪——新时期文学批评论纲》，江苏教育出版社1998年版；何锡章《论"思想"在中国现代文学价值生成与存在中的意义》，《文学评论》2002年第4期。

史与语言""小资的压抑、膨胀和分裂"等方面的复杂关联及其文学表现。① 显然,南帆从"中国现当代文学"里"拧出"的这些社会学文化学与文学的关键词,构成了中国现当代文学理论批评的实施路径和有效话语。陈思和的《中国新文学整体观》,也是对"现当代中国"社会与文学生成及其文学形态之间的复杂关系有着独到体认的学者之一。"庙堂""广场""民间"的中国社会格局划分,清晰地呈现出作家在三维社会格局中的写作身份与写作姿态及其文学品性;尤其"民间写作"概念的提出,不仅拓展出文学史的视域,更是凸显出"中国文学"的潜在主体与可能路径。② 近似地,还有学者提出中国文学的"边缘叙事"。"边缘叙事,不仅成了当代文学的发展动力",而且是使文学在当代中国"得以自律性合法性存在,回到文学原点","是文学得以存在的本原"。③ 王晓明一直执着地解剖现当代中国与作家及其文本之间被"撕裂"的复杂状态。由此,"漩涡与挣扎""文化恐惧"与"自我阉割"的文学创作学概念,在他对沈从文、张天翼、茅盾、鲁迅、张贤亮等作家的文本解读中,应运而生。④ 从创作心理学而言,王晓明从大

---

① 南帆:《四重奏:文学、革命、知识分子与大众》,《文学评论》2003 年第 2 期;《文学、革命与性》,《文艺争鸣》1996 年第 3 期;《小资产阶级:压抑、膨胀和分裂》,《文艺理论研究》2006 年第 4 期;《历史与语言:文学形式的四个层面》,《文艺争鸣》2007 年第 5 期。

② 陈思和:《民间的浮沉:从抗战到文革文学史的一个尝试性解释》,见王晓明主编《二十世纪中国文学史论(下卷)》,东方出版中心 2003 年版,第 259、264、271 页。

③ 李俊国、田蕾:《边缘叙事与颓废审美》,《小说评论》2014 年第 1 期。

④ 王晓明:《"乡下人"的文体与"土绅士"的理想——论沈从文的小说文体》,《文学评论》1988 年第 3 期。

量的现当代文学文本阅读中概括提炼出的创作心理学概念,为中国文学独有。再如朱小如等,从对贾平凹、莫言、韩少功、张炜等多位作家的长篇创作中,提出了"中国经验与中国叙事",以及"中国故事"及其"如何讲述"等中国文学叙事的相关问题。①

四

百年中国,历史轮回。"五四"时期一阵欧风美雨,于是有了20世纪三四十年代中国文学理论批评的相对成熟;80年代再度西学热,经历30年的"天火"熔炼,中国文学理论批评必然而且应该"煮自己的肉",形成"中国"的"现当代"的"文学"的理论批评。正是在这种意义上,我们高度评价张江先生系列论文的学术意义。所谓"强制阐释"种种,归根结底在于我们的文学理论批评,大多仅停留在对"他者"理论的直接搬用和纯技术方法的简单套用上。"拿来"了"天火",没能"煮自己的肉"。"强制阐释论"的出场,具有当代学术史的"节点"意义,它昭示和呼唤着中国当代文学理论批评的重建。

如何重建中国当代文学理论批评?从思维路径而言,既不是一味拥抱西学,也不是一头回归古典——这种二元对立非此即彼的思维方式,显然不是应该采取的学术路径。在世界资讯一体化时代,在"他者"的影响和"启示"下,"再回过头去"

---

① 朱小如:《对话:新世纪文学如何呈现"中国经验"》,北岳出版社2004年版,第8页。

对"自己民族"的文化（文学），进行重新"透视""阐释""复活"并加以"重新命名"，应该成为中国当代文学理论批评的建构路径。重建中国文学理论批评，相对世界文学理论批评而言，"它好比是一个剥离与依附同时进行的"、充满着悖论的"双向过程"。一方面，要"采用借鉴、拿来或挪用殖民权利的意识形态、言语和文本形式"；另一方面，又努力挣脱，"离开殖民界定，越过殖民话语的边界"。"依赖"与"分裂"的悖论式双向过程，最终指向对于中国文学理论批评的"自我命名"。①

如何重建中国当代文学理论批评？从实践方式而言，王富仁、南帆、陈思和、王晓明、朱小如等一批现当代文学研究的"中国文学话语"的提出与实践，或许能够形成有益的启示。首先，中国文学理论批评的有效性话语和可行性方法，应该从中国文学的具体实践及其相关研究的互动中自然生成；中国文学实践的丰富性复杂性，可以生成具有"中国现当代文学"品格特征的中国现当代文学理论批评。其次，历经30年世界文学理论资源的引进吸收，中国文学理论批评已经到了"自我命名"的创化阶段，脱去对"他者"的过分"依赖"，走向中国文学理论的自我建构，正当其时。最后，像"思想""理性""价值""意义""革命"与知识者、与大众、与身体和性的关系，"广场"与"民间"及其"民间写作""边缘叙事"，像"漩涡与挣扎"一类的作家与时代的"存在"状态及其"自我

---

① 引文参阅［英］艾勒克·博埃默《殖民与后殖民》，盛宁等译，辽宁教育出版社1998年版，第120、131页。

阉割"的创作心态，像"中国经验与中国叙事"等，它们已经或将要构成中国文学理论批评的核心成分与基本语汇，至少，它们为重构中国文学理论批评，提示或敞开了通向中国文学实践的可能路径。

（作者单位：华中科技大学中文系）

文本意图与阐释限度

——兼论"强制阐释"的文化症候和逻辑缺失*

陈定家

改革开放30多年来,西方文论思潮的大量涌入,对中国文学理论的研究格局和思维方式产生了决定性的影响。面对西方文论"独霸天下的姿态",中国学者虽一开始就有从"跟着说""接着说"发展到"对着说"的良好愿望,但迄今为止,能与西方文论"对着说"的中国文论体系尚未浮出水面。为此,张江提出了"强制阐释"概念,借以"重审整个当代西方文论",为如何重释"西方文论"、如何建构中国话语做出了有益的理论尝试。

所谓"强制阐释"是指"背离文本话语,消解文学指征,以前在立场和模式,对文本和文学做符合论者主观意图和结论的阐释"①。此论一出,使得"阐释"及其相关话题,得到了不少学者的关注。综观20世纪以来的西方文论史,"阐释"无疑

---

* 《文艺争鸣》2015年第3期。
① 张江:《强制阐释论》,《文学评论》2014年第6期。以下有关"强制阐释论"的引文皆出于此。

阐释的限度

是一个不可或缺的关键词。且不说结构主义、新批评等形形色色的形式主义文论和阐释学理论，即便是接受美学诸家，也绝不敢小觑文本及其阐释问题。例如，伊瑟尔的《虚构与想象》一开篇就涉及文学阐释问题：

> 文学需要解释，因为作者以语言营造的文本，只有通过可供参照的认知结构才能把握其意义。如今，解释文本的方法和技巧已变得如此精巧而复杂，以致五花八门的解释学说和文本理论本身也变成了"细读"（scrutiny，即详尽的研究）的对象。……尽管各类批评或解释方法角度不同、目的各异，但有一点是相同的，那就是对文本的密切关注。①

在伊瑟尔看来，文学文本具有一个完善的阐释系统，这个系统的独特性使文学文本具有独特的意义。文学文本具有交往性、应用性、可鉴赏性，有关文本的意义阐发、结构分析、价值确认，甚至以突出其语义模糊性来发掘其潜在的审美意义，所有这些，对于文本解释者来说都是顺理成章的事情。作为接受美学的核心成员，伊瑟尔在《虚构与想象》中，明显地表现出了"回归文本"的倾向，他重申了传统文论的一些基本常识，例如，他把文本看作是诗人生活的写照或反映社会的镜子。而追寻"意义踪迹"的方法所关注的，正如许多方法论所暗示

---

① ［德］伊瑟尔：《虚构与想象——文学人类学疆界》，陈定家等译，吉林人民出版社2003年版，第1页。

的那样,是寻求一种解释文本的思路,解释者通过对暗含结构的解读来发现文本的奥秘。这种转向,对我们从学术史的视角理解"强制阐释"的必然性及其局限都有一定的启示意义。

一 走向综合性与总体性的文本阐释

我们知道,从20世纪初的俄国形式主义到二三十年代的布拉格学派,文本分析的精细化已到无以复加的程度,文本这块"生肉"已经被煮烂煮透了。经过四五十年代英美新批评的切分与解剖,再到60年代法国结构主义的拆拼与翻搅,文学文本已经变成了一锅热气腾腾的"肉羹"。对60年代以后的理论家和批评家来说,剖析文本的创新空间已经日渐逼仄,他们大约也只有在文本之外的"佐料"等方面翻点花样了。60年代之后,国际政治冷战气氛日趋缓解,欧洲知识分子的政治化倾向也渐有抬头之势,加之信息技术崛起极大地拓宽了思想交流的渠道,文本之外的社会意义也随之凸显出来……总之,在各种因素的作用下,文学研究的重点从文本转向接受,可谓水到渠成,于是,接受美学应运而生。众所周知,正是接受美学把阐释学中的读者之维推向了极端。但作为接受美学的主将,伊瑟尔从接受美学向文学人类学的转变,重新思考"文本意图及其阐释限度",或许是我们阐释当下流行的"强制阐释"之源流与本质的一个别有意味的切入口。伊瑟尔的《虚构与想象》有一个副标题——"文学人类学疆界"。不言而喻,这个"疆界"与本文所谓的"限度"多有相通之处。在该书的译后记中,笔

阐释的限度

者曾写下了这样一段话：

20世纪的西方美学和文艺理论，思潮迭起，流派纷呈。五花八门的理论与学说，彼此渗透，互相辩驳。它们在人文主义与科学主义之间，追"新"逐"后"，东起西落。……但是，在理论风云变幻无定的近百年中，比较而言，大体上有这样的三种类型仍旧引人注目：一、主要以作者为中心的"表现主义"理论，如克罗齐的直觉主义、弗洛伊德的精神分析学、荣格的神话原型理论；二、主要以作品为中心的"形式主义"理论，如以雅格布森为代表的"俄国形式主义"、兰塞姆等人热衷的"新批评"，以及罗兰·巴特等人倡导的"结构主义"；三、以读者为中心的"读者反应批评"和"接受美学"等，主要代表有英伽登的"阅读现象学"，伽达默尔的阐释学，以及姚斯、伊瑟尔倡导的接受美学。

我们注意到，不同国籍的好几代美学家和文论家，在近百年的时间内，顺着从"作者"到"作品"再到"读者"的顺序，各自建构并发展着自己的理论体系，这里是否隐含着学术发展史的某种必然规律？令人感叹的是，历史老人竟是如此条理分明的逻辑学家！我们不能肯定理论研究关注的中心是否会出现新一轮的"循环"，但可以肯定的是，一种综合性、总体性研究早就显现出了强劲的发展态势。例如，杜威的实用主义批评、英伽登的现象学美学、萨特的存在主义文论等，都不约而同地加强了对研究对象的综合性探讨和整体性把握，他们都注意到了传统文论将作家、作品和读者割裂开来进行孤立研究的缺陷和不足。在这一方面，现代解释学和接受美学的理论自觉性表现得更为突出。伊瑟尔的转向，就是顺应文学研究的综合化和总体化发展趋势的一个生动例证。

综合性、整体性研究的思路表明，只见树木不见森林的研究，已近穷途末路。这是西方文论近百年历史给我们的重要启示和历史教训。作者、文本和读者都是文学艺术不可分割的组成部分，任何顾此失彼的阐释或独照一隅的研究都是不可取的。刘勰说："各执一隅之解，欲拟万端之变。所谓'东向而望，不见西墙'也。"专注整体中一域，而又不忘一域所在的整体，这种综合性与总体性的文本研究，或许对规避"强制阐释"、戒除各种强作解人的"挪用""转用""借用"都是一味喝破痴迷、回归现实的清醒剂。

二 "强制阐释"的历史根源与文化症候

从学术史的视角看，"阐释学"虽然是一个现代哲学概念，但对阐释行为的研究可以追溯到古希腊时期。事实上，"阐释学"（hermeneutics）意即"赫尔墨斯之学"，其词根就来自古希腊语赫尔墨斯（Hermes）。赫尔墨斯是神的信使，他变化无常，模棱两可，所传达的神意玄秘含糊，具有难以理解、难以言说的神秘性，这一点从"神秘主义"（hermetism）一词与

"阐释学"的同根同源亦可见一斑。希腊罗马人都相信赫尔墨斯是雄辩家的偶像，同时也是骗子和窃贼的保护神，让人看不清、猜不透。"这位既给人宣示神谕，其言又殊不可解的神话人物，最能象征理解和阐释的种种问题和困难。"[1] 因此，将研究阐释问题、克服理解困难的科学命名为"赫尔墨斯之学"，可谓恰如其分、切中肯綮！众所周知，阐释学是在对《圣经》的词语"诠释"和神学"解释"的基础上发展起来的，直到今天，阐释学仍旧具有隐约可见的宗教文化特有的神秘色彩。

张江《强制阐释论》指出："强制阐释是当代西方文论的基本特征和根本缺陷之一。"作者还对强制阐释的"场外征用""主观预设""非逻辑证明"和"混乱的认识路径"等基本特征进行了深入剖析。该文视野宏阔，取材宏富，气势宏大，于兹不妄作评介。笔者发现，"强制阐释"虽然是一个新概念，但这种现象却很普遍。就西方文论而言，其根源早就隐伏在西方文化的"二希"源头之中。古希腊逻各斯主义"一线到底"的线性思维方式和希伯来宗教文化"一以贯之"的一神教精神，都以基因的形式渗透在西方文化的方方面面。因此，西方文化的"二希"源头，或许可以看作我们理解"强制阐释"的历史根源及其文化症候的基本前提。例如，弗洛伊德强调力比多，则万物皆是性意识的象征；德里达强调文本，则说"文本之外无一物"；新批评强调作品的中心地位，便一刀斩断作品与作者的联系；接受美学强调读者的主体性，则将接受看成一种超

---

[1] 张隆溪：《二十世纪西方文论述评》，生活·读书·新知三联书店1986年版，第173页。

越作者和文本的纯粹个人体验，凡此种种，"片面的深刻"和"深刻的片面"，无不与"强制阐释"有着千丝万缕的联系。

我们注意到，即便是被阐释了数千年的希腊神话，在今天的出版物里仍然充满了目的不同、方法各异的"强制阐释"。譬如说，谢利曼挖掘的特洛伊财宝、伊文斯发现的阿伽门农面具、苏格拉底最后的遗言等，都明显存在罔顾事实的"以今释古"现象。谢利曼戴在索菲亚身上的那些头饰，一再被煞有介事地说成是海伦的首饰；而所谓的阿伽门农的黄金面具，实际上与那位身份可疑的迈锡尼王没有任何关系。至于对苏格拉底遗言的"误读"更可以说是"强制阐释"生动的例证。苏格拉底说："克力同，别忘了替我偿还阿斯克勒庇俄斯（Asklepios）一只鸡。"意思是说，他一死，所有病痛一笔勾销，既然百病痊愈，那就该照习俗给医神献祭一只鸡。但不少中国人把苏格拉底的"视死如归"阐释为"信守诺言"，而医神阿斯克勒庇俄斯也被想象成苏格拉底的邻居。这种"明知故犯"的"别解"相当普遍，古今中外，概莫能免。譬如说，中外史书常常煞有介事地把帝王们描述成"神之子"，更不用说《圣经》等宗教书籍了。尤其是文学创作中虚构与想象的特权、陌生化、典型化、"箭垛效应"等，都为强制阐释提供了纵马驰骋的空间。至于今天微信、微博上的众多明星八卦和历史戏说，在评说明星言行和阐释历史事件时，罔顾事实、混淆是非的情形，则更是把强制阐释发挥到了登峰造极的程度。

强制阐释，说到底是一种话语权利的"滥用"。公元646年，欧麦尔焚烧亚历山大图书馆，他解释说，如果这些希腊人的著作

阐释的限度

与安拉的经典一致，它们就是多余的；如果不一致，那么就是有害的。总之，阐释的话语权掌握在哈里发手里。有趣的是此前罗马人曾两次焚馆（恺撒，公元前47年；狄奥多西，公元391年），但都没有欧麦尔焚馆事件那么富有争议，这或许是因为欧麦尔的"强制阐释"比焚馆事件本身更加耐人寻味吧？与此形成有趣之对照的例子是，1420年，北京故宫竣工，但永乐皇帝在新殿御朝不足百日，前三殿遭雷击悉数被毁。一时间"朝论沸扬""台谏交口"，以致永乐、洪熙、宣德三朝皆未敢重修大殿，由此不难想见时人对"三殿灾"的阐释让皇族承受了多么沉重的心理压力！当避雷针技术传入中国后，当年那些"朝论""台谏"，不攻自破，沦为笑谈！这不禁让人想起了马克思的话："在避雷针面前，丘比特又在哪里？"[①] 我们感兴趣的是，当人类生活在一个主要靠想象力理解世界的时代，阐释者的话语权有时甚至会凌驾于皇权之上。事实上，负责处理人神关系的祭司或巫师对"神谕"或"神迹"的解释，是"代神立言"，往往比国王的法律更权威。这种现象在人类社会持续了数千年，时至今日，求神问卦者也并未绝迹。帝王们热衷造神，意在树立权威、以愚黔首，这与教皇鼓吹"无知乃虔诚之母"如出一辙。当然，在特定历史条件下，特定的强制阐释也有其超越解释学的合理性。如汉朝儒生奉命对《诗经》进行"强制阐释"，开辟了中国诗学的政教之路，诗经变成了"经夫妇、成孝敬、厚人伦、美教化、移风俗"的有力武器。这样的例子也一样举不胜举。尽管现实生活中歪曲事实理所不容，但文学艺术的"强制阐释"却势所难禁。探究这

---

① 《马克思恩格斯选集》第2卷，人民出版社1972年版，第113页。

个悖论的症结，除了借鉴"趣味无争辩""衍义无疆界"等陈规旧训外，或许还可以从以下几个方面入手：第一，从接受心理上讲，强制阐释能够更好地满足人们的心理预期。譬如，即使明知秦始皇不可能是吕不韦的儿子，但人们还是津津乐道于此类野史。还是恺撒说得透彻："人们只相信他们愿意相信的东西。"第二，文学艺术并不以求真为务，它的最高目标应该是对美的创造。莱辛有句名言："美是造型艺术的最高法律，凡是为造型艺术所追求的其他东西，如果和美不相容，就必须让路给美。"① 第三，从阐释的艺术效果看，"正如大多数知识活动一样，诠释只有走向极端才有趣。四平八稳、不温不火的诠释表达的只是一种共识，尽管这样的诠释在某些情况下自有其价值，然而它却像白开水一样平淡寡味。切斯特尔顿对此曾经有过精辟的论述。他说：'一种批评要么什么也别说，要么必须使作者暴跳如雷。'"② 总之，强制阐释，更痛快、更有趣、更能一鸣惊人！但就阐释的必要性和目的性而言，"强制"恰好站在了"阐释"的对立面。

三 文本的意图及其阐释的限度

《汉书·韩安国传》云："强弩之末，不能入鲁缟；冲风之衰，不能起毛羽。"同理，任何强词夺理的阐释，必有理屈词穷的时候。在《诠释与过度诠释》一书中，艾柯曾树立了众多

---

① ［德］莱辛：《拉奥孔》，朱光潜译，人民文学出版社1979年版，第16页。
② ［意］艾柯：《诠释与过度诠释》，张北根译，生活·读书·新知三联书店1997年版，第135页。

阐释的限度

批评的靶子，如："对文本唯一可信的解读是误读"，"文本是一个开放的宇宙，在文本中诠释者可以发现无穷无尽的相互联系"，"'真正的读者'是那些懂得文本的秘密就是'无'的人"，"波麦的文本有如'野餐会'，作者带去语言，而由读者带去意义"。① 遗憾的是，艾柯的批评根本没有针对"阐释的无限性"提出有力的批评证据。当然，他反对过度阐释的态度倒是毫不含糊。艾柯批评说，即便情况真如波麦之诗，"作者所带去的词语也是一个令人棘手的、装满五花八门材料的'大包袱'，读者不可能将其置之不顾"②。艾柯的意思是，文本的阐释终归有个限度。在艾柯看来，罗马帝国之所以在奥古斯都之后能安享近 200 年太平（PaxRomana）③，那是因为它拥有稳固的边疆，这与游牧蛮族的居无定所形成了鲜明的对照。文本之所以成其文本，就如同帝国之所以成其为帝国一样，它们都需要一个相对稳定的边界，都需要一个相对稳定的状态。所谓"水停以鉴，火静而朗"，说的也是这个道理。强制阐释的根本缺陷就在于无视边界的存在，甚至以打破疆界为时尚。

艾柯说："我所研究的实际上是文本权利与诠释者权利之间的辩证关系。我有个印象是，在最近几年文学研究的发展过程中，诠释者的权利被强调得有些过火了。"④ 艾柯指出，传统

---

① [意]艾柯：《诠释与过度诠释》，张北根译，生活·读书·新知三联书店 1997 年版，第 47—48 页。
② 同上书，第 28 页。
③ PaxRomana 特指罗马帝国的和平时期，但译者将其误译人名：帕斯·罗马纳。载[意]艾柯《诠释与过度诠释》，张北根译，生活·读书·新知三联书店 1997 年版，第 33 页。
④ [意]艾柯：《诠释与过度诠释》，张北根译，生活·读书·新知三联书店 1997 年版，第 28—29 页。

阐释学唯一的目的就是要寻找作者本来的意图，而后现代阐释学认为，阐释者的作用仅仅是"将文本捶打成符合自己目的的形状"（罗蒂语）。为了在两种极端阐释理念之间寻找一种折中的阐释方式，艾柯把注意力转移到了文本方面，为此，他祭出了"文本意图"的旗帜。当然，艾柯强调回归"文本意图"，并不是重弹形式主义和新批评的老调，我们不妨将其视为"走向综合性与总体性文本阐释"的一种尝试。

从一定意义上说，强制阐释常常与"文本误读"互为因果。尽管"误读"的原因千奇百怪，但无外乎主观"故意"或客观"无心"两种。以韩非子的著名寓言"郢书燕说"为例：

> 郢人有遗燕相国书者，夜书，火不明，因谓持烛者曰："举烛。"云而过书"举烛"。举烛，非书意也。燕相受书而说之，曰："举烛者，尚明也；尚明也者，举贤而任之。"燕相白王，王大悦，国以治。

对于秉笔者来说，误写"举烛"二字显然是"无心而为"，但燕国丞相的"强制阐释"，就很难说是"无意之举"了。有趣的是，丞相的误读带来了燕国大治的结果，这种充满正能量的"误读"应该说是值得庆幸的。所以纪昀在《阅微草堂笔记》中感叹说："郢书燕说，未必无益。"（清·纪昀《阅微草堂笔记》卷四）。当然，韩非子的本意或许是讽刺当时学者望文生义的浮躁治学态度。

其实，今天的学术界，"郢书燕说"的例子更是数不胜数。

阐释的限度

例如，刘心武把"红学"讲成了"秦学"就是"强制阐释"的活标本。笔者曾写打油诗《戏拟刘心武揭秘"红楼"》："郢书燕说小说招，信口开河戏说曹；梦中说梦侃秦学，祸枣灾梨知多少？"① 但有人替刘心武辩护，其理由是任何人都有阐释的权利，只要能自圆其说，于曹氏其人其书，又有何碍何损？按照弗莱的批评理论，刘心武只不过是把曹雪芹想说而又不能够直说的东西替他说出来而已。斯威夫特说："渊博的批评家目光何其犀利，读荷马能见出荷马不懂的东西。"（As learned commentaters view, I Homer more than Homer knew）这话原意本是讽刺，但对于今天的批评家来说，听上去反倒更像是一种恭维。阐释者站在"今之视昔"的角度，阐释出"荷马所不知道的东西"似乎也是合情合理的，但即便是"海伦的首饰"和"阿伽门农的面具"或"秦可卿的皇族身世"这类充满想象力的强制阐释，其"文本意图与阐释限度"也是一望而知的。

说到底，文本自有文本的意图，阐释自有阐释的限度。譬如说，郢书燕说中将"举烛"释为"尚明"固然是"误读"，但也主要是文本"意图"之误在先，臣子向燕王的"强制阐释"在后。无论如何，读信人不可能将"举烛"强制阐释为前文所述的"焚馆"或"毁殿"，因为阐释者无法迈过逻辑这道门槛，更不用说历史事实这道铁门槛了。从一定意义上说，文本的意图往往对阐释的限度具有决定性的作用。所谓"无边的阐释"无非是因"阐释的循环"而造成的一种错觉而已。

---

① 陈定家：《比特之境：网络时代的文学生产研究》，中国社会科学出版社2011年版，第356页。

当然，历史事实的复杂性和多面性往往使相关文本的边界模糊不清，毕竟，文本帝国只有其虚拟的疆界。要避免强制阐释，必须有足够的时间和耐心。白居易说："赠君一法决狐疑，不用钻龟与祝蓍。试玉要烧三日满，辨材须待七年期。周公恐惧流言后，王莽谦恭未篡时。向使当初身便死，一生真伪复谁知?"(《放言五首·其三》) 由此可见，历史和事实是最伟大的阐释者。要避免强制阐释，张江所说的"辨识历史，把握实证，寻求共识"或许是一条可行的路径。

（作者单位：中国社会科学院文学所）

用自己的眼光看西方文论
——张江的"强制阐释论"与中国文论建设*

王学谦

张江的《强制阐释论》是近年来极为少见的全面反思当代西方文论的论文。文章在充分肯定当代西方文论的独特性和创造力的前提下指出其严重的缺陷，这种缺陷又在中国近 30 年的传播过程中被极度放大。文章将当代西方文论的缺陷归结为四个方面：场外征用、主观预设、非逻辑证明和混乱的认识途径。这篇论文在 2014 年年底被《文艺争鸣》转载，2015 年年初《文艺争鸣》在长春又召开小型专题讨论会，专门讨论张江的"强制阐释论"。与会者各抒己见，对张江"强制阐释论"的各个方面进行了深入探讨。笔者也参加了这次讨论会，很受启发。下面就"强制阐释论"谈谈自己的粗浅看法。

一

我以为，张江的"强制阐释论"是 20 世纪 90 年代以来日

---

* 《文艺争鸣》2015 年第 3 期。

益热烈的关于中国当代文论建设讨论的演进,也是中国社会新时期以来文学发展过程中的自然现象,其背后也隐含着焦躁、激动的民族情绪和学界自我创造的渴望。

"文化大革命"结束以后,随着思想解放、改革开放、面向世界的巨大潮流,当代西方文论也大量涌入中国文坛和学术界。从20世纪80年代初期的西方现代主义到80年代中期的方法论大讨论,再到90年代以后的后现代主义、女性主义、文化批评、后殖民主义、主体间性、日常生活审美论等,西方各种主义和思潮被大量翻译、介绍,同时也被文学理论界、文学批评界和文学史研究者迅速而广泛地使用。在现代文学史研究和当代文学批评之中表现最为明显。许多新的话题、新的观念都和当代西方文论观念刺激、影响具有直接的关联。到80年代末期的时候,古典文学也愿意使用西方文论来处理自己的问题。西方某某主义与中国某某文学现象的论著几乎变成了一种普遍的学术范式。在80年代中后期许多人就发现,西方自文艺复兴以来的文艺理论在中国差不多又被完整地演绎了一遍。即使在现在,我们也浸泡在西方文论之中,我们的文学观念、方法乃至知识构成也往往深受西方文论的影响。实事求是地说,无论是80年代还是当今中国文学,这种对西方文论、思想的大量学习、借鉴都是必要的,即使是幼稚的模仿也不能完全否定它存在的价值,因为要把异域的文化变成自己的文化需要有一个消化、吸收的过程,不可能拿过来就得心应手、恰如其分。西方文论给我们的文学、文学理论提供了巨大的启发和活力,如果没有这种学习乃至模仿,中国文学也许不会取得今天的成就。

这是后发现代性国家的国情所决定的,我们毋庸讳言。

但是,无论是从民族国家的角度来讲,还是从学人个人的治学来说,学习、借鉴西方文论毕竟不是长久之计,也不是最高目的。学习、借鉴乃至模仿最终都是为了创造属于自己的文论,这是一个顺理成章的逻辑。因而,在20世纪90年代以后,国学热逐渐兴起,反思"五四"的激进主义思潮也应运而生,文化保守主义成为人们关注的一个话题。后来又有大国崛起、中国经验、中国模式等讨论,这些都在文化上折射出中国社会、文化渴望自身创造、确立民族自我的躁动。1990年黄浩发表《文学失语症》一文反思先锋小说的"失语症",指出80年代中期以来的先锋小说患上了语言"失语症",人们将暧昧不清的语言当成了小说的主体语言,从而造成小说语言丧失叙述能力。[1] 90年代中期,古典文论学者曹顺庆发表《21世纪中国文化发展战略与重建中国文论话语》[2],提出中国文论"失语症",引起学界的普遍关注,从而引发了如何建设中国文论的持续讨论,在讨论中又提出古典文论的现代转化的问题,一些学者在讨论过程中也表现出强烈的民族主义情绪。人们不约而同地发现,在对西方文论的学习、接受过程中,中国学人缺乏更深刻的自我体验、独立思考和活学活用,简单地套用、移植的现象也是非常明显的。在80年代,文艺理论比较成功的借鉴是刘再复的文学主体性。在对"文化大革命"非人化文学的清算过程

---

[1] 黄浩:《文学失语症》,《文学评论》1990年第2期。
[2] 曹顺庆:《21世纪中国文化发展战略与重建中国文论话语》,《东方丛刊》1995年第3辑。

中，以人道主义为核心，强大创作主体的自由、作品人物性格的自由和接受者的自由阐释，其主要资源应该说是西方19世纪的长篇小说美学思想和个性主义。但是，80年代以来，许多使用新观念、新方法的批评、研究其实是简单化的套用，唯西方马首是瞻，以趋新为荣耀，脱离问题和对象的属性和特征。基本套路就是什么什么主义与某种文学问题或现象，最拙劣的应该是胡乱使用某种主义、思想，连自己也不清楚到底是怎么回事就运用到自己的研究和批评之中，其最典型的表现是极力铺陈、制造新名词术语，缺乏自己的见识。和西方文论相比，中国文论缺乏民族原创性和个人原创性。因此，对西方文论进行认真的反思也更推进了一步。孙绍振对俄国形式主义陌生化理论的反思，就指出中国传统诗歌在语言使用上并非追求陌生化，而是在平常、普通的语言之中追求言外之味，是一种无言之美。在这样的背景下，张江以"强制阐释论"更宏大的概括来批评西方文论也是一种必然和自然的结果。

二

张江"强制阐释论"对当代西方文论的批评首先可以提醒人们，西方文论不是文学上的绝对真理，文学是自由的，没有绝对真理，要站立起来面对西方，要以平等的态度，用自己的眼光看西方文论，要对西方文论有更深入的认识和理解，要有超越性思考，寻找适合自己的方法、适合解决问题的方法。

其次，张江的"强制阐释论"所涉及的问题也有具体的学术、知识的启发性,对文学研究和批评有一定意义。"强制阐释论"不是空泛的批评,而是结合西方文论的许多具体论述指出了西方文论所存在的问题,可以将诸多问题的讨论和思考引向深入。比如,他指出了生态文学研究、批评的"场外征用"问题就很有启发性。生态文学的批评和研究是当今文学界一个很重要的问题,它是当代生态意识在文学中的直接反映。但是,当它将生态意识移用到文学的时候,就带来了很大的问题。这种生态文学批评很容易将文学当成生态意识的传声筒,从而使生态文学的文学性被削弱,使生态文学变成了一种肤浅的问题文学。在中国从来不缺乏那种紧跟社会现实的问题文学,但是,这种问题文学往往缺乏文学稳固的超越性和独立性。《狼图腾》本来是一部草原传奇小说,由于作者对生态问题的重视,生硬地加入生态意识,让草原老人变成一个无所不知的生态专家,这不仅不符合人物性格和生活的实际,也影响了作品对大草原的美学营造。而许多批评者不但没有指出这种生硬的生态意识,反而借着社会普遍的生态意识大加张扬。这就在不知不觉之中丧失了批评者的责任。文学批评就是文学批评,应该以文学性为主体,不该做时代的传声筒。还有,我想起了学界套用海德格尔的死亡哲学的问题,海德格尔提出"向死而在",认为人们意识到生命的有限性以后就会对生命有更深切、更透彻的领悟。这种死亡哲学之所以在西方世界令人震慑、令人重视,是因为西方文化有强大的基督教传统。在基督教那里,人是没有死亡的,是可以永生的。人通过现世的努力可以进入上帝的天堂,获得永生的幸福。当尼采宣布上帝死了以后,当基督教的权威逐渐衰落以后，人们发现没有上帝、没有天堂，人只是像其他动物一样活在地球上，人必然要死，于是人生在世的选择性变得格外重要。但是，中国人没有强烈而执着的宗教信仰和情感，没有永生的概念，中国人不是意识到死亡以后注重人生现世活法，而是一直就注重现世的活法。所以，鲁迅说自己对死亡的态度是"随便党"。还有，张江"强制阐释论"指出西方女性主义批评存在的"主观预设"的问题，认为肖尔瓦特站在女性主义的立场上，在文学批评中往往将自己的主观意愿强加给历史文本。肖尔瓦特在《阐释奥菲利亚：女性、疯癫和女性主义批评的责任》中，将《哈姆雷特》中的一个配角奥菲利亚作为中心重读，从而颠覆了莎士比亚《哈姆雷特》的经典性。回顾中国女性主义批评和研究也存在类似的问题。西方女性主义批评和社会女权运动密切关联着，一些命题往往只有放在具体的社会语境中才能得到充分的理解。但是，中国女性主义批评往往简单套用，最大的问题就是简单化，缺乏对人性、个性与女性之间复杂关系的深入分析。把女人的一切不幸简单地归结为男人或男权文化，这样复杂的人性世界被简单地用性别加以区分，复杂的文化世界变成了女性文化与男权文化的对抗、博弈。

三

对西方文论的批评、反思并非全盘否定西方文论，也不是要通过这种否定证明西方文论不如中国文论，而是要更好地学习、吸收西方文论，为我所用，建设中国文论。中国文论的建设不仅要面向中国传统，同时也要面向世界、面向西方。我发现，张江的"强制阐释论"在反思西方现代文论的时候，并没有拒绝它，而是大量采用了西方文论的观点、知识，其中不乏一些未翻译过来的外文文献。这一点也非常重要。在20世纪末期，有古典文学学者提出古典文论现代性转换的时候就有一种声音：西方文论很多思想、观点，我们古已有之，何必要西方的东西？最近，甚至还有更极端的声音：西方文论是建设中国文论的主要障碍，理由是西方文论预设了建构中国文论的思维方式，置换了中国文论建构的概念范畴。这是试图以一种与世隔绝的态度，闭门造车建设所谓纯粹化的中国文论。这是一种封闭性的盲目自大的心态，也是一种全球化时代文化交流、文化冲突过程中的一种自卑心态的折射，对中国文论的建设并无切实的意义。鲁迅的"拿来主义"仍然是我们应该遵循的重要原则。中国与西方的确存在文化的美学的差异、冲突，但是，这并不影响对西方文论的吸收，文化的交流和借鉴总是在这种冲突中进行的。晚清以来的中国文化，也还是中国文化，是晚清时期中国进入世界格局以后的中国文化。"五四"文化也是中国文化。中国文化不仅有古代传统，而且也有晚清以来的现代传统。晚清以来那些学人，也是中国文化的建设者，也不乏中国文论建设的积极作用。王国维和古代传统学人不同之处是借鉴了西方文化来阐释中国文学。王国维深受德国古典哲学、美学的影响，康德、叔本华、尼采等的思想被他自然而然地融进了自己的文学理念和研究之中，因此，才有《人间词话》这样既不同于古典词话又不同于西方文论的原创性文论。他的《〈红楼梦〉评论》往往被认为是对叔本华的悲剧世界观的套用,其实,这也未免太过表面化了。王国维选择叔本华哲学,包括他对《红楼梦》的研究也融入了自己悲凉的人生体验,其中隐藏着他的精神世界的悲剧感。这种基于强烈共鸣的借鉴就不能说是简单套用。章太炎也一定程度受到了西方文化的影响,他的"俱分进化论"就受到当时进化论的启发,但是,他的"俱分进化论"却不同于西方的进化论,进化论强调进化,"俱分进化论"却否定了进化,认为善进化恶也进化,这就明显地具有他自己的个性。胡适是深受西方文化尤其是美国实用主义哲学影响的学者,他对中国古典小说的研究无疑是具有创造性的研究。鲁迅对中国小说史研究也同样具有原创性。钱钟书有非常深厚的西方文化背景,他搞的那些学问却很中国化,但是,他常常中西融通式地去谈论问题。不要以为"五四"以来吸收了西方文论,中国文论就消失了,中国文化就丧失了民族性。文化的民族性永远是动态的,是不断变化的生成过程,是一条无止境地流淌着的充满活力的大河,而不是凝固不变的一潭死水,它生生不息,不断被创造出来。没有必要将中国传统文论永远定格在遥远的过去,让它变成一个遥不可及的风景,也没有必要太过机械地将民族文化本质化,谁也没有权力断言我们民族文化一定是什么样子、必须是什么样子、永远是什么样子。实际上,就是中国古代文论,也很难说是纯粹的单一的汉族文化的结晶,中国文化本身就是在不断与异质性文化的对抗、冲突中构建起来的,它是一个丰富、复杂的融合体,而不是透明单一的东西。佛教并非中国的原产,但是,这不影响它被吸收过来变成中国文化的一部分。那么,究竟什么样的文论才算是中国的呢?我想,我们不必过分拘泥于文论的文化构成是中国的还是西方的,而更应该看重它的实践品格。凡是中国人写的都是中国文论,而那些能够代表中国文论最高水准的优秀文论,一定是能够解决实际文学问题的文论,它也就是体现了民族文化精神特色和境界的中国文论。文论的实践力量是检验文论好坏的唯一标准,也是中国文论能否成立的最重要的尺度。离开实践能力去谈论中国文论的民族性,不仅没有任何意义,反而容易陷入歧途。

(作者单位:吉林大学文学院)

中国文论的当代性反思与本土性建构
——兼及对当下文学批评存在问题的思考*

庄伟杰

一

时间是人力所无法抵御的。倏忽间,21世纪已旋转了十五圈年轮。尽管20世纪被称为"批评的世纪",但回首百年中国文论的运行轨迹,不难发现,20世纪中国文论史俨若一部精神蒙难的问题史。如果说,从先秦到晚清的文学理论才能作为正宗的中国文学理论;① 那么,进入20世纪,承受欧风美雨熏染、入侵与冲击的文论,就难以归属为"正宗"的中国文学理论了。因为,在西方强势话语笼罩的尴尬处境中,尤其是20世纪80年代之后从西方搬来的许多"新名词""新花样"的大轰炸,令人如堕烟海,莫衷一是。对此,更多的中国知识者是不加分析地将西方话语装进自己的大脑沟回中,而自身则糊里糊涂地迷失在理论的路上,或变成对西方话语的整体挪用,或把

---

* 《文艺争鸣》2015年第3期。
① 参见刘若愚《中国文学理论》,联经出版事业公司1981年版。

最大热情双手捧着献给西方文论，或在丧失参照系之后加剧了自身理论话语的严重匮乏。

　　毋庸讳言，在整个20世纪中国文学理论嬗变中，的确面临着一系列亟须审理的重要问题，譬如：怎样把握和权衡中西之争、古今之争这个语境中的文学理论在发生学与发展进程中交错变化的复杂关系；怎样厘清一个世纪文学理论遗留的关键性问题，寻求重构21世纪的中国文论与话语形态的风貌；怎样不断扬弃那些过时的理论框架，解决文论话语的本土化与全球化的问题，铸造全新意义上的中国文论品格或模式；等等。这些问题着实非同小可，值得深加探究。然而，自20世纪90年代至今的学术界却有重学术（史）而轻思想（史）、重作家作品流派研究而轻理论整体把握透视的倾向，导致中国当代文论的研究变得相当艰难。加之在百年文论史的背景上，当代中国文学理论总是处于古代文论、西方文论、马列文论的"三角关系"纠缠的紧张语境中，且难以达成新的整合和价值重构。足见当代中国文论一直在漂流中浪迹，尚未能找到自己的根和本体。以此观之，置身于全媒体和全球化时代，如何以中西文化思潮大冲撞大汇合为出发点，对中国文学理论批评由古代向现当代的转型进行历史与逻辑的叙述和阐释，为当代文学研究全面深入展开并找到真正属于自身（本土）的理论阐释模式，就显得十分重要而迫切了。

二

　　其实，关于文化界的本土性话题，近年来在海外文学艺术、比较文学、美学和社会学等领域方兴未艾。例如，20世纪八九十年代海外汉学家刘若愚、叶维廉、程抱一等在《中国诗学》《中国诗画语言研究》等著作中，皆对中国诗学思想和诗歌语言展开了有的放矢的论述，尽管较少涉及清晰的"本土性"意识。令人欣慰的是，为了改变中国当代文艺理论批评界唯西方文论是瞻的积习，从而有效地克服西方文论的局限与缺陷，个别清醒、睿智且富有远见卓识的当代学者，以个体化的方式，直面真理，自信从容，或听从生命本真的召唤，或拒绝盲从任何绝对理念，以开阔的学术视野，注重对当代现象加以审视，并梳理流行思潮中那些潜在的问题，重新思考当代文论的本土性建构。引人注目的是，孙绍振、张江等重要学者已经意识到，并直截了当地展开了带有创意性和开拓性意义的深入思考。孙绍振近年来极力倡导"建立中国特色的文学批评学"①，并提出"建构文学文本解读学"②。他从西方文论中发现并注意到：我们引进的那些西方理论，我们热情追随的"大师"，是不是"一匹特洛伊木马，或者是一种计算机病毒"呢？是不是"反过来控制了机内原有的程序"，对我们的理论建构"产生破坏性效果"呢？孙绍振以自己的深湛学识和敏锐眼光，觉察到西方文论（家）的"野心"和"无知"，一针见血地指出："他们的理论预设涵盖世界文学，可是他们对东方，尤其是对中国古典文学和理论却一无所知，他们的知识结构和他们的理论雄心是不相称的。西方文论失足的地

---

① 熊元义：《建立中国特色的文学批评学——文艺理论家孙绍振访谈》，《文艺报》2013年6月17日。

② 孙绍振：《建构文学文本解读学》，《文艺报》2013年9月6日。

阐释的限度

方，正是我们的出发点，从这里对他们的理论（从俄国形式主义到美国新批评，从文学虚无主义的解构主义到结构主义，从读者中心论到叙述学）进行系统的梳理和批评，在他们徒叹奈何的空白中，建构起文学文本解读学，驾驭着他们所没有的理论和资源，与他们对话，迫使他们和我们接轨，在文学文本的解读方面和他们一较高下，也许这正是历史摆在我们面前的大好机遇。"① 因为，"西方文论一味从概念（定义）出发，从概念到概念进行演绎，越是向抽象的高度、广度升华，越是形而上和超验，就越被认为有学术价值，然而，却与文学文本的距离越来越远。文学理论由此陷入自我循环、自我消费的封闭式怪圈。文学理论越发达，文本解读越无效，滔滔者天下皆是，由此造成一种印象：文学理论在解读文本方面的无效，甚至与审美阅读经验为敌是理所当然的。文学解读的目标恰恰相反，越是注重审美的感染力，越是揭示出特殊、唯一，越是往形而下的感性方面还原，就越具有阐释的有效性。归根到底，这使文学理论不但脱离了文学创作，而且脱离了文本解读"。孙先生结合自己长年积累的经验和思考，经过一番细致考察和充分论证，认为"不论是反映论还是表现论，不论是话语论还是文化论，不论是俄国形式主义的陌生化还是美国新批评的悖论、反讽，都囿于单因单果的二元对立的线性哲学式的思维模式。文学解读上的无效、低效似有难以挽回之势"②。的确，正视西方对之徒叹奈何已长达百年的问

---

① 孙绍振：《建构文学文本解读学》，《文艺报》2013 年 9 月 6 日。
② 熊元义：《建立中国特色的文学批评学——文艺理论家孙绍振访谈》，《文艺报》2013 年 6 月 17 日。

题,如今我们理应抓住机遇发出自己的鲜明声音,"以寻求新的解决方案和道路"。这是他个人以雄辩的思考力和理论洞察力所做出的坚实回应。

如果说,孙绍振已然意识到中国当代文艺理论在接受西方文论时应该有所批判和反思,一方面应在创造与借鉴中厘清中国传统文论与西方文论各自的优劣势,另一方面是立足本土的现实并在文化上主动反映和创造新的文艺理论形态,而非被动接受;那么,张江则是在充分肯定了当代西方文论建设产生的积极影响的同时,有必要对当代西方文论本身进行辨析,考察其应用于中国文艺实践的有效性,并最终思考中国文论的重要问题。近年来,张江在《当代西方文论若干问题辨识——兼及中国文论重建》[1]、《当代西方文论的理论缺陷》[2]、《强制阐释论》[3]等一系列文章中,全面、系统而深入地对当代西方文论存在的问题和局限进行充满学理的思辨和分析,并富有创见地提出了当代西方文论的根本缺陷是"强制阐释"的观点,在学界产生了振聋发聩的效应和反响。在张江看来,尽管当代西方文艺理论在中国受到学界的高度推崇,却始终面临着一个难以解脱的"悖论",即一方面是理论很"繁荣"的局面,另一方面是推动中国文艺实践蓬勃发展的理论少之又少。譬如,影响广泛的弗洛伊德的精神分析文论就无法提出科学的审美标准,

---

[1] 张江:《当代西方文论若干问题辨识——兼及中国文论重建》,《中国社会科学》2014年第5期。

[2] 张江:《当代西方文论的理论缺陷》,《文学报》(新批评专刊)2014年7月31日、8月14日连载。

[3] 张江:《强制阐释论》,《文学评论》2014年第6期;另见《文艺争鸣》2014年第12期。

指明文学理论生成和丰富的方向，更无法指导文学创造和生产，盖其因在于当代西方文论诸多学派本身的重大缺陷和通病。其主要局限有：脱离文学实践，用其他学科的现成理论阐释文学文本、解释文学经验，并将之推广为普遍的文学规则；出于对以往理论和方法的批判乃至颠覆，将具有合理因素的观点推延至极端；套用科学主义的恒定模式阐释具体文本。当代西方文论生长于西方文化土壤，与中国文化之间存在语言差异、伦理差异和审美差异，这决定了其理论运用的有限性。对此，张江高屋建瓴地提出了自己精辟而独到的见解，表明中国文论建设的基点：一是抛弃对外来理论的过分倚重，重归中国文学实践；二是坚持民族化方向，回到中国语境，充分吸纳中国传统文论遗产；三是认识、处理好外部研究与内部研究的关系问题，建构二者辩证统一的研究范式。

从张江和孙绍振的理论洞见和发出的急切呼声中，看得出他们共同关注的焦点是中国文论的当代性反思和本土性建构。并在无形中构成了一种理论空间的合力，即既涉及当代中国文论的现实境遇、话语形态、价值基点等多重层面，又涉及中国文论重建的问题；同时，驱使我们思考如何在中国文论的实践中实现本土性（中国特色），如何在本土性的理论批评实践中提炼出当代中国文论发展的有效路径。因为"文艺理论表明一个民族文学反思的高度，而文论批评则表明文学思想家群体自我关注和思想交锋的程度。文学理论既是体验性的精神活动，又是理论构筑的理性活动——通过一种体系性的宏观阐释，舍弃那些偶然局部的东西，而将其整合在统一话语模式中"。① 唯其如此，理论的逻辑活动与文学的体验活动才能在文学理论批评中产生互动和呼应，让"灰色的理论"还原为文学"生命的常青"，并以理性之光烛照被历史遮蔽的文学文本。

三

由于中国文论在当代中西文化碰撞和交流中，走了一条曲折逶迤的道路，于是在当代话语场中存在成堆的问题。譬如传统与现代文论的持续位移，让创作与批评阐释常常处于"混战"中而难以获得相近相通的意向性；文学理论与批评的话语紧张，致使难以走出西方的阐释框架而形成自己的独特气质；文学理论批评精神的多维失落，远离了文学文本的特殊语境和价值关怀；独断决定论与绝对相对论文论，造成了学术研究的深度匮缺和文学的大面积失衡；而文论的基本问题转向、文学研究的"中心"转移、文学性让位于文化性、文论批评的思维转向等，则给当代文论批评造成了诸多的话语断裂。如是，致使文学理论批评仅仅满足于"炒事件"，或沉醉于文本形式的旋涡，或局限于学术规范的讨论，让文学批评变成一种表演，其直接结果是批评出现了对象的缺席。而且问题背后还潜藏着更深的问题，且连带着其他诸多问题，所有这些问题尚待揭示和厘定，使得中国文论的重建在21世纪的今天依然显得十分艰

---

① 王岳川：《中国镜像——90年代文化研究》，中央编译出版社2001年版，第367页。

难和沉重。然而正是艰难与沉重，才更有开拓的价值和重构的必要。

直面当代中国文坛，我们看到，在批评的缺席中，出现了多元乃至无序的零散状态，或呈现出一种媚俗化和非学理化的倾向。从当下文学批评的现状来看，或脱离当代文学的问题语境和价值关怀，或对文学本质理解上存在严重的偏差，或在批评中缺乏基本的原则和标准。至于那种热衷于不断抛出新组合词和生硬堆砌各种术语，好讲一些新大话、新套话和充斥其中的"正确的废话"，云里雾里，佶屈聱牙，却未能触及问题的要害和具体的评价，纯属是一种不负责任的"伪批评"，对文学创作既无法产生互动效应，对文学受众也毫无启发之益，对文学批评领域及当代文论的建设更是一种莫大的伤害。

当代文学批评存在的诸多问题，认真盘点，关键的是缺乏问题意识与历史意识，以及急功近利思想的作祟，致使批评丧失了最基本的价值评判，进而失去独立思考的立场，也失去了最基本的可信度。而缺乏真正批判精神和学理规范的语言失禁，以及标榜"怎样都行"的言说方式，往往无视"问题"本身，任意解释和界定文学文本。无论玄学式、酷评式批评，还是操作式、廉价式批评，其可信度都是值得质疑的，也造成了当代文学批评的困境及其危机的表征。追根究源，一方面是在文学日趋边缘化和大众化的境况下，面对那种跟着消费走、跟着市场跑的写作，由于现行的理论疲软或乏力，缺少对当代文学实践主动介入的有效性，更缺少当今时代所需要的文学观念的积极建构，导致文学批评在价值判断和思想方法上出现严重的错位。另一方面,由于在当代消费文化转型中,现实越来越在物化的过程中变得与精神相疏离,文学理论似乎陷入眩晕状态。而在现实撞击之下和理论界的重新分化之中,多数批评家要么奉行于谈论一些关于文学"本质主义"与"反本质主义"之类的高深话题,缺乏现场感和介入能力,也缺少对批评对象的整体了解和把握;要么干脆扮演"帮闲"的角色,过度顾及人情因素,简单理解作家对批评的需求,竭尽所能地一味说好;要么热衷于投身研究国外引入各种热门时兴的"主义"或更为时髦的"文化研究"。凡此种种,其结果是使当代文学理论与当代文学实践越来越疏离,对当代文学的阐释力和浸透力越来越弱化。所有这些,与当代批评没有建立自己的主体性精神有关,"因而在本土化与全球化的张力中,显得目光游移不定,脚跟不稳,方法论或此或彼,既多元又无元,最终丧失了自己的判断力和批判品格"[①]。这无疑提醒我们,要捍卫文学批评的尊严,必须从批评的品质做起。因为文学批评作为一种社会存在,首先是一种文化存在,是文化的一个重要组成部分。真正的文学批评应是一场审美层次和创作观念的角逐式的对话,需要批评家具备哲学与美学史观,具有良好的理论思维训练和历史分寸感,并以人类思想的最高视点,对关涉文学的诸多问题,或融学理与艺术感受为一体,以美的形式传达批评立场和真知灼见;或进行归纳、总结、分析、判断以营造交流对话氛围。从某种意义上说,批评是良知的体现与文化精神的确认,是一个

[①] 王岳川:《中国镜像——90 年代文化研究》,中央编译出版社 2001 年版,第 391 页。

批评家审美能力和理论修养的表征。倘若文学批评从价值判断中、在思想对话中、在意义发现里逃遁，那么文学批评就等于从生存的根基中自我放逐，就等于让批评的思想品格自动流失。不仅如此，随之也会丧失了批评的灵魂和自信，从而削减了对研究对象的感应激情，继而失去对作品的评判依据。

四

如何解决当下文学批评存在的问题？或者说，在今天这样一个时代，文学批评应该是什么样的？一句话，我们需要什么样的文学批评？直面现状，的确需要深入反思一下当代文学理论存在的问题，以现代人文精神为价值关怀坐标，从而对其自身的理论立场和理论观念进行必要的调整或重新确立。为此，笔者以为，至少需要从以下几个方面入手解决问题，才能进一步介入并推动当下中国文论及其话语体系的自身构建。

首先，应当自觉寻找文学理论创新的立足点，重构自身的话语谱系。重提文艺理论创新这个老话题，是因为它关系到当下文学批评如何冲破观念的藩篱，立足于中国当下的现实，重新确立文学批评与当代生活的关系。如果中国文学理论家能原创性地提出问题和思考问题，并通过对当代生活的介入，建立自己的问题意识，重塑批评主体，就有可能使文学创作的积累创新与文学批评的学术增长互动协调，保证文学研究的资源共享和知识增长。尽管从中国文学理论研究的现实来看，自20世纪八九十年代以来随着社会变革和文化潮流的涌动，中国文论在总体上有所突破、调整和变化，但中国文论的现代型知识体系转换及完整的理论建构仍属于未完成状态。确切地说，目前仍未找到进入中国当下文学的理论，为"原生性"文学理论建设服务或有效地阐释当下文学实践的理想路径。可见，唯有面对中国社会现实和文学现实原创性地提出问题，才能从根本上进行文学理论的整体创新。而对中国文论的传统资源进行有效的现代性转换，无疑是其立足的基点。至于西方文论，倘若搞不清其理论来源、现实语境和演变逻辑，而是盲目地生搬硬套，就难以在"拿来"中变为中国文论创新的有机元素。诚如张江在《强制阐释论》一文中所言："一个成熟学科理论必须是系统发育的。这个系统发育体现在两个方面。从历时性上说，它应该吸取历史上一切有益成果，并将它们灌于理论构成的全过程；从共时性上说，它应该吸纳多元进步因素，并将它们融为一体，铸造新的系统构成。"[①] 因此，中国文论及其话语谱系的创新或重构，应立足于中国当下的社会文化和文学的现实，反思各个层面上文学理论研究中存在的问题，从根本上增强问题意识、历史意识和价值关怀，即找到与变动的现实生活相关联的连接方式，驱使文学理论与批评成为对当代社会和思想富于洞察力的回应，在重新建构自己的话语系统中找到自己的文化位置。

其次，应以文学本体价值观有效地构建新的文学评价体系，并确立自主意识。如何才能构建新的当代文学评价体系呢？首

---

① 张江：《强制阐释论》，《文学评论》2014 年第 6 期；另见《文艺争鸣》2014 年第 12 期。

阐释的限度

要任务是作为中国本土的文学本体要从西方的"强制阐释论"中剥离出来，使之具有相对独立的价值、独立的艺术品格，并获得自身独立的合法性和文化空间。因为"文学创作是作家独立的主观精神活动。作家的思想和情感支配文本，以在场者的身份活动于文本之中。即便有真正的零度写作，作家的眼光以至呼吸仍左右文本内在的精神和气韵。作家的思想是活跃的，作家的情感在不断变化，在人物和事件的演进中，作家的意识引导起决定性作用。文学的价值恰恰聚合于此。失去了作家意识的引导和情感投入，文学就失去了生命"[1]。显而易见，文学批评研究是对文学的批评研究，如果脱离了文学，离开文学本体，不对文学文本进行分析和解释，文学批评研究根本就无法存在。而一旦脱离了文学文本，所谓的文学理论只能陷于空谈，抑或成了后殖民、后现代性、技术理性、权力话语、性别等西方流行话语的注脚。一切外部因素只能作为文学本体存在的一种文化场景，而不能作为影响文学自身价值的合理因素。如是，文学本身就能真正获得一种自主的话语权。我们可以从当代文学场景中真切感受到这种变化的迹象。例如曾被遮蔽于历史烟雾中的张爱玲、沈从文等作家，还有"民间文学形态"中的"潜在写作"等现象，就是在回归文学本体之后才得以引起世人广泛关注的。

可见，构建当下新的文学评论体系或美学原则，乃是顺应文学创作规律的历史需要。当然，忽略了在中国本土上生长出

---

[1] 张江：《当代西方文论的理论缺陷》（下），《文学报》（新批评专刊）2014年8月14日。

问题以及围绕这些问题所形成的中国经验，其后果只能使当下文学批评研究产生惰性以至于伪命题的四处横生。因而，反对"不读而论"的概念推理式研究，倡导富有情感交流且具有个人洞见的对文本的解读式批评，显得相当重要，这方面恰恰是西方文论（在文学审美价值方面）表现得极其软弱之处。诚然，随着当代社会发展的日新月异，文学在艺术形式、创作观念、审美情趣等方面也必然会随着时代的发展而变化，与之相适应的文学评价体系，也只有在不断修订和完善中才有可能符合文学的发展流程。而摒弃对西方流行理论和学术运作模式的机械仿效，从中国当代文学内部寻找标准和方法，重构自成体系的新的美学原则和理论体系，其独立价值就有可能自主地凸显出来，从而与西方文论展开平等的对话。比如，近年来李泽厚提出的"情本体"论就是从中国经验出发而生成的一种美学原则，当然还需要在具体实践和运用中加以检验。

最后，以开放的视野和思维方式丰富文学批评的手段，确立中国文论的整体观。在全球化浪潮中，特别是进入全媒体时代和后工业社会思潮的影响下，这个世界变得太快了。置身于这种特定的氛围中，我们看到一切事物都在加速变化或者转型，从物质层面到精神层面，似乎都浸淫着后工业社会商品化、市场化的气息。文学，作为人类文化的审美创造和存在方式，总是受到文化形态的直接影响。文学身份的认定、文学形式的选择、文学审美标准的形成，总是与文化形态的表现以及文化模式的选择相关联或互动，因为文学毕竟是文化的产物。处于动态的社会文化伴随着各种因素的作用而发生变化，文学同样在社会文化思潮中出现一系列变化。而与之相关的对于文学的批评姿态、批评话语及其理论也会随之变化。当下中国文学叙事蕴含着相当复杂而丰富的历史文化内涵，驱使我们必须以开放的视野和思维方式，寻找更为多元的途径和理论思考以及诠释模式来加以解读。如近年来由中国学者提出的文学伦理学批评，作为一种新的文学批评方法，旨在从伦理视角阅读、分析、阐释和评价文学，认为文学是特定历史阶段社会伦理的表达形式，其在本质上是关于伦理的艺术。从某种意义上来说，文学伦理学批评不仅立足中国文学批评的特殊语境，解决当下中国文学研究的问题，同时又放眼整个世界文学研究的发展与进程，也是中国学者对世界文学研究的一个重要贡献。可见，只有拓宽视界，广泛汲取其他各种文化资源，才能提出新的问题、打开新的切口，在调整和转化中构建一套与之相适应的批评模式，以便进入文学文本所能呈现的意义空间；进一步说，才能真正建立起批评与现实、历史的有效关系，让创作实践与理论批评产生真正的互动，有力地促进当下文学创作的发展可能，从而确立中国文学理论批评的整体观。

综观所述，走出西方文论"脱离文学实践""偏执与极端""僵化与教条"所形成的"强制阐释"（张江语）的阴影，增强独立自主意识，树立起真正属于中国文学理论自身的学术尊严、思维导向与精神气质，充满自信地创造出自己的理论方法和美学原则，势在所趋。中国现当代文学坎坷的历史文化命运表明，文学的存亡兴衰与整体文化息息相关。文学理论与批评的现实力量和文化维度，除了体现在微观意义上的对作家个案或具体

中国文论的当代性反思与本土性建构

作品优劣的价值判断,更为重要的还体现在对于文学史的"重写"可能。当代中国文论一旦建立起自己特色的价值尺度和话语谱系,以求更加切实地符合当代文学自身的发展特点,那么可以断言,文学批评研究其实维系着文学史的整体命运。换言之,一部当代文学史假如失去文学批评研究的参与,将会失去活力和明确方向。当然,作为一个文学评论家或文学研究者,面对当代复杂多元的文学现象这一问题,要做出令人信服的解析和深刻独到的审美判断,就必须以开放的胸怀吸收多方面的养分,武装和强大自己的精神世界,甚至要充满怀疑精神和探索意识,拥有一种独立不倚的生命姿态,包括评论家人格的独立和批评风格的独立,"也许只有这样,才能评论今天以世界文学为营养的中国作家的作品;也只有这样,才能有资格做文学的领航者和守夜人"[①]。而这,正是我们所热切期待的。

(作者单位:华侨大学文学院)

[①] 雷达:《重建文学批评的精神形象》,《文艺报》2013 年 2 月 6 日。

反向性强制阐释与"文学性"的消解
——兼对某些文学阐释之例的评析*

赖大仁

在当今的后现代文化语境中,传统意义上的文学和文学研究,乃至各类学校里的文学教育,都正面临前所未有的挑战。这种挑战不仅来自文学的外部环境条件,如当今后现代消费文化对于文学的全面渗透与瓦解,现代图像文化、网络文化对于文学的强力吸附;而且也来自文学自身的某种自我消解,如在文学的过度泛化发展中致使其精神品格不断丧失,以及文学研究中某些有意无意地过度阐释所造成的自我伤害,还有文学理论与批评中的反本质主义理论观念,更是使文学空前遭遇到被解构的威胁。其中,有些看似非常正宗的文学研究,而且是针对文学本质特性或曰"文学性"的专门研究,却并非导向自我肯定的正向阐释,而恰恰是导向自我怀疑的反向性阐释,甚至是一种过度性强制阐释。这种阐释方式往往与对"文学性"本

---

* 《文艺争鸣》2015年第4期。本文系国家社会科学基金重点项目《当代文学理论观念的嬗变与创新研究》(12AZW004)、江西省社会科学规划重点项目《唯物史观视野与当代文论问题研究》(11WX01)研究成果。

身的质疑联系在一起，有的甚至直接就是反本质主义理论观念的一种表征。这种看似认真的文学研究，对于文学及"文学性"的解构性威胁可能更大。这种情况当然首先是在西方当代文学理论批评中发生的，而中国当代语境中的文学理论批评也多少受到这种消极影响，本文试对此略加评析。

一

在对当代西方文论资源的借鉴利用中，英国理论家特里·伊格尔顿的理论常被反本质主义论者所关注，他的某些论述也常被一些论者引用并加以阐释。伊格尔顿无疑是西方当代的理论大家，但他之所论也并非没有欠妥之处，如果不加分析地引用阐释，也恐怕会谬以千里。在《当代西方文艺理论》一著的"导论"中，伊格尔顿专门讨论了"什么是文学"即文学本质论的问题，其中论述道："根本不存在什么文学的'本质'。任何一篇作品都可以'非实用地'阅读——如果那就是把文本读作文学的意思——这就像任何作品都可以'以诗的方式'来阅读一样。假如我仔细观看列车时刻表，不是为了找出换乘的列车，而是在心里激起对现代生活的速度和复杂性的一般思考，那么可以说我是把它作为文学来读的。"他接着引用他人的一个比喻，继续阐释说："约翰·M. 艾利斯曾论证说，'文学'这个术语的作用颇有点像'杂草'这个词，杂草不是特定品种的植物，而只是园丁因这种或那种原因不想要的某种植物。也许'文学'的意思似乎恰好与此相反，它是因这种或那种原因而被某些人高度评价的任何一种写作。正如一些哲学家所说，'文学'和'杂草'是功能论的而不是本体论的术语，它们告诉我们要做些什么，而不是关于事物的固定存在。"[1]

首先，从这段论述中的理论观点方面来看。很显然，伊格尔顿在这里是针对"客观主义"的文学本质观而言的。在他看来，对于"文学是什么"的问题，有本体论与功能论的两种理解。从本体论的角度理解，显然就会得出"客观主义"的结论，即认为客观地存在"文学"这种东西（写作类型及作品文本），它是一种本体性的存在，它的本质也都是天然的预先确定的，只要把某种写作类型或作品文本归入其中，那它就是确定的"文学"。伊格尔顿显然不接受这种观点，因此他断然否定，认为根本不存在这样一种所谓文学的"本质"。与此相对立，他对于文学作了"功能论"的理解，这种理解则又显然是偏于主观性的。在他看来，一个文本对象是不是"文学"是并不确定的，关键取决于阅读接受者以什么样的态度进行阅读。如果读者是进行"非实用的"阅读，也就是把文本对象"当作"文学来阅读，那么就不管这个文本对象本来是什么，它都能被认定是"文学"。笔者以为，公正地说来，"客观主义"的文学本质观的确是片面性的，这无须多论；而按照"功能论"的文学观念，强调对于文学的理解，要充分考虑阅读主体的因素，这无疑是有道理的。但这种强调显然又走向了另一个极端，即把"非实用的"阅读直接等同于"文学阅读"，并进而推断

---

[1] ［英］特里·伊格尔顿：《现象学，阐释学，接受理论——当代西方文艺理论》，王逢振译，江苏教育出版社2006年版，第8—9页。

反向性强制阐释与"文学性"的消解

这种阅读的对象文本就是"文学",也就是把主观"当作"的东西认定为这种事物本身,这无疑又是一种极端的主观主义与片面性,是一种矫枉过正,这与客观主义的文学观念所犯的是同样的错误。从理论论证的角度来看,应当说这也是一种极端与偏激的阐释逻辑。

其次,再从举例阐释方面来看。论者也许是为了通俗明白地说明其理论观点,于是就近取譬随意举了一个例子,说是我们也可以"非实用地"把列车时刻表当作"文学"作品来读,因为在这样的阅读中,它可以"在心里激起对现代生活的速度和复杂性的一般思考",因而这列车时刻表也可作为"文学"来看待。笔者宁愿把这一比喻阐释理解为论者的一种幽默俏皮的行文风格,或者说是为了反驳"客观主义"文学观而故作极端之论。倘若是作为一种理论观点的论证阐释(从具体语境来看不无此意),那就真有偏激与过度阐释之嫌。我们无法确切地知道,是否真有人这样阅读过一本列车时刻表,即便真有人像论者所说这样"非实用地"阅读(即使有恐怕也是绝无仅有吧),那又是否能把这列车时刻表真当作"文学"呢?这其中究竟有没有一点"文学性"(哪怕是最宽泛意义上的)可言呢?凡有正常思维的人都不难做出自己的判断。那么,这就带来了一个问题,当我们说某个文本是或者不是"文学"的时候,是否仅仅取决于读者(论者)的主观看法,而完全与文本对象本身的特性无关呢?"客观主义"的文学观念固然偏颇值得质疑,但完全排除"文学"中的客观性(即内含的"文学性")因素,难道又是合理的吗?如果这样的话,又究竟凭什么来认识和说明某一事物的特性与功能呢？

　　由此也就关涉到以上论述中的另一个比喻，也就是将"文学"与"杂草"相比，只不过从功能选择上来说恰好相反，"杂草"是要被除掉的东西，而"文学"则是要保留下来的东西。这个颇为知名的比喻也常被一些论者津津乐道，用来证明"文学"这个概念是无法言说的。这里的论证逻辑和理论推断同样显得似是而非。为了便于说明问题，笔者试用一个比"杂草"更为贴切一些的比喻来言说。比如，我们通常所说的"水果"这个概念，这无疑是一个抽象的集合式概念，它所指称的对象及其边界很难说是确定不变的。它不像"苹果""梨""桃"这样一类概念，所指称的对象是比较确定的，一般不会产生什么歧义。而"水果"作为一个抽象的集合式概念，所指称的对象包括苹果、梨、桃等，人们在对这类对象物的基本特性与功能加以认识的基础上，使用了"水果"这样一个概念来概括性地指称它们，并且对其进行说明解释。《现代汉语词典》中"水果"词条是这样解释的："名词，可以吃的含水分较多的植物果实的统称，如梨、桃、苹果等。"[1] 如果要较真的话，应当说这个解释也并不是无懈可击的。比如，甘蔗通常都被认为是水果，但严格地说它并不是植物的果实，而是这种植物的"茎"；萝卜通常是归入蔬菜类的，但有时候也可以当作水果食用。在生活实践中此类复杂情况肯定很多，但我们不能因为存在这样一些复杂情况，于是就要颠覆"水果"这个概念，断定关于这一事物的基本特性与功能的解说是不能成立的，甚至认

---

[1]《现代汉语词典》，商务印书馆2012年版，第1218页。

为这个概念是不可言说的。如果这样的话,那就任何一本词典之类工具书和植物学、动物学之类的教科书都完全无法编写,人类岂不是又要回到混沌无知的状态中去吗?

其实,"文学"这个概念的情形也与此类似。学界都普遍承认,无论在西方还是在中国,这都是一个现代性概念,而且也是一个抽象的集合式概念,它所指涉的对象,包括诗歌、小说、戏剧、艺术性散文,等等。人们根据这一类对象物的基本特性与功能的认识,在词典等工具书中编写"文学"词条对其加以说明解释,编写文学理论之类教科书对其加以理论阐释,甚至建立"文学"的学科门类对其进行专门研究,其目的应当是更好地认识这一事物的特性与功能,更好地为人类社会的文明进步发挥作用。毫无疑问,"文学"这类事物与"水果"之类事物相比,其中的各种复杂情况不知要大多少倍,但基本道理仍然是一致的。不管"文学"这类事物如何复杂,总还是能够从那些公认的对象物中,认识其最主要、最基本的特性与功能,给予一定的理论概括与阐释,为人们提供一定的认识借鉴。如果因为存在文学的历史与现实的复杂性,便认为"文学"像"杂草"一样不可认识说明和无法言说阐释,显然是言之太过不足为据,对此津津乐道过度阐释更是大可不必。

最后,我们还是回到伊格尔顿的理论上来。如上所说,他的某些具体论述看来不无极端与偏激之处,我们未可全信。然而,如果我们不是拘泥于伊格尔顿的局部所论,而是从他的整体理论观念来看,其实可以发现,在整篇"导论"中,他又并不完全否定文学的"客观性"而只承认其主观性,并不认为

阐释的限度

"文学是什么"的问题不可言说。在"导论"的最后一段他是这样说的:"如果把文学看作一种'客观的'描述的类型行不通的话,那么说文学仅仅是人们凭臆想而选定称作文学的写作同样行不通。因为关于这种种的价值判断根本不存在任何想入非非的东西;它们扎根于更深的信念结构,而这些信念结构显然像帝国大厦一样不可动摇。因此,我们迄今所揭示的,不仅是在众说纷纭的意义上说文学并不存在,也不仅是它赖以构成的价值判断可以历史地发生变化,而且是这种价值判断本身与社会思想意识有一种密切的关系。它们最终所指的不仅是个人的趣味,而且是某些社会集团借以对其他人运用和保持权力的假设。"① 这里的意思是说,仅仅从某种文本本身来认识文学,或者仅仅从个人的观念看法来认识文学,都是不对或者不够的,只有从文学与社会思想意识的关系着眼来认识文学,才能真正对文学做出应有的说明和价值判断。这种看法,是完全符合他关于"政治批评"的主张的。由此看来,伊格尔顿的行文阐说往往比较随意和飘忽不定,有时一些阐说甚至不免自相矛盾,对此还是有必要认真辨析,不宜只根据某些论断而随意阐释。

二

像伊格尔顿一样,美国著名文论家乔纳森·卡勒看来也是一位"功能"论者,颇注重从文学语言的功能来理解文学。他

---

① [英]特里·伊格尔顿:《现象学,阐释学,接受理论——当代西方文艺理论》,王逢振译,江苏教育出版社2006年版,第16页。

反向性强制阐释与"文学性"的消解

有一篇十分著名的题为《文学性》的论文,专门探讨"什么是文学"即文学的特质问题。在追溯和比较了关于这个问题的各种观点后,他把关注点集中在"文学性"上面。俄国形式主义者首先提出了"文学性"的概念,指的是使一部既定作品成为文学作品的特性,他们认为这种"文学性"就在于文学作品语言结构的"生疏效应"。卡勒大概并不认同这种"客观论"的观点,认为"文学性"并不确定存在于文本自身,而是还依赖于解读文本的某些条件。他阐述说:"本章节关于文学性的讨论,介于文本特性的确定(文本的结构的确定)与通常解读文学文本的习惯和条件的界定之间。两种角度几乎没有共同之处,很难说它们不是互相矛盾的两个角度。其实,语言和文化现象的性质似乎要求两种角度交替使用:只有相对于一套约定俗成的惯例,相对于此层次或彼层次,一个符号系列或声段才具有自己的特性。然而,角度的交替可能产生文学界定方面的困难。一方面,显然,与其说文学性是一种内在的品质,毋宁说它是文学语言与其他语言之间的差别关系的一种功能。"[1] 为了说明这个观点,他随即举了一个例子:"假如我们把一段报纸上的新闻按诗体的形式排列在一张纸上,文本中属于新的约定形式的某些功能品质就会显示出来:昨天,在七号国道上/一辆轿车/以每小时一百公里的速度冲向/一棵梧桐树/车上的四位乘客/全部丧生。"(注:这里本应分行排列,但为节省篇幅改为

---

[1] [美]乔纳森·卡勒:《文学性》,载[加]马克·昂热诺等主编《问题与观点——20世纪文学理论综论》,史忠义等译,百花文艺出版社2000年版,第39页。

阐释的限度

用斜线间隔。下文所引诗例亦同）然后论者阐释道，由于分行排列，于是就使得"这段社会新闻的特点发生了变化。'昨天'不再指某一确定的日期，而指所有的'昨天'，因而其内涵也相应变化，由偶然的单一事件变成了经常发生的事件。'冲向'一词也增添了新的活力，似乎轿车具有某种愿望。另外，'梧桐树'一词的'plat'音节也比较响亮。报道性风格和细节描写的缺乏，甚至可以表示一种屈服性的态度。从另一角度来看，主题的选择似乎包含着对当今感慨的评论，如今，车祸已是司空见惯的悲剧形式"。论者特别强调："上述阐释的基础，是把这段文字看作文学语言，并对它予以评说。正因为这种可能性是存在的，因此，我们需要思考文学性的本质。"[①] 当然，这样的阐释不能只看作是孤例，而是与一种普遍性的看法有关，卡勒接着说："应当指出，如今理论研究的一系列不同门类，如人类学、精神分析、哲学和历史等，皆可以在非文学现象中发现某种文学性。……似乎任何文学手段、任何文学结构，都可以出现在其他语言之中。假如关于文学性质研究的目的就是区分文学与非文学，上述发现将令人沮丧；如果研究的目的在于鉴别什么是文学最重要的成分，关于文学性的研究则展示出文学对于澄清其他文化现象并揭示基本的符号机制的极端重要性。"[②]

对于以上所论，我们同样可以从理论与实例方面来加以讨

---

① ［美］乔纳森·卡勒：《文学性》，载［加］马克·昂热诺等主编《问题与观点——20世纪文学理论综论》，史忠义等译，百花文艺出版社2000年版，第39—40页。

② 同上书，第40页。

论与评析，其中容易引起我们疑虑的大致有以下一些问题。

第一，对于"文学性"问题研究阐释的方向和目标是什么？是使这种认识更加趋于明晰，还是使其更加混杂模糊，乃至最终让这种"文学性"在泛化中湮没和消解掉？其实，卡勒在对"文学性"问题研究历史的考察梳理中已经说得很明白，最初人们提出"什么是文学"的问题进行研究，其目的是认识文学区别于其他活动的特质，以及确定成为文学作品的标准有哪些。"直到专门的文学研究建立后，文学区别于其他文字的特征问题才提出来了。提出问题的目的，并非一味追求'区分'本身，而是通过分离出文学的'特质'，推广有效的研究方法，加深对文学本体的理解，从而摒弃不利于理解文学本质的方法。"[1] 在我们看来，这种努力的方向和目标并没有什么不对或不好。但颇为吊诡的是，在后现代文化语境中，对于"文学性"问题的研究则又出现了反向而行的趋向，也就是不断地往非文学的外围扩展，不断地使"文学性"泛化，正如卡勒文章中所说："如今理论研究的一系列不同门类，如人类学、精神分析、哲学和历史等，皆可以在非文学现象中发现某种文学性。"[2] 这本来一点也不奇怪，世界上本来就没有纯而又纯的东西，但这并不意味着不能对事物进行区分研究。有些崇尚后现代思想观念的研究者，不是致力于面对文学去研究"文学性"，而偏偏要从非文学中寻找"文学性"，力图证

---

[1] ［美］乔纳森·卡勒：《文学性》，载［加］马克·昂热诺等主编《问题与观点——20世纪文学理论综论》，史忠义等译，百花文艺出版社2000年版，第30页。

[2] 同上书，第40页。

阐释的限度

明人类学、精神分析、哲学和历史中也有"文学性",当然反过来说,文学当中也有人类学、精神分析、哲学和历史之类东西。这样便是你中有我、我中有你,证明"文学性"无处不在,任何文本中都有"文学性"。论证的结果就是重归于混沌,证明对于什么是"文学性"、什么是文学与非文学是不可言说的,也是说不清楚的。在后现代主义者看来,什么都说不清楚就正常了,谁要是试图去把某种事物或某个问题说清楚,那就有"本质主义"之嫌而必反之,这真有些匪夷所思。也许卡勒并不完全认同这种观念,否则他就没有必要去写这篇专论"文学性"的论文了。然而坦率地说,我们从文章中读到的多是他的矛盾与困惑,而它给读者带来的恐怕也只能是更多的矛盾与困惑。

第二,与上述问题相关,如果要研究"文学性"的话,重心应当在哪里?按照卡勒(还包括上述伊格尔顿)"功能"论的观点,对于文学性的讨论,仅限于文本特性本身是不行的(这被认为是"客观主义"偏向),还需要研究读者解读文本的习惯和条件,这种看法自有其道理。然而问题在于,在文本特性与读者阅读条件两者之间,究竟哪个方面是更重要的,应当是"文学性"研究的重心?卡勒和伊格尔顿都认为读者的因素才是最重要的,只要读者有这种兴致,列车时刻表也可以当作"文学"来读,报纸新闻也可以读作"诗"。按照这种"主观主义"的理论逻辑,连列车时刻表和报纸新闻都可以当作"文学",那世界上恐怕没有什么文本不可以当作"文学"了,那还有文学存在的可能和研究文学的必要吗?

在这种将文学对象无限"泛化"的过程中,岂不是把文学完全消解掉了吗?在笔者看来,将"功能"因素纳入"文学性"问题的研究中来是有必要的,但研究的重心应当是在文本特性方面。所谓"皮之不存,毛将焉附",任何事物"功能"的实现,都必然要以该事物本身的特性为前提。对于文学而言,如果没有文本中"文学性"的存在,又何来文学阅读接受中的文学性价值实现?至于文本中"文学性"的具体内涵是什么,以及如何认识把握这种文本特性,那就与研究者的文学观念相关。在这方面无论怎样千差万别,总还是有悠久而强大的文学传统在起作用,可以作为当代人的参照,对此也是不可完全忽略的。

第三,由此而来就关涉到下一个问题,即研究"文学性"究竟应该以什么样的文本为主要对象,以及对于文本特性应该主要关注什么。笔者以为,对于宽泛意义上的文学性研究而言,只要研究者有这种兴致,当然可以去研究任何文本(如哲学、历史乃至列车时刻表之类)中的"文学性",实际上当今某些"文化研究"也正这样做。而对于文学研究(包括文学理论、文学批评等)的学科属性而言,还是理应把文学文本而不是非文学文本作为主要的研究对象,其中尤其是应当以那些公认的经典、优秀的文学文本作为研究重心。英国学者彼得·威德森在《现代西方文学观念简史》中,把西方现代文学批评传统的形成追溯到马修·阿诺德,他在《现代批评的功能》中明确提出,文学批评关注的对象应当是"在世界上最好的即最著名的和最为人所思考的东西";文学批评家应该有能力从"大量的普通类型的文学"中鉴别出"最好的诗歌艺术"①，加拿大学者雷吉纳·罗班在谈到文学概念的含义时说："文学首先是指'经典作品'，那些经过历史考验、经得起时尚变迁和不同批评流派评说、进入先贤祠的圣贤之作。文学还包括当代所有的'雅文学'作品；按照皮埃尔·布尔迪厄的说法，能够写出雅文学作品的作者为数不多……"② 其实无论中西，自有文学研究以来就形成了这样一种传统。笔者一直想不明白，这种文学研究的传统究竟有什么不好，我们当代人为什么要把这种传统颠覆掉？在有些人看来，什么是优秀的、经典的作品根本说不清楚，如果要这样说那就是先验预设，是要坚决反对的。而我们认为，对于文学作品的好坏优劣是可以分辨的，一方面有伟大的文学传统作为参照，另一方面有众多读者的阅读反应作为依据，是可以有一定程度的共识乃至公认的。如果连这一点也不承认，那就只会陷入相对主义与虚无主义。研究"文学性"除了关乎文本对象外，还有就是究竟关注什么样的文本特性。不同的文本有不同的特性，文学文本也同样有多方面的特性，那么究竟哪些是属于"文学性"的东西，不同的研究者当然会有不同的看法。当初形式主义者提出"文学性"这个概念时，主要是关注文本的语言结构特点；而据有论者研究，此前西方文学批评传统中，更多关注的则是文学作品的"审美性""创

---

① ［英］彼得·威德森：《现代西方文学观念简史》，钱竞、张欣译，北京大学出版社 2006 年版，第 39—41 页。

② ［加］雷吉纳·罗班：《文学概念的外延和动摇》，载［加］马克·昂热诺等主编《问题与观点——20 世纪文学理论综论》，史忠义等译，百花文艺出版社 2000 年版，第 45 页。

造性""想象性"等品质,将此视为文学的独特本质和更高价值,并以此作为"大写"的文学,乃至"好的文学""伟大文学"的评判标准。① 这种传统文学观念与形式主义文学观虽然相去甚远,但它们仍有共同之处,那就是试图找到文学特性中那些"最重要的成分",从而将文学与其他事物区分开来,以便更好地认识文学的特性,使其更好地发挥作用。只要研究的方向和目标相同,不同的认识可以形成互补,让我们对文学特性与功能的认识更加丰富和清晰起来。但如今却让我们看到一种反向的努力,引导人们去关注和研究文学与非文学混杂难分的那种"文学性",使文学与其他事物尽可能混淆起来。在笔者看来,这终归不是文学研究的"正路"。

再从卡勒所论到的报纸新闻分行排列变成"诗"的例子来看,这原本可以看作日常生活中随处可见的一种玩乐游戏,有人愿意这样玩那是个人的自由权利,类似的玩法甚至可以无穷无尽,因而对此不必太当真。有一点应当没有疑问,这首"诗"肯定算不上什么艺术创作,它与真正的诗人呕心沥血的艺术创造肯定不可同日而语;即便要说到它具有某种"文学性",那也肯定不能与真正的诗作相提并论。论者非要说这样一段报纸新闻分行排列而成的"诗"是一首"好诗",非要从中寻找和阐释出许多的"文学性"来,总给人一种刻意拔高和强制阐释之感。笔者的困惑在于,我们的文学批评和文学研究,将多少优秀的诗人作家及其杰作撇在一边不去

---

① [英]彼得·威德森:《现代西方文学观念简史》,钱竞、张欣译,北京大学出版社2006年版,第36—38页。

研究阐释，却偏偏对这样近乎游戏的低劣之"诗"感兴趣，费了诸多心思来寻找和阐释其"文学性"，不知其意义价值究竟何在？

三

实际上，西方文学研究中的某些偏向，也对中国的文学理论与批评产生了一定的影响，我们也不妨略举数例并稍加评析。

张隆溪先生《二十世纪西方文论述评》是新时期较早介绍和评述当代西方文论的著作，其中就介绍评述了乔纳森·卡勒的结构主义诗学，并引述了上面那个报纸新闻变成"诗"的例子，只不过译文和排列稍有不同："昨天在七号公路上/一辆汽车/时速为一百公里时猛撞/在一棵法国梧桐树上/车上四人全部/死亡"。然后论者阐释说："这本是一段极平常的报道，一旦分行书写，便产生不同效果，使读者期待着得到读诗的感受。"文中接着还引述了另一个更为著名的例子《便条》："我吃了/放在/冰箱里的/梅子/它们/大概是你/留着/早餐吃的/请原谅/它们太可口了/那么甜/又那么凉。"据说这原本只是一张普通的便条，经过分行排列之后，便成为一首著名的诗。论者引用这个例子，显然是为了更好地说明卡勒的观点，书中接下来阐释说："这是美国诗人威廉斯一首颇为著名的诗，它和一张普通便条的重要区别，不也在那分行书写的形式吗？……这类例子说明，诗之为诗并不一定由语言特性决定，散文语句也可以入诗，而一首诗之所以为诗，在于读者把它当成诗来读，即耶奈特所谓'阅读态度'。"① 看来论者是认同卡勒的观点的，认为一个文本是不是"诗"（文学），并不取决于文本自身的特性，而是取决于读者的"阅读态度"，即是不是把它当作"诗"（文学）来读。这种看法显然是过于主观化的，其偏颇之处上文已有评析，不再重复。

后来，上述《便条》诗的例子还被写进了文学理论教材，把它作为"文学与非文学"相区别的一个典型范例来加以分析。论者阐释说，当这些句子未分行排列时，它便是一张普通的便条，"这些句子组成了日常生活中司空见惯的便条，似乎毫无审美意味或诗意，在通常情况下，谁也不会把它们当成文学来欣赏，显然应当被归入非文学的应用文类"。然后转而论述道："面对这样分行排列的'诗'，任何有耐心的读者都可能会'读'出其中回荡的某种诗意。这首诗巧妙地引进日常实用语言，描写了我与你、冰箱与梅子、甜蜜与冰凉之间的对立和对话，使读者可能体味到人的生理满足（吃梅子）与社会礼俗（未经允许吃他人的梅子）之间的冲突与和解意义，或者领略现代社会人际关系的冷漠以及寻求沟通的努力。'那么甜'（so sweet）又'那么凉'（so cold）可以理解为一组别有深意的语词，既是实际地指身体器官的触觉感受，也可以隐喻地传达对人际关系的微妙体会。这里用平常语言写平凡生活感受，但留给人们的阅读空间是宽阔的、意味是深长的。"然而，看来论者对这种情况似乎也不无疑惑，所以又说："那么，这里决定

---

① 张隆溪：《二十世纪西方文论述评》），生活·读书·新知三联书店1986年版，第117—118页。

阐释的限度

文学与非文学的标准是什么？看起来是句子的排列方式（分行与不分行）的差异，但是，倘是深究起来，这里的标准有些模糊。例如，难道诗与应用文的区别仅仅在于句子的排列方式吗？如果回答是肯定的，那么，是否任何非文学文体一经分行排列便成为诗了呢？这样一来，问题就更为复杂了。例如，我们信手从报纸上原文照抄一句话，把它加以分行排列：'举世瞩目/中国球迷挂心的/四十一届世界乒乓球锦标赛/团体赛/赛制有变'。这叫诗吗？尽管分行排列，但读者不难判断出它不是诗。"最后，论者总结道："判断文学与非文学的标准并不简单地在于审美属性及语言形式，而主要在于：第一，文学的语言富有独特表现力，例如'那么甜'与'那么凉'别含深意；第二，文学总是要呈现审美形象的世界，这种审美形象具有想象、虚构和情感等特性，例如《便条》建构了一个想象的人际关系状况；第三，文学传达完整的意义，本身构成一个整体；第四，文学蕴含着似乎特殊而无限的意味。"[①]

其实，在上述例子的阐释中，其关键之处在于，论者首先假定了这张便条分行排列后已经成为"诗"，然后再按照"读诗"和"解诗"的方法，通过"诗意的想象"方式，对它进行仔细解读，这样就可以从中阐释出许多的"深意"甚至是"无限的意味"。同样，后面那个关于"赛制"的报道，也是首先认定它是新闻报道而不是"诗"，所以也就不去做"诗"的解读，这样它当然就不是"诗"了。假如我们把那个关于"赛制"的报道分行排列后，也改变一下"阅读态度"，首先把它

---

① 童庆炳主编：《文学理论教程》，高等教育出版社2004年版，第54—56页。

"当作"是一首诗,而且认定它是一首"著名的诗",然后也按照读《便条》诗一样来阅读和阐释,是不是也可以"读解"出一些"诗意"来呢?比如,或许可以这样来进行"诗意的想象"——"举世瞩目"意味着全世界都在关注"赛制有变"这件事;那为什么会特别让"中国球迷挂心"呢?外国球迷会不会也同样"挂心"?在这种"诗意"的联想中,我们似乎可以感悟到,其中暗示或隐喻了中国与世界的空间关系,构成了中国球迷与世界球迷,或者"本土性"与"世界性"的对立和对话,从而象征性地表现了中国球迷的爱国主义情愫。再比如,为什么"团体赛/赛制有变"会特别引起"中国球迷挂心"呢?这也是暗示了球迷的"集体主义"信念,由此可以读出诗中这种"集体无意识"的象征性表现。以这样的"阅读态度"读这首"诗",便可以激发我们无限的诗意想象,不仅读来耐人寻味、意味深长,而且能够给我们爱国主义和集体主义的思想启迪——对于这样的读解阐释,肯定会让人嗤之以鼻,认为神经不正常。然而这岂不正是《便条》和车祸新闻"诗"之类的解诗逻辑吗?这种解诗逻辑的关键就在于"循环论证",即首先认定某个文本(或某种形式的文本)是"诗"或者不是"诗",其次阐释者对其进行相应的"诗意"或者"非诗意"的解读阐释,最后得出结论判断其是"诗"或者不是"诗"。这里至关重要的在于解读者的"阅读态度",而与文本对象本身的内涵特性没有太多的关系,这种阐释观念及其逻辑不能不令人怀疑。

这类例子其实还有不少。笔者以为,在中国语境中出现这种情况,很大程度上是出于西方理论批评的误导。我们总是相信西方理论批评都是对的，特别是对一些外国名人的学说更是不敢怀疑，他们阐述的理论观点容易被当作经典之论，他们所讨论过的例子也往往被当作经典之例，以为具有普遍意义，然而实际上未必都是如此。当然，这里并不是说此类例子毫无意义，如果是用来说明文学现象的多样性与复杂性似无不可，然而以此来论证文学的特性即"文学性"问题则未必妥当。因为这不仅无助于说明文学区别于其他事物的根本特性，反而更容易模糊对于"文学性"问题的认识理解，甚至有可能导向对于真正的"文学性"的消解。

以笔者愚见，在文学基础理论研究和教学中，还是应当以公认的经典、优秀的文学作为主要阐释对象，在此基础上建立基本的"文学性"观念，确立应有的文学价值导向。对于现实生活中的大众化写作现象，当然可以给予适当的关注，从文学现象的多样性与复杂性的意义上对它们做出说明，但不宜在有意无意地过度性阐释中形成误导。前些时候有媒体炒作某些"梨花体"诗，例如《傻瓜灯——我坚决不能容忍》："我坚决不能容忍/那些/在公共场所/的卫生间/大便后/不冲刷/便池/的人"；近期又有人炒作一些"废话体"诗，例如《对白云的赞美》："天上的白云真白啊/真的，很白很白/非常白/非常非常十分白/极其白/贼白/简直白死了/啊——"（此类诗应当与前述《便条》和车祸新闻"诗"相类似，而且好像还是某些被封为"诗人"的人正经八百作为"诗"来"创作"的），在当今开放多元的时代，如果有人愿意这样去写，也有人愿意去读，甚至有人愿意去吹捧，这都是个人的自由权利，大概别人无权干涉，但作为文学理论与批评，则没有必要从这样的写作及文本中去寻找和阐释什么"文学性"，因为其中实在没有多少作为文学（诗）的价值可言，更无助于让社会形成良好的文学价值导向。

那么，说到底，什么才是我们的文学理论与批评该做的工作呢？笔者还是宁愿认同19世纪中期英国诗人和批评家马修·阿诺德的看法，这里姑且摘引他在《当代批评的功能》中的一段话，作为本文的结束语，他说："批评的任务，正如我们已经说过的，是只要知道了世界上已被知道和想到的最好的东西，然后使这东西为大家所知道，从而创造出一个纯正和新鲜的思想的潮流。它的任务是，以坚定不移的忠诚，以应有的能力，来做这桩事；它的任务只限于此，至于有关实际后果以及实际应用的一切问题，即应完全抛弃，对这些问题也不怕没有人做出卓越的成绩来。否则的话，批评不仅违反了自己的本质，而且只是继续着它一向在英国所蹈的故辙，并将必然错过今天所得到的机会。"[1]

（作者单位：江西师范大学文学院、当代形态文艺学研究中心）

---

[1] ［英］马修·阿诺德：《当代批评的功能》，载伍蠡甫主编《西方文论选》下卷，上海译文出版社1979年版，第81页。

"强制阐释"与当代西方文论的要害*

昌 切

"强制阐释论"是张江教授新近针对当代西方文论提出的一种"论",与此论针锋相对的也是由他提出的"本体阐释论","两论"紧密相关。在张江看来,如何对待文学或文学性,是区分和隔离"两论"的关键所在:前者反文学或文学性,后者则以文学或文学性为文学理论批评的旨归。据说,他之所以要提出本体阐释论,原是为了规避当代西方文论无视文学的本质属性,混淆文学与其他学科的界限,以先入之见(前见、先见)强行侵入文学的领地,把文学文本生拉硬扯地拽入与文学没有多大关系甚至毫不相干的论域加以阐释的"根本缺陷"和"核心缺陷",借此提醒文论界要高度重视文学的特性,以具体的文学文本为"阐释循环"的起点和终点,在文学批评的实践中逐步建立可以与当代西方文论平等对话的属于中国自己的文论系统。①

---

* 《文艺争鸣》2015 年第 4 期。
① 参见金莉《当代文论重建路径:由"强制阐释"到"本体阐释"——访中国社会科学院副院长张江教授》,《中国社会科学报》2014 年 6 月 6 日。

根据张江的表述可以发现，本体阐释论是一种畅想式的"重建路径"；强制阐释论也只是以揭示当代西方文论背离文学或文学性的根本缺陷为由，以零星片断的示例方式指出它的若干弊端。

我以为，就此可以提出来讨论的有两个大的问题：一个是为何在此时提出"两论"，另一个是当代西方文论的要害到底在哪里。

此时中国的GDP，据国际货币基金组织测算，已经超过美国，跃居全球首位，中国业已成为全球第一大经济体。世界银行也给出了相同的结论。国际货币基金组织测算的依据和得出的结论尽管并不为中国官方所认可，但是中国的经济总量在世界上数一数二，则是谁也否定不了的。自20世纪90年代以来，中国的经济高速发展，GDP相继超过英、法、德、日诸国直逼美国。退一步说，即使低调示人，不愿做世界经济的老大，中国在经济总量上超越美国，也当是指日可待。

与中国经济的高速发展相伴随的，是中国人看待中西关系的心态所发生的变化。这种变化是不是达到伤筋动骨的程度、有没有根本性的改观，这另当别论。我们看到，无论在哪一个领域，中国在世界上的发言权都有了相当明显的增强，民族情感愈益激越的中国人不再愿意跟在西方人的屁股后面跑，而急于强化民族的自信心，不断放出豪言，试图与强大的西方叫板，唱对台戏。这种态势表现在中国的方方面面，是非常清晰的。"中国可以说不""中国不高兴"，如此极端的民族主义情绪的宣泄，便是其中的荦荦大者。中国的文论界自然不甘落后，不失时机地汇入这股来头不小的民族主义潮流。20 世纪 90 年代初，东方主义等反欧洲中心论的理论话语传入中国，迅速在文论界搅起大浪，文化守成的思潮盛极一时。自那时以来，中国文论界讨论的主要论题，不是中国传统文论的现代转换，就是现代中国文论的"失语症"，其间不免夹带着"发现东方"、重建中国文论话语之类的豪言壮语。进入 21 世纪，不少人翻出费孝通"文化自觉"的说法来说事。比"文化自觉"更为激进的情绪化表达，是时下十分流行的一个大词——"文化自信"。

在"文化自信"的风头上提出"两论"，特别是本体阐释论，用历史的眼光看，其实是再自然不过的一件事情，完全是合乎历史逻辑的一种抉择。回归中国本土，回到老祖宗那里去，重建属于中国自己的文论系统。

20 世纪 90 年代的时候，季羡林发过一番宏论，说 19 世纪、20 世纪你们西方是强大，我们让给了你们，但是 21 世纪是中国的世纪，我们有这个自信，当仁不让。他说，你看我们中国古代的文论是多么多么的好，现在搞文论的人为什么不回过头去探宝，反倒去西方捞取那些念歪了的"经"。与季羡林可有一比的是以写现代诗闻世的英文教授郑敏，她甚至整体否定了自白话文运动以来一路西化的中国现代诗歌史。诡异的是，她是顺着西方人的思路，拿反欧洲中心论的西方文论说事。她说，你看我们的汉字是如何如何的形象，理性化或逻辑化了的西方文字是如何如何的抽象（可参看克里斯蒂娃及德里达的相关论述），把富有美感和诗性的象形汉字抽象化，不用典雅优美的文言而用粗放平直的大白话写诗，这是拿着鸡毛当令箭，南辕北辙，把中国现代诗歌引向了一条不归路。

那么，中国文论的出路在哪里呢？在"转换论"者那里，很简单，在它的源头，即沿波讨源，对中国古代文论实行创造性的现代转换，以彻底消除"失语"的症状。然而，如此这般，难道真能行得通治愈得了吗？讨论的人多了去了，讨论来讨论去，弄出来的无非一些宏大方案，无论是什么人，不管有多么高明，都没能也不可能端出一桌挂有"中国现代"名头的实实在在的理论大餐。实在是太难太难了，也许一开始就搞错了方向。在中国古代文论的范畴（西来概念）中，论者能够据以为证的实例简直可怜得要命，王国维在《人间词话》中重释的那个"境界"，便是其中经常被提及并说滥了的一个。可是，在多年前由北大出版社出版的佛雏先生精心研究王国维的那部大作中，你将会看到，隐含在这个范畴里面的居然主要是叔本华化了的意蕴。中国古代文论里面常见的如"气""象"之类的术语（又是西来概念），不妨试试，看看该怎样转换，转换后又该怎样用来批评当代的文学文本。

西来的"经"的确不那么好念，如"周诰殷盘，佶屈聱牙"，生吞活剥，生拉硬扯，牵强附会，磕磕绊绊，不问青红皂白地一锅烩，在所难免。从中挑多少刺都是轻而易举的，借以批判和否定它也不是什么难事。问题在于，豪情易解，壮志可嘉，发通宏论，挑些刺，并不能真正解决重建中国文论的难题。否定什么永远都要比肯定什么来得轻便。割断历史，用历史虚无主义的态度对待包括文学和文论在内的中国现代文化的演化史，这是万万不可取的。

我同意《全球通史》的作者、美国史学家斯塔夫里阿诺斯从史前到 21 世纪的历史中总结出来的一个看法。在他看来，在漫长的人类历史中，在一定的"长时段"内，总是会在一定的区域形成一个文明的中心，这个区域内生成的文明成果总是会向其他的区域扩散，这是历经无数史实验证过的不可逆的历史过程。《全球通史》下册的开篇即说，自 1500 年（哥伦布等航海）以来，影响整个世界文明的是欧亚大陆的欧洲板块。北美是欧洲人的北美，南美是拉丁人（欧洲人）的南美，澳洲是英国人的澳洲，亚洲和非洲虽然不好说是欧洲人的亚洲和非洲，但是就欧洲文明扩散的走向而言，这两大洲因被殖民而成为欧洲文明的试验场，则是谁都无法否认的事实。非洲众多国家的官方语言是英语和法语，社会制度的安排是照着欧洲的模式打谱。马达加斯加的官方语言是法语，其政治架构取自曾奴役过他们的法国，是半总统制。亨廷顿说冷战时期东西方两大意识形态的冲突实际上是西方文明的内部冲突，是有道理的。事实上，数不清的事例证明，中国人看待中西关系（"西上中下"）的心态并未发生实质性的改变。

于情，讲民族主义；于理，从世界主义。情理夹杂，很容易把脑子搅昏。然而，正是这夹杂着的情理的冲突，自 19 世纪中叶以来，却一再在中国的历史舞台上重演。我相信，只要世界文明的走势不出现方向性的转换，这种冲突仍然将持续下去。

现在可以谈第二个问题了。

前面已经说过，文学或文学性是强制阐释论与本体阐释论相关联的要点。张江在《强制阐释论》一文[①]中把强制阐释的"基本特征"归纳为四点,即"场外征用""主观预设""非逻辑证明"和"混乱的认识路径"。"非逻辑证明"似乎可以忽略不计,因为无论你动用什么样的理论来批评文学作品和文学现象,都有可能在逻辑上出问题。余下的三点关系到他对强制阐释的界说。他的界说是:"强制阐释是指,背离文本话语,消解文学指征,以前在立场和模式,对文本和文学作符合论者主观意图和结论的阐释。""文本话语"当指文学文本,"文学指征"当指文学的本质属性(文学性),"前在立场和模式"当指既有的理论立场。从既有的理论立场而非文学文本出发("主观预设"),无视文学文本固有的"指征",征用现成的场外理论,根据已有的结论,强行对文学文本作非文学的符合论者主观意图的阐释,这就是张江所说的强制阐释的根本缺陷。

前面也已经说过,文学和文学性,是搞当代西方文论的人来来回回辨识过而心知肚明的东西。美国学者乔纳森·卡勒的那本名为《文学理论简论》[②]的小册子,起首两章回答的就是什么是理论和什么是文学的问题。之所以称"理论"而不称"文学理论",据卡勒解释,是因为近些年来西方学者阐释文学作品,大都利用非文学的其他学科如心理学、政治学、语言学、史学和哲学等的理论资源,据说,用这样的理论来阐释文学,

---

① 张江:《强制阐释论》,《文学评论》2014年第6期;《文艺争鸣》2014年第12期。

② Jonathan Culler, Literary Theory: A Very Short Introduction, Oxford: Oxford University press, 1997. 中译本以《当代学术入门——文学理论》为名,1998年由辽宁教育出版社出版。这个译本后来加入原文更名为《文学理论入门》,改由译文出版社出版。

已经根本改变了文学研究的性质。按此，理论便是文学理论。卡勒概括出理论跨学科的（interdisciplinary）、分析和推测的（analytical and speculative）、批判的（a critique of common sense and concepts taken as natural）和反思的（reflexive, thinking about thinking。这里的反思特指"探询我们在文学和其他话语实践中感知事物的范畴"）四个要点。这四个要点，没有一个不涉及对于文学或文学性别样的理解。

因此，接下来便是什么是文学或文学性的问题。卡勒以质疑的方式——列出现存的多种有关文学或文学性的解释，并一一给出反例和疑点质询，从而使文学或文学性变成了一个面容模糊、十分可疑的概念。譬如，形象性曾经被看作文学有别于其他人文学科的特性，但是在宗教教义和史书中，形象化的叙述也是屡见不鲜的……以往对文学作本质主义的理解，认真地理论起来，真的是不大可靠的。当然，文学作为一种意识形态，从来都是人类社会特有的一种话语实践活动。不过，这种话语实践活动牵连到和作用于人类社会的各种领域，则是确凿不移的。文学反映社会生活，这不就是我们熟透了的一个信条吗？既然文学是社会生活的反映，那么动用社会各种领域的理论来阐释文学作品，便是顺理成章的事情。何况，在20世纪初欧洲发生物理学、语言学的革命以后，随着在欧洲这个文明中心生成的新的知识成果在全球范围的扩散，人类已经改变了看世界的视角和方式，过往形成的种种学科的种种重要的概念，不再是也不可能再是不可置疑的自明的概念。

我想，既然张江以文学或文学性为他提出的"两论"的轴心概念，那么他首先需要阐明的就是这个在他心目中不证自明的概念，用铁铸的证据雄辩地证实这个概念无可辩驳的有效性。

　　我想说的是，在中西文论史上，我们不难看到，为文学奠定理论基础和阐释框架的，即为文学立法的，很多都不是文学的圈内人。古希腊的亚里士多德和柏拉图，中世纪的奥古斯丁，18世纪以来的康德、谢林、黑格尔和马克思，再往后的海德格尔、伽达默尔、德里达和福柯，全不是搞文学的。有人说中国的美学可分为两路，一路是儒家美学，另一路是庄禅美学，而为这两路美学奠基立则的，前者为孔孟，后者为老庄和禅宗，撇去禅宗，也全不是搞文学的。刘勰该是公认的中国古代文论的大家吧，可他是舍人而不是文学家。严羽倒勉强可以说是文学的圈内人，但是，他"以禅喻诗"，是不是也犯了"场外征用""背离文学指征"的错误？更贴近的例子是毛泽东。熟悉中国现当代文学史和学术史的人都很清楚，回到历史"现场"，毛泽东可称真正意义上的文学宗师，他从现实政治需求出发论述和规范文化和文学的文字，在相当长的一段时间内，完全可以说是搞文学和文学（学术）研究的中国人的"圣经"。20世纪80年代中期以前编写的中国现代文学史，其理论基础、结构和评价标准就来自毛泽东的《新民主主义论》和《在延安文艺座谈会上的讲话》。显而易见，在撰写中国现代文学史之前，治史者就有了"前在立场和模式"，在治史的过程中，当然要"对文本和文学作符合论者主观意图和结论的阐释"。不能想象，倘若"白板"一块，脑子空空，没有"前在立场"或"先见"，文学阐释将何以发生。

问题显然不在这里。进一步说，当代西方文论的根本缺陷或核心缺陷显然不在背离文学或文学性的"场外征用"之类。如果把20世纪初以来的西方文论叫作当代西方文论，那么当代西方文论所取得的成绩，应该说是相当可观的。它极大地拓展了文学和文学研究发挥社会效应的空间，触觉直抵西方社会的各个角落，成为西方社会对现代性进行批判性反思的重要组成部分。女权主义和后女权主义、弗洛伊德主义和新弗洛伊德主义、解构主义、东方主义、新马克思主义和文化研究，从性别歧视到理欲分裂、从二分的思维传统到扭曲的东西方关系、从阶级压迫的新形式到媒体的官商合谋，可谓揭发伏藏，深入骨髓，锋芒毕露，咄咄逼人。再来看它在文学研究上的进展。它首先突破了仅仅从外部（社会文化背景和个人经历）进入文学的限制，把文学阐释拓展到了文学文本的层面（如形式主义、结构主义和新批评），接着又突破了黏滞于文学文本而不能自拔的限制，把文学阐释拓展到了文学接受和文学旅行的层面（如接受美学、读者—反应理论和形象学）。文学批评在19世纪晚期学科化了，那时流行丹纳的时代、种族、环境三要素说，还没有为文学批评离开这三要素从别的视角进入文学提供理论上的可能。文学批评后来发生变化，是与人们改变了看世界的角度和方式分不开的。

20世纪初，丹麦的哥本哈根大学是物理学新思想的摇篮。测不准原理与爱因斯坦的相对论相得益彰。波子与粒子的相对性或不确定性，如同语言与言语、能指与所指的相对性或不确定性。彼此相关，由此及彼，由彼及此，不离不弃。在索绪尔那里，词与物的关系并不像过去的语言学所认定的，是固定的，而是随意的、偶然的；而且，词在文本中的意义也不是孤立的，而取决于它在上下文中如何呈现。德里达对语音中心主义或逻格斯中心主义的辨析或解构，更是把批判的矛头指向了西方思维的祖先。卡勒在《文学理论简论》中对德里达如何解构语音中心主义有着扼要和精当的分析。语音先于文字吗？按常识，当然如此，但德里达告诉你，未必如此。这岂不是正好可与卡勒所归纳的理论的第三个要点对应！连思维的起点都有问题，沿着这种思维路径认知的本质化的种种概念难道就不会有问题？摆脱传统思维路径的还有福柯。福柯把话语与权力捆绑起来考察性史、疯癫史等，罔顾性、疯癫等是什么而只看性、疯癫等何以如此，也就是说，只看性、疯癫等的观念如何形成的话语实践，从而建立起性、疯癫等的"知识谱系"。这里是无法觅得本质主义的藏身之地的。德里达和福柯，还有海德格尔，乃至波尔和索绪尔等，在当代西方诸多文论中，我们是不难觅得他们的身影的。这些欧洲精英才是由欧洲延及北美的当代西方文论的真正的奠基人。

当代西方文论的理论成色和认识论基础，才是其要害所在。

当代西方文论东来，该来的来得差不多了。来中国旅行后境况如何，待遇好不好，能不能客随主便、入乡随俗，与接待的主人相处得怎么样，变声变调了吗，有没有长进，有哪些长进，这些才是我们应该急切关注的问题。大门敞开了，撵是撵不走的。该做的工作是：清仓查库，一样一样地打理清楚，问明用途，该存的存，该放的放，该改进的改进，该另创的另创。

以也许并非题外的话收尾吧。在当今偌大的中国,要找到一样纯粹的国货(限于现代工业和信息产品)无异于痴人说梦。小米是纯粹的国货、纯正的民族品牌吗?不是。雷军说得好,小米没有厂房,它的工厂是世界工厂。小米的芯就不是中国芯,小米的相也不是中国相。那么,中国的现代文论呢……

(作者单位:武汉大学文学院、中国传统文化研究中心)

场外征用的必要性与有效度[*]

赵炎秋

一 问题的提出

张江先生在《强制阐释论》中提出，当代西方文论的根本缺陷是"强制阐释"，强制阐释的基本特征有四点，其中之一是"场外征用"。张江认为，从积极的意义上说，"场外征用""扩大了当代文论的视野，新的理论空间和方向，对打破文学理论自我循环、自我证明的话语怪圈是有意义的"。"我们从来都赞成，跨学科交叉渗透是充满活力的理论生长点。20世纪西方文论能够起伏跌宕，一路向前，正是学科间强力碰撞和融合的结果。"同时他也指出："理论的成长更要依靠其内生动力。这个动力首先来源于文学的实践，来源于对实践的深刻总结。""文学不是哲学、历史和数学。文学更强调人的主观创造能力，而人的主观特性不可能用统一的方式预测和规定。用文学以外的理论和方法认识文学，不能背离文学的特质。文学理论在生成过程中接受其他学科的研究方法和思路，其前提和基础一定

---

[*]《文艺争鸣》2015年第4期。

是对文学实践的深刻把握。离开这一点，一切理论都会失去生命力。"① 这些论述一方面肯定了文学理论与文学批评中"场外征用"的必要性，另一方面指出"场外征用"的限度和有效性是辩证的。遗憾的是，因为篇幅与主旨的关系，张江先生在文中并没有对此展开论述。而要深入了解文学理论与批评中的"场外征用"现象，进一步了解西方文论的强制阐释及其不足，有必要进行进一步的探讨。

二 "场外征用"的必要性

按照张江先生的解释，所谓"场外征用"，是指"广泛征用文学领域之外的其他学科理论，将之强制移植文论场内，抹杀文学理论及批评的本体特征，导引文论偏离文学"。② 这句话的前半段主要是对"场外征用"内涵的界定，它应该包括两个方面：一是征用场外理论，影响、改变、丰富、发展相关的文学理论和批评；二是直接征用场外理论，对文学作品和文学现象进行分析、批评。后半段主要是对"场外征用"效果的判断。张江先生的论述主要指出了场外征用的消极结果，对于场外征用的积极作用没有涉及。客观地说，场外征用既有消极的一面，又有积极的一面。如以弗洛伊德理论为代表的精神分析学说，从起源看，无疑属于文学领域之外的其他学科理论，但自从进入文学批评领域之后，精神分析所产生的积极作用至少

---

① 张江：《强制阐释论》，《文艺争鸣》2014年第12期。
② 同上。

与它的消极作用是相等的。就其积极方面来说，精神分析学说引入文学批评，扩大了我们的批评视域，部分地改变了我们对于文学的看法，加深了我们对文学的理解。它的一些术语如俄狄浦斯情结、白日梦、集体无意识、原型等，现在已经成为文学理论的一个有机的组成部分，广泛运用于文学批评之中。再如，恩格斯对哈克纳斯的《城市姑娘》的批评。恩格斯批评这部小说没有写出"工人阶级对他们四周的压迫环境所进行的叛逆的反抗，他们为恢复自己做人的地位所作的剧烈的努力"，认为它不是"充分的现实主义的"。从某种意义上说，恩格斯的批评不是从作品本身出发，而是从社会主义革命的要求出发的。尽管他承认，哈克纳斯的描写有其现实的基础："任何地方的工人群众都不像伦敦东头的工人群众那样不积极地反抗，那样消极地屈服于命运，那样迟钝"，而且也认为，哈克纳斯有"非常充分的理由这一次先描写工人阶级生活的消极面，而在另一本书中再描写积极面"①。从某种意义上说，恩格斯的批评也是一种"场外征用"。但这种征用的效果是好的。作为无产阶级革命的领袖，恩格斯要求文学作品表现无产阶级的反抗与斗争是很自然的，也是必要的。他对《城市姑娘》的批评对当时及以后的文学创作特别是社会主义文学创作产生了积极的影响，这是不争的事实。

由此可见，"场外征用"在文学批评中的必要性不能完全否定，这种必要性可以从三个方面探讨。

---

① ［德］恩格斯：《致冯·哈克纳斯》，载《马克思恩格斯选集》，人民出版社1972年版，第462—463页。

阐释的限度

其一，文学反映的是整体的社会生活，要对文学作品进行解读，有必要运用各个学科的知识与理论。一般认为，文学以形象的方式反映生活，它反映的生活与自然科学不同。自然科学反映的是世界的规律、本质、属性、特征，反映形式是抽象的，文学反映的是世界的感性的表现形式，反映形式是具象的。文学反映的世界与社会科学也是不同的。社会科学的各个学科一般只涉及生活的某个方面或某个部分，其反映形式是抽象的，文学则以具象的形式反映整体的社会生活。这样，文学就必然涉及生活的方方面面。批评家如果严格地将自己的视野限制在文学的范围之内，完整、深入地理解文学作品有时就会成为无法完成的任务。在这种情况下，"场外征用"便不可避免。比如《红楼梦》，这是一部百科全书式的史诗性巨著，涉及的生活面从宫廷到民间、从政治到经济、从娱乐到体育、从迷信到医学，十分广阔。显然，要对这部作品有深入的理解和把握，不借助其他学科的知识是不可能的，比如医学。《红楼梦》中的人物经常生各种各样的病、请各种各样的医生、开各种各样的处方抓各种各样的药品，病人对病情的陈述、医生对病情的诊断、开出的药方抓来的药以及熬药吃药的过程，不仅构成情节的一个有机组成部分，而且是人物形象的一个有机组成部分。如林黛玉的多病、咯血，薛宝钗的冷香丸和她的体丰怕热等，都与情节发展和人物形象有着密切的联系。要把握小说的情节和人物，就不能不把握人物的病情以及与病情有关的其他方面，而要真正把握这些方面，就不能不"征用"医学方面的相关知识。医学如此，其他学科知识实际上也是如此。

其二，与其一密切相关，作为生活、时代、社会的形象反映，文学作品产生之后，就会在一定程度上具有文献的性质。恩格斯就曾说过，巴尔扎克在《人间喜剧》中，"给我们提供了一部法国'社会'特别是巴黎'上流社会'的卓越的现实主义历史……我从这里，甚至在经济细节方面（如革命以后动产和不动产的重新分配）所学到的东西，也要比当时所有职业的历史学家、经济学家和统计学家那里学到的全部东西还要多"①。自然，恩格斯的这段论述不能完全从字面上去理解，但是人们从文献的角度对待、理解文学作品的现象却并不罕见。越南战争时期，海明威的《丧钟为谁而鸣》被美国军方当作游击战的辅助教材发给美国士兵阅读；19世纪七八十年代，德国考古学家谢里曼依据《荷马史诗》等作品的启示，在小亚细亚西北部一带进行考古探查，成功地发掘出特洛伊古城，以及南希腊（伯罗奔尼撒半岛）的迈锡尼、太林斯等遗迹，使长期湮没的爱琴文化再现于世。此外，还有现代人通过古代小说了解古人的生活，本国读者通过外国小说了解外国人的生活；商人通过商战小说了解商业活动；青年人通过爱情小说了解异性恋爱心理，等等。虽然通过文学作品了解的信息很难有相关的文献那样真实、准确，文学作品也无法代替真正的文献，但这并不能避免文学之外的其他学科将其借用来作为自己的论据和阐述自己理论的材料。这也必然会产生场外征用的问题。

其三，也是最重要的，任何学科的理论都不可能是一个自

---

① ［德］恩格斯：《致冯·哈克纳斯》，载《马克思恩格斯选集》，人民出版社1972年版，第463页。

洽与自足的体系，要完善与发展自己的理论体系，必然要借鉴与运用其他学科的理论。文学理论当然也是如此。这首先是因为，作家并不是生活在真空之中，必然会受到各种思想和思潮的影响，有的作家的创作本身就有说明或宣传某种思想的意图，或受到了某种思想的影响。如存在主义哲学家和文学家萨特，要解读他的文学创作，不了解他的存在主义思想几乎是不可能的。埃莱娜·西苏有感于父权制社会女性长期的失声，提倡女性写作，号召女性写自己的身体，因为在长期的父权制文化的压迫之下，女性已经自觉或不自觉地接受了父权制文化，她的思想、意识已经男性化了。只有身体才是她的，身体是女性抵抗父权制文化的最后一个堡垒。"几乎一切关于女性的东西还有待于妇女来写：关于她们的性特征，即它无尽的和变动着的错综复杂性，关于她们的性爱，她们身体中某一微小而又巨大区域的突然骚动。""妇女必须通过她们的身体来写作，她们必须创造无法攻破的语言，这语言将摧毁隔阂、等级、花言巧语和清规戒律。"① 受西苏的影响，许多作家特别是女性作家有意识地从身体的角度观察、思考、表现社会生活，创作出不少与身体有关的作品。如林白的《一个人的战争》、陈染的《私人生活》、九丹的《乌鸦》等。解读这类作品即使是分析它们的艺术特色，局限于原生性的文学理论是不够的，必须要"征用"西苏的身体写作以及女性主义的其他相关理论。其次，人类精神的各个领域是互相联系、互相依存的。各个学

---

① ［法］埃莱娜·西苏：《美杜莎的笑声》，载张京媛主编《当代女性主义文学批评》，北京大学出版社1992年版，第200—201页。

科之间的相互渗透、交流、借用、启示不仅是必然的也是必须的。另外，各个学科自身的资源都是有限的，单靠自身的思想资源以及自身的实践，无法完全满足理论创新与发展的需要。这时，也需要吸收外来学科的理论。索绪尔区分言语与语言，强调结构与关系在语言中的重要性。这一语言学理论经过俄国形式主义、布拉格学派到结构主义，导致重视叙事作品形式研究的经典叙事学的产生，以及将叙事学理论与其他文化理论如女性主义结合起来的后经典叙事学的产生。从语言的渊源与承续这个角度，可以说，没有索绪尔的语言学理论，就不可能有作为文学理论的一个有机组成部分的叙事学。这当然也是一种征用。

三 "场外征用"的有效度

必要性并不等于有效性与合理性。场外征用有的符合文学的实际，有的则与文学实际有较远的距离。如张江先生在《强制阐释论》中曾经批评过的对爱伦·坡小说《厄舍老屋的倒塌》的生态学解读。再如结构主义文论对于深层结构的探寻。结构主义文论受索绪尔语言和言语区分的影响，将单个的文学作品看作言语，将隐藏在单个作品之中的制约、决定着单个作品的运作、形态的内在的规则体系看作语言也即深层结构，认为文学研究的任务就是将这些共同因素也即深层结构找出来。这种理论追求导致了结构主义叙事学、读者阅读理论等的产生。这些理论基本是符合文学实际的，是有效

阐释的限度

的。但是结构主义文论进一步认为，在深层结构之下，还有深层的结构，并且最终有一个决定着所有文学作品的深层结构。它们一直努力着，试图找出这一决定着所有文学作品的深层结构。格雷玛斯的矩形方阵实际上就是这一追求的阶段性产物。这自然不能如愿。

结构主义文论将现代语言学理论"征用"到文学理论和文学批评中来，却产生了两种结果：有的有效，有的却是无效的。这里的关键在于场外征用与文学的关系。场外征用只有符合文学的实际，才可能是合理的、有效的。

这种符合可以从三个方面探讨。

首先，最重要的是要符合文学创作的实际。文学作品是作家对于生活的主观能动表现的结果。在创作过程中，作家自觉或不自觉地总有自己的想法与目的，这些想法与目的总要或明或暗地在作品中表现出来，影响、制约作品的构思、形象塑造、情节安排、人物设置等。场外征用应该符合作者的创作意图，至少不应与作者的创作意图完全对立。自然，作者的意图不一定能够涵盖文学作品的所有内涵，甚至有的作家在创作的时候不一定有明确的意图，[①] 而且，作者的意图有时也不一定能为读者所感知。这时，符合文学创作的实际就主要是指符合文学作品的实际。文学作品产生之后，便是一个客观的存在，有其主旨和具体内容。这里的主旨是一个广义的概念，主要指作品

---

① 如写《雷雨》时的曹禺。《雷雨》写成不久，曹禺曾坦率地承认自己写《雷雨》时并没有明确的意图，而是出于"一种情感的迫切需要"。参见王兴平等人编《曹禺研究专集》（上册），海峡文艺出版社 1985 年版，第 16 页。

的审美结构和主导倾向。具体内容指表现在作品中的社会生活。两者是有机结合的，主旨必须通过具体内容表现出来，具体内容需要主旨的引导和组织。场外征用必须符合文学作品的这一实际，否则，就很有可能牵强附会，过度阐释；或者，破坏文学作品的有机性，将其进行随意的分割以满足自己阐释的需要。弗洛伊德曾分析莎士比亚笔下的哈姆雷特，他不认同歌德等人关于哈姆雷特缺乏行动能力的判断，将哈姆雷特的犹豫、延宕归因于他所执行的任务的特殊性。弗洛伊德认为，哈姆雷特有严重的俄狄浦斯情结，潜意识中仇恨他的父亲，爱恋他的母亲，因此，在克劳狄斯杀了他的父亲、娶了他的母亲之后，他无法按照鬼魂的要求去复仇。因为"这个人向他展示了他自己童年时代被压抑的愿望的实现。这样，在他心里驱使他复仇的敌意，就被自我谴责和良心的顾虑所代替了，它们告诉他，他实在并不比他要惩罚的罪犯好多少"[1]。莎士比亚在创作时，是否有借《哈姆雷特》诠释俄狄浦斯情结的意图，现在已不得而知。但我们倾向于认为没有，因为俄狄浦斯情结是弗洛伊德的发现，莎士比亚还没有这样"摩登"。从剧本的实际来看，哈姆雷特从未表现、流露过这一情结，而且，他也从未犹豫过是否要杀死克劳狄斯。在第三幕第四场，当他听见帷幕后面有人叫喊时，他以为是克劳狄斯，立刻一剑结果了那人；第五幕第二场，当他得到刺杀克劳狄斯的机会时便立刻毫不犹豫地杀死了他。因此，哈姆雷特犹豫、延宕，不是由于他的俄狄浦斯情结因而不

---

[1] ［奥］西格蒙德·弗洛伊德：《弗洛伊德论美文选》，张唤民、陈伟奇译，知识出版社1987年版，第18页。

能或不想杀死克劳狄斯,而是由于其他的原因。① 因此,我们虽然钦佩弗洛伊德思想的新颖,但也不得不说,他对《哈姆雷特》的分析不符合剧本的实际,因此,他的解读是不合理的、无效的。

其次,是要符合文学理论的实际。文学理论是关于文学的理论,它的目的是为研究、分析、解读文学活动、文学现象与文学作品提供理论支持和依据,它有自己的体系和内在逻辑,它的主要内容应来自文学实践以及与文学实践相关的社会实践和文化思想资源,这就是文学理论的实际。当然,文学理论不是文学实践的附庸,它有自己的逻辑体系、运作方式、思想资源和存在价值,但是,它构建的基础应是文学实践,其主要内容应该符合文学的特质与规律,这却是确定无疑的。场外征用应该符合这一实际,应该能够纳入文学理论的整体体系与内在逻辑之中,否则,也是不合理与无效的。20世纪初,俄国无产阶级文化派从哲学领域"征用"来辩证唯物主义,要求以此为创作方法,创作"纯粹"的无产阶级文学作品。但创作方法是作家处理生活与文学的关系、创作文学作品时所遵循的原则与主要技巧,而辩证唯物主义则是马克思、恩格斯在总结自然科学、社会科学和思维科学的基础上创立的一套系统的逻辑理论思维形式,处理的是思维与存在的关系、思维与存在有无同一性,以及认识事物的方法等问题。将一种世界观方面的东西生拉硬扯地弄到文学领域

---

① 笔者曾撰文探讨哈姆雷特犹豫、延宕的原因,认为是他的思想与行动的脱节。参看赵炎秋《哈姆雷特悲剧成因再探》,《湖南师范大学学报》1998年第3期。

作为创作的基本原则，肯定是水土不服，不管它在哲学领域多么正确。"语言论"文论盛行的时候，一些批评家喜欢用"主语""谓语"之类的术语来指代文学作品中的人和事以及相关的行为与动作，这是另一种对文学理论实际的偏离，因而也是不合理的，实际上也是无效的。时过境迁，这类术语也从文学理论的话语中消失了。

最后，是要符合文学批评的实际。其一，文学批评应该是对文学的批评，其目的是增加、促进读者对文学的理解与把握，获得审美的享受，促进文学创作的发展。其二，文学批评的对象应该是作为有机整体的文学作品，作品是其批评的依据与基础，而不应将文学作品作为没有生命的材料，任意抽取用来证明、支撑某种外在的或预定的思想与观点。其三，文学批评必然要涉及作品之外的因素如社会、文化、历史等。但对这些因素的分析应该与文学有关，为了达到文学的目的，而不应该抛开文学，让这种外部因素本身成为批评的目标，让批评成为缺少文学这一主角的旁白。场外征用如果没有达到这些要求，就违背或者偏离了文学批评的实际，其征用也就缺乏了合理性与有效性。法国批评家皮埃尔·齐马试图通过对文学作品的分析，"了解社会问题和团体利益是如何从语义、句法和叙述等方面扭结在一起并得到反映的"。他从"会话与文字的对立的"角度理解普鲁斯特《追忆逝水年华》的结构，将这部小说看作"批判上流社会言语的一篇文字"。"按照齐马的思路，这部小说有两百页也就足够了。"齐马"征用"社会学的理论批评《追忆逝水年华》，只看到它的社会学价值，而且还是其中的一个小的方面，这当然不能说是有效的文学批评。另一法国批评家塔迪埃谈到齐马时评论道："从艺术的卓越成就中仅仅发现'资产阶级的世俗社会'，掩卷回顾时觉得作品竟不如开卷时那么内涵丰富，齐马的这一结论其实是很可悲的。"① 齐马的批评偏离了文学批评的实际，塔迪埃的看法是有道理的。

四 "场外征用"能否避免

　　场外征用并不是当代文学理论和批评特有的现象。杜甫诗《古柏行》写夔州孔明庙前的老柏树，其中有两句："霜皮溜雨四十围，黛色参天二千尺"，这联诗无非是用文学中常见的夸张手法，写柏树的古老、高大。但北宋科学家沈括在《梦溪笔谈》中提出异议，认为一围为两手的拇指和食指合拢来的长度，"四十围乃是径七尺，无乃太细长乎"？而另一位叫黄朝英的学者则为杜甫辩护，认为古制一围是两只胳膊合拢来的长度，四十围就是120尺，"围三径一"，四十围的树直径有40尺。而"径四十尺，其长二千尺宜矣；岂得以细长讥之乎"？② 两人引经据典，然而都不是在讨论文学，而是在讨论科学。从某种意义上说，这也是一种场外征用。两位学者是用数学和植物学方面的有关知识，来讨论一个文学上的问题。

---

　　① ［法］让－伊夫·塔迪埃：《20世纪的文学批评》，史忠义译，百花文艺出版社1998年版，第193、195、195—196页。
　　② 胡仔：《苕溪渔隐丛话》卷八，人民文学出版社1962年版。

由此看来，文学批评中的场外征用实际上是古已有之，要完全避免是不可能的。从逻辑的角度看，一个事物的出现既然有其必要性，它的出现就是不可避免的。文学理论与批评中的场外征用不仅有它的必要性，而且也有其有效的一面。因此，要完全消除它就是不可能的，也没有这个必要。这里的关键是要正确地使用场外征用，把它限制在适当的范围，使其符合文学的实际，发挥其合理与有效的一面，避免其无效和不合理的一面。

场外征用无法避免的另一个原因是其有效与无效的复杂性。这种复杂性表现在三个方面：一是场外征用与非场外征用之间的界限是很难截然划定的，它们之间有着太多的中间环节。为了论述有一个展开的基础，本文将非文学领域产生且主要在文学之外的人类精神的其他领域使用的理论视为场外理论，认为将这些理论运用于文学理论和文学批评就是场外征用，但如何认定仍然存在困难。二是有效与无效往往交叉在一起。三是有效与无效之间的判定有时也是比较困难的。

有学者认为："中国当代学术，特别是文学理论充溢着过多的政治性与意识形态性了，所以拒绝政治也就成为一种具有普遍性的政治诉求。20世纪八十年代的'审美'曾经是最具有政治性的一个概念，这是因为这个在康德美学意义上使用的概念被认为是最没有功利色彩的，是不涉及利害关系的，它指涉的是纯而又纯的高层次精神活动。在文学理论长期成为政治的直接工具的时代，拒绝政治就成为一代知识分子普遍的政治诉求，因此，这个最没有政治色彩的概念就成为一代知识分子最

阐释的限度

有代表性的政治性话语。"① 一个纯文学的概念在特定的环境中成为一个最有代表的政治性话语。同样，一个纯政治性的概念在一定的条件下也可能成为一个最有代表性的文学性话语。拉康对爱伦·坡《失窃的信》的分析也是一个很好的例子。爱伦·坡《失窃的信》是一部侦探小说。小说写王后正在看一封信时，国王忽然进来了。王后不想让国王看见这封信，就顺手把它放在桌子上。国王没有发现这封信，但跟着进来的D大臣发现了，他在王后的眼皮底下用另一封信换走了这封信。王后委托警察局长替她找回这封重要的信。警察局长用尽了办法：秘密搜查D大臣的住宅，派人假扮强盗在路上截住D大臣进行搜身，但都没有找到这封信。他只好求教于私人侦探杜宾。杜宾借着拜访大臣的机会，发现那封信经过伪装后就插在D大臣家的一个文件架上。于是他用一封相似的信将王后那封信换了出来。拉康用他的结构主义精神分析理论对这篇小说进行了分析。其一，他认为小说存在两个场景，一个是王后的客厅，另一个是D大臣的寓所。在第一个场景中，有三个人物，一是国王，他本该发现那封信但却视而不见；二是王后，她见国王视而不见便自以为保住了秘密；三是D大臣，他在表面的混杂下面发现了事情的真相。在第二个场景中也有三个人物，一是警长，他本该发现那封信，但与第一场景中的国王一样视而不见；二是大臣，他与第一场景中的王后一样，因警长视而不见而自以为保住了秘密；三是杜宾，他取代了第一场景中大臣的位置，

---

① 李青春、袁晶：《"形式"的意义——近年来中国学界形式主义文论研究之反思》，《中国文学研究》2013年第2期。

于杂乱中发现了真相。拉康认为，这两个场景和两个人物的三角关系，构成了小说的深层结构。其二，拉康指出，在法语中，如在英语中一样，"信（Letter）"这个词有信件和字母两种意思。而作为字母，Letter 是一个纯粹的能指。实际上在小说中，那封信虽然处于情节的中心，其内容却没有显现。它只是一个"漂浮的能指"，在主体的关系网中，从不同的人的手中流转，并由此获得不同的意义。由此出发，拉康认为，这篇小说表现的，实际上是能指的传递在无意识的结构中产生了什么作用。换句话说，能指本身的运作就是意义的所在。意义存在于文本的关系之中。其三，拉康认为，对于王后来说，失窃的信象征了她所匮缺的阳物，表征的是主体对于他者的渴求。[1] 拉康的分析"征用"了三种"场外"理论。一是结构主义。他按照结构主义的方法挖掘出了小说的深层结构。这一结构符合小说的实际，有利于读者对《失窃的信》的进一步把握，因而是有效的。二是现代语言学理论。他的"漂浮的能指"虽然有些玄奥，但还能在文本中找到一些根据，处于有效与无效之间。三是他运用精神分析理论得出的失窃的信象征了王后匮缺的阳物的结论，则纯粹是种无根据的主观臆想，无法找到文本和作者意图的支撑，因而是无效的。一个分析中的三种征用和三个结论，有的是有效的，有的是无效的，有的则处于有效与无效之间。由此可见有效与无效之间关系的复杂性。

另外，我们对有效度的讨论都是从文学的角度出发的，也就

---

[1] ［法］拉康：《谈〈失窃的信〉》，参见陆扬《精神分析文论》第三章第二节，山东教育出版社 1998 年版。

阐释的限度

是说，判定一个场外征用是有效还是无效的主要依据是它是否符合文学的实际，是否属于文学批评，但这并不意味一个无效的场外征用就没有思想内涵。换句话说，即使是"脱离文本和文学本身，裁截和征用场外现成理论，强制转换文本主旨"，以至"文学的特性被消解，文本的阐释无关于文学"的场外征用"已不是文学的阐释"[①]，不再能被称为文学批评，它也仍是人类思维的结晶，仍能对人类思想、文化、社会产生作用，并且帮助读者从某一个角度——虽然是非文学的角度增进对文学的理解。杜勃罗留波夫曾对屠格涅夫的小说《前夜》进行批评。杜勃罗留波夫遗憾小说的主人公英沙罗夫是波兰人而不是俄罗斯人，认为当时的俄国不是处于革命的"前夜"而是处于革命的激流之中。屠格涅夫不同意杜勃罗留波夫的批评，这最终导致他与《现代人》杂志的决裂。今天看来，杜勃罗留波夫的批评是正确的，但也很明显，他的批评不是从作品本身出发，而是从俄国当时社会的现实和民主主义革命的要求出发的，其基础实际是社会革命的理论。因此，严格地说，也是一种场外征用。但这种场外征用却是有意义的。再如列维-斯特劳斯对俄狄浦斯神话的分析。他征用结构主义理论，从这个神话中抽取四组因素，将它们排成四行，通过对比分析，认为俄狄浦斯神话"提供了一个逻辑工具，它可以在初始问题——'我们是生于一，还是生于二？'——跟派生问题之间搭起一座桥梁"[②]。也就是说，这个神话探讨的是

---

① 张江：《强制阐释论》，《文艺争鸣》2014年第12期。
② [法]列维-斯特劳斯：《结构人类学》，张祖健译，中国人民出版社2006年版，第240页。

人出生于土地还是出生于男女的结合这一问题。列维-斯特劳斯的分析表面上看是依据了俄狄浦斯神话文本，但实际上他只是将文本作为自己的材料，从中抽取自己需要的东西以支持自己的结论，因此，他的阐释也很难说是一种文学的阐释。但它的确扩展了我们的视野，从另一个角度增进了我们对俄狄浦斯神话的认识。由此可见，"无效"的场外征用实际上也有它的效用。

因此，对"场外征用"我们应该辩证地对待，一方面承认它在文学批评中的必要性，另一方面指出它的有效度，如果运用场外征用的理论对文学的阐释脱离了文学特别是文本的实际，这种阐释就很难说是文学阐释，对于文学批评来说，它就是无效的。但是从思想的角度说，无效的场外征用又有其存在的价值。我觉得，这应该是张江先生的《强制阐释论》所蕴含了的思想。

（作者单位：湖南师范大学文学院）

理论霸权、阐释焦虑与文化民族主义
——"强制阐释论"略议[*]

王 侃

一

简略地看,张江的《强制阐释论》试图全面、深入地讨论、清理"理论"与"阐释"(批评)在当下学术论域中的基本关系,尤其是讨论和批判"理论"如何傲慢地在种种阐释实践中施展其支配性的霸权行径。尽管张江对"理论"的分析和批评不免有武断和有失缜密之处,但激越处却不失意味和深刻。须知,与西方学界早已形成的针对"理论"的反思之势不一样的是,"理论"在今天的中国仍四处旅行,无远弗届,无往不利,因此,至少在中国仍然没到达如西方学界那样提出"理论终结"或"理论之后"的历史契机——相反,从20世纪90年代起,倒是不断有论调认为文学可以"终结"了,而"理论"却通过宣布一次又一次的"转向",持续引领学术风尚,处处活色生香。当然,在中国并非没有针对"理论"的批判和反

---

[*]《文艺争鸣》2015年第5期。

理论霸权、阐释焦虑与文化民族主义

思,张江近年连续发表的长文也可以视为这些批判和反思的声音的总结和放大,只是,张江的这次发声之所以引发如此热烈反响,预示了一个新的理论环境的出现,而这个新的理论环境,与全球化背景下的地缘政治、世界格局、政治结构、经济模式、社会形态、文化生态以及文学方向等诸多方面有着错综复杂的角力与制衡关系。如果说,自鸦片战争以来,中国的本土文化、文学或"理论"在外来强势力量挤迫下长期处于身份危机和阐释焦虑的双重困境之中,那么,在一个新的历史时期,同样就文化、文学或"理论"而言,中国正试图获取与其庞大的经济体相匹配的世界定位,借此缓解曾经的危机和焦虑。

不过,若把"强制阐释"放入"反对阐释""过度阐释"等语汇族群中辨析,大约可以发现,首先,张江显然还不是一个像苏珊·桑塔格那样对"理论"本身持有敌意的人。他非但不反对阐释,并且也不反对"理论"。就《强制阐释论》一文而言,张江所特意批评并试图抵制的,是"理论"在具体的阐释行为中表现出来的侵犯性。举例来说,他反对用生态主义理论来阐释爱伦·坡的《厄舍老屋的倒塌》,以及对于莎剧《哈姆雷特》的女性主义式的解读。很显然,张江认为这些"理论"侵害了原著。因此,虽然张江并不敌视"理论",但却非常在意"理论"的边界,强调"理论"的纪律、阐释的限度,警惕"理论"的"无边"和阐释的"失控"。他的这一思路进一步构成了如下批评逻辑:正是出于对"理论"之侵犯性的跨界所可能造成的不良后果的担忧和审视,他重申了中/西之间的理论鸿沟——他认为,由各种西方理论武装起来的批评话语已然并仍然在侵害中国文学。① 就前述"侵犯性"这一议题而言，他有着跟桑塔格相似的思想出发点：他们之所以有对"侵犯性"的强烈而真切的感受，恰因为他们有对艺术、对文学的虔敬。对于张江来说，他的虔敬对象在艺术、文学之外还包括"中国"——一个有独特文明体系和悠久文化传统的"想象的共同体"。从这个意义上说，张江还站在文化民族主义的阵营前沿。

其次，在张江看来，对《厄舍老屋的倒塌》的生态主义式阐释、对《哈姆雷特》的女性主义式阐释以及海德格尔对于凡·高的"鞋"之隐喻的阐释，自然都是"过度阐释"，但是，这些"过度阐释"之所以发生，多半不是因为"理论"的误植，而是由于"理论"自身所具有的话语与阐释强权。张江对所谓"强制阐释"有一个较为温和的定义："强制阐释是指，背离文本话语，消解文学指征，以前在立场和模式，对文本和文学作符合论者主观意图和结论的阐释。"② 但若以一种语言学的调式来重述这个定义，并对这个定义的关键点加以强调的话，那么，所谓"强制阐释"指的就是"理论"施加于"文学文本"的"语义强奸"。"理论暴力"，并非只是戏谈。苏珊·桑塔格之所以反对阐释，说到底就是反对"理论"的强势地位，反对这种强势地位所支撑的傲慢与专制。正是这种强势、傲慢和专制，造成了尼采所说的"没有事实，只有阐释"的认知局

---

① 张江：《当代西方文论若干问题辨识——兼及中国文论重建》，《中国社会科学》2014 年第 5 期。
② 张江：《强制阐释论》，《文学评论》2014 年第 6 期。

面。就文学或艺术而言，这样的认知局面在极端处导致阐释变成"智力对艺术的报复"①，因而也导致了桑塔格激进的"反对阐释"的新感性主义立场。博尔赫斯也曾这样表达过他对"理论"以及理论把持者的憎恶："他们把激情隶属于伦理观，更是隶属于不容讨论的标签。这种束缚流传已广，使得本来意义上的读者没有了，而都成了潜在的批评家了。"② 桑塔格、博尔赫斯的批评和抗议，都指向"理论"的暴政，指向"理论"对作家意图、美感经验以及对阅读的原初意义的全然漠视、恣意蹂躏与蛮横阉割。由于"理论"在阐释行为中的优先、强权地位，甚至只要有"理论"存在，所谓的"过度阐释"就会是一种先验的必然，并且会在"理论暴政"的宰制下，将阐释引入跨越一切法度的、匪夷所思的境地。

问题是，即便对"理论"有如此这般的批评、抗议和拒斥，我们仍然必须与"理论"共处，哪怕我们已经意识到"理论"有可能是诱发绝症的致命肿瘤，我们也必须带瘤生存。一如特里·伊格尔顿虽然写下了《理论之后》，但他仍然认为："我们永远不会处在'理论之后'，因为没有理论，就不会有反思的人类生活。"③ 既然如此，那么，如何严密地检视理论之瘤以避免发生病理性恶化，便成了新的理论任务。而对于在任何时候都必须与"理论"为伍的学院派、批评家、

---

① [美]苏珊·桑塔格：《反对阐释》，程巍译，上海译文出版社2003年版，第5页。
② [阿根廷]豪·路·博尔赫斯：《读者的迷信的伦理观》，载《博尔赫斯全集·散文卷（上）》，王永年、徐鹤林等译，浙江文艺出版社1999年版，第125页。
③ [英]特里·伊格尔顿：《理论之后》，商正译，商务印书馆2009年版，第161页。

阐释者来说，需要由此进行的反思是：那些有可能侵犯或已然侵犯了我们对文学、文化甚至民族之虔敬的理论，是何种理论？谁的理论？

二

毫无疑问，当代中国文学批评——尤其是新时期以来的文学批评是用西方理论武装起来的。我们得承认，这些理论总体上具有一般而言的有效性，甚至是具有巨大阐释力的。这些理论构成了我们在批评言说时的基本语言。也就是说，这些理论一旦被抽离，我们就有可能不会说话，我们的文学批评就可能陷入失语状态。由于对这套语言的依赖，也因为这套语言明显可见的有效性，我们渐渐对它们的局限和误区失去必要的戒心，习焉不察，久而久之便以为它们具有放之四海皆准的普适性。

夏志清先生曾指出，自"新批评"当道以来，一般美国学院派批评家为流风所及，在美国研究中国小说的学者罔顾中西两个传统中最伟大的小说在"叙事格式"上存在的巨大歧异，便对几部中国古典小说"呕呕摸寻其复杂之结构，认为非此不足以与西方的经典小说相提并论"[①]。由于对中西历史传统差异性的抹杀，从纯粹西方理论视野出发的批评结论便常令人大跌眼镜。比如，在很多西方学者看来，就形式而言，《红楼梦》是小说的初级阶段，在他们看来，西方小说的兴起是在科学革

---

① ［美］夏志清：《中国小说、美国批评家——有关结构、传统和讽刺小说的联想》，刘绍铭译，《当代作家评论》2005年第4期。

理论霸权、阐释焦虑与文化民族主义

命之后,其叙事必然与前科学时代有差异,而《红楼梦》在叙事中"视点混乱",明显是前科学时代的叙事特点。因此,他们认为,不仅《红楼梦》在形式上是低级的,与此同时,现在的作家绝不可以研学曹雪芹,因为如今科学昌明,读者只接受科学主义的"现代"叙事。毫无疑问,这样的结论,在文化上有着尖锐、醒目的"民族侵略性"。

赛珍珠因创作中国题材小说《大地》而在1938年被授予诺贝尔文学奖,但她的文学成就和文学地位却在自己的祖国备遭贬损。比如,著名诗人罗伯特·弗罗斯特说:"如果她都能得到诺贝尔文学奖,那么每个人得奖都不应该成为问题。"后来也擒获诺贝尔文学奖的威廉·福克纳则尖刻而愤愤不平地说,他情愿不拿诺奖,也不愿与"赛中国通夫人"为伍。① 赛珍珠之所以遭此贬损,我以为,除去性别等原因之外,最为重要的原因就是——如她在题为《中国小说》的诺贝尔奖颁奖演说中所说——"是中国小说而不是美国小说决定了我在写作上的成就。我最早的知识……关于如何讲和写故事都来自中国"②。她在20世纪二三十年代用英语写成的包括获奖长篇小说《大地》在内的众多小说,因其突出的"中式思维","使得她的小说在一定程度上更加接近中国的当代作家作品而非美国的。西方读者能够一下子感觉出来这些作品的奇异"③。她的《大地》,有

---

① 刘海平:《赛珍珠与中国》,《外国文学评论》1998年第1期。
② [美] 赛珍珠:《中国小说》。此文作为"附录"刊载于长篇小说《大地》,王逢振等译,漓江出版社1988年版,第1083页。
③ [英] 希拉里·斯波林:《埋骨:赛珍珠在中国》,张秀旭等译,重庆出版社2011年版,第109页。

着显而易见的《水浒传》式的叙事结构，以及《红楼梦》式的叙事笔法：那种无处不在的全知视角，单线的而非复式的结构，单向度的性格，外在化的心理，相对明快的节奏，力求简洁的语言，着力于情节和人物刻画的（传奇）故事，以及无法被"现实"或"浪漫"轻易归纳的中国古典美学。然而，在福克纳们看来，这样的文学因为"简单而混乱"，只配贴上"通俗"的标签，在文学性的价值序列中居于低端。《大地》在美国的畅销，恰好被福克纳们用来证明其"通俗"的文类归属。显然，中西之间在文学观念与文学理解上存在巨大的差异，与此同时，也还存在一个因为地缘政治造成的文学评价上的等级秩序。我曾撰文谈论过这样一个文学现实："西方殖民主义历史的一个文化结果是：伴随武力征服、经济掠夺和文化辐射，由莎士比亚、但丁、歌德所代表的某一地缘文学或某一语种文学成了'世界文学'。这样的世界文学格局与等级秩序迄今不曾改变，相反却日益坚固。也就是说，'西方'或'西语'之外的文学——如中国文学，被强行摁定在这样一个地位：在这个地位上，中国作家不得不对西方文学持仰视姿态，最后，不得不获得'西方'的认可方能晋身'普世'的行列。"[①] 因为这样的差异和秩序，使得诞生于西方语境并借助地缘政治秩序得以流传的阐释理论在给中国当代文学批评提供阐释能量的同时，也暗暗设下了种种贬抑机制。

夏志清所讥讽的"流风"，也贯穿了近40年的中国学院派文学批评。中国的批评家惊叹于并迷信于西方理论提供的阐释

---

① 王侃：《中国当代小说在北美的译介和批评》，《文学评论》2012年第5期。

力,全然不顾西方理论在面对中国文学时有力所不逮之处,以及因此必然可能出现的阐释盲区,尤其是,中国当代文学批评基本忽视西方理论所暗设的贬抑机制。由于阐释盲区的存在(且是大面积的存在),我们的文学批评总是难以及时、准确地发现某些文学大势。比如,中国作家格非曾指出:"整个中国近现代的文学固然可以被看成是向外学习的过程,同时也是一个更为隐秘的回溯性过程,也就是说,对中国传统的再确认的过程。……无论鲁迅、郭沫若、茅盾、沈从文、废名还是萧红、师陀、张爱玲,这种再确认的痕迹都十分明显。不管是主动的,还是犹豫不决的;不管是有明确意图的,还是潜移默化的,他们纷纷从中国古代的传奇、杂录、戏曲、杂剧、明清章回体、小品等多种体裁吸取营养。"① 这个"隐秘的回溯过程"在近40年的中国文学中也是一个巨大的存在,但很显然,我们的文学批评基本没能揭橥之。比如,20世纪80年代对"新写实小说"的阐释,批评界一直在使用的是半吊子的现象学理论,全然不见有人揭示过"新写实"与中国古典美学、明清小说之间的脉络关系。再如,当莫言强调他要大踏步后撤到中国民间文学、强调自己是个"讲故事的人"时,批评界竟一时无法应对,因为批评界惯用的现代性叙事理论恰恰是强调"去故事化"的,从而使得很多批评家在较长的时间里无法真正捋清、领悟莫言与蒲松龄、与中国本土文学传统的关系,并对"讲故事"的莫言做出及时的评价。

有鉴于此,我认为,张江近年引发反响的论述中,最有价

---

① 格非:《中国小说的两个传统》,《小说评论》2008年第6期。

值的部分,恰恰是讨论西方文论在中国文学批评/研究中不断折戟的部分。他从西人对《鸱鸮》的解读、对《早发白帝城》的翻译以及中国古典文学的抒情传统等具体个案、具体方面入手,细致地讨论并质疑了西方文论在阐释中的正当性与合法性,辨析并批评了罔顾差异而强行阐释所导致的失效或谬误。这与前文讨论中国当代文学批评所深陷的困境和危机一样,有高度的警醒意义。显然,张江对西方理论暗设的贬抑机制有清醒认识。因此,他这些年的论述——包括他的《强制阐释论》,之所以将批判的矛头直指西方文论并用猛火攻之,显然不是要在一般性层面上控诉"理论"施诸文学/文本的暴政,而是要针砭中国当代文学批评的"流风",打破西方理论对当代中国文学批评的话语垄断。在他连续发表的论文里不难看到,他反对科学主义对艺术精神的阉割,反对理论教条对美感经验的阉割,同样也反对文学层面上"西方"对"中国"的去势。这几者之间是有逻辑上的内在一致性的。在张江的理论思维中,他不仅考量"何种理论",同时也追问"谁的理论"。正是在这样的考量与追问中,他的理论思维就有了鲜明而强烈的关于"自我"与"他者"的关系建构。因此,他在对西方理论进行激烈批判的同时,也带出了对于中国文论重建的殷切方案,而其中对于"民族化方向"[①] 的强调,显示了在自我/他者的关系辨析中试图确立民族文化(文学)之主体性的动机与努力——仅就学术而言,这样的学术冲动与学术设想也都是有值得肯定的积极意

[①] 张江:《当代西方文论若干问题辨识——兼及中国文论重建》,《中国社会科学》2014 年第 5 期。

义与可观价值的。

三

不过，张江对西方理论的批判同样存在一种强制性的、矫枉过正的倾向。至少在我看来，这个倾向性是明显的。尽管我更愿意在理性、客观、中性的意义上使用"文化民族主义"这个称谓，但我仍然认为张江在持有这个立场时所进行的批判性言说传达出了一种宇文所安所称的"民族国家的意识形态"。

张江有关唐诗英译问题的论述，说起来也不算新鲜。最迟在2003年，中国读者就能通过译本读到，美国汉学家宇文所安曾就中国学者认为中国古诗不可译的观点进行过批评。宇文所安认为，这种观点折射了"一种民族国家的意识形态"："随着民族国家文化就这一新的全球语境做出调整，传统文化成了民族国家借以展示自己的独特身份、拒绝被融入全球文化系统的一种抵抗模式。"[1] 他批评中国的传统文化的信奉者们，认为关于文学作品尤其是诗歌的不可译性的焦虑是一种与国家文学的纯粹性的意识形态联系在一起的焦虑。就其在中西交互语境中对主体性的强烈表达而论，张江似可列入宇文所安激烈批评的"信奉者们"之类，因此，在宇文所安看来，张江凭借"中国""传统"所进行的一种文化抵抗是一种意识形态症候。我曾撰

---

[1] ［美］宇文所安：《把过去国有化：全球主义、国家和传统文化的命运》，载《他乡的石头记：宇文所安自选集》，田晓菲译，江苏人民出版社2003年版，第347页。

阐释的限度

文批驳过宇文所安的论调，我也有理由在学术和文化认同层面附和张江的论断，但我仍然想指出，张江的偏激确乎折射了"一种民族国家的意识形态"，而如果对这种意识形态缺乏一种审慎的判断，再往前一步，我们就能迎面触摸到文学的义和团精神。

张江对西方理论采取了几乎是全盘否定的态度，甚至在文字上也毫无保留。他在讨论西方文论的"问题和局限"时，对看似信手拈来的每一种理论皆极尽破解、拆卸之能事，每每流露置之死地而后快的意愿。在张江看来，西方理论对于中国文学而言几无阐释上的有效性，他说："当下，我们面临一个难以解脱的悖论：一方面是理论的泛滥，各种西方文论轮番出场，似乎有一个很'繁荣'的局面；另一方面是理论的无效，能立足中国本土，真正解决中国文艺实践问题、推动中国文艺实践蓬勃发展的理论少之又少。中国文艺理论建设和研究渐入窘境。"[①] 换句话说，在他看来，中西文学在理论上几无通约的可能。随后在《强制阐释论》里，他干脆认为西方文论即便在阐释西方文学时也是破绽百出、谬误横生的，甚至浅陋到可笑的地步。他甚至认为，正是这种浅陋，导致西方文论不断被刷新、取代，各领风骚三五年，以致各种理论层出不穷。坦率地说，像张江这样在中/西之间制造断裂的举动，与我们在历史上曾在新/旧、传统/现代之间制造断裂的举动异曲同工。张江以否定（抵抗）的方式表达了中国在全球化进程中遭遇的自我身份危

---

① 张江：《当代西方文论若干问题辨识——兼及中国文论重建》，《中国社会科学》2014年第5期。

机,以拒绝的方式表达了中国在向世界学习的过程中遭遇的阐释焦虑。

我承认,张江对西方文论涉猎之广博、研究之深切,是令人感佩的。但为了给西方文论以一剑封喉式的致命一击,他急切间使出的招式也是令人惊诧的。比如,张江所痛斥的对《厄舍老屋的倒塌》的生态主义式阐释、对《哈姆雷特》的女性主义式阐释,其实是可以被现代解释学与接受美学所允许和包容的:当作者或文本的意图的神圣权威性在现代文论中被驱逐之后,阐释才又获得自由,阐释的动力、阐释的空间和阐释的维度都空前提升或拓展,可以举隅的是:女性主义理论的出现,完全地、令人信服地改变了对《简·爱》固有的阐释方向。艾略特在《传统与个人才能》一文中也讨论过经典的"发明",他认为,经典是可以在持续的、不间断的阐释中被发明的。因此,如果阐释行为只能依据作者或文本意图而发生,那么那样的阐释很难有持续性,并有可能早早终结。这对于经典的"发明",毫无疑问是灾难性的。

再如,张江习惯于一种二元切分式的论述和思维方法,如外部研究/内部研究、场外理论/场内理论、中国/西方、形式/内容等。二元切分虽有助于表述的清晰,但也容易引起逻辑纠纷。比如,文学研究虽有"外部""内部"之分,但说到底,文学研究既非单纯的"外部研究",也非单纯的"内部研究"。张江的论述中就不时会看到如下这般无法自洽的逻辑悖论:他一方面反对文学理论"悖离社会生活",反对形式主义"对自律性、纯粹性和超验性的过度强调",反对"将研究目光都紧紧锁定在文本上",反对"过滤了形式和语言在形成、发展和传播过程中所承载的复杂的社会历史内容";但另一方面,他又反对"文化研究"这样的"场外理论",反对文学研究的"文化学转向"。这也表现在他对中国/西方进行切分后,几乎不承认西方文论对中国文学的有效性。

张江对海德格尔、弗洛伊德及其所开创的理论、方法的批评,颇值商榷。的确,海德格尔对"鞋"的解读有结论上的错误甚至荒唐,但这并不说明他的批评路径是没有价值的,就像陈寅恪,他的学术结论已不断被后人否定、超越和改写,但他开创的历史研究方法却被继承下来,施惠于一代又一代的学人。弗洛伊德亦复如是。

张江也用西方文论百年来的更新次数来认定西方文论失败的次数。某种意义上讲,这样的理解似无不可。但实际上,理论发展到现代,已上升为一种元概念,已成为知识共同体内部的基本语言。既然是语言,它便具有自我分析、自我生成和自我更新的能力。每一种看似失败从而消失了的理论,其实都会内在于一种升级过的新版理论之中。因此,就"理论"而言,也切莫以成败论英雄。就像这 20 多年以来,虽国际共运屡遭重创,不断"失败",但在资本主义最为发达的西方,仍然有人会郑重写下"马克思为什么是对的"[①] 或许,也会有中国人在国家/民族意识之外,为西方文论写下"为什么是对的"?

---

① [英]特里·伊格尔顿:《马克思为什么是对的?》,李扬、任文科、郑义译,新星出版社 2011 年版。

苏珊·桑塔格说过:"我们谁都无法回归到当初在理论面前的那种天真状态。"[1] 或许,正因为对天真状态的渴慕,才使我们有了一种责任感,用最审慎的态度去面对理论。

(作者单位:杭州师范大学人文学院)

---

[1] [美]苏珊·桑塔格:《反对阐释》,程巍译,上海译文出版社2003年版,第11页。

阐释的冲突："认识"与"理解"的张力
——关于"强制阐释论"的哲学方法论思考*

宋 伟

近年来，张江教授以其系列文章所阐发的"强制阐释论"，已引起中国文学理论界的广泛关注和高度重视，并成为当下极具理论探讨空间的热点议题。[①] 难能可贵的是，在学科分层越来越细化、知识共同体越来越分化、问题聚焦越来越离散的当今学术界，"强制阐释论"以其鲜明的价值立场、宏大的理论视野以及切身的中国问题意识，受到学术界的广泛关注和高度重视，这必将有助于中国文论的建设与发展。或许也可以说，"强制阐释论"一经推出便获得这样的"理论效果"，不仅证明了自身的理论价值，同时也增强了学界同仁进一步拓展其论争空间的理论兴趣与理论信心。

---

* 《文艺争鸣》2015 年第 5 期。本文为辽宁省教育厅哲学社会科学重大基础理论项目（ZW2103010）、辽宁省教育厅人文社会科学重点研究基地项目（ZJ2013006）的阶段性成果。

① 围绕"强制阐释"等相关问题，《文艺研究》（2015 年第 1 期）、《探索与争鸣》（2015 年第 1 期）、《清华大学学报》（2015 年第 2 期），以专栏形式陆续发表了张江、朱立元、王宁、周宪关于此问题探讨的书信及相关文章。

阐释的冲突："认识"与"理解"的张力

一

"强制阐释论"为什么会获得如此之高的关切度？其原因在于，作为一个宏大的理论议题，"强制阐释论"关涉到如何评价当代西方文论和如何重建当代中国文论这两个相互关联的重大问题，其问题的反思进路是，对当代西方文论的评价或批评实际上关涉到如何评价或批评当代中国文论的现状及其存在的问题，进而直接关涉到如何选择当代中国文论重建的方向与路径等一系列关键而重大的议题。

读过"强制阐释论"的学者都会获得一个共同的感觉，其立论的字里行间无不透露出一种雄心勃勃的理论追求。我想，可以将这一"理论雄心"简要地概括为：在对当代西方论文进行批判性辨识的基础上，探寻中国文论话语体系的重建路径。我们看到，为表达或实现这一"理论雄心"，张江教授不遗余力地阐扬其"强制阐释论"。在这里，之所以要强调"强制阐释论"所具有的"理论雄心"，其目的在于提请人们注意，"强制阐释论"并非一般知识学意义上的学术问题，而是关乎中国文论话语重建的重大理论问题。为此，张江教授曾在其系列文章中反复强调"强制阐释论"是一个必须予以高度关切的重大理论问题，其中所牵涉的一系列问题无一不是具有基础性、根本性、前提性、本质性、体系性、原则性、原理性，即"元理论"的问题。不难理解，对于任何一位抱有宏大"理论雄心"的理论家来说，要真正实现其宏大理论的雄心壮志，就必须建

阐释的限度

构宏大的理论体系，而宏大理论体系则必须建基于坚实的理论前提。对此，张江教授有十分清楚的认识。我们看到，他围绕相关议题，认真求索，谨慎论证，交流探讨，笔谈论争，刻苦经营，力争以坚实的"理论奠基"完成或实现其"理论雄心"。正如他在文中所强调的那样："当代西方文论的根本缺陷到底是什么，如何概括和提炼能够代表其核心缺陷的逻辑支点，对中国学者而言，仍是应该深入研究和讨论的大问题。本文提出'强制阐释论'的概念。目的就是以此为线索，辨识历史，把握实证，寻求共识，为当代文论建构与发展提供一个新的视角。"[①] 在我看来，《强制阐释论》在概念的凝练、逻辑的论证、观点的阐发、结构的关联等各个方面都显得更为谨严和缜密，可以作为其"理论奠基"工作的一个阶段性成果的总结。我想，任何一个认真读过此文的学者都会认同这一点，从中读出其建构理论的良苦用心，并被其热情执着的学术探索精神所感动和激励。

　　如果上述的感觉和判断基本准确的话，那么，我们可以从中提取出两个关键词，即"理论雄心"和"理论奠基"。在我看来，提取这两个关键词是我们进一步切入"强制阐释论"讨论的关键所在。大致上说，"理论雄心"主要指理论家在探寻或建构某种理论过程中所表现出来的宗旨、意向、动机、目的、诉求、愿望等；而"理论奠基"则是指理论家为实现其"理论雄心"所必须进行的包括归纳总结、逻辑范畴、推理论证、体系结构、视角方法等在内的基础性理论工作。如前所述，作为

---

① 张江：《强制阐释论》，《文艺争鸣》2014年第12期。

阐释的冲突："认识"与"理解"的张力

一种"理论雄心"，"强制阐释论"立意高远、视野开阔、问题切身、立场鲜明、目标明确，这正是其引起学术界广泛关注和高度重视的主要缘由，尤其是在"小叙事""微叙事"盛行的今天，我们似乎已经丧失了对"宏大叙事"的热情关注，或许，这才是"理论之死"的症结所在。然而，作为一种"理论奠基"，"强制阐释论"在方法视域、范畴确立、逻辑论证、体系建构等方面尚存在诸多有待进一步细化和完善的地方。因此，要真正实现其"理论雄心"，尚需扎实细致的"理论奠基"工作。也就是说，"强制阐释论"目前有待解决的问题是，"理论雄心"与"理论奠基"之间的不平衡。平心而论，这种不平衡现象是一种"理论"形成或建构过程中所必然经历的阶段，只不过越是重大的理论建树所面临的不平衡问题也就越突出，解决的难度也就越大。因为，一种有所建树的重大理论需要经历一个不断完善成熟的艰难建构过程，其中至关重要的是支撑其理论大厦的前提性"理论奠基"工作，正如大厦设计得越高越大所实施的奠基性工作的强度和难度就会越大。对此，张江教授也曾坦言："对这些问题做出清晰、科学、全面的回答，是一项系统而浩大的工程，试图在一篇文章中加以解决，实在难以实现。"[①] 毫无疑问，"强制阐释论"的理论目标是确定明晰的，其理论雄心是宏大高远的，但这确是一项系统而浩大的理论建构工程，要真正完成这一重大的理论建构依然任重而道远。

基于上述理解，本文想就"强制阐释论"的哲学方法论问

[①] 张江：《当代西方文论若干问题辨识——兼及中国文论重建》，《中国社会科学》2014 年第 5 期。

阐释的限度

题谈一点粗浅的看法，以就教于张江教授及其关注此问题的学界同人，同时，也希望以此为契机积极参与"强制阐释论"的理论建设工程，为这一理论大厦的建设做一些添砖加瓦的工作。

本文认为，作为一种理论奠基，"强制阐释论"应该建基于何种哲学方法论视域上来展开其理论体系的建构；或者，"强制阐释论"应该以何种哲学思维方式为范导搭建起自己的理论平台，这些问题的提出及解决，乃是其"理论奠基"工作的"前提性"议程。

本文认为，开展"强制阐释论"的理论奠基工作，最直接最有效的路径应该是从"阐释学"视域出发反思"强制阐释论"的哲学方法论问题，其具体问题大概是，"强制阐释论"的理论体系建构是否可以建基于阐释学的哲学方法论视域。如果可以，我们应该在何种意义上或何种程度上进行"阐释学"与"强制阐释论"的方法论视域链接？如其可能，那么这一尝试将对"强制阐释论"的理论体系建构意味着什么？

从"阐释学"视域出发，探讨"强制阐释论"的哲学方法论问题，首先需要确定"阐释学"与"强制阐释论"之间是否具有内在的关联性。应该说，张江教授在其理论建构过程中并未受制于"阐释学"单一学科的阈限，也未循"阐释学"模式来确定其理论的方法论视域。但他还是看到了"强制阐释论"与"阐释学"之间的内在关联："从解释学的意义上讲，我希望强制阐释能够是这个理论链条上的一个新节点。从桑塔格的反对阐释（1964），到赫施的解释的有效性（1967），再到艾柯的过度阐释（1990），强制阐释这个论点

— 172 —

是有所推进的。"① 张江教授也曾论及以海德格尔和伽达默尔为代表的当代阐释学,他说:"从海德格尔和伽达默尔开始,当代阐释学彻底否定了传统阐释学的客观主义立场,认为阐释'以解构存在论历史为使命',具有'强行施暴的性质'。"② 从以上论述看,张江教授比较明确地意识到两者之间的内在关联性,甚至表达了将"强制阐释论"作为"阐释学"理论链条上的一个新节点的理论期许。也就是说,以张江教授的理论视点看,从"阐释学"视域出发,探讨"强制阐释论"的哲学方法论问题不啻为一个有效的路径。这一点得以确立后,接下来的问题便是,我们应该在何种意义上或何种限度内进行"阐释学"与"强制阐释论"的方法视域对接,进而探寻其哲学方法论的理据和意涵。并且,一旦把这两种方法论视域结合在一起,将会对"强制阐释论"产生怎样的理论后果?会使其更为清晰呢,还是更为混杂?会使其更为规范呢,还是使其丧失活力?一切都似乎悬而未决。

二

虽然,张江教授比较明确地表达了"强制阐释论"与"阐释学"之间的内在关联性,但他所论述的"阐释"并非严格意义上的"阐释学"概念,其内涵和外延都比较宽泛。出于探讨

---

① 张江:《关于"强制阐释"的概念解说——致朱立元、王宁、周宪先生》,《文艺研究》2015 年第 1 期。
② 同上。

方法论问题的需要，本文选择相对狭义的阐释学视域来探讨与之相关的哲学方法论问题。在本文看来，虽然，"强制阐释论"并不能完全等同于纯粹意义上的"阐释学"视域中的一个理论问题，但"强制阐释论"毕竟始终围绕文学理论应如何阐释文学的问题而立论展开，因而将其纳入"阐释学"视域进而寻找其哲学方法论的路径或理据，应该是其题中应有之义。

从西方学术史看，阐释学的建立与发展可谓是传承深厚，历史悠久。自"阐释学"这一概念在17世纪出现以来，经由施莱尔马赫、狄尔泰，尤其是伽达默尔所开辟的"哲学阐释学"方向，阐释学逐渐从一门关于阐释技艺的学问提升为一门具有哲学意蕴的学科。正是由于阐释学与哲学之间的这种内在联系，促使我们在西方哲学思维方式变革转换的语境中思考阐释学及其哲学方法论问题。在本文看来，作为一种理论视域，作为一种哲学思维方式，"强制阐释论"的理论视域与方法，与当代阐释学之间构成了十分紧密的内在关联，或者说，当代阐释学不仅可以为"强制阐释论"的提出与理论建构提供丰厚的理论资源，而且还应该构成其哲学基础和方法论视域。基于这一理解，我们认为，从哲学思维方式上梳理阐释学的历史发展与当代走向，对于我们进一步思考和理解"强制阐释论"具有十分重要的哲学方法论意义。

不难理解，作为一门理论学科，阐释学的思维方式与理论建构深植于哲学思维方式之中，而不同的哲学思维方式势必产生不同范式或不同类型的阐释学。众所周知，西方哲学在不断发展的历史过程中经历了许多重大的哲学思维方式的转型变革，其中，认识论转向、实践论转向、存在论转向和权力论转向，均不同程度地影响并改变了阐释学的方法视域、理论范式及发展方向，先后形成了四种最具代表性的阐释学范式或类型，即以认识论范式为主导的传统阐释学、以实践论范式为主导的实践阐释学、以存在论范式为主导的存在阐释学和以权力论范式为主导的权力阐释学。对各种阐释学的范式或类型的梳理，将有助于我们在哲学思维方式转换的语境中思考或探寻"强制阐释论"的哲学基础及方法论视域。

在此，我们重点考察和梳理以认识论范式为主导的传统阐释学。之所以将以认识论范式为主导的阐释学称为传统阐释学，乃是因为认识论哲学思维方式对阐释学的影响始终存在并积淀为一种非常坚固的传统。从阐释学的历史发展看，阐释原本是一种理解的技艺，阐释学原本是一种注重具体文本理解和阐释的技艺学。但是，人们不满足于此，试图创立一种具有普遍意义的"一般阐释学"，使之成为一门普遍的精神科学方法论。后来，经由施莱尔马赫、狄尔泰等人的开拓努力，阐释学越来越具有了哲学的意涵。这样，从创立"一般阐释学"的开端，阐释学与哲学就十分紧密地连接在一起。因而，作为传统的认识论哲学思维方式便以一种"前结构"的方式嵌入阐释学的肌理之中。

伽达默尔在回顾阐释学的起源时说："诠释学问题从其历史起源开始就超出了现代科学方法概念所设置的界限。"[①] 这里

[①] ［德］伽达默尔：《真理与方法》，洪汉鼎译，上海译文出版社1999年版，第17页。

所说的现代科学方法指的就是传统认识论的哲学思维方式。从阐释学的发展历史看，阐释学自正式诞生之初便在认识论的传统壁垒上撕开了一道裂缝，从此拉开了"阐释学"与"认识论"之间相互冲突的大幕。狄尔泰在阐释学的创立之初就明确意识到自然科学方法的局限性，因而希望将阐释学确立为一门精神科学的方法论。正因为此，狄尔泰将自己置于面临两难选择的境地之中，既想超越实证主义认识论以建立具有浪漫主义气质的精神生命的阐释学，又无法摆脱传统认识论的实证科学方法论而试图建立一种既类似又有别于自然科学方法论的精神科学的阐释学。或者可以说，狄尔泰只能在实证主义认识论传统的阈限内突破认识论传统。这既是狄尔泰难能可贵之处，又是其历史局限的无可奈何。对此，伽达默尔对自己的前辈做了准确的评析："狄尔泰不能使自己摆脱传统的知识理论。"[1] 利科也曾对狄尔泰面临的处境进行了恰当的分析："在实证主义哲学时代，狄尔泰的问题是要赋予精神科学一种可与自然科学相媲美的有效性。用这些术语来提问，问题就是认识论的了：它涉及如何构思一种对历史认识的批判，如同康德之批判自然认识那样强有力；如何使古典解释学散乱的程序，如文本内在关联的法则、上下文的法则、地理环境、种族、社会等的法则，服从于这批判。"[2] 富有启发性的是，在利科眼里狄尔泰类似于康德，以至于利科几乎将施莱尔马赫与狄尔泰创立阐释学的意

---

[1] ［法］利科：《诠释学与意识形态批判》，载洪汉鼎主编《理解与解释——诠释学经典文选》，东方出版社2006年版，第439页。

[2] ［法］利科：《解释的冲突》，莫伟民译，商务印书馆2008年版，第3页。

阐释的冲突:"认识"与"理解"的张力

义等同于康德在哲学领域所实现的哥白尼式的革命。康德的哥白尼革命同样将其置于二律背反的境地,在认识如何可能的批判中给予了理性认识的奠基,但又提出了理性认识的限度问题,为认识论的瓦解预留了一道深深的裂痕。正如康德只能在解决认识如何可能时提出理性的限度问题,狄尔泰也只能在实证主义阈限内突破认识论传统。"因为他的革命仍是认识论的,他的反思标准压倒了他的历史意识。"① 因此,"尽管狄尔泰对历史本身的可理解性这一重要问题进行了哲学的思考,他却倾向于不是在存在论领域里,而是通过对认识论的改造,借助于第二类重要的文化事实去寻求解决这一问题的途径。……狄尔泰的时代是全面拒绝黑格尔主义和赞成实验知识的时代。因而唯一公平对待历史知识的方法,似乎就是使其具备自然科学业已具有的那种科学性。于是狄尔泰努力为人文科学提供了像自然科学中的方法论与认识论一样受到尊重的方法论与认识论,这是符合实证主义的"②。

"自然需要说明,精神需要理解。"——这是狄尔泰为阐释学写下的著名论断。正是在自然与精神、自然科学与精神科学、事实判断与价值判断、客观主义与相对主义、说明与理解、浪漫与实证、经验与观念、认知与体验、认识与阐释等诸多二元对立的分野中,狄尔泰试图将阐释学确立为一门客观化的精神

---

① [法]利科:《诠释学与意识形态批判》,载洪汉鼎主编《理解与解释——诠释学经典文选》,东方出版社2006年版,第439页。

② [法]利科:《诠释学的任务》,载洪汉鼎主编《理解与解释——诠释学经典文选》,东方出版社2006年版,第415页。参照利科"从认识论到存在论"的阐释学历史梳理,笔者将原译文的"本体论领域"改为"存在论领域"。

科学，但由于难以摆脱"符合认识论"的传统哲学思维方式，终究未能弥合主客二分认识论的巨大鸿沟。

三

需要强调的是，由于认识论哲学传统的深远影响，以至于这一传统在今天依然作为我们思维方式的深层结构，积淀为"理论无意识"或"理论潜意识"，这就使如何看待传统认识论哲学，进而如何看待传统阐释学理论显得异常的重要和艰难。因为，如果旧有的传统认识论哲学范式依然坚固强大，新的理论范式和方法视域便难以建构生成。

作为一种哲学思维方式，传统认识论预设了主客二分的二元对立思维方式，这就决定了认识论所要解决的核心问题是主体如何切近客体，以达到在主客统一或主客符合中认识世界，即人们所说的"符合认识论"。从客观方面看，认识论预设了现成的、在场的、固定的、有待认识的对象，因而，认识论确信知识的客观确定性，实质上是一种经验的、实证的、科学的哲学；从主观方面看，认识论预设了冷静观察、经验实证、逻辑归纳、抽象概括的理性认识主体，因而，认识论追求知识的普遍有效性，实质上是一种概念的、逻辑的、理性的哲学。[1]从实质上看，认识论乃是一种建基于自然科学之上的哲学思维方式，人们因此将其称为"自然态度"的哲学。伊格尔顿在谈

---

[1] 参见宋伟《一个问题史的勘察：从再现与表现看"主客二分"的传统美学》，《文艺争鸣》2014年第7期。

阐释的冲突:"认识"与"理解"的张力

及这种"自然态度"的哲学时说:"所说的'自然的态度'——具有普遍知识的街上人的信念:相信客体独立存在于我们之外的外部世界,并且我们关于它们的知识一般是可靠的。这样一种态度只是想当然地承认知识的可能性,然而恰恰这一点明显地受到怀疑。"[①] 这段话是伊格尔顿在介绍现象学创立时所说,表明经由当代西方哲学的诸多转型变革,传统认识论哲学的理论缺欠及内在矛盾已经显露无遗。或者也可以说,当代西方哲学的诸多转向变革其核心意图就是颠覆瓦解根深蒂固的认识论哲学传统。

狄尔泰留给阐释学的遗产是,如何解决自然的认识论"说明"与精神的生存论"理解"之间所存在的张力和冲突。正是在此方向上,海德格尔尤其是伽达默尔开辟了从认识论到存在论的当代阐释学——存在论阐释学的路向。摆脱传统认识论阈限之后,阐释学势必将关注的视角转向"人生此在"的"生活世界"。从人与世界的基本存在经验出发,存在论阐释学认为理解是人类存在的基本事态或基本结构,阐释因此获得其存在论的意义。传统哲学思维和知识体系,执着于在场的实体本体论和主客二分的符合认识论,只能在现象世界与本体世界、经验世界与超验世界、客观世界与主观世界的分离状态中理解世界。存在论阐释学以存在境遇之整体性克服认识论所预设的二元对立,因此,伽达默尔既反对客观化的理解,也反对主观化的理解,而是将阐释、理解或解释视为存在境遇的对话性敞开

---

① [英]伊格尔顿:《现象学、阐释学、接受理论——当代西方文艺理论》,王逢振译,江苏教育出版社 2006 年版,第 53 页。

与呈现。作为"人生在世"的一种境遇、情境或情状，阐释学因而只能被理解为一种存在哲学。这意味着，阐释学已不再是一种知识理论，不再是一种工具、方法或技艺，它已超越了传统认识论哲学的阈限而成为存在论哲学的重要内容。

在此，需要我们继续追问的是，存在论阐释学是否真正解决了那些令人困扰的阐释学难题了呢？虽然，存在论阐释学试图凭借存在境遇的敞开性或者阐释学循环来填补主客二分认识论留下的巨大裂痕，甚至干脆取消了阐释学所固有的方法论意义，但依然未能破解阐释学的难题。不仅如此，清洗掉方法论的阐释学还随时有可能陷入"存在"的巨大黑洞之中再度成为一种形而上学。显然，伽达默尔已经意识到了这一点，因此他试图展开存在之社会维度、历史维度、实践维度和批判维度，努力将"存在论阐释学"拓展为"历史阐释学""实践阐释学"或"批判阐释学"，以期在视界融合的阐释学情境中不断完善自身。

显然，突破主客二分的传统认识论阈限乃是西方哲学自身发展的内在逻辑要求，从某种意义上说，如果没有认识论哲学传统的瓦解，诸多当代哲学的范式转换就不可能完成。但是，认识论哲学传统的瓦解依然存留下诸多难以解决的问题。对阐释学来说，传统认识论模式一旦瓦解，阐释的确定性、有效性、客观性、普遍性就必然遭遇巨大的挑战。因为，传统认识论模式乃是保障阐释具有确定性、有效性、客观性、普遍性的哲学基础。从这个角度看，凡是认为文本自有其原本的"意义"，而阐释的任务就是不断切近文本"本义"的观点，一般来说，都或隐或现地持有认识论的哲学立场。这种认识论立场的阐释学认为，文本所固有的原本意义乃是一切阐释活动的前提。只有在此前提下，阐释才可能获得确定性、有效性、客观性、普遍性；否则，势必会滑落到相对主义的泥淖之中而失去阐释的效力。在认识论哲学思维方式的规定下，传统阐释学将"文本"等同于现成、已成、在场的"客体"，而理解、解释或阐释的任务就是如何符合"文本"。然而，"文本"毕竟不是固定的"客体"，"理解"也不是原本意义的"复制"或"再度呈现"，这就为突破传统认识论的阈限打开了缝隙或缺口。

虽然，"强制阐释论"并未就哲学方法论问题进行充分的论述和展开，但我们还是可以辨析其立论的哲学基础和方法论视域。从总体上看，"强制阐释论"的方法论构成是多维的，其缘由在于所论及问题本身的涵括性复杂而丰富，其中，既有"认识论"，也有"阐释学"，而且，两种方法论视域往往会交错融汇在一起。此种状况的出现应该说也是难以避免的，从某种意义上说，它恰恰呈现出阐释学所必须面对的"认识"与"理解"之间所构成的张力与冲突。从其隐形结构上来看，以认识论为主导的阐释学模式经常构成辨识和立论的基础。应该明确的是，当代西方哲学虽然对认识论传统发动了颠覆性的瓦解，但并不意味着认识论模式就一无是处，在许多情况下认识论方法依然是我们审视问题的前提性视域。如此看来，问题的关键，不在于我们是否运用了认识论的方法或视域，而在于我们是否能够意识到"认识如何可能"及其限度，这样，我们才有可能超越认识论的限度，从而敞开阐释学的广阔理论空间。

正如阐释学的历史所呈现的那样，从认识论模式的阐释学开始，不同的阐释学路径和方向因而渐次敞开，"存在阐释学""历史阐释学""实践阐释学""批判阐释学""权力阐释学"，等等。阐释学倡导"视界的融合"，我想，在哲学方法论上同样也需要"视域的融合"，以此丰富"强制阐释论"的方法视界和理论内涵。

正如阐释学在其生成发展的历史过程中需要面临和解决"认识"与"理解"的难题一样，"强制阐释论"在今天同样需要做出自己的选择。诚然，选择是艰难的，因为任何一种选择都要付出一定的理论代价。或许，问题的关键在于如何把握相对主义与绝对主义之间的平衡。对当今时代的阐释学来说，"认识"还是"理解"，这依然是一个悬而未决的问题。

（作者单位：辽宁大学文学院）

从"妄事糅合"到"强制阐释"
——20世纪以来关于西方文论与中国文学关系的三次省思*

夏 秀

20世纪的中国文学一直在处理两种关系：一是与本土政治意识形态的关系，二是与西方文论的关系。无论是在创作还是批评领域，本土政治意识形态和西方文论都或并行或交错地左右着中国文学的风格与走向。因此学界对上述两种关系的省思也从未间断。就西方文论与中国的"百年纠葛"而言，相对集中的省思已经出现过两次：第一次大致在20世纪的三四十年代，第二次大致萌发于20世纪80年代末。现在的"强制阐释论"如果也算，就应该是第三次反思了。

就笔者看来，以"强制阐释论"的提出为契机，再次省思西方文论与中国文学批评、文学研究的"百年恩怨"，有必要思考以下几个问题：以往历次省思的背景是什么，重点何在，效果如何？西方文论影响下的中国文学发展存在哪些问题，同时又取得了哪些成果？我们应该如何处理中国文学与西方文论

---

* 《文艺争鸣》2015年第5期。

的关系？就当下现状来说，最后一个问题是重点，但前两个问题是基础，如果不理清前两次省思的基本状况，那么这次努力就极有可能陷入"省思的循环"。因此，本文将先从梳理前两次省思的状况入手，围绕上述问题进行探讨。

一

对于任何一种有着独立传统的文化来说，外来思想的进驻总要引起碰撞和震动。19世纪末期西方理论开始进入中国时也是如此。虽然当时中国文化层转型迫切需要外来思想资源的支撑，但西方理论还是在很大程度上冲击了中国人的知识架构、思维方式。因此，从19世纪末中国人迫不得已睁眼看世界，接受西方的技术、思想开始，关于"传统"与"西化"等的争论就开始出现。当时争论的社会、文化背景是以小说、戏剧为主流的西方文学大量涌入中国。这一时期，关于小说、戏剧的诸种观念、技巧、手法及文学思潮迅速进入中国文学各领域，既冲击了中国文学的传统，也刺激了中国文学研究、批评的发展。"从1890年到1919年这三十年间，是迄今为止，介绍外国文学最旺盛的时期。我们把这一现象，突出地标举为近代文学在接受外国文学方面的第一项特征。"[①] 在这一背景下，关于中国文学与西方思想资源的关系成为学界思考的主要议题。

总体上看，当时之倾向是希望借助西方文学及理论解决中

[①] 《中国近代文学大系》（翻译文学集I），上海书店出版社1990年版，"导言"第18页。

国问题，所以对于西方理论极为重视。鲁迅在《摩罗诗力说》中明确指出："欲扬宗邦之真大，首在审己，亦必知人，比较既周，爰生自觉。"不过，受剧烈变动的社会时局影响，二三十年代活跃的学术思想中难免带有匆忙的印记，在借用西方理论阐释中国问题过程中也存在生涩之感。因此有学者针对当时简单运用西方理论框架生硬裁剪中国传统文学可能带来的问题提出了批评："与别国的学说互相析辨，不惟不当妄事糅合，而且不当以别国的学说为裁判官，以中国的学说为阶下囚。糅合势必流于附会，只足以混乱学术，不足以清理学术。"① 可以看到，上述批评的指向在于思考正确处理西方理论与中国文学、文化关系的方法，明确指出面对西方理论不应揉碎自己的成果强行适应西方理论框架，更不能采取五体投地的膜拜态度。

更难能可贵的是，当时学者已经深刻洞察到片面放大西方理论影响，"妄事糅合"可能引起的后果："以别国学说为裁判官，以中国学说为阶下囚，简直是使死去的祖先，做人家的奴隶，影响所及，岂止是文化的自卑而已。"② 可惜的是，由于种种原因，这次省思所提出的问题以及颇有洞见的警示，并未引起学界足够的重视。之后中国的文学创作和批评，在时代大潮裹挟下还是向着偏颇的方向发展了。

到 20 世纪 80 年代末，中国学界又经历了新时期以来国外理论近 10 年的狂轰滥炸，"影响的焦虑"日益突出。于是学界开始再次省思中国文学界在接受西方理论过程中出现的问题。

---

① 罗根泽：《中国文学批评史》，上海书店出版社 2003 年版，第 30 页。
② 同上。

阐释的限度

相较于上一次省思，这次规模更大、持续时间长，成果也颇为丰富。总结一下大致讨论了两个大问题。

一是关注西方文论相对于中国文学的异质性，反思"生硬移植"所带来的问题。这一思路主要是针对新时期以来，中国文论界对各种西方文论思潮"狂热"的拿来态度所做的冷静反思，认为西方理论有其诞生的特定时代和社会背景，若仓促拿来则势必会导致误读或囫囵吞枣，最终水土不服，牵强附会。该类反思进而指出，自近代以来，中国作家和批评家一直生活在美国、德国、俄罗斯等西方国家的"无所不在的精神地狱"之中，丧失了自己的独立性，因此，在20世纪末，中国文学批评者的主要任务是走出他人的"阴影"。可以看到，这类倾向的主要愿望，是期望在通过与西方文论保持足够距离的前提下，"企求思想和文体风格上的某种纯粹性，企求绝对中国特色的真实性和原创性"[①]。

二是关注当代文论的"失语"问题，反思西方文论对于中国创作和批评的负面影响。新时期以来，随着西方文论的强势涌入，中国文学一下子进入了众声喧哗的时代：在创作领域，西方新技巧、新策略层出不穷；在批评领域，缤纷的西方术语让人眼花缭乱，中国文论则整体陷入沉寂。面对中国文论的西化情形，国内部分学者开始思考当代文论的"失语"问题。这里的所谓"失语"主要是指当代文论对中国文学失去了有效性。有学者认为："'失语'是一种文化上的病态，主要表现为

[①] 张隆溪：《走出文化的封闭圈》，生活·读书·新知三联书店2004年版，第43页。

当代的中国文论完全没有自己的范畴、概念、原理和标准，没有自己的体系，也没有自己的话语，每当我们开口说话的时候，使用的全是别人也就是西方的词汇和语法；而且这一情形由来已久，溯其源头乃是'五四'新文化运动。因为在此之前，我们曾经拥有一个绵延数千年的完整而统一的传统，拥有自己的话题、术语和言说方式。遗憾的是，这个传统在'五四'的反传统浪潮中断裂了，失落了，而且溺而不返，从此我们就无可挽回地陷入了'失语'的状态，从而丧失了中西对话上的对等地位。"①

经过20世纪80年代末开始的第二次省思，西方理论对于中国文学创作和研究的负面影响得到了全面的梳理。但从此后的发展来看，很多问题仍然没有妥善解决。比如中国文学的创新问题、中国文论的建设问题仍未见有大的成绩。因此，在第二次集中省思过去十多年之后，"强制阐释论"再次将西方文论与中国文学的关系问题、中国文论的独立建设问题摆到中国学者面前。严格地说，"强制阐释论"的正式提出应以《中国社会科学报》（2014年6月16日）发表对张江的访谈，以及《文学评论》（2014年第6期）发表《强制阐释论》一文、《文艺争鸣》（2014年第12期）转载为据，但实际上，"强制阐释论"为学界广泛知晓应该始于2014年8月的开封"中国中外文艺理论学会第十一届年会"。在那次几百人参加的学会年会上，作为会议材料之一的"强制阐释论"被众多与会者阅读和讨论。虽然这并

---

① 南帆：《20世纪中国文学批评99个词》，浙江文艺出版社2003年版，第167页。

非会议的勘定议题,但在很多小组会议上,关于"强制阐释论"以及西方理论与中国文学的关系再次成为热门话题。

很显然,与前两次省思比较,"强制阐释论"有相对独立的价值和意义。这主要表现在其对西方理论整体特征的梳理上。客观地说,虽然百年来西方理论对中国创作、批评有着持续影响,也虽然我们的理论研究中西方术语、逻辑频频出现,但若论及西方当代理论的整体特征,或者说西方理论的整体生成方式,却并不是特别清楚。因此,"强制阐释论"的意义之一就在于整体呈现了西方文论的特征:"场外征用""主观预设""非逻辑证明""混乱的认识路径"。这四个特征集中呈现出西方理论对于其批评对象自身——文学——的疏离,而"强制阐释"命名中的"强制"一词,也集中呈现出命名者的意图:提醒学界注意西方文论自身的先天气质或不足——对"文学"自身的忽视或者说傲慢。

由此,我们可以清晰地看到,"强制阐释论"的省思目标在于整体把握当代西方理论的基本特征,辨析其中的问题,从而为当代中国文论的发展提供新的思路。这也正是作者的意图:"提出'强制阐释'的概念,目的就是以此为线索,辨识历史,把握实证,寻求共识,为当代文论的构建与发展提供一个新的视角。"[①] 仅就这一目的来看,这次省思的任务基本完成了。但在笔者看来,"强制阐释论"所引发的思考还远不止于此:首先,来自他方的理论不会完全适应中国本土文学问题,任何理论也都不可能完美,这是常识。但问题在于,在常识之下,一

---

① 张江:《强制阐释论》,《文学评论》2014年第6期。

百年来西方理论在中国文学领域"各领风骚三五天"的现象仍然存在。那么，导致这一悖论的根本原因到底是什么？其次，回顾历次省思的状况即可发现，虽然三次省思的重心和目的各不相同，但基本倾向都在于指出各个阶段存在的问题，对借鉴西方理论进行中国文学创作和研究的优秀案例少有涉及。那么这样的反思是否有失全面？况且，经历百年发展之后，西方理论资源已经成为中国文论的重要资源库，那么整理借鉴西方理论进行中国文学创作、研究和批评的优秀案例是否更有助于中国文论的建设？

二

一百多年来，西方理论在中国文学、艺术领域大行其道，原因是复杂的。

从外在因素来看，主要源于长期封闭导致思想资源、方法论资源极度匮乏。19世纪末期之前，中国传统的思想资源主要是儒、释、道三家，学术发展方式大致局限于经学一路，思想资源封闭，学术研究方式单一。近代西方列强的入侵，不仅引发了极大的民族危机，而且彻底地冲击了传统文化秩序。中国的文化领域随之产生迫切的认识论、方法论转换需求，最终导致了当时学人对中国传统文化和思想的激烈批判，代之而起的是对西方理论的热切认同，欧洲、美洲、日本、苏俄理论一齐进驻中国学界。从20世纪30年代起，由于当时中国社会发展的特定需求，欧、美、日本的理论在中国渐渐沉寂，俄苏理论成为主流。到五六十年代，随着中苏关系交恶，苏联文论也停止输入，中国文论与西方理论彻底隔绝。这种状况再次造成中国学界思想资源的匮乏。

从心理学角度说，源于匮乏的动机，其一般具有强大的动力，能推动人们用持久的激情去获取所需，满足内在的欲求。在某种程度上，这也正是20世纪初和80年代中国文学创作和批评领域成果辈出的原因之一。但是极度匮乏也容易导致另一个后果，那就是"贪婪"，反映在文学领域就是饥不择食地"拿来"，狂热，粗疏，失去了学术研究所要求的客观冷静。由此导致的后果就是，从20世纪80年代后期开始，中国文学领域对于西方理论的介绍和运用几乎成为一种时尚。因此，在某种程度上，20世纪80年代末以来中国学界对于西方理论的追捧，与其说源于纯学术的追求，不如说是一种长期禁锢后一朝获得自由的狂欢，"姿态"的意义溢出了学术探索的本义。

但是仅仅源于学术资源或方法论匮乏，并不足以支撑西方理论对中国文学的持续霸权式影响，最根本的原因还在于中国学者主体意识的丧失和非此即彼的二元论思维。

所谓主体意识的丧失，是指缺乏对西方理论和中国文论进行比较和判断的能力。在当代文化语境中，不同文化之间的交锋、碰撞是难免的。这就产生了一个隐含的要求，那就是必须明晰本土文化的优势与差距，同时也要自我认同，既接纳自我的优势也要正视不足。这是在不同文化间进行比较和判断的基础。同时，在更深层意义上，我们必须认识到，"在文化认同及其冲突的当代语境里看，比较和可比性不是一个机械的、抽象的概念，而是一个辩证的概念,本身暗含了一个主体的理解和自我理解的辩证法。……文化比较和有关可比性的思考,本身是各种文化主体对自身价值世界的普遍性和特殊性不断发展的思考的一个组成部分。从意识发展的内部着眼,这就是自我和他人的辩证法;从主体在现实中的历史着眼,这就是关于'承认'(recognition)的斗争"①。很显然,要完成这一"斗争",主体的自我意识、自我认同是非常关键的。关注、借鉴其他文化和理论的目的,在于要完成对自我的肯定,就是要在对自我的反思、批判、超越的过程中回归主体自身,实现更高的完整性和创造力。但是,在中国学界处理西方理论的影响的过程中,自我意识和自我认同显然是不够的。这在中国文学、艺术界对于各种西方现代、后现代主义的艺术范式及手段的匆忙模仿中表现得很明显。其结果,也正如有学者一针见血指出的:"从整个人类艺术的发展而言,则是谈不上多少创造的。更需要反思的是:……在这样一种不无偏激的对西方文学艺术的仿效中,他们找回主体了吗?实际上,陷入的不同样是一种自我迷失的境况吗?"② 实际上,正是因为主体精神的丧失,才造成长期以来我们自己一边批判"西方中心论"一边又对西方理论唯马首是瞻的怪现状。

除主体意识丧失之外,二元对立思维方式也是导致西方理论在中国文学领域轮番登场的更深层原因之一。二元对立思维的基本特征是片面,非此即彼,看待事物时极易走极端。回顾

---

① 张旭东:《全球化时代的文化认同——西方普遍主义话语的历史批判》,北京大学出版社2005年版,第9页。
② 杨守森:《文学境界论》,上海人民出版社2008年版,第235页。

阐释的限度

百年来学界处理西方理论与中国文学关系的历程即可发现，其大致经历了几次循环：20世纪初欢欣鼓舞地迎接西方理论，到五六十年代强调文艺为社会主义建设服务拒斥西方资源，许多老一辈美学家、理论家不得已只好反思自己的"资产阶级思想"；20世纪80年代初又回到膜拜西方理论漠视本土文化资源的路子。当然，学术研究的转向是正常的，但一边倒地转向也极容易从一种片面走向另一种片面。就当下学术经历而言，多年在文艺学、文学研究领域摸爬滚打的人们大致会有这样一种印象：曾经一段时间，文章中若无西方理论或西方语词，那就代表保守、封闭、水平低；新词迭出、半通不通的文章大行其道。而现在，在某些学科领域研究中，大家又在尽量避免西方语词，否则就可能会被先入为主地一票否决，不管采用的方法或路径是否可行。向来以严谨、理性为特征的学界之所以会出现这样的"运动式"转向现象，与长期以来盘踞中国文艺学界的二元对立思维方式有莫大关系。

不仅如此，二元对立的思维方式还导致我们在探讨问题时容易执其一端不及其余。就我们对西方理论与中国文学关系的多次省思来说，侧重点主要在于总结问题。总结问题当然是省思的主要内容，但问题是，我们的问题总结不可谓不全面，但效果却并不明显。个中原因，是否与着重强调问题忽视借鉴西方理论进行文学研究的优秀成果有关？是否与强调西方理论的不足忽视其内在价值有关？回到"强制阐释论"来说，诚如上述，该理论的提出，明晰了西方理论的整体特征，抓住了其疏离"文学"的本质。但总体而言，仍然如此前省思一样，重点在分析西方理论的问题。实际上，仔细辨析该理论所提出的西方理论的四大特征就可以发现，如果说后两个特征是西方理论的弊病的话，那前两个特征则毋宁说是西方理论的生成方式。那么，我们是否可以由此思考另外一个问题：在中国文论创新困难的情况下，西方理论的"场外征用"或者"主观预设"是否可以启示我们进一步思考中国文论创新的路径问题？

三

客观地说，西方理论在当前全球化和后现代时期已经获得了前所未有的普遍性，迫切地想了解当下西方有什么新理论、新观点、新动向已经成为中国学界的习惯，因此西方理论的影响不会因为我们的再次反思而终止，相反，彼此的对话可能会日益密切。一方面，在"全球化"和多元文化的语境中，不同文化背景下的交流与沟通只会越来越多、越来越频繁；另一方面，从学术或思想发展角度说，西方理论是重要的学术和思想资源，中国语言文学等相关学科学生，从本科到硕士再到博士，西方理论是必须学习的内容，因此，无论在现实生活还是在教育及学术发展层面上，如何恰当处理中国文化、文学问题与西方理论的关系仍然是一个重要课题。全面考察西方理论的产生背景、基本内容与特征、理论指向，梳理百年来西方理论在中国的接受状况，分析问题，总结经验，在此基础上思考中国文论的创新与建设是我们今后仍然要进行的工作。回顾我们三次省思的成果即可发现，对于西方理论我们的了解还不能说是全面和透彻，对于 20 世纪那些借鉴西方理论进行学术实践的优秀成果梳理还远远不够。

拿"神话—原型批评"来说，按照"强制阐释论"所归纳的西方理论基本特征，该理论属于"场外征用"类。但是这一理论的产生动机却并非源于对文学的漠视。真正梳理这一理论的产生背景就可发现，该理论的生成恰是源于弗莱对于"新批评"的不满和对于文学的热爱，以及对于加拿大文学的过去与未来的热切关注。同时，梳理该理论在中国的接受和传播状况也可发现一个与我们平时的印象不太一致的事实：各种西方理论在中国的传播范围、流行时间长度、产生成果数量和质量存在巨大差异。据不完全统计，从 1979 年到 2004 年，中国文学领域中与原型批评理论有关的研究论文有 600 多篇，而同一时期、同一范围内，有些理论的研究成果还不足 100 篇。这样的接受事实说明，20 世纪西方理论在中国文学界虽然轮番上演，但影响效果是不同的。西方理论在中国能产生什么影响，最终还是取决于理论本身与中国文学或文化内在的契合度。原型批评之所以在中国产生如此大的影响，是因为中国文学具有强继承性和连续性，这正与原型批评理论强调继承性相契合。而从当前中国学界的研究状况看，运用原型批评理论方法和视角进行中国文学研究的工作还未结束。

因此，静心梳理西方理论对中国文论及批评的影响，借以总结经验，应该是省思的内容之一。除此之外，梳理西方理论影响下的文学批评也应该是省思的重要内容。20 世纪的中国文学批评一直比较活跃，许多富有文学素养和敏锐眼光的批评家凭借对中国文学和社会的深刻洞察，借鉴西方理论的视角和方法，写出了不少颇具见地的评论文章，这其中就包括李健吾、钱钟书、胡河清、蓝棣之等的精彩批评。

李健吾的主观批评，是中国传统的"评点式"批评与法国印象主义相结合的成果。他接纳了印象主义重视感受和瞬间印象的主张，强调批评是艺术，是批评者与写作者之间伟大心灵的对话。因此他重视阅读感受、重视感性描述，用灵动鲜活的批评话语，娴熟地驾驭着散文随笔式的批评文体，对当时很多名不见经传但具有文学潜力的作家作品进行了准确的批评。他的《〈边城〉——沈从文先生作》《陆蠡的散文》等类似中国传统评点式批评的文章篇幅短小，语言优美，在个体阅读经验的基础上揭示作品的整体艺术美，在20世纪的三四十年代自成风格，与当时一致强调文学的"社会功用"的主流批评话语形成对比。虽然这种主观性的批评也有主观性强、理论性欠缺的问题，在当时也遭到了批评和指摘，但是时间证明，这种随笔式或者印象主义批评，因为以维护文学和文学批评自身的独立性为前提，所以比起直接以意识形态为导向的、忽视文学自身审美性和趣味性的批评具有更久的生命力。

蓝棣之的症候式批评则直接运用了弗洛伊德的相关理论。他在长期教学中发现，一些经典作品，比如钱钟书的《围城》突然中断了唐晓芙的故事、曹禺《雷雨》中的周朴园在作者和读者心目中的形象大相径庭、鲁迅《离婚》中男方日渐憔悴而女方则越战越勇……如此种种悖逆、含混的类似症候式的疑团，用传统的理论、观点或方法是很难解释的，而用弗氏的"精神分析"理论则恰可以解释清楚，但是又鉴于"心理批评"难以

阐释的限度

把握，于是就"思考如何用自然科学的方法来克服文学批评的某些随意性和主观性"，发现"症候"比较具体，在精神现象中也是"相对客观"和易于把握的，遂提出了"症候式批评"方法。① 我们看到，用"症候式批评"方法来解读现代文学经典，的确可以有效地解释清楚作品中的悖逆和含混，这几乎可以算是在西方理论基础上创新出的一种新的批评方法了。

钱钟书、胡河清的批评则未集中运用某一理论，他们是在批评过程中视批评需要适当借鉴和运用某一西方理论或方法，从而使批评或获得新意或开阔了视界，属于"杂取种种理论为我所用"的一派。就钱钟书的评论来说，顺手连缀"东海西海"相似观点，随意拈取"南学北学"有关论述，已经成为众所皆知的特征。正是因为不同视阈内观点的相互辉映才扩大了每一论题的视野，取得了他自己所说的"隐于针锋粟颗，放而成山河大地"的效果。胡河清则善于在评论过程中适当运用西方理论，比如，他在评论史铁生关于"残疾"的话题时，用到了奥地利心理学家阿德勒的"自卑与补偿"的理论，指出"残疾"是一种古老的西方文学传统，是"一种激发人性中生命潜力的原动力"。他进而论道："在东方古老的历史循环论与人生宿命论传统中，是可以把'命运的局限'比作广义残疾的。《庄子》中的那些'畸人'，便承担着这种象征义，这使得东方的古歌有一种特别苍凉的情调。"② 这样，在将西方理论运用到中国作品的具

---

① 蓝棣之：《现代文学经典：症候式分析》，人民文学出版社 2006 年版，第 2—6 页。
② 胡河清：《灵地的缅想》，学林出版社 1996 年版，第 35 页。

体分析过程中，一部作品的特定主题一下子具有了连缀中西的功能并获得了特定的文化意义，在纵横交织的文化背景中获得了坚实又丰厚的意蕴。胡河清曾经提出建立"中国全息现实主义"的构想。他认为，21 世纪的中国文学，应当以中国传统文化中的全息主义为哲学基础，在更高层次上整合 20 世纪八九十年代的新现实主义，形成兼具理性主义和先知式神秘性的新的文学流派。他指出："中国文学中的全息现实主义流派并不是一个抗拒外来信息的自封闭系统。……相反，他是一种全方位开放的文化上的耗散结构。世界上其他民族的文化创造将不断激活这个'耗散结构'的进化。""在 21 世纪中国全息现实主义的文学神殿里，东西方文化的交融将形成一个真正超越《红楼梦》的新巨制时代。"[①] 可惜这样的构想由于胡河清的仓促离世而搁置。

综合以上富有特色的研究范例，我们会发现以下特点：一是批评者熟悉所用理论的精髓和实质；二是批评者熟悉中国文学、中国文学精神或者中国文化，具有明确的中国文学问题意识。李健吾古典文学功底深厚，并且自从在国立北京师范大学附中学习时就与同学一起组织文学团体，创办文学刊物并开始发表小说、剧本；在清华大学先学中文后学西洋文学后，于 1931 年赴法国留学研究福楼拜等现实主义作家和作品。蓝棣之则是在长期研究和教学中国文学的过程中发现问题并且提出"症候式"批评方法的，同样也是中国文学与西方理论的观点或方法相结合的产物。钱钟书的中国文化和中国文学功底自不待言，就是生于 20 世纪 60 年代逝于 90 年代的年轻学者胡河清也是长期醉心于中国古典

[①] 胡河清：《灵地的缅想》，学林出版社 1996 年版，第 205—206 页。

文化和古典诗词的。在深厚的中国文化、文学基础以及明确的中国文学问题指引下,这些批评专注于各自研究对象的纯学术研究,在选题和语体风格上,不追风,不从众,不追求流行的喧哗与时尚;在立论和观点倾向上,持论相对客观,见解独到。这些都显示出一种独立判断的学术立场和自我意识。

当然,一代学人有一代学人的生活世界和学术背景,但是在面对西方理论时(包括任何外来理论、文化),保持清醒的自我意识和问题意识是必要的。对于中国文化和中国文学来说,西方文化、西方理论既是重要的参照系也是重要的思想和理论资源。以之为参照,可以丰富体系和内容,拓展视野丰富方法。但是对于任何一种具有独立传统的文学、文化来说,他山之石的异质性又是客观存在的,外来思想和理论资源与本土文化、艺术传统的不兼容性也是客观的事实。在不同语境下即便是同一概念也可能会有不同内涵和感情色彩。因此,在传播和接受西方理论资源的过程中,明确立场和态度,明确为何接受以及如何接受是至关重要的。其实,以上所谓结论,知之不难,难的是如何做到位。如果真能在文学创作和批评中恰当处理与外来理论的关系,那么我们便可以避免理论的时髦,平心静气地梳理、阐释和运用相关理论资源,创造性地进行中国文论的建设和批评实践工作,在全球化的语境下,在世界文论的多元格局中彰显出中国文论的特色。

(作者单位:济南大学文学院)

"强制阐释论"的理论路径与批评生成[*]

段吉方

一

"强制阐释论"是近年来中国当代文学理论界对当代西方文论的一次大规模的深度批评讨论。中国社会科学院张江先生最早在《中国社会科学》杂志上发表文章《当代西方文论若干问题辨识——兼及中国文论重建》，提出"强制阐释论"的基本概念与理论主张。他指出，当代西方文论生长于西方文化土壤，与中国文化之间存在语言差异、伦理差异和审美差异，从而决定了当代西方文论运用于中国文学理论批评上的局限性，呼吁"面对任何外来理论，必须捍卫自我的主体意识，保持清醒头脑，进行必要的辨析。既不能迷失自我、盲目追随，更不能以引进和移植代替自我建设"。并且强调，"实现与西方平等

---

[*] 《文艺争鸣》2015年第6期。本文是2013年广东省高校"千百十"工程高层次人才项目"文化转型与中国当代文学理论范式及基本问题研究"、2015年广州市哲学社会科学规划项目"文化转向视阈下的中国当代文学理论范式与基本问题研究"的阶段性成果。

对话的途径，一定是在积极吸纳世界文艺理论发展经验的基础上，立足本土，坚持以我为主，坚持中国特色，积极打造彰显民族精神、散发民族气息的中国文艺理论体系"。① 随后在《文学评论》《文艺研究》《中国社会科学报》上，张江先生又分别发表《强制阐释论》《当代文论重建路径——由"强制阐释"到"本体阐释"》《关于"强制阐释"的概念解说》②，明确提出了"强制阐释论"的批评原则，并深入具体的文学文本批评实践领域，深入阐释"强制阐释论"的理论内涵——"背离文本话语，消解文学指征，以前在立场和模式，对文本和文学做符合论者主观意图和结论的阐释"③ ——继续对当代西方文论的阐释正当性问题做出深入的理论剖析，并以"本体阐释"的理论建构路径对中国文论的当代文论建设做出系统探讨，极大地丰富拓展了早先提出的"强制阐释论"理论观点。

中国当代文学理论研究围绕"强制阐释论"的理论观念进行了深入的讨论，"强制阐释论"也获得了中国当代文学理论与文学批评研究领域的广泛共鸣，因此它的理论启发是值得认真总结与思考的。从理论的层面上而言，"强制阐释论"最重要的理论价值在于它鲜明的问题意识与批判精神，直面当代西方文论影响下中国文论的话语体系建设与理论重建的核心问题，

---

① 张江：《当代西方文论若干问题辨识——兼及中国文论重建》，《中国社会科学》2014 年第 5 期。

② 张江：《强制阐释论》，《文学评论》2014 年第 6 期，《文艺争鸣》2014 年第 12 期转载；《当代文论重建路径——由"强制阐释"到"本体阐释"》，《中国社会科学报》2014 年 6 月 16 日；《关于"强制阐释"的概念解说》，《文艺研究》2015 年第 1 期。

③ 张江：《关于"强制阐释"的概念解说》，《文艺研究》2015 年第 1 期。

不但具有深刻的学理研究的内容，而且蕴含着丰富的批评学意义，提出了一系列有着深刻的思想含量和实践价值的问题，因而对中国当代文论的建设具有非常积极的意义。当前，张江先生提出的"强制阐释论"正在引发中国当代文学理论界和文学批评界的极大关注，围绕"强制阐释论"所进行的理论反思与讨论不断深入，也进一步凸显了"强制阐释论"学理路径层面上的研究价值，这些方面当然是"强制阐释论"发人深省的内容。但在我看来，关于"强制阐释论"的理论探讨与争鸣也不一定仅仅停留在理论方法与观念层面的判断与思考上，如何在整体反思当代西方文论与中国文论建设的理论落差中，更充分地实现它在批评实践方面的效力，这恐怕是接下来需要我们进一步关注的问题。在这个层面上，关于"强制阐释论"其实也存在一个从理论路径到批评生成层面的理论思考过程。

从理论路径层面上的考虑，张江先生在他的系列论文中已经阐释得非常充分，"场外征用""主观预设""非逻辑证明""混乱的认识路径"，既指出了当代西方文论的基本特征，也指出了它们内在的理论构建的缺陷，这也是"强制阐释论"基本的理论路径。这种理论路径切入的是全球化语境中的中国当代文学理论现实格局，与中国当代文学理论研究中的很多问题之争有着遥相呼应的特性。从20世纪80年代到今天，无论是文学理论的教学实践，还是在文艺学的研究与学科拓展层面上，当代西方文论的理论影响都是非常明显的。我们在面对一个经济、文化全球化的过程中，也同时面临一个"理论的全球化"。在文学批评理论发展的层面，当代西方文论对中国文论建设在短时期内有非常积极的影响,但引起的理论接受与思想对话困境也是非常集中的,"强制阐释论"正是在中国当代文学理论发展现实面前提出了西方文论的"现实着陆"问题,因而在理论路径层面上既体现出了宏观的理论视野,又展现了鲜明的问题意识。从批评生成的角度而言,"强制阐释论"则有着另一个层次的意义指涉,那就是它超越了简单层面上的中西文论的矛盾立场与阐释间隔问题,更多地在文学批评实践层面上将当代西方文论的"现实着陆"问题引向深入,以大量鲜活的文本阐释个案与批评实践分析确立批评原则,从而体现出了深刻的批判精神。从20世纪80年代西方文论引入中国开始,中国文论就已经存在理论的本土化和现实化问题,但在以往的研究中,这种本土化与现实化问题往往围绕理论立场与阐释角度展开,基本没有超越阐释与过度阐释的论说范围。"强制阐释论"不但直接面对当代西方文论的阐释与过度阐释问题,而且以大量的"场外征用"事实说明,很多当代西方文论的阐释理解仍然是不成功的,更主要的,"强制阐释论"使我们看到,即使是当代西方文论的"有效着陆",恐怕也仍然难以解决中国当代文学理论的现实危机问题。虽然,张江先生提出的"强制阐释论"无意于立竿见影地解决当代文学理论研究中的诸多问题,也没有将中国当代文论的发展困难全部归结为当代西方文论的引入与发展,但他在一种难得的理论自觉中,深层次地触及当前文艺学研究的学科发展与理论拓展遇到的瓶颈和难题,这正是"强制阐释论"的批评学意义所在。从20世纪90年代中后期以来,随着文艺学的学科反思研究不断出现,特别是围绕"文艺学的苏联体系问题""反本质主义的问题""文艺学的知识生产与知识建构问题"的探讨表明,中国文论的话语体系建设已经迫在眉睫。但在这个争论过程中,很多批评探讨仍然是以西方文学理论话语为底色和理论基础的,甚至是当代文艺学研究的主题、兴趣和方向的变化都直接派生于西方文论话语。在这种情形下,毫无疑问,西方文论的话语阐释遮蔽了中国文论的话语体系建设。如果中国当代文学理论研究仍然凌空蹈虚地围绕西方文论做一般性的阐释研究,不直面中国现实文学经验,提出自己的理论建构路径,那么,当代西方文论话语中的"审美泛化""图像转向""视觉转向""文学边缘化""文学的终结""理论的终结"等各种各样五花八门的声音恐怕将真的是中国当代文论难以摆脱的理论梦魇,"强制阐释论"正是看到了中国当代文论存在消融在当代西方文论话语中的危险与困境,所以才对当代西方文论的话语阐释问题提出了警醒式的批判。[1] 正像张江先生提出的那样,如果"因为理论和批评的需要而强制阐释文本,影响甚至丢失了批评的公正","期望以局部、单向的理论为全局、系统的理论,只能收获畸形、偏执的苦果"。[2]

二

"强制阐释论"虽然突出地对当代西方文论提出了有力的

---

[1] "文艺学的危机"问题是当代文学理论发展中的一个重要问题。这几年来,关于"文艺学的危机"问题的讨论也不断深入,文学理论的课程教学举步维艰,文学理论课程体系复杂,内容深奥抽象,这不但已经成为广大一线教师的共识性问题,而且影响了文学理论的学科拓展与生机。"强制阐释论"虽然没有明确指向"文艺学的危机"问题,但从深层次上呼应并触及了这个问题。

[2] 张江:《强制阐释论》,《文学评论》2014年第6期。

质疑，但它是首先基于当代西方文论的哲学基础、思潮特性与思想内涵的宏观考察，因此，对当代西方文论的理论建构性有深入的认识。从理论特性而言，当代西方文论的理论构建色彩是非常明显的。当代西方文论的理论构建过程其实也是文学思想的判断与话语体系的组合过程，就像卡勒在《文学理论》中指出的，"理论是一种判断"①。卡勒所谓的"理论是一种判断"，强调的是西方文论的思想样式成分，这一点，是当代西方文论的优势所在。强调思想性，追求智慧的超越性，并坚持理论的写作化，使当代西方文论突出地融合了哲学思维与理论写作的整体特征，从而展现一定的理论启发，卡勒也强调："那些名目繁多的思想判断之所以成为文学的理论，是因为它们提出的观点或论证对那些并不从事该学科研究的人具有启发作用，或者说让他们从中获益。"② 在当代西方文论发展中，形式主义、英美新批评、结构主义、精神分析、现象学、存在主义、解释学与接受美学、西方马克思主义、女性主义、后现代主义、后殖民主义、文化研究等理论，不同层面地具有拓展文学批评的视野、更新文学批评的方法、丰富文学研究思想的启发，这些理论所涉及的领域除了文学之外，还包括美学、社会学、哲学、人类学、政治学以及一些特殊的艺术种类，如绘画、雕塑、电影等，理论的跨界与综合倾向是非常明显的，但这也恰恰是"强制阐释论"提出的当代西方文论值得我们批判思考

---

① ［美］乔纳森·卡勒：《文学理论》，李平译，辽宁教育出版社1998年版，第2页。
② 同上书，第4页。

的地方，张江先生提出的"场外征用"问题就有力地回应了这种观念。

"场外征用"的问题是"强制阐释论"讨论中的一个焦点。所谓的"场外征用"指的就是当代西方文论往往借助于其他学科的理论和方法构建自己的体系，阐释文学问题的现象，"许多概念、范畴，甚至基本认知模式，都是从场外'拿来'的。这些理论本无任何文学指涉，也无任何文学意义，却被用作文学理论与批评的基本范式和方法，直接侵袭了文学理论与批评的本体意义，改变了当代文论的基本走向"[1]。"场外征用"之所以会成为"强制阐释论"的批判焦点，并引发人们的关注，[2] 更主要的还是当代西方文论阐释过程的混乱和盲目所致。卡勒也曾批评："如今当人们抱怨文学研究的理论太多了的时候，他们可不是说关于文学性质方面的系统思考和评论太多了，也不是说关于文学语言与众不同的特点的争辩太多了"，而指的是"非文学的讨论太多了：是关于综合性的问题争辩太多了，而这些问题与文学几乎没有任何关系"[3]。"场外征用"暴露了当代西方文论在理论建构和批判实践中的本体论缺失的弊病，它在一种"非文本化"的理论建构中忽略了"本体阐释"的方向。针对这种理论痼疾，张江先生提出了他的"本体阐释"的观念。相对于"强制阐释"，"本体阐释"拒绝前置立场和结

---

[1] 张江：《强制阐释论》，《文学评论》2014年第6期。
[2] 见张江《场外理论的文学化问题》、周宪《场外理论的场内合法性》，《探索与争鸣》2015年第1期；张江《关于场外征用的概念解释》、朱立元《关于场外征用问题的几点思考》，《清华大学学报》2015年第2期。
[3] [美] 乔纳森·卡勒：《文学理论》，李平译，辽宁教育出版社1998年版，第1页。

论，拒绝无约束推衍，它"以文本的自在性为依据。原始文本具有自在性，是以精神形态自在的独立本体，是阐释的对象"①，是一种让文学理论回归文学的阐释。从"强制阐释"到"本体阐释"，体现出了"强制阐释论"超越理论路径方面的考察，走向批评实践效应的宏观视野与观念，这种超越也有效规避了文学理论研究"他者化"和"本土化"的矛盾立场之争，用张江先生的话说就是"阐释的边界规约本体阐释的正当范围"②。

朱立元先生在讨论张江先生的"强制阐释论"中曾谈道："事实上，不带任何立场的阅读和阐释是不可能的。不过，我们不要将立场做简单、机械的理解，不应该像过去那样理解为单纯的政治（阶级）立场，而应该理解为包含审美、思想、政治、道德、文化等多方面因素综合一体的一种阅读、阐释的眼光。但是，在阅读、阐释文学作品（文本）时，这种先在的眼光（立场）不是以明确的理性思考方式确立的，而是以潜在的、不自觉的方式暗中影响，制约着阅读和阐释过程。但是，阐释过程是极为复杂、精细的，先在的眼光（立场、前见）并不是唯一的，甚至不一定是主要的决定性因素，阐释的结果与结论在多数情况下不可能仅仅由先在的立场所决定。"③朱立元先生既提出了一个普遍的阐释学问题，同时也对"强制阐释

---

① 张江：《当代文论重建路径——由"强制阐释"到"本体阐释"》，《中国社会科学报》2014年6月16日。
② 同上。
③ 朱立元：《关于"强制阐释"概念的几点补充意见》，《文艺研究》2015年第1期。

论"如何超越文学阐释的开放性与边界问题做出了有益的理论补充。张江先生提出"强制阐释论"的过程中，他并不回避普遍的阐释学问题，他对桑塔格的"反对阐释"观念、赫施的"解释的有效性"思想以及艾柯的"过度阐释"论均有直接的理论呼应。他提出，艾柯的"过度诠释"观念"是有分量的"，认为艾柯既没有极端地反对阐释，也没有在宏大的阐释主题上发出"主义"的诉求，而是从批评实践中翔实地说明和证明过度阐释的实际含义，令人信服。在他看来，"过度阐释"作为一种阐释现象是普遍强制阐释，与过度阐释有很多相同之处，他们都承认批评的有限性，不认同"读者无拘无束、天马行空地'阅读'文本的权力"，但也指出，强制阐释不是过度阐释，前者可以包含后者，后者无法代替前者。[1] 这种深入的理论说明让"强制阐释论"既深入阐释学研究的具体问题领域，同时也从理论阐释的思维惯性中跃出，走向了批评效应的考察，从而构成了阐释理论链条上的一个新节点。

三

可以说，从20世纪80年代到今天，中国当代文学理论研究中最热点的话题都与当代西方文论话语阐释有关。但我们也要看到，这种理论研究局面本身是值得反思的。当代西方文论的学科范围太大，理论内涵不容易把握；研究对象模糊，不容易确定；研究主题、话题及各种概念、范畴太复杂，这些都是

---

[1] 张江：《关于"强制阐释"的概念解说》，《文艺研究》2015年第1期。

影响西方文论的阐释接受的客观因素。在这种客观现实面前，中国文论还面临着西方文论的话语压力，所以无论是学科拓展还是理论建构，都存在一定的发展困境，自然文学理论研究出现的种种危机征兆和危机意识也在所难免。"强制阐释论"在当代文学理论发展的关键时刻提出的当代西方文论的阐释与中国文论建设的问题，不但适逢其会，而且有的放矢。进入20世纪90年代以来，中国当代文艺学的学科发展受到了很多瓶颈限制，学科发展相对也比较艰难，这样也让一些复杂的问题凸显出来了，所谓"理论之后"或"后理论"的问题正是这些问题中比较明显的内容。但真正要解决这个问题，我认为并非完全是困难的，也并非不可能的。"强制阐释论"从理论路径到批评生成的发展，由"强制阐释"走向"本体阐释"正是在这个意义上给我们提供了一条有效的思考样式。

当代西方文论基本是在20世纪取得突飞猛进的发展的，20世纪又是人类社会历史发展进步的重要历史时期，也是一个曾经给人们带来了无限的欣喜、激动、彷徨、哀伤、痛苦、迷惘的时期。当代西方文论诞生在西方20世纪社会发展的复杂的历史语境之中，它的发展历程与理论走向感染了浓厚的社会历史文化色彩，与西方现代性发展的社会现实和文化语境有着密切的联系，在这个层面上，也自然滋生了"强制阐释"的文化土壤与理论土壤。特别是欧美文论，大多产生在发达资本主义国家已进入后工业化社会或信息社会时期，媒介信息的引入与发展也改变着当代西方文论的理论格局与理论路向，在这个现实面前，避免"强制阐释"困境，走向基于批评实践考量的本体阐释，就是我们面对当代西方文论的一种更加重要的态度。在后工业社会中，随着社会经济结构的调整，人类日常交往方式的变换也改变着人类的生产方式和生活方式，包括科学技术变革在内的信息媒介的变化在广泛影响人们的生活资料、生活空间的过程中也对生活主体产生了重大的影响，并进而影响了科学与人文的交融过程。在这个大的背景下，"强制阐释论"正是指出了当代西方文论在现实接受与实践融合过程中的某种"不完全着陆"的格局与态势，也从深层次上体现了当前中国文学理论建构与话语体系建设上的迫切需求。在当代，无论是西方还是中国，文学理论知识在生产与接受、基本问题与研究方法、理论走向与价值判断上都展现出变幻多端的格局，基本上到了一个没有"主流理论"的时代。处于"强制阐释"中的当代西方文论刻意突出的就是这种没有"主流理论"的文论话语。在"强制阐释"的过程中，理论上和思想上的更新在"场外征用""主观预示""非逻辑判断"和"反序路径"中越走越远，最终的结果是理论阐释融通现实批评问题的失衡与无效，在这种理论发展格局面前，理论的新潮往往也意味着实践效应的缺失，"强制阐释"的话语拥堵更会导致文学理论实践功能的弱化和缺失，这正是我们从"强制阐释论"中应该反思的地方。

（作者单位：华南师范大学文学院）

"强制"之后，如何"阐释"？
——《人民日报·文学观象》之观象*

许　徐

严格来说，张江先生并不是新时期以来最早反思西方文论的国内学者。早自1995年开始，四川大学曹顺庆先生就连续发表了《对中国文论话语的探寻》《文论失语症与文化病态》《重建中国文论话语的基本路径及其方法》等系列文章，提出了中国文论"失语症"的问题。一石激起千层浪。季羡林、乐黛云、钱中文、朱立元、陈伯海等一大批学者均参加到了这个讨论之中，《文学评论》《文艺理论与批评》等杂志也纷纷开设专栏集中反思中国文论话语的建设问题，这种思考与讨论一直延续到今天。也就是说，这不是一个新问题。但不是新问题，却为何张江先生的文章，获得不少文艺理论家和批评家包括参加了20世纪90年代中期"失语症"讨论的学者的回应，《文艺争鸣》杂志也开设专栏并组织专题研讨会，成了当下一个学术热点？

---

* 《文艺争鸣》2015年第6期。本文为安徽省高校省级人文社科研究重大项目"皖籍群体与中国左翼文学的多元发生"（SK2014ZD044）阶段性成果。

这个问题至少可以从两方面来解释。一是就讨论背景来说，这固然与整个西方世界处于第四次体制转型的迷失期，西方文论界在"后理论"时代也开始了自我反思这个大背景有关；也与这个"失语"的积弊到了非解决不可的时候，与中国特色学术话语权"复兴"的大时代有关，张江先生的话题适逢其时。二是就理论本身来说，这也是最根本的原因，无论是以曹先生等为代表的"失语症"的支持派，还是以蒋述卓、蒋寅等先生为代表的反对派，更多的是一种防御性的讨论，是站在中国文论的战壕内，或警觉于西方文论入侵带来的本土话语权危机问题，或欢迎西方文论给中国文论带来的新活力；而张先生的"强制阐释论"则是一种进攻性的讨论，是长驱直入西方文论内部，直接解剖其"核心缺陷的逻辑支点"，从而给予致命一击的讨论。这四记重锤，就是我们已熟悉的"场外征用""主观预设""非逻辑证明"和"混乱的认识路径"。简言之，虽然出发点都是为了解决中国文论自身的建设问题，但就讨论现状来看，前者更侧重于"中国文论怎么办"的问题，后者更侧重于"西方文论怎么坏"的问题。两者显然没有优劣高下之分，既是一种理论的继承，也是一种理论的创新，都体现出中国学者在全球化语境中的焦虑、清醒与深刻；如果说有什么不同的话，那就是"强制阐释论"又向前走了一步。

一

但我这里想强调的并不是"强制阐释论"的理论原创价值

阐释的限度

问题，这些问题不少学者已做了精辟独到的讨论与补充。我的问题是，为什么我们早在20世纪90年代中期就已发觉中国文论建设存在的问题，却一直到今天仍然没有很好地解决？因为如果解决了，"强制阐释论"也就没有了理论生产的动力和意义，也就不会产生现在的学术影响。更进一步说，我所关注的是当我们告别"强制"之后，我们应该如何"阐释"。毫无疑问，告别"强制"，仅仅只是我们创构中国阐释模式、创建中国文论与批评话语的第一步。综观张江先生对西方文论四个逻辑支点的批判，无论是"场外征用"的"脱离文本和文学本身"，还是"主观预设"的"实践沦为证明理论的材料"；无论是"非逻辑证明"的"无视常识、僭越规则"，还是"认识路径"的"从理论到理论""用理论阉割、碎化实践"，这些批判毫无例外地都指向了同一个问题，即西方文论执着于理论建构而忽视具体批评实践的问题，他指出西方文论"理论构建和批评不是从实践出发，从文本的具体分析出发，而是从既定理论出发，从主观结论出发，颠倒了认识和实践的关系"。[①] 这是造成西方文论"强制阐释"谬误的认识论根源，也是彻底克服"强制阐释"批评倾向的关键所在。

现在，我们也就可以回答一下刚刚提到的问题，即为什么"失语症"在今天依然是个问题？环视一下我们的批评现实，比如我们的生态批评实践是不是也存在"溯及既往"的问题，我们的女性主义批评是不是也存在"主观预设"的问题，我们的批评家是不是也存在追逐搭建个人理论王国的"体系热"问

---

① 张江：《强制阐释论》，《文艺争鸣》2014年第12期。

题。也就是说,虽然我们有意识地拒绝各种具体的西方文论流派话语的影响,但我们无意识地却在理论思维、批评逻辑上受到了西方文论的深刻影响,即便是在中国古代文论研究中,也有同样的倾向,比如用生态批评理论强制阐释《论语》《庄子》以及《文心雕龙》,用分析心理学、精神分析学说强制阐释屈原,用女性主义学说、巴赫金狂欢理论、现象学等强制阐释《红楼梦》,等等。这种思维逻辑上的影响,是更为根本、更为彻底的,所以我们虽然努力使用的是中国文论术语,努力构建的是中国文论体系,但很多时候,用 X 光一照,骨子里却还是西方的。这也是为什么"失语症"一直存在的一个重要原因,即从 20 世纪初的第一次西学东渐开始,我们的思维方式、逻辑体系,甚至价值观已经在逐渐西方化,无论换什么瓶子,装的都还是那瓶"西酒"。

既然这样,我们要想建构非强制的合乎文学规律与文学现实的新的阐释模式,就应该首先从扭转西方化的"强制逻辑"开始,既然"强制逻辑"的谬误根源在于理论实践倒置的逻辑关系,我们就应该首先从具体的批评实践开始,从而恢复认识与实践的正确关系,从具体生动的文学实践中总结出科学的文学理论。这个时候,张江先生 2014 年开始主持的《人民日报·文学观象》(2015 年改为《文艺观象》,以下简称《观象》)栏目,就产生了样本和互文阅读的意义。《观象》是《人民日报》和中国社会科学院共同开设的文学批评和理论研究专栏,旨在"就当前文学发展过程中的重要现象、热点话题和焦点问题进行辨析、探讨"①，是一个倡导批评实践的栏目。那问题就来了，张先生如此犀利地批判"强制阐释"问题，那他自己主持的《观象》批评是否实践了他的理论主张，或者说是否克服了"强制阐释"模式的弊端，形成了一种新的阐释模式呢？没有实践的理论是无效的理论，因此，对"文学观象"之观象，不仅可以帮助我们验证"强制阐释论"本身是否具有理论生命力，更可以帮助我们探询"文学观象"批评实践是否提供了一个"强制"之后如何"阐释"的解决方向。我想，至少可以从三个方面来讨论这个问题，即批评对象、批评体式和批评主体。

二

首先来看《观象》的批评对象问题。截至本文写作的时间，《观象》已刊出30期，这些文章的标题分别是《文学不能"虚无"历史》《文学不能消解道德》《文学不能成为负能量》《文学，请回归生活》《文学是民众的文学》《文学不能依附市场》《文学关乎世道人心》《重建文学的民族性》《捍卫文学经典》《"娱乐至死"害了谁？》《读者是不是上帝》《批评为什么备受批评》《文学需要什么样的批评》《当下的批评是不是学问》《文学呼唤崇高》《重塑文学的"真"》《活在当下的古典诗词》《写出时代的史诗》《别让笑声滑向低俗》《时代巨变中的文学命运》《文学书写中国梦》《优秀作品代表文学的高度》《文学的筋骨和民族的脊梁》《中国精神是文艺之魂》《农村题

---

① 编者：《文学观象开栏的话》，《人民日报》2014年1月17日。

材电视剧需升级换代》《家国情怀与文学书写》《展现中华审美风范》《文艺是民族精神的引擎》《文艺要与时代同频共振》《文艺家何以先觉、先行、先倡》等。之所以不厌其烦地罗列出这些标题,是因为从这些选题就可以看出,《观象》的批评对象基本上涵盖了当代中国文学发展进程中的重要现实问题。具体来说,其批评对象的选择具有三个特点。

一是现实性,这是《观象》的基本批评品格。《观象》所观之"文学乱象",都是改革开放以来,文学发展中所遭遇的现实问题,像文学与市场、文学与历史、文学与中国梦、文学的娱乐化、批评生态、讲述中国故事、当代文学经典化等,都是我们身边正在发生的现实。开篇的《文学不能"虚无"历史》一文,就是针对文学创作、批评以及文学史书写中"去历史化"倾向的纠正。近年来,不仅历史题材创作存在这个问题,文学史写作本身也有以"重写"为名,按照西方"普世价值"和自己的主观意志来解构,进而虚构历史的问题,这种历史虚无主义潮流任其发展,将会严重影响我们对历史和民族的认知,即"灭人之国,必先去其史"。[1] 文章瞄准这个干扰中国思想界几十年的现实问题,不仅用大量创作实例高度概括了历史虚无主义"戏说""割裂""颠覆"的艺术"表征",揭开了历史虚无主义的文学外衣,而且进一步提出了历史人物的公德与私德、历史真实与艺术真实、文学"守史"有责三个理论问题。像公德与私德问题、文学的"守史"功能,都是令人耳目

---

[1] 龚自珍:《古史钩沉论二》,载《龚自珍全集》,上海人民出版社1975年版,第21—22页。

一新的提法，可以帮助我们较好地处理文艺创作中如何表现具有复杂性的历史人物问题，可以帮助我们进一步明确文学与历史的正确关系，用文学介入历史、书写历史。实际上，"文史同一、文史互证"是中国的传统，《史记》就是亦文亦史，《诗经》的不少篇章也是上古时代政治、社会的历史记录。而中国文学的史性特征，鲁迅在《中国小说史略》中也有提示，他以《青史子》为史官记事为例，说明了中国早期小说"近史性"的特征。这篇文章，是恢复了中国文学的历史品格。此外，如《文学不能成为负能量》一文，也是为了解决近年文学理论中颇为流行的解构"宏大叙事"的后现代病，文章也是从"负能量在蔓延"的文学现实出发，提出文学"有补于世""有辅于世"的观点，特别是强调"对社会和人生进行积极而尖锐的反思与批判，也是文学正能量"[1]，这对那些指责"正能量"是歌颂、是粉饰的观点，是一次有力的回击，也有助于我们对这一命题的全面认识。

二是重大性，这是《观象》产生批评力量的重要因素。《观象》所论之题，不仅是普遍的文学现实，更是文学现实中那些热点性、焦点性、关键性问题，是牵一发而动全身的重大理论问题。比如《文学书写中国梦》《文学呼唤崇高》《写出时代的史诗》《文艺要与时代同频共振》《中国精神是文艺之魂》《文学的筋骨和民族的脊梁》等文章，都是热切回应民族复兴中国梦对文学的呼唤。这些文章的重大现实意义无须再一一赘述，我在这里想着重分析一下的是《农村题材电视剧需升级换

---

[1] 张江等：《文学不能成为负能量》，《人民日报》2014年2月14日。

代》一文。作为一个传统的农业大国,三农问题历来是关系国家发展的重大问题,"农民工进城""新市民"等与新型城镇化相关的问题也是中国特色问题。但不仅如文中所说的近年农村题材电视剧数量和质量双下降,持续关注这方面创作且有力度的批评也不多,不仅农村题材电视剧需升级换代,农村题材电视剧的理论批评同样需升级换代。就如目前中国社会城乡二元结构一样,影视剧或者文学创作与批评同样存在一个城乡二元的不平衡问题,即创作与批评热点多局限在城市文明、工业文明的想象与表达,而缺少对农耕文明的尊重和对当下农民生活的关心。已有的一些批评多关注乡土叙事传统等问题,对当前农村题材电视剧"审丑""苦情"等雷同的创作模式缺乏清醒认识,对农村发生巨变的现实与困境缺乏清醒认识,反而赞扬以《乡村爱情》等为代表的回避现实问题的滑稽逗乐式创作。文章因此严肃指出:"农村变得肤浅化,农民形象也失去了现实深度和人性深度。"文章认为面对农村因为经济快速发展出现的新现象、新问题、新矛盾,"应该用一种不粉饰也不冷漠的现实主义态度,生动、丰富地去表现、探索中国农民如何在深重的历史代价和现实困扰中蜕旧变新",要"敢于并善于触碰农村的焦点问题"。[1] 比如市场经济下农村社会结构重建问题,农村空心化问题,农村社会家族政治、流氓政治与公平正义的问题等,[2] 这些问题客观存在而且都是关系发展全局的重

---

[1] 张江等:《农村题材电视剧需升级换代》,《人民日报》2015年2月3日。
[2] 于建嵘在田野调查的基础上曾指出:"乡镇领导容忍甚至纵使黑恶势力利用'合法的政权',是目前黑恶势力侵入农村政治领域最显著的特征之一。"参见于建嵘《农村黑恶势力和基层政权退化》,《战略与管理》2003年第5期。

大问题，文学应该直面这些问题、表现这些问题。不能解决好占中国九亿人口的农村社会第二次"山乡巨变"的现实问题，这样的"中国梦"是不完整的；不能真实写出占中国九亿人口的农村社会第二次"山乡巨变"的伟大作品，这样的当代中国文学也是不完整的。

三是基础性，这是《观象》理论魅力的来源。读《观象》的系列文章，不仅能够捕捉到生动丰富、不断变化的文学实践，而且能够从根本上重新廓清对一些重要的文学基础问题的认识，重新廓清对文学本质与功能的认识，正本清源。比如《文学不能消解道德》《文学，请回归生活》《文学是民众的文学》《读者是不是上帝》《重塑文学的"真"》《文艺家何以先觉、先行、先倡》等系列文章，再一次讨论了文学与伦理教化、文学与生活、文学与人民、文学接受、文学的真善美、文艺家的主体建构等问题。客观地说，讨论这些基础性问题，是吃力不讨好的事情，因为这是一些常识性的知识，也很难讨论出新意。我的一位老师在2006年重新开始研究文学与政治的关系问题时，就曾有学者表示：这有什么可研究的？但问题是我们恰恰把这些常识性的东西有意地忘记了，而忘记了这些基础性的文学规律，文学也就异化了，乱象也就出现了。因此，重提这些基础理论问题，就有了紧迫的现实意义。比如《重塑文学的"真"》一文，之所以重申"真的才是美的"这一美学原则，是因为"文学表达真情实感在这个日渐开放的社会却再次成了难题"。这次并非因为政治禁区限制的"不得说"，而是因为文化消费主义的侵蚀，作家为了贴合公众情绪曲线的走向从而获得更多的消费市场，主动抛弃了自我的生命和情感体验，是"不愿说"，以致出现情感表达"类型化、模式化"的严重问题："打开爱情，必定是伤感的；打开底层，必定是同情的；打开官场，必定是愤怒的"。① 对情感表达市场化问题的观察与概括，应该说是切中时弊、相当深刻的，也正是因为对这一文学现实问题观察的深刻与批评的精准，重谈文学真善美的问题，不仅没有觉得过时，反而觉得这个古老的理论命题历久弥新，对当下中国文学现实具有重要指导意义，新的实践赋予了理论新的生命力。

三

其次是《观象》的批评体式问题。这个问题我们也可以从文体形式、批评逻辑、批评目的三个方面来考察。

一是大众化的对话文体。《观象》每一期文章都是通过主持人和几位学者的对话展开，这种对话体的表达方式，既是一个传统（比如《论语》实际就是孔子与学生的对话），也是20世纪80年代以来重新活跃的一种批评形态，它有一个显而易见的长处，就是开放自由，多元对话，个性表达，形式活泼，不受拘束，大家可以畅所欲言，而且在交流中还可以产生新的思想、新的感悟，具有一种能够让人进一步思考的"未完成性"。但为什么20世纪80年代以来的很多对话体批评，都不像这次的系列批评，不仅在学界产生较大反响，而且走出了学术小圈子，走进了普通公众之中？据《中国社会科学报》报道，《观

---

① 张江等：《重塑文学的"真"》，《人民日报》2014年9月16日。

象》文章不仅被传统媒体大量转载,而且被微博等新型社交媒体转载,鞍钢集团郭明义就在微博转发了《文学不能"虚无"历史》一文,众多粉丝纷纷点赞。[1] 仔细通读30篇文章,我发现每篇4000字左右的文章,基本上没有什么艰涩深奥的理论术语,只是大家在用我们熟悉的生活语言而不是学术语言交流各自对文学现象的个体困惑与感悟,这种大众化的对话批评,既通俗易懂,又真实可亲,所以发人深省,引起共鸣。所以,文艺的大众化不仅包括创作的大众化,更包括理论与批评的大众化。通过大众化的理论与批评,不仅可以促进大众更多地关注文学创作,更可以引导大众更好地辨析文学现实,从而在多元的文化语境下,更好地弘扬主流价值观。某种意义上,没有作者回应的批评,不是真正的批评,没有大众的批评,也不是真正的批评。其实这种个体感悟、体验式的批评,是中国式的批评模式和批评传统,也是中国批评的长处。中国古代评点式的短评,如金圣叹评《水浒传》、毛宗岗评《三国志》、张竹坡评《金瓶梅》、脂砚斋评《红楼梦》,不仅可以探讨艺术规律,同样可以阐发思想主题,所谓"直取文心",同样可以抵达深刻与厚重。但现在我们的学术表达也基本上抛弃了这个传统,同样西方化了。我们的学术表达模式也是以西方为参照系的,比如不少期刊的论文格式就是按照《MLA文体手册和学术出版指南》来执行。这当然是必要的,但是,却不能成为唯一的标准。一个现实是,如果写了一篇随笔式的、感悟式的批评文章,

---

[1] 毛莉、孙妙凝:《拓展马克思主义学术大众化的新路——"文学观象"激起学界热烈反响》,《中国社会科学报》2014年2月28日。

如果文章没有引用一点参考文献，如果文章没有按照规定的格式排版，如果文章没有达到一定的字数，好像文章写作就是不规范的、没有理论深度的、没有逻辑性的、不严肃的，当然也就很难公开发表。甚至一些学术名家的不合乎"规范"的文章，杂志编辑还要亲自动手"修正"。所以，我希望的是，类似于《观象》这样的学术平台能够更多，类似于《观象》的感悟式、大众化的短评能够更多。①

二是遵循基本规律的批评逻辑。这个规律包括两个方面：一个是遵循从实践到理论的科学的认知规律，另一个是遵循文学的特殊规律。先来看第一个认知规律问题，翻检《观象》的系列文章，论述的基本路径是从具体的文学作品、文学现象入手，在对作品、现象的具体分析基础上，提出相关的理论问题，最后得出一个总体性的结论。换句话说，如果没有前在的文学实践，也就没有后续的相关批评与理论概括。比如《文学不能消解道德》一文，文章首先是从"文学遭遇色情与暴力"的严峻现实出发，提出了传统文学尤其新兴网络文学的道德伦理危机问题，在分析现象根源的基础上，着重谈了"文学与道德密不可分""'纯文学'不能'纯'掉道德""创作自由与底线坚守"这三个有现实针对性的理论问题，最后得出"文学不能消解道德"的命题。《捍卫文学经典》一文则是从经典危机与阅读危机的现状出发，提出当代文学经典化的命题。《文学不能

---

① 有一些杂志如《文艺争鸣》的《视点》和《随笔体》、《小说评论》的《小说世界随笔》、《南方文坛》的《点睛》等，也鼓励并推出随笔式的批评文章，但还是势单力薄。

"虚无"历史》一文是从20世纪80年代以来文学虚无主义创作实践入手,最后总结出"文史统一论"的理论命题。《文学需要什么样的批评》同样从批评"项目"批评、"规范"批评、"学阀"批评和泛文化批评的弊端开始,这种从实践到理论的批评路径,是和"强制阐释"的认识路径有着截然分别的。第二个是文学规律问题,《观象》始终强调在文学场域内谈文学问题。谈"文学书写中国梦",强调"文学可以筑梦,也需要筑梦,但前提是,一定要以文学的方式,潜移默化,润物无声。让文学汇入国家和民族的话语交响,不是要求文学家发出政治家的呼喊,也不是要求作家给出社会学家的行动路线"[1]。谈文学与历史的关系,指出"文学以形象化的审美方式介入历史,更为人们所喜闻乐见,它比抽象的历史叙述和理论化的历史规律阐释更具有吸引力、亲和力和感染力"[2]。谈读者问题,要求"文学还是应该遵循它与读者之间思想交换、审美交换的初衷"[3]。谈优秀作品与文学高度问题,回到"作家用作品说话""作品用形象说话"的创作原点。谈文艺家要成为先觉者、先行者、先倡者,要求"文艺家们应该以自己特有的方式,形成对时代的认知和理解,并率先感悟到时代的最新端倪、动向、趋势,即所谓的'时代风气',将之表达、体现在作品中,同时作为一种价值和方向加以倡导和褒扬"[4]。始终强调文学的特殊规律性,而不是搬用场外理论消解文学特性,使得这些批评

---

[1] 张江等:《文学书写中国梦》,《人民日报》2014年11月28日。
[2] 张江等:《文学不能"虚无"历史》,《人民日报》2014年1月17日。
[3] 张江等:《读者是不是上帝》,《人民日报》2014年6月27日。
[4] 张江等:《文艺家何以先觉、先行、先倡》,《人民日报》2015年5月1日。

具有了真正的文学意义。

三是问题导向的批评目的。统观《观象》的批评,有一个显著的特点,就是问题导向的专题性讨论。这些批评不是为了建构什么庞大的理论体系,而是为了解决具体现实的文学问题;这些文章也没有试图提出什么惊世骇俗的新理论,只是为了给文学实践开出一些具体的药方。谈文学批评问题的三篇文章,并没有去构建新的批评理论和模式,而是在分析了种种批评乱象之后,老老实实地要求批评家要表达"职业读者"的意见,让批评从"世俗的或非世俗的工具中解放出来,重新回到文学自身"。[1] 而市场化、工具化,也的确正是批评乱象的症结所在。问题式、专题式讨论其实也是中国学者的一个传统,鲁迅先生就是一个代表。"在文学批评方面他也没有太多的长篇大论,没有纯粹理论的建构,但是在现代文学批评史上也没有一个人比他更接近,或者说更加忠实地实践了马克思主义的批评理论。"[2] 鲁迅先生从来没有试图去构建自己的"鲁式理论体系",他对文学创作与批评的批评,都是如繁星一样散落在他庞杂的杂文系统之中。但正如繁星可以照亮夜空一样,这些针砭时弊的短文构成了鲁迅的文学理论体系,并且因为来源于鲜活的文学实践,而具有强大的生命力。比如他的《上海文艺之一瞥》《论"第三种人"》《非革命的急进革命论者》《关于小说题材的通信》等文章,就比较系统地回答了中国革命文艺的

---

[1] 张江等:《文学需要什么样的批评》,《人民日报》2014年7月29日。
[2] 李春青:《鲁迅的马克思主义文学观》,http://chinese.bnu.edu.cn/SZMore.aspx? id=652。

时代背景、创作主体、创作题材等问题。此外，茅盾、阿英等人的作家论也具有同样的专题性批评特征，并且形成了现代文学批评史上一个独特有效的批评类型。所以说，问题导向的专题式批评，往往就是解决具体问题的管用的批评。其实回过头来看这30篇文章，虽然具体指向不同，但这些讨论组合在一起实际也形成了一个系统回答中国文学现实问题的框架体系。因为整体就在具体之中，理论就在实践之中。

四

最后是《观象》的批评主体问题。相比较其他的批评文章，《观象》的批评主体具有三个显著的特征。

一是主体的专业性。这个专业性首先当然是指专栏的各位作者都是各个研究领域卓有建树的知名学者，活跃在当下的创作、理论、批评等领域。但更是指这些作者参与讨论的问题也是他们研究的专业方向和学术专长，本身就有很好的学术积累，也有很大的学术影响力。根据这些作者的专长，就一个具体问题，用几百字来谈，浓缩以后都是精华，所以才不乏创见。比如谈"捍卫文学经典"，请了中国现代文学馆馆长吴义勤教授专门谈"当代文学经典化"的问题，这实际上是他主持的国家社科基金项目"中国新时期文学经典化问题研究"的内容，围绕这个选题他和他的学生已经有不少研究成果，他在《光明日报》2015年2月12日的文章《当代文学"经典化"：文艺批评的一个重要面向》，2400多字的篇幅已经很精练了，但《观象》

这一期的讨论中，只用了800多字就厘清了经典问题的三个认识误区，句句都有分量。谈"通俗"与"低俗"，请了浙江省作协主席麦家来谈这个问题。我们都知道麦家2008年凭借《暗算》获得茅盾文学奖，也是经历了很大争议的，争议的焦点就是特情小说这种通俗文学是不是文学，让麦家来谈这个问题显然更有心得。果然，麦家结合自身的创作体验，在承认"小说家要有一颗世俗心"的前提下，从"外生活"和"内生活"的创新视角来谈"通俗"与"低俗"的问题。他指出："光有外生活，小说就会写得汤汤水水，变成一笔流水账；有了浑厚的内生活，小说才会有灵魂的纵深感，才会站立起一种有力量的精神。"[1] 这对文学如何入于俗又出于俗，是有启示意义的。

二是身份的多样性。据笔者统计，《观象》的中外作者有88人，来自五湖四海，身份广泛多样。按照国别划分，目前有中、德两国的学者，但主要是中国学者。按照区域划分，作者群分布在东西南北23个省份。按照所在系统划分，作者单位有高校、社科院、作协、专业研究机构、学会、报社、军队、行业主管部门等各种类型。按照学术身份划分，则有文艺理论家、批评家、作家、艺术家、哲学家、社会学家、报刊主编、行业主管部门领导等。按照专业方向划分，研究方面囊括古代文学、现当代文学、外国文学、文艺理论、文学评论、影视评论等各领域学者；创作方面则有小说家、诗人、报告文学作家、儿童文学作家、散文家等。把这样一支批评队伍组织起来是非常不容易的，我们都清楚，受专业化的限制，这些作者的专业方向

---

[1] 张江等：《文学遭遇低俗》，《人民日报》2014年5月30日。

常常是不交叉的,专业化当然可以使研究更加深入,但也使得研究更加狭窄,这是一个悖论,搞古代文学的不了解现代文学,搞理论的不了解具体创作,反之亦然,所以有的作家甚至宣称"从来不看关于我的批评"。大家的学术交流大都限于各自的专业领域,交流平台也都是各自专业类的会议、刊物等,并且还有一些学者的学术立场、学术观点是不相同的,甚至是针锋相对的,大家常常是在各自专业领域内单打独斗,顶多是小兵团作战,想看到这些学者在一次会议、一本刊物中出现,基本上是不可能的。不过文学却是个整体,是不能随意切割的,一个文学现象往往需要我们从历史、从现实、从理论、从实践等多个方面去把握,比如"活在当下的古典诗词""展现中华审美风范"等问题,就需要多学科的讨论,否则就很有可能是盲人摸象。但《观象》把这个不可能变为了可能,不同领域的学者集中在一个平台,带着共同的使命感和责任感从不同角度讨论和解决我们自己的文学问题,形成了一种整合的巨大力量,从而集中优势兵力歼灭最棘手的问题。不夸张地说,这是一个新的文艺批评的统一战线。这个统一战线,不仅打破了学科壁垒,使得大家能够从中西、古今、创作批评、理论现实、内部外部等不同角度全方位认识一个文学问题,而且在事实上突破了潜在的一些学术圈子,有利于整个学术生态的建设,后者的意义显然已经超出了文学本身,在这个需要弥合的社会更值得我们重视。

　　三是视角的多元性。《观象》作者身份的专业性和多样性,使得其批评视角更加多元且独具匠心,而视角的多元性与独特性,使得问题的讨论更加全面,更加深入,也更加深刻。比如谈"文学与生活的关系",程光炜、陈晓明、高建平、党圣元等学者从20世纪80年代的文学与生活、文学自我与社会自我、文学语言与生活语言、文学形式与文学意义等不同角度进行了讨论,使得这个讨论比较好地反击了"远离生活论""私人化写作""玩语言""技巧之上"等错误论调。而讨论"文学与民众"的问题,要想谈出新见更难,所以专栏不仅请了几位理论家、批评家,还专门请了陕西省作协主席贾平凹先生。贾平凹用自己写《带灯》的创作经历,讲了一个最朴实的道理,也回答了他对文学与民众关系的认识:"写作也就是说公道话,用作品给世事说公道话。"① 他的《带灯》,就是给大山深处乡镇工作人员这些小人物说句公道话,不仅释放了这些小人物"人的隐忍、坚贞、温暖和光辉",而且尖锐地表现了当代农村社会问题以及社会管理体制问题。所以主持人张江先生就此总结道:"我们一直倡导文学要书写伟大的时代。如何书写?我觉得很重要的一点,就是要从小人物写起,从人民大众写起。"谈"文学的民族性",不仅请了民族文学、当代文学研究专家,还请了藏族作家阿来来谈民族性问题,阿来认为"作家在创作实践当中,已经非常习惯于只把民间生活看成一种写作的题材来源,而不是从民间资源中汲取丰富的营养,包括看待生活的眼光、讲述故事的方式,等等"。② 这的确是一个问题,即民族性不只是外在的、形式的,更是内在的、精神的,从创作实践

---

① 张江等:《文学是民众的文学》,《人民日报》2014年3月14日。
② 张江等:《重建文学的民族性》,《人民日报》2014年4月29日。

出发来谈民族性内化问题,阿来抓住了当前重建文学民族性、讲好中国故事的牛鼻子。谈批评的文章,以往多见的是批评界内的自我反思、自说自话,但这次特地请了几位批评的对象——方方、陈忠实、曹文轩、周大新等作家来谈,这些作家从自己被批评的经历谈了"阅读的个人化与批评的偏离感""批评的连通时代、接通地气""批评的读者期待"等问题,立论新颖。和德国法兰克福大学几位学者共同探讨"时代巨变中的文学命运",更能体现角度的多元,面对同样的文学遭遇,德国学者介绍了他们应对阅读危机的方式,比如用流行美学来介入大众文化、用"流行工作坊"等来寻找接近文学的新方式,以及如何通过文化交流来建构文化身份等,这些都是有借鉴意义的。

五

其实,张江先生所批判的"强制阐释"问题,如我已提到的,不仅西方文论界有,国内文论界也有,而且不仅今天有,历史上也有。早在20世纪初,早期的左翼批评家就存在主观预设、非逻辑证明等问题。比如1928年革命文学论争,他们用从苏联、日本搬来的马克思主义理论来溯及,切割鲁迅、茅盾等人的现实主义作品,否定"五四"文学,得出了"死去了的阿Q时代""时代的落伍者"等错误结论。但有不少左翼学者后来都对自己的理论进行了清算,比如阿英。他在1932年之后的《鲁迅》《鲁迅书话》《小品文谈》等文章中,重新评价了鲁迅等人的现实与深刻:"在中国的小品文活动中,在努力地探索着这条路的,除茅盾、鲁迅而外,似乎还没有第三个人。"[①] 中国左翼学者这种反思的结果,就是形成了比较成熟的中国化马克思主义文艺理论,比如《在延安文艺座谈会上的讲话》。但《延安讲话》我们知道主要是针对延安当时现实的创作问题有感而发的,虽然其中一些基本命题今天仍然具有指导性意义,但它的背景是革命时期,对今天建设时期特别是市场经济条件下建设时期的一些文学问题,并没有提供答案,比如文学与消费、与市场的关系,文学服务对象与新阶层的问题等,因此如果不加任何发展,教条式地照搬照用,反而会束缚已经发展变化的文学现实。所以,习近平同志在时隔72年之后,专门主持召开文艺座谈会,面对新的时代命题,对中国化马克思主义文艺观做出了新表述。《北京讲话》由于主要针对当下的文学新变,因而具有极强的现实性和时代感。

所以说,中国的学者一向是善于学习、善于反思的。20世纪30年代的前辈学者能够纠正自己脱离中国现实、脱离文学现实的偏向,中国化的马克思主义文艺理论能够不断向前发展,今天的学者同样而且更应该纠正"强制阐释"的思维习惯,走向"本体阐释"。在这方面,《观象》面向现实的批评品格、遵循规律的批评逻辑、继承传统的批评方式、亲近大众的批评语言、问题导向的批评指向、多元互生的批评视角,在克服"强制阐释"脱离文学实践、消解文学特性、违背认知规律、热衷

---

① 阿英:《小品文谈》,载《阿英全集》第2卷,安徽教育出版社2003年版,第622页。

体系构建、相互解构理论、割裂整体联系以及批评的神秘化等问题方面，是做出了重要努力的，是可以作为一个有效的批评案例来讨论的。但我仍想有几点建议：一是希望批评的参与者除了一些知名学者之外，还能有一些年轻新锐的批评者，他们一定会有一些不一样的想法，而且在这样的全国性平台上也能培养这些批评者，进而促进整个批评队伍的建设。二是希望能够进一步加大与国外学界的讨论，虽然西方文论有一些根本性的缺陷，但在全球化时代，我们还是有一些共性的问题，西方文论还是有很多可以借鉴之处。通过交流，不仅使大家能够客观地了解到当代西方的文学现实与前沿文论，而且通过比较，也可以更好地认识中国文学现实、认识中国发展道路，坚定四个自信。三是进一步拓展传播形式，虽然现在的《观象》影响已经越出了文论界，也有很多网友微博转发评论，但相对来说还是比较"小众"，与其别人转发，不如主动利用《人民日报》等微博、微信移动客户端，或者手机报等这些新媒体，将每一期的核心内容编发成简短的文字，使更多的文学界之外的人了解文学现实，进而关注文学现实、发展文学现实。将来还可以出版文集，或者编辑类似于《理论热点面对面》的普及性的《文学热点面对面》。四是希望各地一些有影响的权威报刊，也能开设类似栏目，一方面《观象》半月左右一期的发文量还是相对很少，另一方面中国之大，各地一定也有一些具有地方特点的现实问题，这些栏目不仅能够更深入地讨论一些更具体的、更有地方性的问题，而且也能够发展更多的年轻的批评者，这样，大问题和小问题、共性问题和特性问题、权威学者和年轻作者组合成生机勃勃的批评局面,刚健、有力、严肃的文学批评和深刻、准确、科学的文学理论,一定会出现。最后,我是希望这个栏目能够坚持下去,不,一定能够坚持下去。因为,文学现实不断发展变化,扎根现实的《观象》就会不断有新的话题,就会保持生命活力。

(作者单位:合肥学院中文系)

强制阐释论与比较文学*

朱静宇

中国社会科学院的张江先生认为,改革开放 30 多年来,当代西方文论的引进,对于改变中国文学理论研究和方法,无疑有着积极的作用。但不可否认,这也面临着一定的问题。他认为中国文学界对西方文论的辨析、反思不够,常常以西方审美来裁剪中国的审美,背离中国传统。他呼吁学者们用"中国文学经验"来发出中国自己的声音。正因为此,张江先生首先对当代西方文论进行了评说,就当代西方文论的积弊提出了"强制阐释论"。

所谓"强制阐释",是指"背离文本话语,消解文学指征,以前在立场和模式,对文本和文学作符合论者主观意图和结论的阐释"[①]。张江进而将这种"强制阐释"归纳为场外征用、主观预设、非逻辑证明和混乱的认识路径四个基本特征。笔者通过仔细研读"强制阐释"论,不由得引发了与比较文学学科的研究方法相关联的一些思考。

---

* 《文艺争鸣》2015 年第 7 期。
① 张江:《强制阐释论》,《文艺争鸣》2014 年第 12 期。

一　场外征用和跨学科研究

场外征用是张江"强制阐释论"首先提到的一个表征。

面对各学科碰撞的历史趋势和跨学科、跨领域的交叉发展的动力，文学对场外理论的征用可谓不可避免。综观西方文坛，许多重要流派和学说，基本上都是借助其他学科的理论和方法构建起自己的体系。如俄国形式主义与布拉格学派就深受日内瓦语言学派和胡塞尔现象学等的影响，接受了瑞士语言学家索绪尔关于语言符号系统、共时性和语言学中各种因素相互类比的结构观点；精神分析批评则是把弗洛伊德的精神分析学等现代心理学理论运用于文学研究的一种批评模式；荒诞派文论更是直接受惠于存在主义哲学；而原型批评理论的基础则是荣格的精神分析学说和弗雷泽的人类学理论……诸如此类的文论学说，基本都是以文学之外的概念框架来谈论文学，通过挪用、转用和借用等方式将文学以外的一些理论用作文学理论与批评的基本范式和方法。这种文学征用场外理论的方法扩大了当代文论的视野，拓展了新的理论空间和方法，对打破文学理论的自我封闭是有一定作用的。譬如，休姆的意象主义诗论，他在哲学上接受了柏格森的直觉主义观点，主张通过形象（主要是视觉形象）来表达诗人细微复杂的思想感情，追求诗歌意象。我们可以看到，休姆的意象主义诗论发展和深化了19世纪法国象征主义诗论，对促进西方现代主义诗歌的繁荣和成熟起到了重要作用。

然而，张江"强制阐释论"中的场外征用表征，是专指"广泛征用文学领域之外的其他学科理论，将之强制移植文论场内，抹杀文学理论及批评的本体特征，导引文论偏离文学"。在文中，张江用一百多年以后有人用生态批评理论对爱伦·坡的《厄舍老屋的倒塌》所进行的强制阐释这样一个案例进行了有力的佐证。[1] 从案例分析中，我们可以看到，通过话语置换、硬性镶嵌、词语贴换或溯及既往的方式，完全脱离文本和文学本身，裁截和征用场外现成理论，根本不可能恰当地阐释文本。这样的阐释只能导致文学特性的消解。这也就提醒我们，文学是人类思维、情感、心理等的复杂表述，用文学以外的理论和方法认识文学，重要的是决不能背离文学的特质。正如张江所指出的那样："用文学以外的理论和方法认识文学，不能背离文学的特质。文学理论在生成过程中接受其他学科的研究方法和思路，其前提和基础一定是对文学实践的深刻把握……盲目移植，生搬硬套，不仅伤害文学，也伤害被引进的理论。"[2]

其实，场外征用不仅在西方文论诸多流派中盛行，而且在具体的文学批评与研究中也是常见的现象。两千多年来的中外文学研究传统中，许多文学问题均是在与哲学、宗教、历史、艺术等其他学科的跨界思考中得到呈现的。譬如，中国古代文学批评中的"以禅喻诗"，司空图的"韵味说"、严羽的"妙悟说"和王士禛的"神韵说"等都是从禅理引申过来的，借用禅理的妙谛来论述诗歌的奥妙。又如，苏联著名文学理论家巴赫

---

[1] 张江：《强制阐释论》，《文艺争鸣》2014 年第 12 期。
[2] 同上。

金在对陀思妥耶夫斯基小说进行分析时提出的"复调小说"的概念，显然是对音乐理念和方法的吸收。再如，张世君的《哈代的"性格与环境小说"的悲剧系统》一文，就有意地运用系统分析的方法将哈代四部内容毫无联系的小说编织成一个多层次、多系列的悲剧网络体系，首次在中国将系统论引入文学研究之中。由此可见，研究者在跨界思考中自觉或不自觉地采用了场外征用的方法进行文学研究。

这种场外征用的文学跨界研究，显然是与丰富的文学创作现象紧密关联的。中外文学史上丰富的文学创作现象表明，文学创作本身就是借由与其他艺术门类乃至其他学科的交叉互渗，从而产生了多元的跨界现象。例如，1865年，法国作家龚古尔兄弟发表了长篇小说《热尔米尼·拉赛德》，小说将自然科学的方法运用到了人物形象的塑造之中，以在他们家做了25年的女佣萝丝的遭遇作为生理解剖对象，以病例分析和临床实验的方式描写了一个既可怜又可悲的女佣热尔米尼·拉赛德的一生。小说以其对感官享乐的逼真描绘，隐含着对性爱心理的临床研究，真实地展现了法国下层阶级的生活场景和心灵体验，开创了生理学和遗传学在文学临床实验的先河，成为自然主义文学的最早实践者。又如，中国的《诗经》或后来的乐府民歌，抑或藏族的史诗《格萨尔王》或撒尼族的长诗《阿诗玛》、唐诗宋词、诸宫调、元曲等，在产生初期并没有自己相对独立的文学地位，在很大程度上只是作为乐舞的词曲填充物，配合乐舞的需求，借助"传唱"的方式得以保存下来的。遗憾的是，在流传的过程中，歌曲的旋律丢失了，所剩下的只是它的填充物——歌词，也就是今天所说的诗。诸如此类的文学创作，就使得文学研究必然要依凭相关学科所提供的知识结构、话语体系、思维模式等来形成文学研究者的多元视域，因此也就构成了比较文学的跨学科研究方向。

在比较文学界，跨学科研究又被称为"超学科研究""交叉研究""跨类研究"和"科际整合研究"。雷马克在他著名的《比较文学的定义和功能》一文中指出，为了更好、更全面地把文学作为一个整体来理解，最好的办法"就是不仅把几种文学互相联系起来，而且把文学与人类知识与活动的其他领域联系起来，特别是艺术和思想领域，也就是说，不仅从地理的方面，而且从不同领域的方面扩大文学研究的范围"。[1] 比较文学的跨学科研究的出现，将比较文学的研究视域由文学内部延伸至文学的外部，拓展了比较文学的研究空间，充分体现了比较文学的边缘性特征，在跨越学科界限的基础上沟通文学与其他学科，并进而凸显文学审美的特性和价值意义。跨学科研究对比较文学学科的发展无疑具有理论创新意义。

然而，张江先生"强制阐释论"有关场外征用的特征，引起了笔者对比较文学跨学科研究的关联性思考。

首先，任何文学理论和文学研究的场外征用，必须以文学为主体，不能脱离文本和文学本身。在从事比较文学的跨学科研究的时候，我们必须坚持文学研究本位，不能偏离文学研究的方向。我们所说的文学本位是指，研究的出发点和归宿都是

---

[1] ［美］雷马克：《比较文学的定义和功能》，载《比较文学研究资料》，北京师范大学出版社1986年版，第7页。

文学。我们可以比较文学和其他学科门类之间的关系，但这种比较必须有助于我们进一步理解文学现象。例如，从"文学与宗教"的角度进行跨学科研究，我们应着眼于对文学与宗教在表现人类精神层面的相互阐发与彼此影响，探讨文学与宗教如何呈现与表达人类的灵性追求。加拿大的谢大卫教授《〈圣经〉与美国神话》一文就很好地运用了跨学科研究方法，剖析了北美清教徒通过对《圣经》的解读和文学书写塑造"美国神话"的过程。

其次，任何文学理论和文学研究的场外征用，必须是科学的思维方式和研究方法，而非盲目移植、生搬硬套和包罗万象的杂烩。在比较文学的跨学科研究中，尤其值得注意的是，应避免产生什么都可以"比一比"的混乱现象。雷马克早就指出："一篇关于莎士比亚戏剧的历史材料来源的论文（除非它的重点在另一国之上），只有把史学与文学作为研究的主要两极，只有对历史事实或历史记载及其在文学方面的采用进行体系化的比较和评价，并且体系化地取得了适用于文学和历史双方要求的结论，这篇论文才是'比较文学'。"[①] 比较文学的跨学科研究绝不是随意地与人类社会的任何一种现象进行无边界的"跨界比较"，它必须在文学与相关学科之间进行材料与理论的汇通研究。钱钟书的《通感》就是一篇非常好的跨界研究的范文，他把西方的心理学与语言学作为自己讨论中西文学现象中通感生成的背景视域，以大量的个案分析了中西诗文中关

---

① ［美］雷马克：《比较文学的定义和功能》，载《比较文学研究资料》，北京师范大学出版社1986年版，第8页。

于视觉、听觉、触觉、嗅觉与味觉五种感觉之间的打通,从而得出了结论:"在日常经验里,视觉、听觉、触觉、嗅觉、味觉往往可以彼此打通或交通,眼、耳、舌、鼻、身各个官能的领域可以不分界限,颜色似乎会有温度,声音似乎会有形象,冷暖似乎会有重量,气味似乎会有体质。诸如嗅觉、视觉、听觉在审美的心理上是可以相通的。"①

不可否认,比较文学的跨学科研究把自己的研究视域超越了文学这种单一领域,其"比较"的内容有不断扩大的趋势。正如美国比较文学学会于1993年公布的"学科标准报告"("伯恩海姆报告")所描述的那样:"面对学科时间之间日益明显的相互渗透,以往那种认为公布一套标准即足以界定一个学科的观念已然瓦解……今天,比较的空间已经将以下这些内容包含在内:各种艺术产品之间的比较(对它们的研究通常原本由不同学科来承担);不同学科各种文化建构之间的比较;西方文化传统与非西方文化传统之间的比较(无论高雅文化还是大众文化均有涉及);殖民地人民在被殖民之前和之后的文化产品之间的比较;不同性别解释之间的比较(它们对女性特质和男性特质作出明确解释),或者不同性取向之间的比较(它们对正常人和同性恋提出明确界定);种族和民族的不同表意模式之间的比较;在意义的解释学层面上的表达,与对意义的生产和传播模式的唯物主义分析之间的比较;而且不止于此。上述这些将文学语境扩展至话语、文化、意识形态、种族以及

---

① 钱钟书:《通感》,载《七缀集》,生活·读书·新知三联书店2001年版,第73页。

性别等领域的做法,与依据作者、国别、时代以及文学各个门类等所开展的旧有的文学研究模式相比,是如此不同,以至于'文学'这个术语已不再能对我们的研究对象加以充分的描述。"①

的确,比较文学的研究领域和学科边界呈现出扩大和交集的景况,这就更需要比较文学研究者们坚守准确、严格的学科理论和学科意识,维护比较文学这个学科的健康性发展,坚持文学的主体性,在跨学科研究需要场外征用时更为严谨,避免比较文学的跨学科研究成为囊括一切的"杂混"。

二 主观预设和平行研究

主观预设是张江"强制阐释论"的又一表征。

张江认为主观预设是强制阐释的核心因素和方法,它是指批评者的主观意向在前,预定明确立场,强制裁定文本的意义和价值,其要害有三:一是前置立场,二是前置模式,三是前置结论。

张江在文中用女性主义批评家肖瓦尔特对《哈姆雷特》的解读作为例证,阐释了肖瓦尔特站在女性主义的前置立场,带着女性解读的模式,对该作品强制使用她的前置结论,毫无遮

---

① 《伯恩海默报告(1993):世纪之交的比较文学》("The Bernheimer Report, 1993: Comparative Literature at the Turn of the Century"),载[美]查尔斯·伯恩海默编《多元文化时代的比较文学》(ed. Charles Bernheimer, *Comparative Literature in the Age of Multiculturalism Baltimore and London*, The Johns Hopkins University Press, 1995. pp. 41 – 42)。

蔽地展现主观预设的批评功能，尤其是在对剧中奥菲利亚的解读上。张江认为，在肖瓦尔特主观预设的指挥下，莎士比亚的经典剧目被彻底颠覆了。此案例引出了文学批评的客观问题：文学的批评应该从哪里出发？批评的结论应该产生于文本的分析还是理论的规约？显然，张江的主观预设的批评，是从现成理论出发的批评，有前定模式和前定结论，文本以至文学的实践沦为证明理论的材料，批评变成对文本和文学作符合理论目的的注脚。

仔细阅读张江本人的《强制阐释论》，我们不无惊讶地发现，似乎他本人也落入了主观预设批评的怪圈。文章在一开头就列出了强制阐释的基本特征：场外征用、主观预设、非逻辑证明和混乱的认识路径，这很像是一个前定的结论或主观预设。紧随其后，他分别对这四个特征展开阐述和论证，这又似乎成了其强制阐释论的注脚。姚文放在《"强制阐释论"的方法论元素》一文中对此作出了合宜的解释："在笔者看来，界限有三条：其一，马克思所说的合理的'预设'应是有大量的、深入的，甚至是艰苦卓绝的研究工作在先的，而就张江批评的'主观预设'而言，这些前期的研究工作是缺位的、不在场的；其二，对于文学批评和文学理论来说，合理的'预设'其前期研究是以文学为对象或切近文学本身的，而张江批评的'主观预设'则是远离文学甚至是无关乎文学的；其三，合理的'预设'即便借鉴吸收其他学科的理论和方法也是时时眷顾文学自身的内生动力，始终保持与文学经验密切联系的，而张江批评的'主观预设'则是生搬硬套其他学科的理论和方法而毫不顾及它与文学及文学理论之间的互洽性和相融性。"① 由此,我们可以清晰地了解张江先生所批评的"主观预设"。正如其在文中所指出的:"理论本身具有先导意义,但如果预设立场,并将立场强加于文本,衍生出文本本来没有的内容,理论将失去自身的科学性和正当性。"②

强制阐释论的"主观预设"表征,不仅在当代文论界盛行,而且在比较文学的平行研究中,我们也可以发现相类似的问题存在。

众所周知,平行研究是美国学派对法国学者的比较文学路线进行挑战之后产生的一种比较文学研究范式。它通常包括对文学的主题、题材、人物、情节、风格、技巧,甚至意象、象征、格律等的比较,还包括文学类型、文学史上的时期、潮流、运动的比较等,它强调对于没有事实关联的不同文学的平行研究。欧文·阿尔德里奇在《比较文学:内容和方法》一书中从方法论的角度讨论了平行研究中最基本的两种比较法:"类同"和"对比",前者是对不同文学在主题、风格、文类、观念等方面出现的类同现象的归类研究,后者则是对不同文学体系的各自特征的平行比较,既可以对比它们的同,也可以对比它们的异。

相较于比较文学法国学派的实证研究的"科学性",平行研究中这种纯粹的类比研究明显带有武断性、随意性和主观性。"X + Y"是中国比较文学复兴初期被广泛使用在平行研究中的

---

① 姚文放:《"强制阐释论"的方法论元素》,《文艺争鸣》2015 年第 2 期。
② 张江:《强制阐释论》,《文艺争鸣》2014 年第 12 期。

阐释的限度

一种研究模式，这几乎就是当时平行研究中的前置模式：X 有什么，Y 有什么；X 没有什么，Y 没有什么……在智量主编的《比较文学三百篇》[①] 中，我们可以看到许多这种前置模式的平行研究文章，如"王熙凤与郝思嘉""奥涅金与贾宝玉""《金瓶梅》与《十日谈》""开放在不同国土上的姐妹花""李贺与兰波"等，它们从表面上把一眼看上去似乎相同的文学现象进行硬性的罗列和类比。在此，我们可以对托尔斯泰小说《安娜·卡列尼娜》中的安娜与曹禺戏剧《雷雨》中的繁漪这两个女性形象进行表面上同异的硬性比较。类同的硬性比较理由在于，安娜与繁漪同是女性，她俩各自都有一个富庶且有着相当社会地位的家庭，她们都有一个给她们支撑脸面却极度缺少爱情的丈夫，她们都有冲破这个家庭追寻爱情自由的渴望，并且她俩都大胆地冲出了家庭的阴影找到了自己的情人，然后最终又都被自己所钟爱的情人抛弃。目前没有任何实证材料可以说明曹禺在塑造繁漪这个人物形象时直接受托尔斯泰笔下安娜的影响。文学比较不仅可以罗列两种民族文学作品之间表面上的类似性，还可以从表面上罗列安娜与繁漪这两个女性之间及其背景的差异性，譬如卡列宁的冷漠是伪善的冷漠，周朴园的冷漠是残酷的冷漠；安娜要冲出的是一个贵族家庭，繁漪要冲出的是一个封建专制家庭，等等。这是一种典型的文学比较，是在"X + Y"的模式中寻找双方表面上的同异点，安娜是"X"，繁漪是"Y"。在中国比较文学的复兴历程中，我们不能抹杀"X + Y"模式所做出的贡献，然而，这种拉郎配式的主观随意

---

① 智量主编：《比较文学三百篇》，上海文艺出版社1990年版。

— 242 —

比附，如今已为大多数比较文学研究者所诟病。这样的比较缺少内在的汇通、整合及深度。

另外，"以西释中"的前置立场在比较文学的平行研究中也同样不可忽视。一位在美国执教的学者余国藩在1973年提交的一篇小组发言稿中这样说道："过去20余年来，旨在用西方文学批评的观念和范畴阐释传统的中国文学的运动取得了越来越大的势头。"① 其实，这种"以西释中"的方法由来已久，王国维1904年发表的《〈红楼梦〉评论》就是比较文学平行研究的典型案例。他运用叔本华的哲学思想评述《红楼梦》，用西方的悲剧学说来衡量中国的戏剧，提出了除《红楼梦》外中国文学再无悲剧的观点，掀起了中国百年悲剧有无问题的大争论。

毋庸置疑，平行研究为跨文化的文学现象的比较提供了广阔的空间，但由于在具体的实践中一些研究者对它缺乏深刻的理解，对"可比性"的认识模糊不清，从而导致简单比附、"X+Y""以西释中"等比较普遍的问题。张江"强制阐释论"对"主观预设"的批评，可以警醒我们，在从事平行研究时，我们需要大胆假设、小心求证、周密分析，以免落入简单异同论的窠臼。为此，我们必须注意如下几点。

第一，明确切入点，限定问题范围。平行研究要有一个相对明确的切入点，而这就需要合理的"预设"，在大量的、深入的，甚至是艰苦卓绝的研究工作的基础上，把问题限定在一定的范围内，这样才能够比较集中深入地探讨研究对象的异同问题。

---

① 余国藩：《中西文学关系的问题与前景》，《比较文学和总体文学年鉴》23，1974年，第50页。

哈利·列文的《堂吉诃德原则：塞万提斯与其他小说家》就是一篇很好的范例，文章讨论的是一个文学典型的多种变体，这些变体可能是《堂吉诃德》影响的结果，但列文将关注的中心"放在塞万提斯所发现的基本程序及该程序的广泛运用上"①，他用"堂吉诃德原则"加以概括，从而为他对大量的堂吉诃德式形象进行平行比较确立了切入点。同时，他将问题限定在一定的范围，避免了平行研究流于宽泛无边的倾向。正如美国比较文学研究者约斯特所言："以经验为根据的类型与形式的研究之功用，首先就在于协调各种语言的作品，使它们彼此更为接近，或将它们彼此对照，以便使人不但能更好地领会它们在历史进程中的意图和含义，而且能更好地理解文学的构成。"②

第二，透过表面现象，深入分析同异。在比较文学平行研究中，同异的分析不能停留于表面的相似点和不同点的罗列，不能用"X+Y"模式进行简单比附，而必须深入研究对象所处的特定的文化背景、写作语境中去，揭示出异同现象后面更深层的原因。杨绛曾经将李渔的戏剧结构与亚里士多德的悲剧结构进行比较，发现两人都强调戏剧结构的整一，但深入研究后发现，李渔所说的整一是根据中国的戏剧传统总结出来的经验，而亚里士多德的整一则以古希腊的戏剧传统为依托。两者表面相似，性质却截然不同。③ 无怪乎，钱钟书说：平行研究者要

---

① [美]哈利·列文：《比较的根基》，哈佛大学出版社1972年版，第235页。
② [美]约斯特：《比较文学导论》，廖鸿钧等译，湖南文艺出版社1988年版，第171页。
③ 参见杨绛《李渔论戏剧结构》，载《春泥集》，上海文艺出版社1979年版。

把"作品的比较和产生作品的文化传统、社会背景、时代心理和作者个人心理等因素综合起来加以考虑"[1],才能真正在比较中发现同异的深层规律。而这所有的一切研究,都必须是切近文学和关乎文学的。

第三,避免牵强附会、生搬硬套的弊病。在比较文学研究中,不论是用自己的理论去阐发外民族的文学,还是用外民族文学的理论来阐发自己的文学,都必须对要采用的理论或模式、对要阐发的对象作具体分析,切忌盲目地、机械地胡搬乱套,必须充分认识不同民族之间文化背景的差异,避免肖尔瓦特、桑德拉·吉尔伯特和苏珊·格巴等人强制阐释的怪圈。钱钟书的《管锥编》和《谈艺录》中有许多中外文论相互阐发的例子,值得我们学习与借鉴。钱钟书的研究看起来常常是星星点点的阐发,却往往能发微抉隐,申明大义。

综上所述,虽然笔者只涉及了"强制阐释论"理念层面的两个特征,但这并不影响我们感受到"强制阐释论"那种强大的理论穿透力。在我看来,张江先生所提出的"强制阐释论",不仅发出了中国理论的强音,而且其理念也必将渗透进中国社会、政治和经济的各个领域,警醒人们,如同对比较文学的跨学科研究和平行研究的启悟一样。

(作者单位:同济大学人文学院)

---

[1] 张隆溪:《钱钟书谈比较文学与"文学比较"》,《读书》1981年第10期。

唯知识论和强制阐释

文　浩

最近张江先生发表系列论文和访谈，集中剖析西方文论的根本缺陷——强制阐释。[1] 他认为，在文学研究中"强制阐释"背离文本话语，消解文学指征，用前在立场和模式，对文本和文学作符合论者主观意图的阐释。其基本理论特征有四：第一，场外征用；第二，主观预设；第三，非逻辑证明；第四，混乱的认识路径。中国当前文学理论建设应该避免"强制阐释"的歧途，走"本体阐释"的道路：抛弃一切对场外理论的过分倚重，主要依靠民族文学理论和批评的传统，回归文学文本和文学实践。

30余年我们不遗余力追随西方文论，收获巨大，后遗症也不小，主要表现为文论失语症的焦虑和文化自信力的孱弱。张江先生的批判文章直指西方文论本身的软肋，震醒我们的盲从

---

* 《文艺争鸣》2015年第7期。本文系湖南省教育厅一般项目"接受美学和中国古代文论的现代转换"的阶段性成果（项目编号：11C0858）。

[1] 详见张江《强制阐释论》（《文学评论》2014年第6期）；张江《当代西方文论若干问题辨识——兼及中国文论重建》（《中国社会科学》2014年第5期）；毛莉《由"强制阐释"到"本体阐释"——访中国社科院副院长张江教授》（《中国社会科学报》2014年6月16日）。

和迷信，值得中国学界警惕和更深入地反思。

一

检视西方文论的历史渊源和思维传统，我们认为，"唯知识论"是造成西方文论"强制阐释"泛滥的思想根源之一。

那么，何谓"唯知识论"？

自古希腊的苏格拉底、柏拉图和亚里士多德等轴心时代哲学家确立西方哲学的思维范式以来，西方学人一直在发挥人类的认识能力开拓一个个知识领域。客观抽象的理性知识用来描述社会科学、自然科学领域的客观化事实，那是和洽的，因为对象和方式比较吻合。文学研究者用明晰系统的理性知识来描述人文科学领域的一些人类高级精神活动和经验事实，描述某些人类文学审美经验的历史和事实，都实属必要。西方文论的知识论建构为西方文化传承和知识谱系的延续做出了重大贡献。可是，理性知识描述文学经验不是没有限度的。文学审美经验具有显著的不确定性和特殊性，但是理性知识却天然追求确定性和普遍性；文学审美经验整体上讲是感性具体的，甚至无序而混乱，但是理论知识偏偏苛求抽象、有序和系统性。这就表明理性知识和文学审美经验之间存在矛盾。明智的研究者应该认清理性知识的限度，在阐释文学时，有所言说，有所沉默，一切以人类文学审美经验的真实性为界限，"唯知识论"恰恰是越过了这一界限。概言之，"唯知识论"是指西方文论中这样一种思维定式和方法论：研究者贬低和分割真实整体的文学审美经验，过分拔高理性知识的文学阐释效用，执着追求文学文本的抽象意义，倚重形式逻辑工具分析文学文本。"唯知识论"受到西方理性主义和思辨哲学影响，总体上推崇人的理性思维和知识话语，怀疑人类感性经验的可靠性。"唯知识论"的典型代表是柏拉图的"理式"论文艺观、黑格尔以"绝对理念"为核心的文艺观、结构主义的二元对立深层文化分析模型等。

需要说明的是，广义上说，知识可分为感性知识和理性知识。感性知识是人类感性经验的反映；理性知识则是对人类感性经验的概括，是一种普遍化系统化的理性认知。狭义的知识主要指理性知识。本文中所谓"唯知识论"中"知识"指的就是理性知识。所以"唯知识论"准确地讲是"唯理性知识论"。一般来说，西方文论传统中那种揭示文学现象的普遍性和规律性的理性知识占据主导地位，描述特殊的文学感性经验的"文学知识"则处于附属地位。感性知识（经验）需要理性知识来升华和提炼，反过来，理性知识需要以感性知识（经验）为基础。感性知识（经验）和理性知识相辅相成，相得益彰。但"唯知识论"割裂两者的统一性，过于夸大理性知识的作用，导致对实际经验的忽视。

"唯知识论"具有以下特征。

第一，在知识崇拜的推动下，人类对文学文本抽象意义执着追求和对人类理性思维高度自信。

古希腊苏格拉底的"知识即美德"的乐观主义科学精神给西方文化注入了一股知识横扫艺术和其他一切精神文化领域的

力量。苏格拉底不满古希腊文学和艺术中感觉经验的混乱、神秘，怀疑艺术家和批评家自以为是的艺术理念。他主张一切艺术都要反映明晰的意义，他重视真理，坚信人类在因果律的逻辑推演下可以探究文学和艺术的存在本质。尼采批判道："他相信万物的本性皆可穷究，认为知识和认识拥有包治百病的力量，而错误本身即是灾祸。深入事物的根本，辨别真知灼见与假象错误，在苏格拉底式的人看来乃是人类最高尚的甚至唯一的真正使命。"[1] 苏格拉底将阐释和接受文学的终极目标设定为孜孜不倦地穷索意义，并影响到他的后辈哲学家柏拉图、亚里士多德和黑格尔等都习惯从文学中求证真理。苏格拉底过度乐观地相信知识阐释文学的巨大效用，助长了西方文论在源头上就已经开始盲目相信理性思维可以适用于一切领域。苏格拉底"唯知识论"的余绪在两千多年后大哲黑格尔身上发扬光大。黑格尔野心勃勃，希望用他的知识武器击穿人类艺术的奥秘，建立逻辑自洽、普遍适用的"艺术的科学"。客观地讲，建立"艺术的科学"无可厚非，问题在于黑格尔臆造"绝对理念"并视其为人类终极理性，剪裁人类真实的文学和艺术审美经验，让艺术史和各类艺术都变成虚假的"绝对理念"的注脚。这种文艺实践和文艺理论的本末倒置恰恰是最不理性的。黑格尔推崇理性知识过了头，反而走向虚假和蒙昧。

第二，过分相信概念、判断、推理构成的形式逻辑范式是人类阐释和研究文学最有效的运思方式。

---

[1] ［德］尼采：《悲剧的诞生》，周国平译，生活·读书·新知三联书店1986年版，第64—65页。

阐释的限度

与"唯知识论"的第一个特点紧密相连,形式逻辑范式也来自古希腊。从苏格拉底的只言片语到亚里士多德的庞大哲学体系,形式逻辑贯穿其中。不过,随着希腊哲人对理性知识的过分推崇,形式逻辑开始滥用。尼采嘲讽说:"因此,从苏格拉底开始,概念、判断和推理的逻辑程序就被尊崇为在其他一切能力之上的最高级的活动和最堪赞叹的天赋。"① 众所周知,文学和艺术本身具有偶然性和不确定性,无法用形式逻辑推演和阐释所有文艺活动。可是,在希腊"唯知识论"哲学家的眼中,人类文艺中一切崇高、伟大和睿智的行为都能用形式逻辑推导出来,总结为知识,可以传授。这就完全忽视了艺术体验和艺术直觉能力在文艺阐释接受活动中不可替代的作用。之后,黑格尔进一步辩护形式逻辑范式的阐释效力。他认为,人类思考时心灵通过概念自我否定这一最有效的方式既可以实现自身的本质需要,又可以阐明艺术(文学)的内在理念。具有讽刺意味的是,服膺"唯知识论"的文学理论家们构造理论大厦时推崇形式逻辑范式,但是在阐释文学现象和文学文本时他们往往出现逻辑谬误。

第三,习惯于将文学的阐释和研究结果变成系统性、明晰性和可验证性的客观知识。

由于推崇理性知识,执着于阐明抽象意义,普遍推行形式逻辑范式,"唯知识论"往往苛求文论达到系统清晰的话语表述效果。正如华人学者叶维廉所言,西洋文学批评"认为文学

---

① [德]尼采:《悲剧的诞生》,周国平译,生活·读书·新知三联书店1986年版,第65页。

有一个有迹可循的逻辑的结构"。① 既然文学是一个透明的逻辑结构，那么研究者就应该用语言把它客观透明地呈现出来，形成客观可验证的知识，以利于传播和学习。罗兰·巴特敏锐地发现逻辑严密、连续成篇的论文式话语界定方式是西方文论主导性的文论话语模式。这种模式笃信"传授某类文的知识，或展示对文的某种理论思考，便意味着我们自身以此或彼方式重现文的编织实践。文论确可按照严密而中性的科学话语的样态做出表述"②。罗兰·巴特担心西方学界用客观化的语言表述文学会成为唯一模式。他说："人文科学迄今为止对自身的专有语言绝没提出过任何怀疑，它们将其看作一件简单的工具或纯净的透明物。"③ 事实上，以客观知识为核心的论文式话语模式在西方文论中确实具有主导地位。

二

"唯知识论"是怎样影响西方文论偏向"强制阐释"航道的呢？

第一，在"唯知识论"影响下研究者过分相信理性知识阐释文学感性经验的能力，唯抽象理论马首是瞻，往往会在文学阐释中臆造或者借用理论，坚持固化的理论立场和主观预设，走向"理论—实践"的反序认识路径和逻辑谬误。

---

① 叶维廉：《中国诗学》，生活·读书·新知三联书店1992年版，第3页。
② ［法］罗兰·巴特：《文之悦》，屠友详译，上海人民出版社2002年版，第90页。
③ 同上。

阐释的限度

"唯知识论"具有悠久的历史传统和强大的影响力。在西方文论的轴心时代,柏拉图用臆造的"理式"指斥文学和艺术的虚假本质,以理性和秩序为由驱逐诗人。他坚持只从理性和实用的角度阐释文学和艺术的功用。他甚至用真理给文学下死刑判决:"从荷马起,一切诗人都只是模仿者,无论是模仿德行,或是模仿他们所写的一切题材,都只得到影像,并不曾抓住真理。"[①] 在西方文论的古典时代,黑格尔认为自在自为、自我实现的"绝对理念"是世界的本源和核心,艺术只不过是"绝对理念"运行的感性载体和某个阶段。当人类艺术发展到浪漫艺术阶段,艺术本身都将终结,必将让位于宗教和哲学。在现代和后现代文论中,"唯知识论"随着理论的大爆炸而威力大显。20世纪以来,自然科学和社会科学新方法不断涌现,跨学科边缘化研究盛行,这就刺激喜新厌旧的西方文论界吸收新鲜的场外理论用于文学阐释。比如,本来物理学中"熵"是一个可以用函数和模型量化的概念,而文学经验显然不可能精确地定量分析。不过,这并不能阻碍生态批评学者鲁克尔特相信文学的创作和接受活动是一种促成生态圈由不稳定的"熵"向稳定"负熵"状态实现能量传输的过程。以上例证都是"唯知识论"对文学总体阐释的影响。在20世纪西方具体的作家作品批评中,那种"唯知识论"视域下理论先行、立场预设的单向度文学阐释也俯拾皆是。比如,马克思主义文论走向庸俗社会学批评,许多阐释者就会将经济基础和阶级矛盾视为人物行

[①] [希腊]柏拉图:《文艺对话集》,朱光潜译,载《朱光潜全集》第12卷,安徽教育出版社1991年版,第68页。

为和情节发展的唯一根源；精神分析批评走向泛性论，众多批评家眼中文学作品里所有突起物都是男性阳具的象征物，父子矛盾往往被解读为"阉割焦虑"；女性主义批评的话语体系中，除了穆勒、马克思等少数几个思想家以外，几乎所有会写作的男性经典作家都有父权制帮凶的嫌疑，而凡是女性作家都可以套上"女性意识觉醒""社会性别角色"等时髦概念。这种切割尸体一般的批评在20世纪西方学界十分流行。美国批评家桑塔格对此痛切地指出："卡夫卡的作品一直经受着不下于三拨的阐释者的大规模劫掠。那些把卡夫卡的作品当作社会寓言来读的批评家从中发现了卡夫卡对现代官僚体制的层层阻挠、疯狂及其最终沦为极权国家的案例研究。那些把卡夫卡的作品当作心理分析寓言来读的批评家从中发现了卡夫卡对父亲的恐惧、他的阉割焦虑、他对自己性无能的感觉以及对梦的沉湎的种种绝望的显露。那些把卡夫卡的作品当作宗教寓言来读的批评家则解释说，《城堡》中的K试图获得天国的恩宠，而《审判》中的约瑟夫·K经受着上帝严厉而神秘的法庭的审判……"[1]

分析以上典型例子，我们发现如下问题。

首先，西方文论中强大悠久的"唯知识论"传统使得文学阐释者习惯性地依赖抽象思维，无论是总体阐释还是具体文本阐释之前，阐释者其实早已经抱定由"可靠"知识和理性话语构建的理论立场，这就容易形成强制阐释。

比如，柏拉图的"理式"和黑格尔的"绝对理念"来自抽

---

[1] [美]桑塔格：《反对阐释》，程巍译，上海译文出版社2003年版，第10页。

象的哲学思考；庸俗社会学批评的"阶级矛盾"和女性主义批评的"社会性别角色"来自政治学和社会学研究；精神分析的"阉割焦虑"来自心理学研究；鲁克尔特的"熵"则借用了物理学知识。这些概念范畴就其知识谱系来说都与真实的文学审美经验关系疏远，如果要用于文学阐释，都需要经过文学批评实践中的严格辨析和反复怀疑。遗憾的是，"唯知识论"思维传统对人类抽象思维能力的自负让文学阐释者相信所谓"可靠"知识和理性话语。他们笃信没有理论不能言说的领域，没有不能穷究的文学意义和内容。即便在后现代语境中，阐释者也很少怀疑自己用清晰系统的知识表述文学世界的能力（不是完全没有，比如罗兰·巴特、桑塔格就用片段式批评语体表达了他们对"唯知识论"文学阐释思维的嘲弄）。这样，众多文学阐释者理所当然地将自己掌握的知识视为不证自明的阐释利器，裁剪文学。这种惯用心理和思维定式逐渐固化阐释者的理论立场，强化他的主观预设，使其浑然不觉地走向强制阐释。比如，黑格尔用"绝对理念"的理论体系贸然裁定"艺术（文学）让位于宗教和哲学"；精神分析批评家生搬硬套，拼命在文学文本中寻找性器官的象征物，全然不理会文学文本的原初语境和整体意义。"唯知识论"影响下的强制阐释经常出现逻辑谬误，比如，黑格尔用空洞的"绝对理念"演绎了艺术的终结，但是他又高度肯定包括小说在内的现代艺术还将大行其道。这是明显的自相矛盾。正是黑格尔来自"唯知识论"的唯心体系和基于艺术史实际的辩证法之间的根本矛盾造成了这一矛盾。我们认为，最强调逻辑严密的文学理论家们出现这些逻辑谬误是其"唯知识论"思维弊病的表征。

其次,"唯知识论"造成的非文学的阐释和反序认识路径催生了强制阐释。

"唯知识论"坚持理论先行和知识可靠,自然引导文学阐释者从抽象理论出发去观察文学实践。更重要的是,西方的文学研究具有学院化倾向,很多研究者和阐释者本人并不是文学家或者艺术家,他们囿于高级文化的傲慢和金字塔体系的局限,与真实的创作圈层存在一定程度的隔膜。西方大学那些受过严格哲学训练的教授和专家在把握文学文本时,理论判断和知识驾驭的野心往往掩盖鲜活真实的文本经验。他们的文学阐释将文学文本混同于经济基础的副产品、意识形态的派生物、无意识心理的象征物、身体政治的符号等非文学的等价物,唯独不将文学文本视为审美经验和感觉结构,抛弃文学内在特性。这样"唯知识论"就造成非文学的阐释或者反文学的阐释。比如,生态批评家鲁克尔特的"熵"是场外征用的自然科学概念,也许很新颖。如果像威廉·加迪斯和托马斯·品钦等作家作品中本身确实包含"熵"的隐喻和主题,那么以"熵"为批评术语是合适的。① 与之相反,批评家未对"熵"谨慎辨析,也没有将其与变化万千的文学经验和文化语境磨合,在文学阐释中的"熵"就可能背离物理学术语"熵"的量化或者定性标准而变得飘忽不定。目前,在国内外的生态批评实践中"熵"有被滥用的危险,它可以代指混乱、无序、绝望、荒谬等情境,

---

① 详见蔡春露《威廉·加迪斯小说中熵的文学隐喻》,《外国文学》2011年第3期。

可以指称坍塌、异化、污染、死亡等现实,"熵"到底指什么?似是而非,"熵"可能沦为一个万金油式的却又"非文学"的批评术语。我们认为,文学阐释者当然可以借用场外理论的概念,但是这些概念应"自我否定",首先和文学感性经验结合为一体,在特定文化语境和文本实践中去磨合、辨析,伴随文学感性经验上升为文学理性认知。这些概念经过否定之否定的淘洗之后才可能成为真正的文学理论,然后再放到文学批评实践中去检验。非文学的阐释则减省这个过程,直接用各式理论拆解文本,走的是单向度的"理论—实践"反序认识路径。美国批评家桑塔格之所以离经叛道,大声疾呼"反对阐释",正是批判这种来自金字塔顶端的充满傲慢和物化的阐释模式。

第二,"唯知识论"过分强化文学接受阐释活动中感性鉴赏和理性批评的区隔,引导研究者漠视对文学审美经验的深刻把握,贬低文学审美经验的真实性。文学研究者用理性分割和拆解文本,这就使文学阐释容易背离文本话语和文学史事实,消解文学指征,掩盖文本和作者的原初文化语境,滑向"强制阐释"。

"唯知识论"批评思维故意拔高理性批评的仲裁者地位,贬低感性鉴赏的基础性作用,强化感性鉴赏和理性批评的区隔,忽视两者之间天然的统一性。理论家的知识崇拜和批评家的理论自负圈禁他们自身的文学感受力,助长了凌空虚蹈和理论自赎的风气。"唯知识论"对文学审美经验的真实性抱有根深蒂固的怀疑和蔑视。因此西方学界大肆渲染文学理论和批评话语可以独立于文学经验之外。文学阐释者秉承"唯知识论"的

"意志",笃信可靠知识和理性话语,对感性鉴赏和文学审美经验一味贬低,造成文学阐释者对文学文本、文学史事实的隔膜,不重视文本阅读体验,迁就前在的预设理论。随着批评学院化和理论话语的恶性增值,理性批评很容易越出自身界限大肆扩张。在实际的文学阐释中,学者们力图将鲜活的文本话语和文学史拆解为僵死的知识体系,将不透明的文学指征转换为透明的逻辑范式,将自身的阅读体验拧合为明晰可验证的意义标签。这种阐释结果可能与文学的价值内核和文本原初语境渐行渐远,造成"强制阐释"。

我们检视20世纪纷繁复杂的理论景观,发现众多的理论流派和批评家受到"唯知识论"影响,它们在文学阐释中或多或少地表现出一些通病:一是受"唯知识论"影响从哲学思想和方法论原则出发构建文学理论,重视理性批评轻视感觉经验;二是忽视人类的文学审美经验具有多元性、历史流变性、个体差异性和不可通约性;三是这些理论用于文学批评和文学史研究时龃龉众多,总体上有强制阐释的嫌疑。

我们试结合两个案例分析这种通病。

第一个案例,接受美学以重视读者文学阅读审美经验著称,可是,这派理论仍然受到"唯知识论"影响,出现文学阐释的失误。接受美学家姚斯征用自然科学中使用的"期待视域"概念,在文学研究中首次提出"期待视域"这一批评术语。姚斯认为文学接受史就是期待视域在新旧交替更迭中不断客观化的历史。他还将期待视域划分个人期待视域和公共期待视域,并认为后者是文学史研究的重心。姚斯主要通过征用场外理论构

阐释的限度

想了"期待视域"和"公共期待视域"等概念，从"个人具有××期待视域"这一单称判断到"群体或者时代具有××公共期待视域"这一全称判断，他没有使用大范围归纳，也就是没有大范围地考察文学史事实和各民族文学审美经验，率尔操觚，断言"公共期待视域"的真实性。这种无边界推广和不充分归纳就是一种逻辑失误。后来，围绕"公共期待视域"的实际操作性和真实性，民主德国和联邦德国学者就已经提出众多质疑。[①] 姚斯忙于回击质疑，但最大尴尬是他本人也难以将"公共期待视域"成功运用于文学研究和阐释。"姚斯本人曾致力于研究19世纪50年代前后英国社会的公共期待视域，但成果并不令人满意。"[②] 姚斯的失败证明，轻视感觉经验而闭门造车，任何理论概念和理性批评范式都可能面临无效阐释的危机。

第二个案例，姚斯的"唯知识论"失误大体还在传统意义上的文学阐释范围内，可是，20世纪以来"唯知识论"思维影响下的文学理论已经出现明显的泛文化阐释倾向。在这种阐释中贬低文学审美经验和强制阐释往往大行其道。比如，后殖民主义批评家萨义德长期研究波兰裔英国作家康拉德。他从"康拉德的作品中看出他对时代帝国主义意识形态的既批判又再现"。萨义德将"帝国主义意识形态"作为解读康拉德作品的唯一钥匙。他认为康拉德"《黑暗的心》具有强大的力量，可以说，它从政治和美学的角度来看，都是帝国主义式的。这在

---

① 详见刘小枫选编《接受美学译文集》，生活·读书·新知三联书店1989年版，第103—116、130—131页。

② 朱立元主编：《当代西方文艺理论》，华东师范大学出版社1997年版，第290页。

19世纪的政治、美学甚至认识论上已都是不可避免的"。① 萨义德对另一部作品《诺斯特洛莫》中康拉德的立场,下了一个断然的判决:"康拉德既是反帝国主义者,又是帝国主义者。"②

我们认为,萨义德的康拉德研究存在两个弊端。

一是萨义德的"唯知识论"思维使他抱有太明显的理论意图,他过度使用"帝国主义"这个理性批评标签。"帝国主义"本身就是一个含混不清的概念,萨义德却信心十足地把康拉德作品全都打上帝国主义和反帝国主义的标签,拼命挖掘文本抽象意义,这就可能掩盖康拉德小说原本复杂多元的文本内涵,误导读者相信康拉德作品只是"帝国主义意识形态"的文学象征。英国批评家科克斯曾指出这种阐释的危险:"如果我们一定要为库尔茨(《黑暗的心》的主人公——笔者注)……的行为提出结论性的解释,那我们便只会损害康拉德作品的复杂的深意和他有意安排的含混结局。"③ 试想,康拉德作品《诺斯特洛莫》和《黑暗的心》中除了萨义德所讲的无处不在的"帝国主义意识形态",难道就不能表现人性的忠诚、坚强,人类身处绝境的孤寂感和抗击困厄的忍耐精神,人类命运的不确定性和自然毁灭力量的不可捉摸性?

二是萨义德以仲裁者的身份下达简单干脆的道德判决:康拉德进步又反动;还下达了政治图解:包括康拉德的小说主题

---

① [美]萨义德:《文化与帝国主义》,李琨译,生活·读书·新知三联书店2003年版,第30页。
② 同上书,第11页。
③ [英]科克斯:《约瑟夫·康拉德》,转引自[英]康拉德《黑暗深处》(又译为《黑暗的心》),黄雨石译,百花文艺出版社1984年版,"序言"第5页。

和作家思想在内，19世纪的西方世界观就是"帝国主义意识形态"。我们认为，萨义德的文学阐释一定程度上遮蔽了康拉德作品的审美经验，偏离文学文本原生话语，消解了丰富的文学指征，以理性批评的政治和道德教条去曲解文学。最后文学阐释极有可能变成名义上言说文学，骨子里却游离于文学之外言说政治和道德，这是一种典型的泛文化批评。

三

那么，中国当下的文学阐释和文学批评如何避免"唯知识论"的影响，不走"强制阐释"的歧途呢？

针对西方文论的种种危机和中国文论的重建，中国学界张江先生提出"本体阐释"以救"强制阐释"之弊，孙绍振先生也提出"建构文学文本解读学"的设想。[①]

"他山之石，可以攻玉"，西方文论界其实也在反思、批评自身的阐释模式。美国批评家桑塔格以怀疑智慧批判西方文论界重理性批评轻感觉经验的痼疾，厘清了"唯知识论"的某些迷误。20世纪60年代的美国文学批评界希望将一切文学感觉经验都"纳入既定的意义系统"。在这种风潮下阐释者将卡夫卡、普鲁斯特等经典作家作品统统搬上理性手术台一一解剖，全然不顾读者真实的阅读体验和文本自身审美内涵。桑塔格批评说："当今时代，阐释行为大体上是反动的和僵化的。像汽车和重工业的

[①] 详见孙绍振《建构文学文本解读学》（《文艺报》2013年9月6日）；孙绍振《文论危机与文学文本的有效解读》（《中国社会科学》2012年第5期）。

废气污染城市空气一样，艺术阐释的散发物也在毒害我们的感受力。就一种业已陷入以丧失活力和感觉力为代价的智力过度膨胀的古老困境中的文化而言，阐释是智力对艺术的报复。"① "唯知识论"影响下的理性批评不加限制地蔓延，阐释智力膨胀，强制阐释横行，严重结果是"我们感性体验中的那种敏锐感正在逐步丧失"②。桑塔格提出救弊良方：一方面，纠正感性鉴赏和理性批评错乱的秩序，为感觉经验正名，批评家应该以感觉经验作为文学阐释的基础。她大力提倡一种饱含时代精神气息的"新感受力"。"要确立批评家的任务，必须根据我们自身的感觉、我们自身的感知力（而不是另一个时代的感觉和感知力）的状况。"③ 另一方面，明确文学阐释的根本目的是让接受者更好地分享文学的感觉结构和独特经验，而不是获得知识和意义。她说："现今所有艺术评论的目标，是应该使艺术作品——以及，依此类推，我们自身的体验——对我们来说更真实，而不是更不真实。批评的功能应该是显示它如何是这样，甚至是它本来就是这样，而不是显示它意味着什么。"④

我们认为，以上中外学者关于文学阐释的思考无一例外地指向"回归和重视文学文本经验"。

"唯知识论"之所以造成西方文论强制阐释的模式，关键点是过分推崇抽象理论和理性批评，相信理性知识和形式逻辑

---

① ［美］桑塔格：《反对阐释》，程巍译，上海译文出版社2003年版，第9页。
② 同上书，第16页。
③ 同上。
④ 同上书，第17页。

范式具有无限的阐释效力，忽视感性鉴赏和文学审美经验的基础性地位。"唯知识论"阐释思维以理论压制经验，以理性肢解感性，这样就容易造成征用理论、主观预设、反序认识、背离文本和文学史、掩盖原生话语等"强制阐释"的系列症候。"强制阐释"不光在西方文学阐释和批评中盛行，随着西方文论的"强势东渐"，它在中国文学理论和批评界也生根发芽。为了中国文学理论和批评的健康发展，我们呼吁理论界"回归文本，回归文学感性体验，回归文学感受力"。我们在文学阐释中应该调整理论和经验失衡的天平，克制滥用理论的倾向和回归文学文本经验，恢复从感性到理性，从实践到理论的正确认识路径。在具体的文学阐释活动中，阐释者应该以文学的真实审美经验为基础，以阐释者鲜活的文学感受力为直接手段，将感性鉴赏和理性批评融为一体，对两者不妄分轩轾，不固化区隔。同时，阐释者要培育自己独特的文学直觉智慧，以便还原文本和作者的历史语境，细读文本多层次的意蕴内涵。理论家应该反思长期以来我们对理性、知识以及自身思辨思维的自负心态，改变只用形式逻辑范式和论文格式"言说"一切文学文本的思维定式，容许隐喻式、片段化、对话体等多元性文学批评语体存在。因为，就丰富的文学存在样态而言，阐释者有时可用系统清晰的话语"言说"，有时则只适合用模糊含混的话语来暗示，有时则最好保持沉默。

（作者单位：湖南师范大学文学院）

王国维如何超越"强制阐释"
——从《〈红楼梦〉评论》到《人间词话》的审美阐释*

刘锋杰

2014年以来,张江教授推出了"强制阐释论"的系列论文,引起关注。从目前的讨论看,肯定"强制阐释论"提出的必要性与针对性,可谓共识。尤其是用"强制阐释论"来观察与评价西方20世纪以来的文论发展时,特别能够体现这一研究的意义。不过,随着讨论的深入,人们也会发现一个问题,"强制阐释论"属于对西方文论诸多症候的一种诊断,在揭示西方文论的诸多弊端时,确实抓住了要害,并予以一针见血的分析。但是,毋庸讳言,这是批评性的,即针对西方文论揭开它的硬伤,把它从高高在上的位置上拉下来,还原它的真容。可在进行了这样的解构以后,到底该如何建设新的文论,也许更加令人关注。笔者就曾当面请教过张江教授,他答以自己的对策——"本体阐释"可以解决这个问题,并认为这才找到了建设中国文论的理论基础与方向。这一观点自有其发人深省之

---
* 《文艺争鸣》2015年第8期。

处。然而，由于"本体阐释"还处于比较抽象的理论设计阶段，它的理论适应性到底有多大，是远不够清晰的。同时，张江教授也没有特别结合具体的文论实践来阐述这个"本体阐释"，并使这个理论观点得到应有的检验，这个话题还不免有"草色遥看近却无"的味道。本文拟通过分析王国维在20世纪初期撰写《〈红楼梦〉评论》与《人间词话》这两部批评著作的文论实践，试图回答一二，以就正于方家。

比较而言，如果说《〈红楼梦〉评论》属于"强制阐释"，那么《人间词话》则超越"强制阐释"而实现了阐释的"软着陆"——着陆到"审美生命的经验与体验"之温柔中去了。此处所说的审美生命的经验，既可指作家的审美生命的经验，也可指作品中所展示的审美生命的经验；此处所说的审美生命的体验，既可指读者也可指批评家从作品的阅读中，从作家的个性与风格中所获得的体验。王国维的理论探索，对于建设今天的文论不无重要的启发。

一

《〈红楼梦〉评论》发表于1904年，是王国维的第一篇正式批评论文，也被视为中国现代文学批评的开山之作，从此中国才有了现代意义上的批评写作。文章以叔本华的意志哲学为出发点来分析中国文化与《红楼梦》的思想特征。

文中首先提出了"生活之本质"的问题，并原汁原味地引述叔本华的观点：人受欲望支配，而欲望总是永远满足不了的，故人永远处在追求欲望而不得最后满足的痛苦之中。王国维这样说：

> 生活之本质何？"欲"而已矣。欲之为性无厌，而其原生于不足。不足之状态，苦痛是也。既偿一欲，则此欲以终。然欲之被偿者一，而不偿者什百。一欲既终，他欲随之。故究竟之慰藉，终不可得也……故欲与生活、与苦痛，三者一而已矣。

既然人在现实生活中是无法满足欲望的，也是无法解除人生痛苦的，那么，到底是什么东西才能解除这种由人的欲望所引起的痛苦呢？王国维认为，唯有"美术"才足以担此大任。他又以叔本华的观点为依据，说：

> 兹有一物焉，使吾人超然于利害之外，而忘物与我之关系。此时也，吾人之心无希望，无恐怖，非复欲之我，而但知之我也……然则非美术何足以当之乎？夫自然界之物，无不与吾人有利害之关系；纵非直接，亦必间接相关系者也。

"美术"之所以能够解除痛苦是因为它是"非实物"，故无以引发人的欲望，即"超然于利害之外"，实现"观者不欲"的无欲状态。王国维描述了这一解脱状态："此犹积阴弥月，而旭日杲杲也；犹覆舟大海之中，浮沉上下，而飘着于故乡之海岸也;犹阵云惨淡,而插翅之天使,赍平和之福音而来者也;犹鱼之脱于罾网,鸟之自樊笼出,而游于山林江海也。"其实,这指的是人达到了精神自由,不为外物所累。

正是在这一舶来理论的预设下,王国维要用《红楼梦》来印证人类是如何解决这个超越物欲的问题的,他说:"自哲学上解决此问题,则二千年间,仅有叔本华之《男女之爱之形而上学》耳。诗歌、小说之描写此事者,通古今中西,殆不能悉数,然能解决之者鲜矣。《红楼梦》一书,非徒提出此问题,又能解决之者也。"王国维此说要表明的是,面对同一问题,在西方是叔本华解释得好,在中国则是《红楼梦》解释得好,可见他对《红楼梦》的抬爱。故其关于《红楼梦》的分析,就将紧紧扣住"如何摆脱欲望"这一思路进行,揭示《红楼梦》所能达到的思想高度。

王国维关于《红楼梦》共有如下三点看法。

其一,《红楼梦》的主题思想是描写"人生之欲"及其解脱之道。王国维区分了两种解脱之道,一种是"非常之人"如惜春、紫鹃的解脱,那是超自然的、神秘的、宗教的、平和的;另一种是"通常之人"如贾宝玉的解脱,那是自然的、人类的、美术的、悲感的、壮美的,也是文学的、诗歌的、小说的。正因为"非常之人"的解脱是宗教的,所以不属于文学范畴,这样一来,贾宝玉自然而然地成为小说的主人公。此意大概是说,"非常之人"的解脱以宗教为目的,缺少解脱过程中的故事,故为小说中的次要人物,予以点缀即可;若为主要人物,则没有值得细密描写的必要性。而"通常之人"的解脱要经过种种磨难与曲折，作为小说的主人公来加以描写刻画，也属必然与自然。

其二，《红楼梦》是一部悲剧作品。既然"人生之欲"难以解脱，那么描写这种解脱的痛苦当然是悲剧了，所以王国维认为《红楼梦》是一部悲剧作品。又根据叔本华三种悲剧观的划分，确认《红楼梦》属于第三种，是"彻头彻尾的悲剧"或"悲剧中的悲剧"。叔本华的三种悲剧是极恶之人构成的悲剧、受命运支配者构成的悲剧与普遍人构成的悲剧。由于前两种悲剧往往与一般人生不相关联，人们也就不太关注；而普通人之悲剧则揭示了这是"人生之最大不幸，非例外之事，而人生之所固有故也"，"足以破坏人生之福祉"，并加诸人人，所以"可谓天下之至惨"。王国维首次将《红楼梦》视为悲剧作品，并阐释它的价值，在充满乐感文化精神的中国，实属破天荒的事。

其三，反对《红楼梦》研究中的"索引派"。王国维指出："自我朝考证之学盛行，而读小说者，亦以考证之眼读之。于是评《红楼梦》者，纷然索此书中之主人公之为谁，此又甚不可解者也。"王国维显然不满意于这种"索引批评"，所以才干脆自己动手来阐释《红楼梦》的美学价值与伦理价值。他的理由是，文学创作绝非写某一人某一事，而是通过所谓的一人一事来观照全体人类的性质，"夫美术之所写者，非个人之性质，而人类全体之性质也……于是举人类全体之性质，置诸个人之名字之下。譬诸'副墨之子''洛诵之孙'，亦随吾人之所好名之而已"[①]。王国维强调，对于"人类全体之性质"来说，作品

---

① 以上未注均出自王国维《〈红楼梦〉评论》，载《王国维文集》第一卷，中国文史出版社1997年版，第1—23页。

中的人物设名，只是一种临时性指称。《红楼梦》的主人公可以叫贾宝玉，也可以叫曹雪芹、纳兰容若，还可以叫"子虚""乌有"，因为作品中的人物是典型——一个"熟悉的陌生人"，无论怎么命名这个人物都可以。所以，像"索引派"那样非要将书中人物到底指谁弄个水落石出，其实是毫无意义了。

王国维的研究产生了重大影响：一是"乐感文化"说几乎成为定论，李泽厚后来说中国人奉行乐感文化，西方人奉行罪感文化，就源于此。二是《红楼梦》的"悲剧说"被学界广泛接受，似为不刊之论。虽然如学者所指出的那样，从此揭开了中国传统戏曲中到底有无悲剧、若有悲剧又如何区别于西方悲剧等话题的争议，但从"悲剧"角度解释中国传统戏曲，到底成了一种趋势。

二

但就整体构思而言，《〈红楼梦〉评论》是理论先行的，即以叔本华的哲学美学思想为依据，再勘探《红楼梦》中与此相一致的那些东西。因切入视角新颖，为中国传统学术所未有，故有所发现，如悲剧说。但将哲学理论与一个具体作品一一加以对照，即使作品的某一部分可与先行理论有相合处，终究难以使作品整体上与先行理论绝对吻合，如此论述起来，或者是抓不住作品主旨，或者是伤害了作品的丰富性。这恐怕是文学批评上理论脱离实际的典型症候。

《〈红楼梦〉评论》就有两处令人十分怀疑而难以接受的地

方:一处是说《红楼梦》开卷关于男女之爱的神话解释,对应了"生活之欲之先人生而存在,而人生不过此欲之发现也。此可知吾人之堕落,由吾人之所欲,而意志自由之罪恶也",把一个中国式的神话叙事,与西方的带有基督教"原罪"意识的宗教叙事相对应,离开了中国文化传统。另一处是"所谓玉者,不过生活之欲之代表而已",将"玉"与"欲"对释,看似石破天惊,可"玉"的中文之义又怎么可以与"欲"的翻译之义相对等呢?这无疑开了一个学术玩笑。质疑者指出:

《〈红楼梦〉评论》带有明显的试验性,它的基本立论不一定很稳妥,论述中也存在牵强附会的错误。例如,为了证说贾宝玉最后出家是对"人生之欲"的彻底醒悟,即叔本华所说的"解脱",王国维似乎更加看重并且显然拔高评价小说后四十回在全书中的地位与艺术价值,这就有点先入为主,以既定的理论推绎代替对作品实际描写的分析。又如,将贾宝玉"衔玉而生"的"玉"比附解释为"人生之欲"的"欲",认定《红楼梦》开头所述有关石头误落尘俗的神话,暗合西方的宗教的"原罪"说,并论指小说的基本结构也是写"原罪"的惩罚及其解脱,这也有点削足适履,生拉硬套。如果说《红楼梦》中的"玉"确有象征意义,所喻指的也绝非叔本华意志哲学中所说的"生活之欲",而是指人的灵明本性,是一种东方式的哲学观念。《红楼梦》第二十五回有所谓"通灵玉蒙蔽遇双真"的描写,其中以"玉"喻指人的圆明本性的象征含义就很

阐释的限度

明显。①

按照时下的观点来看,《〈红楼梦〉评论》一开始就大量引用叔本华的哲学观点,并对照而描述《红楼梦》,又将《红楼梦》的思想主题完全等同于"欲望之解脱"这个哲学命题,完全可以算作是"强制阐释"。

何谓"强制阐释"?首倡者张江教授的解释是:"一是场外征用。在文学领域以外,征用其他学科的理论,强制移植于文论场内。场外理论的征用,直接侵袭了文学理论及批评的本体性,文论由此偏离了文论。二是主观预设。批评者的主观意向在前,预定明确立场,强制裁定文本的意义和价值,背离了文本的原意。三是非逻辑证明。在具体批评过程中,一些论证和推理违背了基本的逻辑规则,有的甚至是明显的逻辑谬误。为达到想象的理论目标,无视常识,僭越规则,所得结论失去逻辑依据。四是反序认识路径。理论构建和批评不是从实践出发,从文本的具体分析出发,而是从现成理论出发,从主观结论出发,认识路径出现了颠倒与混乱。"② 张江教授提出"强制阐释"的问题,本意是想概括文化理论流行之后西方文论所犯下的诸多错误,可这用于说明吸收西方哲学美学理论来研究中国

---

① 温儒敏:《中国现代文学批评史》,北京大学出版社 1993 年版,第 5—6 页。另参考叶嘉莹《对〈《红楼梦》评论〉一文的评析》,载《王国维及其文学批评》,河北教育出版社 1997 年版,第 154—178 页。据叶嘉莹所说,此书写作于 1970 年,后于 1979 年由香港中华书局印行,1982 年由广东人民出版社再版。温的观点同于叶的观点,特附注。

② 张江:《当代文论重建路径——由"强制阐释"到"本体阐释"》,《中国社会科学报》2014 年 6 月 16 日。

王国维如何超越"强制阐释"

文学问题，也同样具有针对性；因为近现代以来的中国文论在向西方学习的过程中，同样犯下了"强制阐释"的错误，为阐释文学与建立现代文论付出了不低的"学费"。王国维的《〈红楼梦〉评论》当为"学费"之一。不过，有的付了"学费"以后不思进取，所以这"学费"算是白付了，没有从中真正获得任何教训。王国维则不同，他在付出"学费"以后能够反思，所以当他再写《人间词话》时就完全摆脱了"强制阐释"的窘境。

张江教授所列"强制阐释"的四错误中，第四条与第一条有所重复，所以主要有三条，对照来看《〈红楼梦〉评论》，全都沾上了边。《〈红楼梦〉评论》犯了第一条，用叔本华的意志哲学来解说一部长篇小说创作，意志哲学的理论怎么能够成为一部小说评论的唯一依据呢？《〈红楼梦〉评论》也犯了第二条，主观预设了"生活之欲"这个概念，再以此阐释作品以为证明，忽略了原著不在"生活之欲"文化语境之下生长出来这一根本差异，当然不能得出令人信服的结论。《〈红楼梦〉评论》还犯了第三条，把中国的神话叙事与西方的"创世纪"叙事相等同，把中国人受佛教思想影响回到人的灵明本性的努力视为西方的"解脱痛苦"。二者间即使存在某些相似性，也不能否定其间的根本差异：中国人仍然在意人间生活，而西方人否定人间生活。反映在《红楼梦》中，就是小说极力描述了"大观园里的诗性生活"，以至于有学者将其称为贾宝玉们的"人生理想"；而意志哲学所证明的"解脱痛苦"则根本不会留恋人间生活的幸福与快乐。正是因为《〈红楼梦〉评论》属于

"强制阐释"之作，它具有试验性，也不无开拓性，但却留下了巨大遗憾，有待《人间词话》来弥补了。

三

叶嘉莹在比较它们时曾有一些明确的认识，她说：

> 在王静安先生所有关于文学批评的著述中，无疑地《人间词话》乃是其中最为人所重视的一部作品，因为他早期的杂文所表现的只不过是他在西方思想的刺激下，透过他自己性格上的特色，对传统之中国文学发生反省以后所产生的一些概念而已。其较具理论体系的《〈红楼梦〉评论》一文，则是他完全假借西方之哲学理论来从事中国之文学批评的一种尝试之作，其中固不免有许多牵强疏失之处。至于《人间词话》则是他脱弃了西方理论之拘限以后的作品，他所致力于的乃是运用自己的思想见解，尝试将某些西方思想中之重要概念融会到中国旧有的传统批评中来。所以《人间词话》从表面上看来与中国相沿已久之诗话词话一类作品之样式，虽然也并无显著之不同，然而事实上他却已曾为这种陈腐的体式注入新观念的血液，而且在外表不具有理论体系的形式下，也曾为中国诗词之评赏拟具了一套简单的理论雏形。这种新旧双方的融会，遂使他这一部作品在新旧两代的读者中都获得了普遍的重视。然而可惜的是《人间词话》毕竟受了旧传统诗话词话体式

的限制，只做到了重点的提示，而未能从事于精密的理论发挥；因之其所蕴具之理论雏形与其所提出的某些评诗评词之精义，遂都不免于旧日诗话词话之模糊影响的通病，在立论和说明方面常有不尽明白周至之处。①

叶嘉莹为《人间词话》的正当性所做的辩护有两点：一点是王国维的立场由突出西方转向了突出中国，与传统相汇合，增加了说明传统的力量；另一点是王国维具有了自己的立场而去除了他者的立场，这为他"自出机杼"提供了时机。正是这种回归中国传统、回归自我思考的努力，造成了《人间词话》的创造性。

但我为什么一开始就说叶嘉莹只是有了"一些明确的认识"而非具有"完全明确的认识"呢？原因在于，叶嘉莹在肯定《人间词话》的成功时，仅仅认识到了王国维在撰写《〈红楼梦〉评论》时是从西方理论出发的，这个理论先行造成对于作品的肢解，却没有触及一个更为根本的问题，即认识到王国维在撰写《人间词话》时不仅是回到中国传统的诗话词话样式，而且也是回到了中国传统诗话词话所固有的文学批评的特点即关注"审美生命的经验与体验"的直接阐释上来了。正是基于此，王国维不再是从先验理论出发去看作品，而是从实际的作品感发出发去引用理论，从而避免了理论对于作品的吞噬，还作品以本来的审美面貌；再以这个审美面貌为基础加以阐释，

---

① 叶嘉莹：《王国维及其文学批评》，河北教育出版社1997年版，第185—186页。

所得出的是审美体验，而非几条理论的结论。所以，在叶嘉莹看来，《人间词话》的缺点是"未能从事于精密的理论发挥"，言下之意就是理论性不够，所以称它只有"理论雏形"，但却没有认识到这也正是《人间词话》的优长所在。那种过分追求理论体系性与完整性的做法，往往正是理论斫伤审美生命的基本症候；《人间词话》的非理论性，正好体现了它对于审美生命的重视与突出，使其关于审美生命诸多特性的阐释是具体的、深切的、动人的，从而具有了从某些方面洞悉审美生命的真正穿透力与鉴赏力。

先看《人间词话》的论述范围，可一睹它的审美批评的风采。依据涉及理论与作品的不同构成比，它呈现了下述三类论述情况。

第一类：涉及理论观点而没有涉及作品。

主要有第一则（词以境界为最上）、第二则（有造境、有写境）、第四则（优美与宏壮）、第五则（写实家亦理想家）、第六则（境非独谓景物也）、第九则（境界为本）、第五十四则（文体始盛终衰）、第五十六则（大家之作）、第五十七则（不为美刺投赠）、第五十九则（近体诗体制）、第六十一则（轻视与重视），共 11 则。

第二类：涉及具体问题同时涉及理论。

主要有第三则（有我之境、无我之境与陶渊明等）、第七则（着一"闹"字境界全出）、第八则（境界有大小与"细雨鱼儿出"等）、第十则（太白与以气象胜）、第十一则（冯正中与深美闳约）、第十二则（"画屏金鹧鸪"与词品）、第十六则

（词人者不失赤子之心与李后主）、第十七则（客观诗人、主观诗人与《水浒传》等）、第十八则（血书与宋道君皇帝词）、第二十三则（三阕词与能摄春草之魂）、第二十五则（"我瞻四方"与忧生、忧世）、第二十六则（三句词与三境界）、第三十则（"风雨如晦"与气象）、第三十一则（昭明太子、陶渊明与气象）、第三十二则（词之雅郑与永叔、少游）、第三十三则（美成词与创意少）、第三十四则（词忌用替代字与美成词）、第三十五则（沈伯时与用代字）、第三十六则（美成词与得荷之神理者）、第三十八则（三位诗人的咏物词）、第三十九则（白石写景之作与"隔"）、第四十则（隔与不隔与"池塘生春草"等）、第四十一则（"生年不满百"与不隔）、第四十二则（白石词格之高与意境）、第四十三则（南宋词人与境界）、第五十一则（"明月照积雪"与境界）、第五十二则（纳兰容若与自然之眼）、第五十五则（三百篇与无题）、第五十八则（长恨歌与隶事）、第六十则（出入说与美成、白石）、第六十二则（昔为倡家女等与淫词、鄙词与游词），共31则。

第三类：论词而不涉及理论问题。

主要有第十三则（南唐中主词与解人不易）、第十四则（温飞卿词与句秀）、第十五则（词至李后主而眼界始大）、第十九则（冯正中词）、第二十则（正中词）、第二十一则（欧九词）、第二十二则（梅舜俞词）、第二十四则（《蒹葭》与风人深致）、第二十七则（永叔词）、第二十八则（冯梦华谓）、第二十九则（少游词境）、第三十七则（东坡词与元唱）、第四十四则（东坡、稼轩与旷、豪）、第四十五则（东坡、稼轩与雅量高致)、第四十六则(苏辛词与狂狷)、第四十七则(稼轩词中想象)、第四十八则(周介存谓)、第四十九则(介存谓梦窗词)、第五十则(梦窗与玉田之词)、第五十三则(陆放翁评学诗)、第六十三则(天净沙)、第六十四则(白仁甫与秋夜梧桐雨),共22则。

从上述分类可引出如下四条结论,这是《人间词话》不同于《〈红楼梦〉评论》的地方,也是其超越"强制阐释"的地方。

第一条,从具体的审美经验与体验出发,而非从一个先行理论框架出发。《人间词话》虽然是以"境界"为核心来统摄全书写作的,所以人们也把它视为"境界说"的理论建构。可是,它的每一则词话都是针对一个具体的诗学问题或词作问题予以提问并加以解释,虽然也有些概括性的表述如"写实""理想""出入""轻视与重视"等,可也与相关的文学史现象相结合,但予人印象仍然是关于具体问题的讨论。其纯粹的理论讨论只有11则,远远低于讨论理论与实践关系的31则与专门讨论词作的22则。就整个《人间词话》的理论性言,它是"就事论理"的,再也没有了《〈红楼梦〉评论》那样大段的"就理论理"。

第二条,依靠中国语境就可读懂。不管人们如何证明《人间词话》中存在多少西方的高深理论,可对于不具备西方理论知识的读者来说,他们几乎可以读懂其中的每一则。但读《〈红楼梦〉评论》就不一样,即使是相关领域的学者,也要依靠对于叔本华理论的较为完备的认知才能理解这篇评论的精义。

如《人间词话》中的"境界",人们在阐释时会有各种不同的理解,可当读者们不太理会这些歧异时,却也能够大体上懂得"境界"包含了哪些主要含义。支持这一理解的原因是"境界"一词来自中国文化传统,虽然是从哲学、禅宗等语境中挪用过来的,但由于没有超出大的文化语境,所以是好懂的。再如"写实"与"理想"二词,就溯源而言,来自西方,可它们能够融入中国语境,就因为这是两个无须负载高深理论就可明白的词语。《人间词话》确实吸收了西方思想,但是就中国论中国,改变了《〈红楼梦〉评论》的就西方论中国的阐释方式,所以能够融入中国诗学思想之中而容易被中国读者所接受。

第三条,《人间词话》引起的是有价值的争议。如关于北宋与南宋词作的历史评价问题,即使认定王国维有偏颇之处,但他也是有所本,所以提出的不是一个伪命题,而是一个实实在在的文学史问题,不妨碍王国维去完成他的一家之言的思想表述。这与《〈红楼梦〉评论》明显不同,其中可质疑的理论观点过于明显,某些论断也能轻而易举地被推翻。在《人间词话》中,王国维对南宋词作低于北宋词作的评价,属于言人人殊。《人间词话》就已有问题论问题的阐释方式,为其奠定了极好的诗学基础,从而不致发生"理论空转"与极端偏颇。而《〈红楼梦〉评论》完全取西方理论以观察中国,当然有可能因为中西差异而弄得"全盘皆输"。

第四条,这是一部从欣赏出发的批评论。朱光潜曾说有四种批评方式:"导师批评"——如坊间的《诗学法程》《小说作法》一类;"法官批评"——在自己心中"预存几条纪律"

阐释的限度

来要求创作;"舌人批评"——从其他学科学来一些知识用以比照文学创作,或者注疏与考据;"印象主义批评"——"我自己觉得一个作品好就说它好,否则它虽然是人人所公认杰作的荷马史诗,我也只把它和许多我所不喜欢的无名小卒一样看待。"他自己是主张印象主义批评又要加以丰富的,所以说"文艺虽无普遍的纪律,而美丑的好恶却有一个道理。遇见一个作品,我们只说'我觉得它好'还不够,我们还应说出我何以觉得它好的道理"。[①]《人间词话》所奉行的当是这种"欣赏的批评"——既欣赏又批评,在呈现自己的好恶后又说明好恶的理由。比如说自己不把白石视为第一流的词人,就指出他的"创意太少";比如说南宋词不及北宋词,就说它总是"隔"的;比如说周美成的"一一风荷举"好,就是因为"真能得荷之神理者";比如说纳兰容若能"以自然之眼观物,以自然之舌言情",就是由于他"初入中原,未染汉人风气"。由此可知,《人间词话》不仅对大量名作进行了自己的鉴赏,而且予以解释,使读者能够获得进入诗词艺术殿堂的门径,登堂入室,岂不乐哉?所以,《人间词话》是就诗人与作品的审美经验来抒发读者与批评者的体验并加以适当解说,没有《〈红楼梦〉评论》那种脱离具体的阅读感受所进行的"理论空转"。

如果对这两个批评文本加以深度比较,则《〈红楼梦〉评论》可以说是"去生命化"的,而且去得彻底。为了强调"解

[①] 朱光潜:《谈美》,载《朱光潜全集》第 2 卷,安徽教育出版社 1987 年版,第 39—41 页。

脱痛苦",王国维并没有肯定《红楼梦》所包含的巨大情感力量,因为世俗之情正是"解脱痛苦"的革命对象。王国维着重分析了"木石前盟"的神话叙事,却没有在意曹雪芹的自叙:是为了不忘他所见到的那几个女子才写作的。因为前者可证"欲望"即"原罪",后者则证人生毕竟是充满情感激荡的。在《〈红楼梦〉评论》中,王国维特别提出"眩惑"问题,就是为了彻底的"去生命化"。所谓"眩惑"不同于优美与壮美,"夫优美与壮美,皆使吾人离生活之欲,而入于纯粹之知识者。若美术中有眩惑之原质乎,则又使吾人自纯粹知识出,而复归于生活之欲"。在王国维看来,"眩惑"就是指作品所表现的那些情色的东西、快感的东西,若让这些东西来满足人们的欲望,医治世人的痛苦,那就不是使人们忘记"生活之欲",相反倒是加以鼓励了,所以王国维坚决反对之。虽然王国维没有将"眩惑"问题与《红楼梦》直接对应起来加以论述,但明显地,《红楼梦》也难逃干系,大观园里的青春冲动或贾府里的情欲膨胀,同样也是《红楼梦》的表现对象,王国维为什么没有提到这点呢?大概与他已经将《红楼梦》定义为"解脱痛苦"这个基本估价有关,既然主旨是"去欲"的,当然也就包含了对于其间"嗜欲"部分的否定。提出一个"眩惑"的问题悬在那里,可见王国维的《〈红楼梦〉评论》在断开人世之情上面做得非常决绝。在一个"去生命化"的批评文本中,所论述的作品不过只是哲学理论的某种注解而已。

《人间词话》却是"再生命化"的文本。表现为二:第一,代替《〈红楼梦〉评论》的核心词汇"解脱",《人间词话》的核心词汇之一是"情",所以才有"喜怒哀乐""感慨遂深""赤子之心""性情愈真""爱以血书者""忧生忧世""凄婉""有性情""雅量高致""以自然之舌言情""欢愉愁苦之致""其言情也必沁人心脾""寄兴言情"等。尽管王国维所说的情感非世俗之情,而是审美之情,但只要将情感提到认识文学的中心位置,当然会不同于《〈红楼梦〉评论》的不敢涉及情感。所以,与其说《〈红楼梦〉评论》是文学评论,还不如说它是哲学亚文本。第二,《人间词话》中不仅没有用"眩惑"这个概念来阻击情感的介入,甚至可以说请进了"眩惑"而予以肯定。如讨论"淫词""鄙词"时引用了"昔有倡家女,今为荡子妇。荡子行不归,空床难独守""何不策高足,先据要路津?无为久贫贱,轗轲长苦辛"要论内容,它们就属于"眩惑"的快感一类。女人说自己空床难守,寻求情欲的满足,要置于"解脱痛苦"的观点下,那是应当反对的,因为这种满足欲望的做法,只会带来更多欲望与痛苦的产生。强调一个穷光蛋对于追求功名利禄的某种向往,也是肯定了对于欲望的满足,对照"解脱痛苦"的观点,也是应当予以否定的,可是王国维也同样予以表彰。为什么?原因在于王国维回到了人生,而不是绝对地超然人生。那些属于生命的自然冲动,得到了他的原谅与理解,并且只要表现起来是真切的,他就予以肯定。王国维已经转变了评价标准,在《〈红楼梦〉评论》中,他以叔本华哲学提倡的"解脱痛苦"为标准;在《人间词话》中,他以诗人要追寻"人生真实"为标准。王文生评价道:"这里引用的两组诗句,前者表现了明显的欲念,后者表现了明显的功利,但王国维却以其'真'而对它作了肯定。由此可见,文学的'真',是他衡量文学作品的最高标准。它虽是从他的超功利的文学观引申而来,却又突破了他的超功利的文学观的范围。"①陈良运也指出:"王氏对情真之审美界定,还有一个颇为破格的观点,那就是大凡情真之语,不必因其格调不高以'淫鄙'责之……在这两首诗中,有着人的生命力的冲动,真而不作假,使人读后觉其'亲切动人''精力弥满'。"②《人间词话》的"再生命化"就是再人生化、再真实化、再情感化,也可以说是重新回到了中国的抒情传统。比如王国维在另一处论及屈原、陶渊明、苏东坡,使用的标准就是"感自己之感,言自己之言"③。并强调自己宁愿欣赏"征夫思妇之声",也不愿欣赏那些把诗词作为"羔雁之具"的作品,也是同一标准,坚持认为创作必须有感而发,有情要抒,才能情真意切,打动人心。④

但亦明了王国维的重回抒情传统,并非是对文学创作与理性思维关系的断然否决,而是在坚持诗词抒情性的同时,看到了诗词创作必然兼具理性思考。王国维说:"文学中有二原质焉:曰景,曰情。前者以描写自然人生之事实为主,后者则吾人对此种事实之精神的态度也。故前者客观的,后者主观的也;

---

① 王文生:《王国维的文学思想初探》,《古代文学理论研究丛刊》1982年第7辑。
② 陈良运:《王国维"境界"说之系统观》,《社会科学战线》1991年第2期。
③ 王国维:《文学小言》第十则,载《王国维文集》第一卷,中国文史出版社1997年版,第27页。
④ 参见王国维《文学小言》第十七、十三则,载《王国维文集》第一卷,中国文史出版社1997年版,第28—29页。

阐释的限度

前者知识的,后者感情的也……要之,文学者,不外知识与感情交代之结果而已。苟无锐敏之知识与深邃之感情者,不足与于文学之事。"[①] 这近于严羽,严羽说:"诗有别裁,非关书也;诗有别趣,非关理也。而古人未尝不读书、不穷理。所谓不涉理路,不落言筌者,上也。诗者吟咏情性也。盛唐诗人唯在兴趣,羚羊挂角,无迹可求。故其妙处莹彻玲珑,不可凑泊,如空中之音,相中之色,水中之月,镜中之像,言有尽而意无穷。近代诸公作奇特解会,遂以文字为诗,以议论为诗,以才学为诗。以是为诗,夫岂不工,终非古人之诗也。盖于一唱三叹之音,有所歉焉。且其作多务使事,不问兴致;用字必有来历,押韵必有出处,读之终篇,不知着到何在。"[②] 严羽也是强调诗歌创作要与读书相关,但就诗歌本性而言,却又要超出读书的状态,进入"顿悟",才能创造出"第一义"的作品。王国维受到严羽影响,在《人间词话》第九则中引用了严羽的这段话,只是表示了严羽的"兴趣说"与王士禛的"神韵说"没有自己的"境界说"更能触及诗词创作的根本,在其他的问题如情与理结合、重视"第一义"诗人、"向上"学习、反对"务事"等上面,王国维都接受了严羽观点。当然也有区别,由于受西方认识论哲学的影响,王国维更多地论述了"知识"在创作中认识事物的作用,但他并没有越出诗词创作,更重视抒情的边界。

---

① 王国维:《文学小言》第四则,载《王国维文集》第一卷,中国文史出版社1997年版,第25—26页。
② 严羽:《沧浪诗话·诗辨》,载郭绍虞主编《中国历代文论选》第二册,上海古籍出版社1979年版,第424页。

四

到这个时候,我又可以再回到"强制阐释"问题了。从表面上看,"强制阐释"的缺陷是理论先行,可实质上的根本缺陷则是"去生命化":去作家的生命,去作品的生命,去批评者与读者的生命。因而,避免"强制阐释"的根本方法就是阻止这个"去生命化"而请回审美生命,也就是请回作家的生命,请回作品的生命,请回批评者和读者的生命。鉴于此,我认为,在反对"强制阐释"后提出回到"本体阐释",未必是一个明确的解决方案,所谓的"本体阐释"面临着概念是否能够成立或至少是否能够自洽的问题。

张江教授的"本体阐释"主要内容如下:

> 是以文本为核心的文学阐释,是让文学理论回归文学的阐释。"本体阐释"以文本的自在性为依据。原始文本具有自在性,是以精神形态自在的独立本体,是阐释的对象。"本体阐释"包含多个层次,阐释的边界规约"本体阐释"的正当范围。"本体阐释"遵循正确的认识路线,从文本出发而不是从理论出发。"本体阐释"拒绝前置立场和结论,一切判断和结论生成于阐释之后。"本体阐释"拒绝无约束推衍。多文本阐释的积累,可以抽象为理论,上升为规律。

阐释的限度

张江又认为"本体阐释"包含"核心阐释""本源阐释"和"效应阐释"三重含义：

> 核心阐释是"本体阐释"的第一层次。就文本说，是对文本自身确切含义的阐释，包含文本所确有的思想和艺术成果。就作者说，它是作者能够传递给我们，并已实际传递的全部信息。这些信息构成文本的原生话语。对原生话语的阐释，是核心阐释。本源阐释是"本体阐释"的第二层次。它所阐释的是，原生话语的来源，创作者的话语动机，创作者想说、要说而未说的话语，以及产生这些动机和潜在话语的即时背景。这是对核心阐释的重要补充，是确证和理解核心阐释的必要条件，是由作者和文本背景而产出的次生话语。效应阐释是"本体阐释"的第三层次，也是最后一个层次。这是对在文本传播过程中，社会和受众反应的阐释。效应阐释包含社会和受众对文本的多元认识和再创作，是文本在传播和接受过程中产出的衍生话语。效应阐释是验证核心阐释正确性的必要根据。

又说：

> 从核心阐释向外辐射可以向四个方面展开。一是文本生成的社会历史背景，包括作者及其相关的一切可能线索。二是文本艺术与技巧的解剖和分析，包括它的借鉴与创造。三是历史与传统的研究，包括传承的、沿袭的、模仿的表

— 284 —

现与根据。四是反应研究和分析,包括一切契合文本的读者和社会反应。这四个方面的研究可以相互融通、互文互证。①

我不否定这样的立场与主张会对救治"强制阐释"起到一定的积极作用,但我认为,这还不是有力的针对性方案。理由如下。

首先,从哲学上看,"本体"意指一切实在的最终本性,本体论是存在之思考与探索。曾有不少学者予以辨识,有的认为可以用到文论中,有人主张不能用到文论中。朱立元探讨了本体概念的误用,分析了五种混淆:第一,将本体论与本质论相混淆,只要透过现象讨论文学本质的,就被称为文学本体论。第二,将本体论与宇宙论或自然哲学相混淆,把本体论从抽象逻辑构造降为宇宙、自然始基、本原的经验寻求。第三,将本体论与本原论相混淆,把关于艺术起源的发生学研究,都看成本体论研究,艺术本体论成了艺术根源论。第四,将本体论与本根论相混淆,以本体为本根,在概括文学艺术思潮时,把突出人的个性的思潮称为"人本思潮",把偏重于文字、语言、形式的思潮名之为"文本思潮",把以何为"本"的探讨看成是艺术本体论的主要内容。第五,将本体论与哲学基本问题相混淆,哲学要回答"思维对存在、精神对自然界的关系问题",有人根据对此基本问题的不同回答,认为建构了不同的本体论。

---

① 张江:《当代文论重建路径——由"强制阐释"到"本体阐释"》,《中国社会科学报》2014年6月16日。

结果，本体与本质、本原（本源）、本根（本源）混用，在未能准确把握本体论的情况下，造成对于本体论的误用。[①] 朱立元的梳理极为重要，看到了本体与本质、本源的区别，这对划分清楚文论研究的各自领域是有指导意义的。朱立元关于本体论是"存在之学"的界定，斩断了本体论与经验论之间的关系，由此推论，则所谓的作品本体、作家本体、作品起源这些具体之物的本体界定，都是不存在的。张荣翼更清晰地指出，"本质论"研究文学的抽象属性或者说文学区别于非文学的独特性，"本源论"研究文学的来源即与什么东西相关联，"本体论"研究文学的存在方式即文学以哪种实体的方式存在。[②] 若接受上述说法的话，那么在文论中使用"本体论"至少要将其与本质论、本源论等相区别，不要混淆相关概念。这样一来，"强制阐释论"在提出"本体阐释"时就会遭遇两个困难，一个是应不应该提出"本体阐释"这样的哲学式命题，从而无法为自己划清阐释的领域；一个是在提出"本体阐释"时又提出"本源阐释"，极易混淆"本源"与"本体"内涵，若"本体阐释"也可以转化为或延伸为"本源阐释"，是否意味着不使用"本体阐释"这个命题也是可以的，这样一来，"本体阐释"这个核心概念的主导性与支配性就被动摇了。

其次，在文论中使用"本体"这个概念原属于"活用"，本来有其特指，如张隆溪说："在理论上把作品文本视为批评

[①] 参见朱立元《当代文学、美学研究中对"本体论"的误释》，《文学评论》1996年第6期。
[②] 参见张荣翼《文学的本源、本质和本体》，《江海学刊》1994年第2期。

的出发点和归宿,认为文学研究的对象只应当是诗的'本体即诗的存在的现实'。这种把作品看成独立存在的实体的文学本体论,可以说就是新批评最根本的特点。"① "新批评"主张"文本本体"启发了后人,使人们陆续提出了"语言形式本体""生命本体""审美精神本体""实践本体"等概念,可见人们在使用"本体"这个概念时,大都为其选取一种内容作为依据,而这个内容就成为"本体",而非选取多种内容为其内涵,原因在于,"本体"只能为一,不能为二,更不能为三以至更多数。"强制阐释论"的"本体阐释"则包含了从作家、作品、创作过程到接受欣赏整个过程,有囊括整个文学活动之势,在理解"本体"时未免过于泛化。直接的理论后果就是将"本体阐释"变成了关于文学创作的一般阐释,尽管在提出时强调了"正确的路线必须将文本作为阐释的出发点和落脚点",也会在后来提出的"本源阐释""效果阐释"等命题中将"本体"的制约性消耗殆尽,变得不是"本体阐释"而是关于文学活动的一般阐释。在主张者可能以为这样的三层阐释设计,足以打通文学的内部研究与外部研究的壁垒,可实际上,一旦打破以后,也就不是什么"本体阐释"了。

再次,从文学本体论的功用看,"本体"概念出现于新时期以来的文论界,主要是为了反对认识论乃至主体论,所谓回到"本体",即是回到审美论,回到文学自身。徐岱说:"一种新的文艺学已经以它充满自信的声音宣告了自己的崛起。……无论是研究文艺的创作规律,还是研究文艺的欣赏规律,都必

---

① 张隆溪:《作品本体的崇拜——论新批评》,《读书》1983年第7期。

阐释的限度

须受文艺本体论的支配。"[①] 王一川认为："从本体反思出发，艺术不仅仅或不主要是反映，而从根本上说，它是体验，从人的存在这一本根深层生起的体验——这是存在的体验，生命的体验，真正人的体验。它关注的不仅是认识生活，而且更重要的是全面地、深刻地显现生活的本体、奥秘，即体验生活。艺术被当作认识的工具、教育的工具，其生命意味、存在意味却必然地失落了。"王一川认为，本体的缺失会导致"主体迷失""感性迷失""形式迷失""意义迷失"[②]。王一川受胡经之体验论美学的影响，所以从人的生命存在的角度提出了体验本体论，所反对的是文艺反映论。但我发现，在张江教授论述"本体阐释"的过程中，未见"审美"两字，这与新时期以来文学本体论的传统是相隔阂的。他用"本体阐释"去取代"强制阐释"，却不点明"本体阐释"的审美特性，可能失去了真正的着力点，从而无以映照出"强制阐释"的错误根源在哪里这个至关重要的问题。不错，说"强制阐释"犯了"以理论代文本"的错误有一定的道理，可实际上，"强制阐释"的根本之错是没有把文学当作活生生的审美生命对待，反而是从文学的身上东割一块、西割一块，只要能够证明某种理论观点是正确的，就达到了阐释目标。可是，经过如此宰制的作品，已经失去了生命光耀。所以，我愿引出下面的话题，"本体阐释"应当所指的就是"审美阐释"。

[①] 徐岱：《哲学观的更新与文艺学的发展》，《文学评论》1986年第1期。
[②] 王一川：《本体反思与重建——人类学文艺学纲》，《当代电影》1987年第1期。

最后,"强制阐释"的根本弊端是理论先行,而矫正它的当然是审美先行,理论的活动方式是概念的演绎,审美的活动方式是情感的表达。"本体"概念对应于"形而上"设论,"审美"概念对应于"形而下"设论,"强制阐释"与"审美阐释"才是真正的一对儿,你反对着我,我反对着你。就此而言,反对"强制阐释",关键不是看有没有文本出现,而是如何对待文本。若要文本具有对抗理论的力量,必须承认它的不同于理论的审美独立性。与理论是概念相比,当文本及其批评都围绕着感性存在而发力时,它才足以抗衡理论,属于"本体阐释"的一些硬性概念,就会被"审美阐释"的软性概念所取代,从而更具有阐释性。

比如"本体阐释"认为文本自身具有"确切含义",有"确有的思想和艺术成果",是作者传递给我们的"全部信息","效果阐释"是对"验证核心阐释确正性的必要根据"等,试图强调文本本身具有一个固定的、确切的、先读者与批评者领略就已经存在的"固有意义",可这样一来,文学阅读与批评也就变成了对于"固有意义"的接近与证明。对于文本的这种认知,几乎排斥了批评阐释在文学意义生成过程中的重要作用,是把文本等同于一般的客观存在物,把阅读和批评等同于对于这个存在物的反映,结果难免是科学化了阐释活动,忽略了批评阐释本身正是意义生成本身。其他如"原生话语""次生话语"与"衍生话语"的排列,固然具有很强的逻辑性,但如果不充分认识到这三个话语所代表的三种阐释方式其实是交融的,就同样忽略了文学意义生成的复杂性与交融性。比如,陶渊明(365—427)生于晋宋时期,到齐梁时期,近乎百年,可钟嵘(约468—约518)在评价时也只把他放在"中品"里面,称为"隐逸诗人之宗"。到了北宋苏轼(1037—1101)才高度评价他,可此时已经过了五百年,苏轼认为陶渊明虽然作诗不多,但"质而实绮,癯而实腴,自曹、刘、鲍、谢、李、杜诸人皆莫及也"[①]。这表明对于一个诗人、一首诗的体验感发,是需要时间淘洗的。要认识什么是"确切含义"与后来的"阐发含义",什么是"原生话语"与后来的"衍生话语",这是十分困难的;要在二者间划界,甚至视前者为主、后者为辅,更是不合适的。文学的阐释,不是有了"全部的信息""固有意义"在那里存在着,再等着读者与批评者来揭示、来整理、来下结论;而是面对着作者的生命与情感、作品中的生命与情感,再用读者与批评者的生命与情感去体验它们、共鸣它们,予以交流、获得共生。或者说,"审美阐释"的内核是围绕审美生命来阐释,这里跳动着作家的生命、作品的生命、读者的生命、批评者的生命,它是生命的创造与交流。回到生命与情感,就可回避概念的"硬性切割"。这时候,"原生话语"只是一个生命,"次生话语""衍生话语"都是围绕生命展开的。强调以生命为核心,不否定构成生命背景的是时代、历史、政治,但它们都只有融入生命之中才是生命的一部分,才激活了生命、丰富了生命。"审美阐释"在确立了生命中心以后,当然可以用到理论,但这些理论是用

[①] 苏轼:《与苏辙书》,载孔凡礼点校、王文浩辑注《苏轼诗集》(全八册),中华书局1982年版,第1882页。

于阐释生命的诸多方面的,而非用生命去证明理论的正确性。当生命遇到理论时,生命可以吸收理论;而非当理论遇到生命,要用理论的框架去肢解生命。立足于审美经验的阐释,则无论理论是否场外的,都可为阐释所用。生命中可容纳任何理论,而理论则可能只对应一种生命。所以,能够解除"强制阐释"的应当是"审美阐释",围绕着生命这个核心而展开、而深入、而提升。

(作者单位:苏州大学文学院)

以"文化政治"作为批判性反思的切入口[*]

贺绍俊

强制阐释是一个从问题出发、富有理论深刻性和锐利性的理论概念,它不是一个孤立的概念,它与其他一些重要概念一起共同构成了一个理论总体,这些重要概念包括强制阐释、场外征用、本体阐释、审美差异等;张江将这个理论总体称为"强制阐释论",而强制阐释无疑是其中的核心概念。张江认为,强制阐释是存在于当代西方文论中的一个突出的理论现象。所谓从问题出发,也就是从中国当代文学批评的现状出发。我从学习张江的有关强制阐释的论文中感觉到,张江提出"强制阐释论"是直接针对中国当代文学批评尚没有建立起自己文论的现状的。他认为,造成这一现状的重要原因之一便是我们一直受到当代西方文论的影响,甚至是在以当代西方文论作为我们自己的理论基础,因此有必要对当代西方文论进行批判性反思,从而建立起真正属于我们自己的文论来。张江是这样表达这一观点的:"对西方文论的辨析和检省,无论是指出其局限

---

[*]《文艺争鸣》2015年第8期。

和问题,还是申明它与中国文化之间的错位,最后都必须立足于中国文论自身的建设。"① 所以,强制阐释又是一个有着明确学术目标和理论目标的概念。我作为一名长期从事文学批评的专业人士,对张江的这一学术目标和理论目标非常期待,深感这也的确是当代文学批评必须解决的理论课题。因为怀着这一期待,我也就冒昧地参与到"强制阐释论"的讨论中,谈谈我的不成熟的感想。我的感想涉及两点:其一,我对强制阐释的理解;其二,怎样对当代西方文论进行批判性反思。

先谈我对强制阐释的理解。

我以为,强制阐释就是一种教条主义和本本主义的表现方式。

教条主义是用形而上学的观点,僵化地对待已有的理论成果,片面地理解现成的理论,去生硬地规范和剪裁不断发展变化的现实实践。张江认为:"强制阐释的出发点是理论,是一个现成的、用以裁剪文本、试图证明其正确的理论。这就颠倒了认识起点和终点的关系,合理的、确当阐释的基础已经丢失。"② 张江所论述的显然就是一种教条主义的表现形态。而教条主义是人类在认识世界时经常会犯的一种错误。我的意思是说,强制阐释这种现象并不是当代西方文论中唯一的现象,它是在理论研究中普遍存在的现象。人们在对待任何一种理论的时候都有可能犯教条主义和本本主义的错误,也就是说,在具

---

① 张江:《当代西方文论若干问题辨识——兼及中国文论重建》,《中国社会科学》2014 年第 5 期。
② 张江:《关于"强制阐释"的概念解说——致朱立元、王宁、周宪先生》,《文艺研究》2015 年第 1 期。

体运用中都有可能出现强制阐释。教条主义的主要特点就是理论与实践相分离，主观与客观相脱离。强制阐释显然也是一种理论与实践相分离的论证方式，具体来说，强制阐释是与文学的审美实践相分离。

作为一种教条主义的表现方式，任何理论都有可能发生强制阐释的情况。强制阐释发生在理论运用于实际的过程中，因此，强制阐释并不是判断理论正确与否的唯一证据。也就是说，我们很难通过强制阐释的行为就判断一个理论的正确性。有时候，理论本身是正确的或者说是合理的，但在理论运用到实际的过程中，由于对理论的理解和把握不到位，就会出现强制阐释的情况。比如，马克思主义是分析社会的理论武器，但将马克思主义运用到中国社会实际中时就经常发生强制阐释的情况，如王明的强制阐释导致了"左倾"主义路线，给中国革命带来了严重的伤害。20世纪五六十年代，对于一些文学作品的政治批判，明显就是一种强制阐释。比如姚文元的《评新编历史剧〈海瑞罢官〉》，把剧中的平冤狱、退田说成是要替牛鬼蛇神平冤狱，是要人民公社退田。这就是一种任意把艺术问题上升为政治问题的强制阐释。姚文元看似采用的是社会—历史批评方法，他声言他是坚持马克思主义的文艺理论，但我们不能因为姚文元们的强制阐释，就认为以马克思主义文艺理论为原则的社会—历史批评有问题。

正如张江所指出的，在当代西方文论中，存在着非常突出的也非常普遍的强制阐释的现象。这也是我们在对当代西方文论进行批判性反思时特别需要注意的。不过，还应该看到，当

以"文化政治"作为批判性反思的切入口

代西方文论存在强制阐释现象,并不见得这是当代西方文论的必然结果,因为在当代西方文论中也有理论与实践结合得很好的阐释。比如海德格尔对凡·高的作品《农鞋》的阐释就是一个非常经典的阐释:"从鞋具磨损的内部,那黑洞洞的敞口中,凝聚着劳动步履的艰辛。聚积在硬邦邦、沉甸甸的破旧农鞋里的,是那永远在料峭寒风中、在一望无际的单调田垄坚韧和滞缓的步履。鞋帮上沾着湿润而肥沃的泥土。暮色降临,这双鞋底在田野小径上踽踽而行。在这鞋具里,回响着大地的无声召唤,显示着大地对成熟谷物的宁静馈赠,表征着大地在冬闲的荒芜田野里朦胧的冬眠。这器具浸透着对面包的稳靠性无怨无艾的焦虑,以及那战胜了贫困的无言喜悦,隐含着分娩阵痛时的哆嗦、死亡逼近时的战栗。这器具属于大地,它在农妇的世界里得到保存。"[①] 海德格尔由此展开一个思想家的想象,他从农鞋想象到鞋具与农民生命的黏连,从农鞋踩踏在大地上的情景想象到农民与大地之间的关系,想象到稳靠性和焦虑等哲学的命题。当然,海德格尔的阐释同样也有过度阐释之嫌,因为我们至少会怀疑凡·高在绘画时是否还带着稳靠性和焦虑等哲学的思考在内。这倒也促使我们想到另一方面的问题。从前面所引的文字看出,海德格尔对艺术作品的欣赏是很到位的,他对《农鞋》这一文本的阐释到此为止,其实就已经是一篇精彩的批评文章。但为什么海德格尔还要将阐释延伸到哲学命题上呢?看来,这涉及批评目标的问题了。我以为,海德格尔并

[①] [德]海德格尔:《艺术作品的本源》,载《林中路》,孙周兴译,上海译文出版社 2004 年版,第 18—19 页。

阐释的限度

没有把分析和鉴赏作品当成自己的阐释目标，也就是说，他没有准备进行一次我们所认同的标准的艺术批评。艺术批评在这里不过是他的一种手段，通过艺术批评他所要达到的是他所设定的理论目标和思想目标。事实上，在西方现代主义和后现代主义思潮兴起的时代，海德格尔的这种批评姿态并不是孤立的个案。当一个人以这种批评姿态进入文学批评时，强制阐释是很容易就发生的。也许这些西方思想家和批评家并非不明白自己所操持的是一种强制阐释，但他们仍然要将强制阐释进行到底，因为他们的理论目标本来就不是准确解读文学文本，而不过是借文学文本抵达他们所要达到的理论彼岸。于是，我就有了第二点感想：选择怎样的切入口去对当代西方文论进行批判性反思。

在回顾当代西方文论的发展历史时，我注意到，在这一发展进程中，存在着理论批评化的趋势以及由这种趋势所带来的肢解文学的后果。

当代西方文论中存在强制阐释现象，应该有多种原因。其中一个值得重视的原因是，现代主义思潮以来，理论批评化和批评理论化的倾向特别突出。不少思想家和理论家都借用文学批评来论述自己的理论。在这个时候，批评就是一种方法和手段，其最终目的是建构起自己的理论体系。理论批评化和批评理论化的一个突出后果就是对文学的肢解，文学不是被看成一个整体的文学世界，而是被肢解成零碎的材料，作为理论论证的材料。这一点在文化研究中表现得特别突出。所以，文化研究大大拓宽了文学研究和文学批评的空间，也获得了文化与历史的谐调统一,因此一时变得特别红火。但在文化研究红火之际,就有人对文化研究的非精英化和去经典化的特征提出了质疑,认为文化研究只是文学的外部研究的延展,要处理好外部研究和内部研究的关系,必须在文学批评中坚持以文学本体性为根本前提。钱中文当年就敏锐地感觉到西方文化研究对文学理论的冲击就在于取消文学的审美性。他强调中国与西方在建构文学理论上的差异性,他说:"中国学者为什么仍然要以'审美诉求'为基础,来探讨文学理论问题呢?在我看来,在当前全球化的处境中,这种倾向正好显示了中外文论相互之间的差异所在。这就是由于社会、文学艺术发展的不同,中外学者在文学艺术研究上所持的不同观点,正好在于中国学者主要是从现代性的诉求出发,而外国学者的着眼点则是后现代性。"[1] 钱中文认为,后现代性的实质就是对现代性追求的解构。这种强力的解构,必然导致强制阐释的发生。可以说,当年在文化研究红火于中国学术界时,钱中文就感到了文化研究肢解文学的危害,为此他以强调中国文论的审美诉求来维护文学理论的纯粹性。我以为,钱中文当年的忧虑与今天张江的忧虑有一致的地方,这也说明,中国文论的重建问题一直就没有得到认真的解决。

我们不能把当代西方文论当成指导文学批评的教条,我们应该对当代西方文论进行批判性的反思。其实,反思性恰好也是当代西方文论的思想特征之一。当代西方文论相互之间存在着巨大的分歧,这种分歧也激化了相互之间的反思和批判,而

---

[1] 钱中文:《全球化语境与文学理论的前景》,《文学评论》2001 年第 3 期。

阐释的限度

正是这种反思和批判给当代西方文论带来了活力。我们更加需要对当代西方文论进行反思和批判，否则我们的文学批评就不可能有活力，更不可能建立起我们自己的文论来。强制阐释是对当代西方文论进行批判性反思的一个切入口，但单纯从这一切入口进入，还不能抓住当代西方文论的要害。至少，应该有多个切入口来全方位地展开我们对当代西方文论的批判性反思。我以为，从当代西方文论的文化政治特征入手进行批判性反思，这也是一个非常重要的切入口。

为什么说，反思当代西方文论尤其需要从文化政治的角度入手呢？20世纪五六十年代以来，西方文学理论走向了"政治化"，强化了文学理论的政治言说维度，热衷于对民权运动、学生运动、民族解放、反战、反核、生态运动、妇女运动等新的社会运动发言，成为激进的"文化政治"的一部分。所谓文化政治，是指文学、音乐、绘画、舞蹈、影视等文化形式，乃至"整体生活方式"，都成为意识形态动作或权力斗争的重要场域，都具有政治性。文化政治主要通过西方马克思主义、"新左派"马克思主义和后结构主义对当代文学理论施加影响。比如，女性主义文论是以"性政治"为核心，批判男性霸权在文学中的性歧视和性压迫；后殖民主义文论强调的是"身份政治"，萨义德对西方强势的学术、文化和文学如何建构"东方"身份等问题做出了开创性的考察与反思；新历史主义文论强调历史文本、文学文本与物质实践、文化政治之间的互动关系，可以说是一种"文本政治"。他们将文学看成是现实和意识形态的接合部，统治阶级和被统治阶级之间展开意识形态斗争的战场。他们认为,文学文本承担并发挥着重要的"巩固""颠覆"和"包容"等意识形态功能。总之,当代西方文论构成了"文化政治诗学"的知识形态,它的优长和缺陷都聚焦在这一点上。它最突出的缺陷就是以文学为对象的文论却丢弃了文学的人文性和审美性,所以我们对当代西方文论的批判性反思有必要从"文化政治"这一切入口进入。我们批判当代西方文论放弃审美性的立场,但我们也要看到当代西方文论作为一种"文化政治诗学",它具有政治性、批判性、反思性、公共性等特征,这些特征值得我们认真借鉴。只有在批判与借鉴的基础上,才能建立起中国本土的文论来。

(作者单位:沈阳师范大学中国文化与文学研究所)

理论的限度*

杨 冬

张江先生所提出的"强制阐释论"问题，揭示了当下文学研究中普遍存在的一种现象，也引起了学术界的热烈讨论。显然，这一讨论涉及诸多重大的理论问题，也关系到当代中国文论的重建与创新。在此，我仅想就如何把握好"理论的限度"问题谈几点看法。换言之，唯有正确认识和把握理论的限度，才可能避免场外征用、主观预设、生搬硬套、削足适履等"强制阐释"现象的发生，更好地发挥文学批评的功用。

一

从某种意义上说，任何理论一经产生，都会追求其普遍有效性，因而或多或少具有一种自我扩张的倾向。因为唯有能够阐释更多的文学现象，才能证明其理论的普遍有效性。正如艾布拉姆斯所说的："好的批评理论自有其存在的理由，其衡量标准并不在于它的某个命题能否得到科学的证实，而在于它揭

---

* 《文艺争鸣》2015 年第 8 期。

示艺术作品内涵时的范围、精确性和一致性，在于它是否能够阐释各种不同的艺术。"① 然而，从另一角度看，任何理论都不是凭空产生的，而是受制于特定的语境和特定的研究对象。一旦脱离其特定的语境和对象，我们就无法真切地把握理论的确切内涵。正是这一点，决定了任何理论都不是万能的，都有其适用的限度。

以西方悲剧理论为例，亚里士多德、黑格尔和布拉德雷的悲剧理论，都受制于各自不同的批评语境和特定的研究对象。而亚里士多德的悲剧理论，则主要基于对索福克勒斯的《俄狄浦斯王》所做的高度概括，以至希利斯·米勒在《解读叙事》中竟称之为"亚里士多德的俄狄浦斯情结"。这当然不是指弗洛伊德学说的含义，而是说，"在亚里士多德眼里，索福克勒斯的这部悲剧作品是他的悲剧理论力图阐明的观点的一个突出例证"②。显而易见，不仅其悲剧定义，而且他有关悲剧人物、悲剧结构的论述，都是从《俄狄浦斯王》这部悲剧中生发出来的。因此，尽管亚里士多德的《诗学》包含着自我解构的因素，但他的悲剧理论仍不失为对古希腊悲剧所做的一种恰当概括。

然而，后来的新古典主义批评家全然不顾这一点，将亚里士多德的悲剧理论生搬硬套，这就犯了食古不化、胶柱鼓瑟的毛病。例如，在伏尔泰看来，莎士比亚既没有"高雅情趣"，

---

① M. H. Abrams, *The Mirror and the Lamp*, Oxford University Press, 1953, pp. 4 - 5.
② [美] 希利斯·米勒：《解读叙事》，申丹译，北京大学出版社2002年版，第2页。

也不懂得任何创作规则，他的《哈姆莱特》是"一个粗野的剧本"，"是一名蛮子兼醉鬼胡思乱想的产物"①。不仅如此，由于理论资源的匮乏，即使当时最具前卫意识的批评家，也时常将亚里士多德的悲剧理论奉为圭臬。莱辛一方面批判法国新古典主义戏剧，主张以莎士比亚为榜样来创建德国民族戏剧；但另一方面，他又强调："我敢于用悲剧无可辩驳地证明，假如它不想远离自己的完美性，就寸步离不开亚里士多德的准绳。"②尽管莱辛的做法是一种典型的"托古改制"，但他却罔顾理论的限度，对莎士比亚悲剧做了"强制阐释"。

同样，黑格尔的悲剧理论则是从索福克勒斯的另一部悲剧《安提戈涅》生发出来的。他所谓悲剧冲突的双方各自代表了可以辩护的伦理力量，又各有其片面性的说法，显然来自他对这部悲剧的认识。在该剧中，波吕涅刻斯为了争夺王位，竟从别的城邦借兵来攻打自己的祖国，结果兵败身亡，国王克瑞翁下令严禁替他收尸。按照黑格尔的说法，克瑞翁这样做并非没有可以辩护的理由，因为他身为国王理应顾及国家的安危。但是，安提戈涅却受到另一种伦理力量的鼓舞，因而不顾禁令，安葬了波吕涅刻斯。然而，情致的片面性恰好是悲剧冲突的基础。克瑞翁本应尊重家庭骨肉关系，不应颁布违反骨肉亲情的禁令；而安提戈涅的片面性，则在于她只顾骨肉亲情，却忽视了国家利益。既然冲突双方各执一端，那么，唯有通过他们的

---

① [法]伏尔泰：《古代与现代悲剧论析》，载《伏尔泰论文艺》，丁世中译，人民文学出版社1993年版，第391页。
② [德]莱辛：《汉堡剧评》，张黎译，上海译文出版社1981年版，第512页。

毁灭，才能否定他们各自的片面性，显示出"永恒正义"的胜利。① 因此，黑格尔的悲剧理论并不是凭空产生的，而是对《安提戈涅》一剧所做的高度概括。

不过，在阐述悲剧理论的同时，黑格尔也论及了古今悲剧的巨大差异。在他看来，古代悲剧侧重于表现伦理力量之间的冲突，而近代悲剧则侧重于表现人物主体的内心生活。例如，构成《哈姆莱特》的真正冲突，就在于主人公的性格和内心冲突。因此，就表现丰富的内心世界、生动的人物性格和错综复杂的情节而言，近代悲剧显然超过了古代悲剧。可是，如果就人物行动缺乏伦理的辩护理由完全由偶然的性格愿望和事故所左右而言，近代悲剧又难以与古代悲剧相媲美。由此看来，虽然黑格尔常犯削足适履、"强制阐释"的毛病，但他有关近代悲剧的论述，却是从他对莎士比亚悲剧的认识中生发出来的，并没有将他那套悲剧理论作为评价古今悲剧的唯一尺度。

尽管如此，当布拉德雷撰写《莎士比亚悲剧》一书时，仍然对黑格尔的悲剧理论保持了相当谨慎的态度。虽然他高度评价了黑格尔的理论贡献，但由于意识到黑格尔的主要兴趣不在近代悲剧，而在古代悲剧，因而为了更好地阐释莎士比亚，他不得不对黑格尔的悲剧理论做出某些修正。布拉德雷强调："在进行讨论的时候，最好直接从事实出发，从事实中逐渐得出有关莎士比亚悲剧的观念。"② 正是基于这一认识，他一方面

---

① ［德］黑格尔：《美学》第二卷，朱光潜译，商务印书馆1979年版，第204页。
② ［英］布拉德雷：《莎士比亚悲剧》，张国强等译，上海译文出版社1992年版，第3页。

指责黑格尔的悲剧理论难以适用于近代悲剧，也夸大了"和解"在悲剧中的作用；另一方面，他又对莎士比亚悲剧中描写的异常的精神状态、超自然因素和偶然事故展开讨论，说明它们在悲剧中所起的特殊作用，而所有这些都是为黑格尔所忽略的。

由此可见，任何理论都受制于其特定的批评语境和批评对象，因而也在一定程度上决定了其理论的限度。如果说黑格尔和布拉德雷的悲剧理论在理论的扩张与理论的限度之间大体保持了均衡的话，那么，20世纪后期以来，随着理论的发展一路高歌猛进，这种均衡就彻底打破了。其结果，便导致某些理论无限扩张，不仅用它们来强制阐释截然不同的文学现象，而且也与理论建构的初衷南辕北辙，背道而驰。因此，如何从文学现象的事实出发，把握好理论的限度，乃是摆在当今批评家面前的一个重要课题。

二

既然任何理论都不是凭空产生的，而是受制于其特定的语境和研究对象，那么，当我们引入某种外来理论的时候，就更应格外注意来自异域的理论是否适用于阐释本民族的文学现象。我们理应认识到，一方面，人类文明无疑具有共通性，因而交流与影响不可避免，"输入学理"往往正是"再造文明"的一种动力；另一方面，我们又不能罔顾不同民族文学的特质，机械地套用外来的理论做"强制阐释"。所谓外来的学理"水土不服"的现象,其实说的正是这种理论的限度。

自从王国维以来,中国学者就热情地伸开双臂,迎接着来自异域的文学理论,一时间,叔本华、尼采、圣勃夫、泰纳、阿诺德、王尔德、勃兰兑斯、弗洛伊德、克罗齐、厨川白村、别林斯基、普列汉诺夫……纷纷被译介到中国,产生了深远影响。也正是由于西方文学理论的输入,才导致20世纪中国文学批评的整体格局为之一变,迅速地完成了从传统的诗文评向现代批评的转型。从今天来看,王国维、鲁迅、周作人、胡适、朱自清、闻一多、郑振铎、朱光潜、钱钟书等人,在这方面都有相当自觉的意识,也做过多种多样的尝试,不过,回顾这段历史,我们既有成功的先例,也有失败的教训。而能否把握好理论的限度,则无疑是其中的一个重要问题。

以王国维的文学研究为例。在《王静安先生遗书序》中,陈寅恪将王国维的治学方法概括为三点,其中之一便是"取外来之观念,与固有之材料互相参证",指的就是王国维的文学批评与小说戏曲研究。[①] 的确,王国维堪称自觉运用西方理论来研究中国传统文学的第一人。但平心而论,由于完全套用了叔本华的悲剧理论,他的《〈红楼梦〉评论》却是"强制阐释"的一个典型例证,因而也是一次失败的尝试,尽管从另一角度看,他摒弃了索隐派的方法,开启了从哲学和美学角度研究《红楼梦》的新方向。或许王国维自己也对这种套用西方理论的做法感觉欠妥,因而在几年后撰写《人间词话》时改变了研

[①] 陈寅恪:《王静安先生遗书序》,载《陈寅恪集·金明馆丛稿二编》,生活·读书·新知三联书店2009年版,第247页。

究策略。换言之，他的《人间词话》虽然也受到西方诗论的影响，但在总体上则采用了传统诗话词话的形式，外来的文学观念已与中国传统诗论有机地融合在了一起。

与王国维《〈红楼梦〉评论》的"强制阐释"不同，朱自清的《诗多义举例》则是另一种典型。正如我们所知，朱自清所谓诗的"多义性"（ambiguity，或译作"含混""朦胧"），是受了瑞恰慈和燕卜荪的诗歌理论的影响，而他的论文正是运用这一理论来解读中国传统诗歌的一种尝试。[①] 不过，以朱自清一贯稳健、严谨的治学态度，他对这几首中国古典诗歌（包括《古诗十九首》之一、陶渊明《饮酒》一首、杜甫《秋兴》一首和黄庭坚《登快阁》一首）的解读似乎过于拘谨，并没有充分展开。因为他虽然接受了西方现代诗论的启示，但却完全采用了中国传统的笺注方法，只是援引前人的各种注解进行讨论，而几乎没有自己的"发明"。从这个意义上说，朱自清的《诗多义举例》或许可以视为"弱势阐释"的一个例证，其方法同样值得我们认真加以总结。

从今天来看，只有到了朱光潜和钱钟书那里，才成功地将西方理论与中国文学嫁接在了一起，既规避了一知半解、囫囵吞枣，也避免了生搬硬套、削足适履。换言之，他们既有很好的西学修养，又有深厚的中国文学修养，因而能够学贯中西，熟练地运用西方理论来阐释中国传统文学。在这方面，朱光潜的《悲剧心理学》和《诗论》，钱钟书的《谈艺录》《管锥编》

[①] 朱自清：《诗多义举例》，载《朱自清全集》第八卷，江苏教育出版社1988年版，第209页。

和《七缀集》，都是值得我们学习的楷模。多年前学界有一种说法，认为钱钟书没有什么理论建树，却专喜欢在其论著中旁征博引，罗列材料，笔者以为，这是一种莫大的误解。的确，钱钟书不喜欢那些"宏大的"理论，更讨厌空谈理论，但他对许多具体的文学理论问题（诸如比喻、象征、通感、文学史的演进等问题）却有相当高明的见解。就此而言，尽管钱钟书致力于中西诗学的比较研究，却是深知理论的限度的。

由此不禁想到，我们今天谈论"强制阐释"问题，不应忽略这样两个层面的问题。第一，用西方理论来阐释中国文学，或许不仅仅是一个中学西学的差异问题，也不仅仅是批评话语的重建问题，最重要的恐怕还是我们自身修养的历练与提高。倘若批评家自身缺乏深厚的学识修养，那么，任何理论的创建或输入，终究都是劳而无功的。而这又是一个长期积累的过程，来不得半点虚假和焦虑。第二，要重建具有中国特色的批评话语，就必须对近百年来在引进西方文学理论方面的经验教训加以总结，从中汲取有益的借鉴。毫不夸张地说，一部20世纪中国学术史，就是输入学理以阐发中国传统学问的历史，无论其成败得失，都已深深镌刻在历史的册页之中。要重建具有中国特色的批评话语，绝不可能割裂历史，另起炉灶，而必须对自王国维以来的这段学术史做出系统梳理和评价，从前人的经验教训中获取借鉴，探索路径。

三

从根本上说，所谓"理论的限度"，还在于"理论是灰色的，而生命之树常青"（歌德语）。这就是说，文学世界是多姿多彩、无比丰富的，而任何一种理论，哪怕是最新潮、最激进的理论，都是相对有限的。以有涯追无涯，以有限度的理论去应对无限丰富的文学现象，终究是力所不逮的。这样说，当然并不意味着否认理论的功用。事实上，正如弗莱所说的："批评的要义在于，并非诗人不知道他所言说的，而是他不能言说他所知道的。"[1] 弗莱同时还强调，正像我们是通过物理学、生物学去了解自然一样，我们也只能通过文学批评去研究文学。从这个意义上说，理论和批评无疑具有不可替代的价值。然而，即便如此，面对鲜活、丰富的文学现象，任何一种理论都不可能是万能的。从批评史的角度看，一种新锐的理论固然带来了前所未有的洞见，但同时也可能造成一种盲视。因为在突出揭示某些文学现象的同时，它也可能遮蔽或忽视了其他更丰富的文学现象。

举例来说，当萨义德撰写《东方学》的时候，由于深受福柯理论的影响，强调了东方学是一种权力话语，因而断言：不管一个欧洲人对东方发表什么看法，"最终都几乎是一个种族主义者，一个帝国主义者，一个彻头彻尾的民族中心主义者"[2]。由此可见，福柯的理论固然有助于萨义德去重新审视西方文学中的东方主义，但另一方面，在着意揭示一种僵化的话语机制的同时，他是否多少忽略了整个西方文学的复杂问题？

---

[1] Northrop Frye, *Anatomy of Criticism*, Princeton University Press, 1957, p. 5.
[2] ［美］萨义德：《东方学》，王宇根译，生活·读书·新知三联书店 2007 年版，第260页。

是否在反对东方学的"强制阐释"的同时,他自己也犯了"强制阐释"的毛病呢?直到撰写《文化与帝国主义》时,萨义德才突破了福柯的理论,对自己以前的观点做了修正。他认识到,文化并非像福柯所设想的那样,是由权力话语所操控的一统天下,而是一个战场,"各种力量都在上面亮相,互相角逐"①。他指出,叙事固然以某种方式参与了欧洲的海外扩张,但同时关于解放和启蒙的叙事也动员了人民奋起反抗帝国主义的统治。由此足以表明,即使像福柯或萨义德这样前卫的理论家,也有其盲视的一面。

不仅如此,甚至某些纯艺术方面的探讨也有其理论的限度,一旦超出其界限,真理就会变成谬误,识见就会变成教条。例如,在亨利·詹姆斯的后期小说理论中,特别推崇有限制的第三人称视角,因为它既避免了作者的直接介入,也保证了小说艺术的统一性。应当承认,这在当时确乎是一个创见。然而,后来经过卢伯克和萨特等人的阐发,视角问题似乎就成了决定小说艺术成败的关键,以致韦恩·布斯在《小说修辞学》中把它讥讽为第四个"整一律"。他强调:"在20世纪中叶,我们终于可以懂得,写作一部由自己讲述、完全避免作者介入、以始终如一的视点处理方法来显示的小说是多么容易。甚至那些毫无才能的作家,也可以教会他们来遵守这第四个'整一律'……但是,正如任何艺术一样,这门艺术是不可能从抽象的法则中学到的。"②

---

① [美]萨义德:《文化与帝国主义》,李琨译,生活·读书·新知三联书店2003年版,第4页。
② Wayne Booth, Rhetoric of Fiction, 2nd edition, Penguin Books Ltd., 1983, p. 64.

阐释的限度

因此，我们应当切记，任何理论都不可能包打天下。一旦将某种理论推向极端，它就会变成僵死的教条，也就更加远离丰富、灵动的文学世界。

20世纪后期以来，西方出现了形形色色的文学理论和批评流派。而弗雷德里克·詹姆逊则据此断言，我们正在进入一个"理论话语"的时代。这种"理论话语"的迅速扩张，不仅标志着传统哲学的终结，而且也成为后现代主义的主要现象之一。[1] 与此同时，这些西方理论也潮水般地涌入中国，对我们的文学批评产生了巨大影响。应当说，这种输入学理的译介活动，一方面极大地拓展了我们的理论视野，推动了我们的学术研究；但另一方面，盲从和曲解屡见不鲜，生搬硬套、"强制阐释"的现象也随处可见。我常常觉得奇怪：为什么一涉及自然描写，就必然大谈"生态主义批评"？一谈到女性文学，就必须冠以"女性主义批评"？一谈到第三世界文学，就必套用"后殖民主义理论"？一讨论海外华裔文学，就必大谈"少数族裔批评"？我并不排斥这些理论，但我却怀疑仅用某种单一的理论视角，是否能够阐释原本丰富多彩的文学。如果真是像某些研究者所做的那样，一部文学作品竟是如此单调、浅薄，那么，我们又何须去阅读文学作品，读读那些环保手册或女性主义宣言不就足够了吗？从这个意义上说，文学之树常青，而理论则往往是灰色的、苍白的。

而追究起来，之所以出现上述现象，恐怕与当下的学术体

---

[1] [美]弗·詹姆逊：《后现代主义与消费社会》，载《晚期资本主义的文化逻辑》，张旭东译，生活·读书·新知三联书店1997年版，第398—399页。

制有关，也与我们日益浮躁的心态有关。无论中学还是西学，无论理论修养还是文学修养，都不是一朝一夕就能养成的，而是需要长期积累，融会贯通的。但当下的学术体制却容不得你慢慢来，由此便催生了急功近利的学风和浮躁焦虑的心态。而套用理论、"强制阐释"，则是最容易不过的捷径，大量粗制滥造的论著也就这样新鲜出炉，打包发送了。当年契诃夫曾半带自嘲地说："大狗要叫，小狗也要叫。"的确，如果说真正的学者能够不断地创新理论，那么，众多"小狗"就只能靠套用理论来维持生计了。在这种情况下，谁还管什么"理论的限度"呢？

（作者单位：吉林大学文学院）

"反思与重构：'强制阐释论'理论研讨会"综述[*]

李明彦

2015年7月24—26日，由《文艺争鸣》杂志社主办的"反思与重构：'强制阐释论'理论研讨会"在长春召开。来自中国社会科学院、北京大学、清华大学、北京师范大学、南京大学、澳门大学、华东师范大学、苏州大学、中山大学、吉林大学、东北师范大学、杭州师范大学、华侨大学、辽宁大学、沈阳师范大学、海南大学等高校和科研机构30余名学者参加了此次研讨会。

本次研讨会主要围绕"如何认识西方文论话语体系中存在的'强制阐释'问题""如何反思西方文论对中国的影响"以及"如何构建中国文论话语体系"三个主题展开，取得了丰硕的成果。

一　如何认识西方文论话语体系中存在的"强制阐释"

20世纪70年代末以来，当代西方文艺理论在中国成为显

[*]《文艺争鸣》2015年第8期。

学，备受推崇，它成为评价和检验中国文学艺术实践的标准和文艺理论建设的基本要素，改变了中国文学理论的研究格局，对中国文学理论的现代转型起到了巨大的推动作用。然而，西方文艺理论繁荣发展的背后，完全适应中国经验并能推动中国文艺实践蓬勃发展的理论却少得可怜。这种悖论不得不让学界认真辨识和反思西方文论的缺陷。近年来，中国文学理论界认为"强制阐释"问题的普遍存在，是西方文论的总体特征和根本缺陷。因此，如何认识西方文论话语体系中存在的"强制阐释"问题是此次研讨会与会学者关注的核心问题。不同研究领域的学者从不同的角度对这一问题提出了自己的见解。

有的学者是从历时的角度来分析西方文论存在的"强制阐释"问题及其危害。张江（中国社会科学院）通过梳理20世纪西方文论的发展历程来呈现其存在的"强制阐释"问题。他认为，20世纪以来，西方文论蓬勃发展，它以惊人的想象力和创造力，推出了诸多重要的理论成果，对文学的发展起到了重要的推动作用，这是毋庸置疑的。但近30年来，由于轻视和脱离文学实践、方法偏执和僵化、话语强权的问题，西方文论也有诸多缺陷。根本的缺陷就是"强制阐释"，即脱离了文本话语，消解了文学指征，以前置的立场和模式，对文本和文学做出符合论者主观意图和结论的阐释。从阐释学的角度，看西方文论的主要缺陷就在于"强制阐释"。从1964年桑塔格提出"反对阐释"，到1967年赫施提出的"解释的有效性"，再到1990年艾柯提出"过度阐释"，西方的理论家业已开始反思文学阐释中存在的种种问题，"强制阐释"是这个理论链条上的一个新节点,是在对过去理论资源的总结基础上的一个推进。有关"强制阐释"的一些论点或许有些偏激,存在一些漏洞,有些论题还有待深入研究,但从这个视角来反思西方文论还是有必要的,值得大家去思考。"强制阐释"提出的一些问题,是一些文学原点问题和哲学原点问题,如"强制阐释"这个概念本身是否完备;如何理解"强制阐释"中的"前见";前见在文本阐释中到底起什么作用;前见和立场是一回事吗;前见与视阈、定势、立场是什么关系;主观预设过程中,前置模式到底起什么作用;这些问题非常值得讨论,对于提高我们自己的文学建设水平是非常有意义的。张政文(中国社会科学院)通过勾勒西方阐释学的发展谱系来反思西方文论"强制阐释"的根源。他认为,从2014年开始,对西方文论中存在的"强制阐释"问题的反思,逐渐变成了一个在国内外学界产生影响的学术事件,很多学者都结合自己研究的领域进行反思、批判、研究和拓展。它和20世纪80年代的美学大讨论、90年代的重写文学史、90年代后期日常生活审美化的讨论一样,会对中国的文艺理论建设产生重大影响。西方文论体系的确存在"强制阐释"的弊端,它的逻辑起点就是场外征用——将场外理论引进文学内部,构成文学的场内理论。场外理论本身没有问题,诸多文学理论都是场外的,学科多元化也是理论生长的新趋势,"强制阐释"的核心问题不是场外理论,而是场外"征用",即以前置的立场和模式,对文本和文学做出符合论者主观意图和结论的阐释。这是西方文论"强制阐释"的核心。从哲学的角度而言,它的出现就是近几十年来西方哲学中工具理性化的泛

"反思与重构：'强制阐释论'理论研讨会"综述

滥所导致的。党圣元（中国社会科学院）认为，20世纪以来，中国古代文论研究中"强制阐释"现象尤为突出，最主要的表现是以西解中、以西律中，这在相当程度上改写了中国古代文论的一些概念、现象和内涵。

许多学者结合自己的研究领域探讨了"强制阐释"问题之所以普遍存在的原因。高建平（中国社会科学院）从接受美学的角度来揭示"强制阐释"的危害。他认为，由于文本语言的不透明性，作者不能直接通达读者的，接受者会把自身的经验填充进去，对同样的作品会有不同的理解。这种理解可能和原来作品的意义有很大差别，因此很多批评理论就强调这种差异性。从接受层面而言，不同的读者面对同一部作品会做出不同的解释，但这种阐释需要一个度，需要受到批评伦理的制约，而西方文论中的许多"强制阐释"逾越了这个界限。我们要警惕和反对打着接受美学的旗帜去"强制阐释"文本，特别是要反对把文本作为理论的注脚而任意曲解。陈晓明（北京大学）以理论家布鲁姆为例来讨论西方理论家对"强制阐释"的认识。他认为，"强制阐释论"并不是一个耸人听闻的理论，它是当代学术进行自我反思时必然要做出的反应，它的提出在世界学术背景下去理解自有其合理性和必要性。"强制阐释论"还是一个现代学术必然要进行的一项工作。西方理论家也曾经意识到"强制阐释"的问题。如哈罗德·布鲁姆在《西方正典：伟大作家和不朽作品》中就认为一些社会性的学派，比如女权主义、解构主义、后殖民理论、身份政治等学派不是文学学派而是政治学派，他们实际上脱离了文学和西方的文学传统来讨论文学,强制性地把文学作为自己理论的注脚。这种"强制阐释"的传统也是值得我们反思和警惕的。王宁(清华大学)则认为,"强制阐释论"的提出是有它的逻辑背景和意义的。当下西方理论家虽然不断地制造新的理论,但和他们接触后发现,这些理论家的理论并不是建立在对文学作品的阅读上,相反,他们是远离当下的文学,他们的理论是没有经过历史定评和理论考验的。许多理论家的目的就是要建立自己的话语体系,发出自己的声音,为了达到这一目的,他们往往不屑于对已有的理论进行重复,而是试图从新的视角对之进行质疑和批判。他们的做法往往是矫枉过正,通过提出一些极端化的观点来吸引同行的注意,这就导致了"强制阐释"问题的出现。贺绍俊(沈阳师范大学)一方面强调西方文论中普遍存在"强制阐释"现象,另一方面,他认为"强制阐释"并不是判断理论正确与否的唯一依据。他认为,"强制阐释论"的提出是从问题出发,有理论深刻性和锐利性。它不是一个孤立的概念,而是理论重构的一个环节,它是在一个理论群中设想的。"强制阐释"并不是西方文论中的唯一现象,但它是理论研究中普遍存在的现象,也是在具体运用理论过程中常有的现象。"强制阐释"的核心要害是用形而上学的观点僵化对待已有的理论成果,去生硬规范和剪裁不断发展变化的现实世界。"强制阐释"是理论和现实相分离的论证方式,是与文学的审美实践相分离的。任何理论都有可能发生强制阐释的情况,因此,强制阐释并不是判断理论正确与否的唯一证据。赵勇(北京师范大学)从当下的文学理论危机现象入手,认为之所以出现危机,是由于今天的文学理论生产不是从文学出发，不是从文本本身出发，而是从理论到理论，成了理论的自我繁殖。西方文论中出现"强制阐释"的问题，也是由于当下文学理论生产方式出了问题，这对我们文论界是一个提醒，需要我们进行深刻的反思。杨冬（吉林大学）从理论话语自身的悖论出发，探讨了"强制阐释"现象出现的不可避免。他认为，任何理论一旦产生，必然以追求普遍性为目的，但理论的产生，都源于对一些独特性现象的归纳总结，这种普遍性和独特性之间的裂隙使得理论在面对具体问题时会出现"强制阐释"问题。因此，当下文学理论问题的研究重点不是讨论是否存在"强制阐释"，而是要探究阐释的"度"。

从"强制阐释"这一理论话题的意义出发并提出合理化建议来谈如何认识西方文论，也是许多学者讨论的出发点。高楠（辽宁大学）认为，"强制阐释论"最主要的理论价值在于它非常难得地提出了文学理论的"母题"，给当下的文论界提供了一个相关的问题群，把在中国文论界延续了几十年的形式主义、解构主义、女权主义、生存主义、现代性与后现代性理论和流派席卷进来了。在这一"母题"的统摄下，新的理论问题会源源不断地释放出来。高小康（南京大学）用生物学的"转基因"理论形象地解读西方文论中存在的"强制阐释"问题。他认为，过度阐释和强制阐释之间是有差别的。前者并没有脱离文本，而是从文本出发，因阐释过度形成了理论的泡沫化；后者的核心是场外征用，脱离文本，从某个先在的理论概念出发强行对文学文本施以暴力，最后的结论是为了证明自己假设理论的正确。这种场外征用就是知识生产的"转基因化",与20世纪以来的反本质主义、反中心主义和解构主义是息息相关的。当下我们的任务并不是反对知识生产的"转基因化",而是要寻求和建构我们自身的理论话语方式,在"转基因化"的强大压力下建构我们自己的理论话语。张福贵(吉林大学)则从当下文学批评的现状来谈"强制阐释"问题。他认为,"强制阐释论"的提出,是对西方文论的一次集中反思,反映出中国文论界的理论自信。在这一问题下,还有许多问题需要学界深入研讨,使之具体化和体系化。白杨(吉林大学)认为,"西方"这一指称过于笼统,在西方世界,不同的国家对"西方"的认知是不一样的,对"西方文论"这一概念应该有所区分。

二 如何反思西方文论对中国的影响

近百年来,西方文论的输入不仅对中国文论的现代转型起到了关键性的启动和示范作用,而且它在一定程度上影响了中国文学发展的进程。因此,如何认识和反思西方文论对中国文学发展的影响,是此次研讨会各位学者关注的又一重点。

许多学者通过回顾新时期以来西方文论在中国的发展历程来反思西方文论对中国的影响。张江(中国社会科学院)认为,对西方文论要有敬畏之心,新时期以来的西方文论改变了中国文艺理论的研究格局,没有它,中国文艺理论的局面不会像现在这样先进、开放、深入和完整。西方文论的进步意义大于消极意义,这是必须充分肯定的。在此基础上,我们还应该以更加开放的胸怀、眼光来学习、借鉴西方文艺理论,传播其精华,辨识其缺陷,舍弃其糟粕。张政文(中国社会科学院)认为,改革开放的30多年来,我们学习和引进了诸多的西方理论,从模仿到借鉴、延展,取得了很多成绩,这是需要肯定的。30多年过去了,现在是反思和总结的时候了。中国文论界应该像黑格尔对启蒙运动的反思那样,重新思考西方文论对中国文论的意义和构建我们自己的理论体系等诸多问题。党圣元(中国社会科学院)认为,当下我们迫切需要对文艺理论的深入总结和反思,"强制阐释论"的提出是一个非常好的视点。"强制阐释论"作为一种问题意识和方法论,对于我们反思中国古典文论和中国古代文学批评史研究提供了非常好的问题阈。吴子林(《文学评论》杂志社)认为,"强制阐释论"的提出,是建立在对西方文艺理论有效性的思考之上的。我们在反思西方文论的基础上,应该引进并使之与中国经验结合起来。西方文论重逻辑思辨,中国文论重现实可能性,体现的是东方人的智慧,虽然它没有西方文论精确、容易推广和普及,但中国文论对现实可能性的重视使之更丰富和生动。中西方文论应该融会贯通,而不是相互排斥,应在坚持民族化方向的同时,实现中西方文论的汇通。

从西方文论自身存在的问题和特点出发,进而讨论和反思西方文论与中国文论的关系,这也是许多学者思考的路径。贺绍俊(沈阳师范大学)认为,反思西方文论对中国的影响,应该从当代西方文论的文化政治特征入手进行。20世纪五六十年代以来,西方文论走向政治化,强化了文学理论的政治元素维度，热衷于对民权运动、学生运动、反战、生态运动、妇女运动等社会运动发言，成为激进的文化政治的一部分。西方文论的优点和缺点都体现在文化政治这一点上。无论是以性别政治为核心的女权主义文论，还是强调身份政治的后殖民主义，或者是强调历史文本、文学文本、物质实践、文化政治之间互动关系的新历史主义，它们都是一种文化政治，把文学看成现实和意识形态的结合体，是统治阶级和被统治阶级之间展开意识形态斗争的战场。他们是把文学看作有着重要意识形态功能的载体，丢弃了文学的人文性和审美性。所以我们对当代西方文论的批判性反思，就有必要从文化政治这个入口进入。李春青（北京师范大学）认为，西方文论为中国古代文论的阐释提供了一个反思的视角，这是值得肯定的。但古今之间、中西之间有非常大的差异，简单地用西方的言说方式、思维方式来思考中国古代的文学思想，就是一种"强制阐释"。西方是以逻辑的方式来看待世界，中国古代是以美学的、非逻辑的方式来看待世界，两者之间的差异不能简单抹平，否则就会出现"强制阐释"的现象。罗岗（华东师范大学）认为，从20世纪60年代后，"理论"一词才在英语文学研究界流行起来，但它也不断受到质疑，如拉塞尔·雅各比的《最后的知识分子》、艾伦·布鲁姆的《走向封闭的美国精神》、理查德·罗蒂的《构筑我们的国家》、特里·伊格尔顿的《理论之后》等著作，都对西方文论提出过种种质疑。因此，讨论西方文论对中国的影响，这些西方理论家自身的反思是值得我们借鉴的。

还有一些学者从文学批评的角度来讨论西方文论对中国文

论的影响。朱寿桐（澳门大学）认为，西方文论对中国文学批评的影响可以分为四种情形。第一种是良性的。这些西方理论以审美经验方式介入我们的阅读和理论当中，即便是它存在某种强制阐释倾向，但它的强制性是以一种善意方式跟我们进行一种理论的、审美的交流，对我们的文学批评是有益的，如丹麦文学理论家勃兰兑斯对鲁迅的影响。第二种是次良性的。西方理论进入文学批评领域，它对各种作品不顾主观意图进行理论性的"强制阐释"，但作为理论、批评方式有它存在的价值和合理性。第三种是次恶性的。即西方理论作为意识形态存在，有意要在文学和社会各个领域造成强势影响，它会带有某种恶意的后果。第四种是最恶性的。即这种西方理论本身没有要影响中国文学批评的意图，但我们把它作为被强制阐释的对象，甘心情愿为西方的理论提供实验场所，提供我们的数据，验证这些理论的正确性。这是很被动的，也是最恶性的。这种恶性不仅仅使我们在理论话语建构上极为被动，更使得在我们的批评实践中错误连连。张清华（北京师范大学）认为，新文化诞生以来，是西方文化的副本嵌入我们原有的文化母本之后产生的一个"宁馨儿"或者怪胎。西方理论作为一种工具和方法对我们认知自我和认知世界是非常必要的，也是不可替代的。我们作为一个有非常深远历史传统和文学理论传统的民族，从自身主体的角度必须思考如何构建自己的话语。反思不是否定，是需要具体对待的。在总体上要质疑，提出问题，具体问题具体分析。王尧（苏州大学）认为，西方文论之于现当代文学批评和文学史的意义是毋庸讳言的。从文体的角度而言，中国古代流行的文体是诗歌和散文,古代文论更多的是解决这两类文体所遇到的问题。而现当代文学的主要文体是小说,这类文体的解决还需要引进西方理论,做到西方文论的本土化。洪治纲(杭州师范大学)认为,任何理论都有其片面性,西方的文学理论也不例外。当代西方文论研究总体上政治化倾向很明显,这也使得当代中国的文学批评呈现出强烈的政治倾向性,使得中国的文学批评变成了验证西方文论正确性的试验场。

三 如何构建中国文论话语体系

厘清了西方文论的缺陷,辨析了西方理论对中国的影响,这只是本次研讨会议题中的一个,另一个重要议题是如何加强理论自觉,思考中国文论的独特价值与民族特色,寻求西方文论与中国经验的互证与互补,进而重构中国自己的文学理论话语体系。对于这一议题,许多学者提出了自己的理论见解。

从当下文学研究界的现状入手讨论如何建构中国文论话语体系,是许多学者思考问题的切入点。张江(中国社会科学院)认为,构建中国文论话语体系,离不开对西方文论的吸收和借鉴。不能单纯地回到古代文论上,也不能以"拿来主义"的方式回到西方文论的老路上,而必须把各方面研究的优势组合起来,构建我们自己的文艺理论,走出一条新路。当下中国文论界的现状是研究力量极为分散,研究中国古代文论的埋头于古代文论而排斥西方文论;研究西方文论的一味地以西方文论为中心,对中国大量优秀的古代文论资源视而不见;研究现当代文学的视野也集中在现当代文本或文学现象上，不去思考理论问题。因此，必须整合这三方面的力量，打破固有疆界，重构中国文论话语体系。王宁（清华大学）认为，当下中国理论界对西方文论的研究有两种态度：一种是盲目崇拜，另一种是完全拒绝。要想掌握西方文论的真谛，重构中国文论话语体系，应该取第三种态度，即既要用西方文学理论解释一些文学实践，又要在解释过程中重构西方理论，实现了理论的双向旅行，使之成为中国文论话语体系的一部分。

有学者从重构中国文论话语体系需要注意的问题入手来思考如何建立中国文论的言说方式。陈晓明（北京大学）梳理了德国浪漫派的思想形成原因，认为建构中国文论话语体系，必须回到民族性这一点上。他认为，在德国的浪漫派那里，无论是歌德、席勒还是谢林，他们对理论绝对性的推崇都影响了西方文论界，这种对绝对性的理解是建立在德国民族性上的。因此，我们必须立足于民族性去讨论和反思西方文学理论。重建我们的理论和批评，重点是回到中国的民族性上，找到一种中国的言说方式。程革（东北师范大学）则通过对犹太民族的民族性具体分析，来反思重构中国文论话语体系的立足点。他认为，民族性是一个民族国家的文化基因，要重构中国文论话语体系，必须回到中国的民族性上，这是第一位的。郭冰茹（中山大学）认为，重构中国文论的话语体系，无法回避参照系、价值观和批评标准等问题，最根本的是回到文学、回到民族性才能真正建构反映中国经验的中国文论。党圣元（中国社会科学院）认为，重构中国文论话语体系，不是要回到经学里所讲的"疏不破注""以古释古",而是在强调古为今用的时候,可以通过对"以古释古"的批判性考察,吸取古代文论的养分。李春青(北京师范大学)以郭象的《庄子注》为例,认为要做到有效地阐释,必须是阐释者和阐释对象之间的逻辑形成自洽、平衡、和谐的关系。要重建中国文论话语体系,也应考虑这两者之间的逻辑是否自洽和和谐。

有学者是从具体的文学实践和理论资源来讨论如何重构中国文论话语体系的。张清华(北京师范大学)认为,由于中西文论的不对等,重构中国文论话语体系是有难度的,任重而道远,需要在综合性和历史性结构中去考察。古代文论中的一些理论资源是可以重新利用的,比如诗话理论。一些当代著名作品也是可以用中国古代文论来重新解释的,比如,贾平凹的《废都》采用传统的叙事方式、莫言的《生死疲劳》对章回体的运用、格非的《江南三部曲》对传统的致敬等,古代文论对作品的解释是有效的。因此,重构中国传统话语体系,不能忽略古代文论。庄伟杰(华侨大学)通过反思20世纪90年代以来中国文论发展的历程,提出要建构中国自己的言说方式,有很多可以利用的资源。如朱光潜提炼概括出从古代到现代文艺批评的"判官式批评""诠释式批评""印象式批评"和"创造式批评"四种模式,就为我们建构中国文学批评方式提供了理论依据。赵勇(北京师范大学)通过叶嘉莹运用弗洛伊德理论解释唐诗和宋词的例子,认为西方文论用来解释中国古代文学并不是一无是处,重构中国文论话语体系就在于把西方文论和中国文论融会贯通。杨冬(吉林大学)认为,要重构中国文论话语体系，可以从王国维、朱光潜、钱钟书等学者身上找到理论资源。王桂妹（吉林大学）通过对施蛰存运用弗洛伊德心理学创作《石秀》的分析，认为西方理论并不一定会损害传统文学经典，相反，它有可能是对经典的丰富，因此，构建中国文论话语体系，现代文学中运用西方理论重构经典的作品是一个可以考察的维度。

总的来说，本次会议的时间虽然不长，但理论碰撞和观点交锋极为精彩，与会学者以饱满的理论热情和使命自觉围绕相关议题展开了深入的研讨，这次会议必将对体现中国经验的中国文论的重建产生深远的影响。

（作者单位：东北师范大学文学院）

古代文论研究中阐释的有效性问题[*]

李春青

这个题目的意思是，我们的古代文论研究有哪些问题可以提升到阐释学的层面来思考。例如，我们研究的目的何在？是追问真相还是意义建构？古代文论研究能够是客观研究吗？它应该是客观研究吗？究竟怎样的研究态度和方法才是恰当的？在古代文论研究中有没有"强制阐释"问题？如果有，其表现形式是怎样的？在这门学问问世以来的一个世纪中，这些问题其实一直在困扰着每一位研究者。

一

所谓阐释的有效性是指一种阐释行为所得出的结论既符合阐释对象自身的逻辑，又符合阐释者所持有的理论与方法的逻辑，是二者相契合的产物。我们之所以说它是一种"产物"，这意味着它不是现成地包含在对象那里的，也不是先在地存在于阐释者这里的，而是一种建构的过程及其结果，是一种新的

---

[*]《文艺争鸣》2015 年第 9 期。

古代文论研究中阐释的有效性问题

意义的生成。说"你是你",只不过指出了一个尽人皆知的事实,没有给出任何新的意义,算不得有效的阐释;说"你是我",那完全是痴人说梦,明显地不符合事实,也算不得是有效阐释。这就是说,一种有效的阐释行为既不能是隐匿了阐释主体的"我注六经",更不能是遮蔽了阐释对象的"六经注我",而是"我"与"六经"在相遇过程的相互碰撞、交融互渗之后的重构。就像郭象注《庄子》,没有《庄子》自然不会有此注,而没有郭象同样也不会有此注。故而此注既非原来的《庄子》,亦非与《庄子》相遇之前的郭象,而是二者碰撞之后产生的"第三者"。其中既有《庄子》,又有郭象。

如果用这种阐释的有效性作为标准来衡量近百年来的古代文论研究,我们就不难发现许多问题。这些问题大体都可以归结为"强制阐释"。所谓"强制阐释"是中国社会科学院张江先生的提法,主要是指一些西方理论面对文学现象时的粗暴与专断,完全不顾文学文本的实际,只是得出按着理论自身逻辑所导出的结论。这种情形在中国古代文论的研究中显然也是存在的。我们借用西方理论来阐释中国古代文论问题时很容易把古代文论当成是证明西方理论合理性的材料。例如当我们用西方现代文学观念来阐释"诗言志"这样的古老命题时,当人们把这个"诗"和华兹华斯的诗、拜伦、雪莱或普希金的诗等量齐观时,它身上凝聚的复杂的历史文化因素就被剔除了,只剩下"纯文学"的内涵了。这时我们面前的这个命题已经完全脱离了它原有的历史语境,被阐释成了另外一个东西。人家明明说"诗言志,歌永言,声依永,律和声,八音克谐,无相夺伦，神人以和"，显然，"诗言志"的最终旨归是"神人以和"，故而不弄清楚"诗言志"与"神人以和"之间的关系就简单地认定"诗言志"的意思是"诗歌是表达思想情感的"，这就叫作"六经注我"，或者"以今释古"，或者"强制阐释"。

　　古代文论研究首先存在一个"古"与"今"的关系问题。在中国特殊的历史语境中，古今问题常常可以置换为中西问题，因为中国一个世纪以来的现代学术既是一个"现代化"的过程，也是一个"西方化"的过程。不仅我们包括"学科"在内的学术规范是从西方拿来的，而且我们使用的概念、言说与思考的方式也是极力向西方学术靠拢的。因此我们在古代文论研究中存在的"强制阐释"问题也就具有了某种普遍性：当中国学者接受了各种西方思想理论和方法，并用之以梳理、整理、规范、命名中国古代文献材料，按照现代学科分类标准撰写出诸如中国文学史、中国哲学史、中国社会史、中国文学批评史等著作时，"以今释古"或者"强制阐释"的问题就必然地普遍存在了。为什么是"必然"呢？很简单，就因为中西文化差异太大：这是两个各自独立发展了数千年的文化系统，它们都非常成熟了，拥有各自完善的概念体系、价值体系、逻辑体系、话语体系，方方面面都存在差异。以任何一方为基准来考量另一方都会出现"强制阐释"的问题。试想，假如王船山读到了笛卡尔的《哲学原理》会如何理解和评价？肯定会出现"强制阐释"的问题。那么我们的古代文论或者任何一门以古代问题为研究对象的现代学术应该如何自处呢？是否有一种可以避免"强制阐释"的有效阐释方式？要回答这些问题需要先弄明白我们与古人的差异究竟何在这一前提性问题。在我看来，这些差异乃是造成今日古代文论研究中"强制阐释"现象的主要原因，而克服这些差异则是进行有效阐释的前提。

二

横亘在现代学术与古代研究对象之间的首先是价值体系的差异。这表现在三个方面，一是古以为是者，今以为非。例如六朝的声律论，在那个时代，声律是诗文获得独立性的一种标志，是文学自律性诉求的话语表征，更深层的意义是文人身份的独立性诉求，亦即知识阶层欲摆脱政治伦理教化的束缚，寻求一个独立的精神空间的潜动机之体现，所以"声律论"出现在六朝时期并不是偶然的。然而在许多现代学人看来，这纯粹是一种精神贵族的趣味，是士族文人精神空虚的体现，是形式主义文学观，其价值与意义即使在今天也还是没有得到足够重视，尽管没有齐梁时期文人们对声律的深入研究与积极实践就很难想象唐诗的兴盛与发达是明摆着的事实。二是今以为是者，古以为非。例如对于《诗经》中"国风"作品的阐释，现代以来，至少从古史辨派开始，绝大多数论者都以抒情诗目之，然而在汉儒眼中，没有任何一首诗是抒写个人感情的，每一首诗都是政治诗，或美或刺，均有讽谏之功能。三是今人误读古人的价值取向。例如古代文论中历来多有复古主张，从现代的角度看，似乎是一种退化论文学观，其实这是中国文化的一个特点，不独文学领域，整个社会政治、道德都是如此。所谓"三王"不如"五帝"，"五霸"不如

"三王"。凡欲对现状有所改变,必以古人为说,标举复古大旗,实质乃在于革新。现代以来的中国文学批评史研究,见古人标举复古,常常以复古主义视之,实则不然。

对于价值观错位这一现象不能简单判定孰是孰非。我们所应持的态度是把古人的观点置于其产生的历史语境之中,揭示其之所以不能不如此的原因,则其意义与价值或者局限都将自然显现。

除了价值观念之外,现代学术话语与古代文论之间存在的思维方式上的差异是导致"强制阐释"的另一个重要原因。中国现代学术在西学的影响下形成,从清末民初以来,我们的思维方式、言说方式与古人是渐行渐远了。因此古代文论研究最为重要的,或者说是作为前提的是要弄清楚古人与我们在思维方式上的差异何在。那么古人在思维方式上究竟有何特点呢?

美国比较哲学家郝大维(David L. Hall)与汉学家安乐哲(RogerT. Ames)根据怀特海《思维方式》一书提出的"逻辑秩序""美学秩序"的观点对中国与西方文化在理解世界的方式上的差异进行了分析。在他们看来,"逻辑秩序是人们从有序的对象的特殊性质中抽象出来的普遍原则",而"美学秩序强调的是一种方式,而具体的、特殊的细节则以这种方式来表现自己是产生由这些相互关联的细节的复合体所构成的和谐的源泉"。[①]"逻辑秩序是由对构成秩序之具体事物的实际内容不感

---

① [美]郝大维、安乐哲:《孔子哲学思微》,蒋弋为、李志林译,江苏人民出版社 1996 年版,第 100—101 页。另可参见怀特海《思维方式》,刘放桐译,商务印书馆 2004 年版,第 55 页。

兴趣的规律性所揭示的，而美学秩序却揭示了一种由不可取代的个别的项所形成的特定统一性。……逻辑秩序揭示了规律的统一性；而美学秩序则揭示了独特的具体事物。"[1]用抽象的方式建构起来的秩序不是我们可见的经验的世界，而是世界的抽象形式，即由概念、逻辑编织成的关系网络，是一种逻各斯；而审美秩序的世界则是具体的，保留事物个别性、独特性的经验世界。前者是统一的、完整的、有规则的，因而是封闭的世界；后者则是开放的、永远处于流动变化之中的，因而没有最终统一性的世界。二者相同之处在于：都是对外部世界的主观建构，是人对世界的理解方式。只不过前者采用抽象的、逻辑的、因果关系的方式进行理解与建构，后者则采用"关联性思维"来理解与建构。据安乐哲的考察，"关联性思维"（correlative thinking）是西方汉学界在论及中国人的思维方式时普遍使用的术语，从葛兰言、李约瑟、亨德森到葛瑞汉都曾经对此有过论述。安乐哲总结"关联性思维"的特点云：

> 与习惯于因果思维的人相反，进行关联思维的人所探讨的是：在美学和神话创造意义上联系起来的种种直接、具体的感觉、意识和想象。关联性思维主要是"平面的"，因为它将各具体的、可经历的事物联系起来考察而不诉诸某种超世间（supramundane）维度。关联性思维模式不假定现象与实在的分离，因为它认为对一个有着单一秩序的

---

[1] ［美］安乐哲：《和而不同：比较哲学与中西会通》，温海明编，阮炜译，北京大学出版社2002年版，第80页。

世界的经验不能确立一种本体论标准。[1]

这种按照"美学秩序"来理解与建构世界的思维方式,即关联性思维正是中国古代最为普遍的思维方式,在文学艺术的创作中就更是如此。法国哲学家兼汉学家弗朗索瓦·于连指出:

> 中国永远在寻求"不言"之言,寻求能让人产生联想却毫无意谓的话,能令人看到却什么也不表示的话。中国的"美学"实践,尤其是在绘画领域的实践,完全是在让我们意识到我们不断忽略的"道"之"显"。既是"道"之内在性,又是内在性之"道"。中国画不管画的是什么,一根竹子或一堆石头,其目的不是"再现"世界的一个方面,一片个别的风景,不是要描绘客体,而是表现事物发展过程中连续的内在性。[2]

这就意味着,中国人的这种思维方式不是以主客体二分模式为前提的,不是"对象性"的,而是一种自我呈现式的。对于中国古代思维方式的这一特征,中国学者也有过诸多讨论,如"类比思维""圆形思维""意象思维""无类思维"等,不一而足。参考以上于连、安乐哲、郝大为等人的观点,我们对中国古人的运思方式可以归纳出如下基本特征。

---

[1] [美]安乐哲:《自我的圆成:中西互镜下的古典儒学与道家》,彭国翔编译,河北人民出版社2006年版,第175页。

[2] [法]弗朗索瓦·于连:《圣人无意——或哲学的他者》,闫素伟译,商务印书馆2004年版,第58页。

其一，以具象的方式达成抽象的目的。抽象是任何思考的基本属性，离开抽象人们几乎不能进行思考，甚至不会有语言产生。例如古人用"牟"这个词指称牛的鸣叫声，这个字的读音与牛叫声相近，可以说是拟声造词，很具象。但在古人的文章中，"牟"却不仅指"这一头"，即个别牛的"这一次"叫声，而且可以指任何牛的任何时候的叫声。这就是说，这个很具象的词已然具有了抽象的意义。又如"骆"这个词原本是指白身黑鬣的马，可谓很具体了，但它同样是一种抽象，因为天下白身黑鬣的马并非一匹。这是具象中有抽象。反过来看也是如此，在中国古人那里即使最抽象的词语也同样带有具象的特点。譬如"道"，在中国古代可以说是最具有抽象色彩的词语了，所谓"形而上者谓之道"，因为谁也不能凭借感官捕捉到这个"道"。但是这个词的本义却是人所经由之处，即"所行道也"，这就具象多了，人人心目中的道路形象固然有别，却也大同小异，是可以"看"到的事物。又如"理"，也很抽象，天理、万物之理等，也具有鲜明的形而上色彩，但这个词的本义是"治玉"，即对玉石进行加工，然后才引申为"文理""条理"的。可见依然是抽象而不离具象，抽象中含着具象。中国古人不像西方哲学家那样善于创造和使用纯粹抽象的概念，这或许与文字的性质有关，拼音文字比较容易使人离开具象之物来思考，而始终保留象形文字痕迹的汉字则更有利于具象思维。这当然并不意味着中国古人不善于思考高深问题，只是思考的方式确然不同于西方。

其二，"近取诸身"——通过认识自己来认识世界。在古

阐释的限度

人眼中,天地宇宙、万事万物所由生、所由长的那个"道",其实也在人的心里:道家讲"为道日损",讲"坐忘""心斋",儒家讲"反身而诚,乐莫大焉",讲"心即理",都是在这个意义上立意的。因此"合外内之道"——在自家内心与万事万物相通处定规则、立标准,有所言说——就成为古人运思与立言的基本精神。对此,古人称之为"自得":

> 君子深造之以道,欲其自得之也。自得之,则居之安;居之安,则资之深;资之深,则取之左右逢其源。(《孟子·离娄下》)
>
> 不可只把做面前物事看了,须是向自身上体认教分明。如道家存想,有所谓龙虎,亦是就身上存想。
>
> 理不是在面前别为一物,即在吾心。人须是体察得此物诚实在我,方可。(朱熹:《朱子语类》卷八)

把对对象的认识与对自身的认识统一起来,或者说通过认识自身来认识对象,这便是"自得"的真意之所在。认识的结果不是了解到对象中的某种道理或者现象,而是把自身提升到一个新的高度之中,使自身成为他所要认识的对象。这种思考方式显然不适合用来认识外在自然界,它原本就产生于古人自我修养的功夫:在儒家是存心养性、居敬穷理;在道家则是体道,是坐忘、心斋。

其三,寻求意义而不追问"真相"。由于几乎把全部精力都用在了沟通人伦关系与道德的自我提升上了,所以中国古人不喜欢探问事物的纯客观的"真相",而总是在物与人或人与物的相通处来发问。因此就运思与言说的出发点来看,中国古人就有别于西方传统。例如中国古人为什么不会提出"美是什么"这样的问题,这就与思考与言说的出发点直接相关。首先,中国古人对离开具象的抽象不感兴趣,而"美是什么"是一个典型的形而上学设问,超越了世间一切具体的美的事物,试图寻求决定美之为美的那个普遍性,实际上是无解的。其次,中国古人从不相信在具体事物背后隐含着一种真相或本体、本质,从不鄙视眼前那鲜活的、具体的、感性的事物,认为这就是天地之道的呈现方式,此外并无更根本的决定者。而"美是什么"又是一个典型的"本质主义"设问,试图寻找那个本质的"美"、一般的"美"、普遍的"美",自然是走进了思维的误区。在中国古人眼中,唯有那些与人的生存具有关联性的存在物才是值得关注的。宇宙即是人的大身体,而人亦为宇宙之组成部分,在这种统一性中,古人创建了一个活泼泼的意义世界。对于中国古代学人来说,外在世界其实也不是"外在"的,因为它就是人的一部分,是延展了的人的身体,是代表生命的一体之气把人和物紧密连接起来了。所谓"天地之塞吾其体",此之谓也。

三

我们明了了古代思维方式的特点之后,随之而来的问题是:我们如何用现代人的思维方式和学术话语来言说古人?如何能打破横亘在古人与现代人之间思维方式的巨大差异？具体到我们的论题则是，面对古代文论文本，如何才能进行有效的阐释？在这里我们似乎陷入两难之境了：如果站在古人的立场上，用古人的思维方式去思考和言说古代文论（假如这是可能的话），那么我们的学术还可以称为现代学术吗？如果我们用现代学术话语，借用现代学术的逻辑思维来阐释古代文论，那么阐释的结果还是古代文论吗？是不是已经被偷偷置换为现代文论了呢？这确实是一个难题，但我们必须做出选择。首先，我们必须明确，"古代文论"的研究对象毫无疑问是古代的，但它作为一门学问或一个学科、一个研究领域，则是现代的，属于现代学术范畴。这样一来，我们就不必为我们的阐释结果与阐释对象的不同而感到自责了，事实上，任何有效的阐释行为的结果都不同于其阐释对象，否则阐释就没有意义了。其次，研究对象对研究方法是有制约作用的，一种研究如果无视研究对象的特点，那只能是一种自说自话。所以当我们面对在价值观念、思维方式上与我们存在巨大差异的研究对象时，适当调整提出问题、分析问题的方式是很有必要的，否则我们就无法真正接近研究对象。在面对中国古代文论这种特殊话语形态时，我们不妨尝试下列几种阐释方式。

其一，"不涉理路"——让体验贯穿言说过程，而不是试图对体验进行抽象和概括。宗白华先生是位哲学家，也是位诗人，当他言说康德时，用的是抽象的概念与逻辑推理，而当他言说审美活动时，则充满了体验、感性：

> 艺术心灵的诞生,在人生忘我的一刹那,即美学上所谓"静照"。静照的起点在于空诸一切,心无挂碍,和世务暂时绝缘,这时一点觉心,静照万象,万象如在镜中,光明莹洁,而各得其所,呈现着它们各自的充实的、内在的、自由的生命,所谓万物静观皆自得。这自得自由的各个生命在静默中吐露光辉。
>
> 苏东坡诗云:
>
> 静故了群动,空故纳万境。
>
> 王羲之云:
>
> 在山阴道上行,如在镜中游。
>
> 空明的觉心,容纳着万境,万境浸入人的生命,染上了人的性灵。所以周济说:"初学词求空,空则灵气往来。"灵气往来是物象呈现着灵魂生命的时候,是美感诞生的时候。①

这段话是对"空灵"这一艺术境界进行的阐释,用的是诗一般的语言。

其二,"不落言筌"——尽可能多地用描述的语言而不是下定义、下判断。在谈到艺术意境的创造时,宗白华先生说:

> 艺术意境的创构,是使客观景物作我主观情思的象征。我人心中情思起伏,波澜变化,仪态万千,不是一个固定的物象轮廓能够如两表出,只有大自然的全幅生动的山川

---

① 宗白华:《美学与意境》,人民出版社 1987 年版,第 228 页。

阐释的限度

> 草木、云海明晦，才足以表象我们胸襟里蓬勃无尽的灵感气韵……艺术家禀赋的诗心是，映射着天地的诗心。山川大地是宇宙诗心的影现；画家诗人的心灵活跃，本身就是宇宙的创化，它的卷舒取舍，好似太虚片云，寒塘雁迹，空灵而自然。[①]

这本来是在讲一个很有学理性的道理，属于创作心理学范畴，在一般的研究论文或著作或教材中，往往讲得很有条理、很玄奥，但在宗白华先生这里，完全是一种描述，简直就是一首抒情诗。我们谈论古代文论问题时，完全可以如此言说！

其三，"设身处地"——与古人处同一境界。我们不是古人，也无法回到古代去，但是我们在谈论古人的思想时，应该把古人当作一个"对话者"而不是一堆僵死的材料。这就需要我们调整自己的立场，尽可能设身处地地接近古人、了解古人才行。陈寅恪先生曾说：

> 盖古人著书立说，皆有所为而发；故其所处之环境，所受之背景，非完全明了，则其学不易评论。而古代哲学家去今数千年，其时代之真相，极难推知。吾人今日可依据之材料仅为当时所遗存最小之一部；欲借此残余断片，以窥测其全部结构，必须备艺术家欣赏古代绘画雕刻之眼光及精神，然后古人立说之用意与对象，始可以真了解。所谓真了解者，必神游冥想，与立说之古人，处于同一境界，而对其持

[①] 宗白华：《美学与意境》，人民出版社1987年版，第212页。

论所以不得不如是之苦心孤诣，表一种之同情，始能批评其学说之是非得失，而无隔阂肤廓之论。①

尊重古人、了解古人，把古人视为平等对话的对象，这应该是我们对古人进行有效阐释的一个重要原则，因此也是我们克服在古代文论研究中的"强制阐释"的可行路径。

（作者单位：北京师范大学文学院）

---

① 陈寅恪：《冯友兰著〈中国哲学史〉审查报告一》，载冯友兰《中国哲学史》下册附录，中华书局1961年版。

走向中西会通的中国文论
——兼论张江教授"强制阐释论"*

吴子林

近年来,张江教授提出"强制阐释论",对20世纪以来的西方文论进行了系统的反思,指出其存在"场外征用""主观预设""非逻辑证明"和"混乱的认识路径"等若干缺陷,进而批判了以西方理论为标准,裁剪中国文学实践与经验的研究方式,倡导"全方位回归中国文学实践""坚持民族化方向""外部研究与内部研究的辩证统一"以重建中国文论。张江教授的相关文章先后在《中国社会科学》《文学评论》等刊物发表后,引发了文学批评界、理论研究界的热议,将问题的讨论不断引向深入,成了当下的学术热点之一。本文系由张江教授"强制阐释论"所引发的一些探索性思考,敬请方家不吝指教。

一

张江教授"强制阐释论"的核心,在于对当代西方文论有

---

* 《文艺争鸣》2015年第9期。

效性问题的考量,其着眼点则是中国文论乃至中国文化如何开辟榛芜的自身建设问题,而不是一味地为批判而批判。如何准确地评估当代西方文论的基本特征及其有效性,这首先涉及中西方思维方式的差异问题,诸多的隔阂与误解往往由此而生。

作为人类内在精神活动的构成与体现方式,文化直接涉及人的存在问题,呈现了人与世界的联系方式;其中,思维方式是文化的一个重要内容,一个民族在创造一种文化的同时,也形成了与之相应的独特的思维方式。与其他文化构成要素比较而言,思维方式具有更大的稳定性和连续性。

在研究中西思维方式之差异时,许多学者都发现"有"与"无"是两个非常重要的概念。[①] 具言之,"有"是西方人认识世界的一个基础,西方人在追求宇宙本体的时候,看重的是有(Being)而不是无,是实体(Substance)而不是虚空。古希腊哲学家巴门尼德第一个提出"有"这个概念,亚里士多德随后提出"存在"(Substance),"有"和"存在"决定了西方文化发展的方向。后来西方哲学家所提出的一系列概念,如物质方面的原子、微粒、单子等,精神方面的理式、理念、逻辑、上帝、先验形式等,都基本上没有越出"有"和"存在"的范畴。在中国古代哲学里,最重要的则是"道""无""理""气"四个概念;其中,"道"是根本,"无"则是其核心。在古人眼里,大千世界无不在"道"中,世界不过是"道"变动

[①] 参阅黄药眠、童庆炳主编《中西比较诗学体系》第三章"中西诗学的哲学背景比较",人民文学出版社1991年版,第62—92页。

的产物:"道有变动,故曰爻;爻有等,故曰物。"① "无"则是"道"的特点和存在方式:"道可道,非常道";"道之为物,惟恍惟惚。惚兮恍兮,其中有象;恍兮惚兮,其中有物"②。"道"虽不可见,却无往不是"道";"道"之循环往复谓之"气","理"则是"道"生成变化所遵循的规律。正是在"有"和"无"这两个概念之间,中西方哲学家给我们描述了两个不同的世界:"一个实体的宇宙,一个气的宇宙;一个实体与虚空的对立,一个则虚实相生。这就是渗透于各个方面的中西文化宇宙模式的根本差异,也是两套完全不同的看待世界的方式。"③

在西方人眼里,世界是一个确定的、可认知的"有"和"存在",人和自然、肉体和精神、物质和意识被清晰地区分开来。西方哲学更强调主体性,主客之间是反映与被反映、认识与被认识的关系,主要运用的是理性—逻辑的思维方式。即便是中世纪的基督教神学家在证明上帝存在时,所运用的也是亚里士多德的形式逻辑。世界唯其是确定的,才是可认知的,它才被划分为已知、未知,以激发西方人认识世界的极大热情。

在古代中国人那里,世界并没有分裂成已知和未知两个部分,因为物本身并不重要,重要的是它的功能;在"天人合一"的观念里,人和道是不可分割的,人对道的认识不是将它作为一个对象来研究与审视,而是面向自身的自省。只有认识

---

① 黄寿祺、张善文:《周易译注》,上海古籍出版社1989年版,第602页。
② 引自陈鼓应《老子注释》,中华书局1984年版,第53、148页。
③ 张法:《中西美学与文化精神》,北京大学出版社1994年版,第21页。

自我、超越自我，不为小我所蔽，才能进入"天人合一"的境界。为此，中国古代哲学的核心是"成人"问题：儒家的目标在成"圣人"，道家意在成"至人"或"真人"，禅宗则意在成"佛"。在中国思想史上，儒家的思维方法是"比类思维"，道家的思维方式是"意会思维"，禅宗的思维方式是"顿悟思维"；总体而论，华夏美学肯定认知与直觉的统一，但又偏重于直觉这一思维传统，这深刻影响了中国古典美学的发展方向。①

因此，西方的思维方式主要体现为一种"逻辑的可能性"，属于"思辨的智慧"；中国的思维方式则更多体现为"现实的可能性"，属于"存在的智慧"。用现代哲学家牟宗三（1909—1995）的话说，西方的哲学传统是以逻辑思辨为方式，以形而上学知识论的问题为对象，其所用的人的智力是"抽象的解悟"（Anstract understanding）。具言之，"西方的传统哲学大体是以逻辑思考为其进路，逻辑思考首先表现为逻辑定义。……逻辑定义所把握之一物之体性或本质，并不涵有一物之存在：有一物即有一物之体性，但有一物之体性不必涵有一物之存在"。② 因此，"西方的哲学本是由知识为中心而发的，不是'生命中心'的。……读西方哲学是很难接触生命的学问的。西方哲学的精彩是不在生命领域内，而是在逻辑领域内、知识领域内、概念的思辨方式中"。③ 与之相异成趣，中国文化传统

---

① 参阅韩林德《境生象外——华夏审美与艺术特征考察》，生活·读书·新知三联书店1995年版，第99—103页。
② 牟宗三：《生命的学问》，广西师范大学出版社2005年版，第19页。
③ 同上书，第31页。

中，不喜欢讲那抽象的死硬的理性，而是讲那具体的情理或事理，即"具体的解悟"（Concrete understanding）。"中国文化之智慧，唯在能自生命内部以翻出心性之理性，以安顿原始赤裸之生命，以润泽其才情气，并由之能进而'以理生气'也。"①

可以说，"现实的可能性"（"具体的解悟"）是潜在的"逻辑的可能性"（"抽象的解悟"），它未经严密的逻辑论证，可能不及后者精确、科学、易普遍推广，但大于后者，更为丰富，更具潜力。现代哲学家徐复观说："中国的思想家，系出自内外生活的体验，因而具体性多于抽象性。但生活体验经过了反省与提炼而将其说出时，也常会澄汰其冲突矛盾的成分，而显出一种合于逻辑的结构。这也可以说是'事实真理'与'理论真理'的一致点、接合点。但这种结构，在中国的思想家中，都是以潜伏的状态而存在。"② 可见，中西两种思维方式之间并非完全对立。智慧是可以产生结果的生命过程，知识则是游离于生命过程的结果。凡属于人类智慧的东西，无论古今中西我们都可以学，不应认为中国思维方式好，就排斥西方；或是认为西方思维方式好，而排斥中国。关键在于，学习时必须加入我们自己的智慧，将它们置于具体的历史文化语境之中，加入我们的生命体验，把它们内在的生命重新点化出来，转变成我们自己的智慧。

正是基于中西方思维方式的差异，我们发现，西方的许多

---

① 牟宗三：《生命的学问》，广西师范大学出版社2005年版，第29页。
② 徐复观：《治思想史的方法问题》，载李维武编《徐复观文集》第2卷，湖北人民出版社2002年版，第3页。

文艺理论是由哲学家们提出来的，他们普遍注重对文学艺术思想的系统阐述，注重这些思想与哲学其他问题（如本体论、认识论问题和伦理学问题等）的相互联系；而中国古代的文学艺术思想大多由文学家、艺术家所记述的创作经验组成，虽然零碎而散乱，却具体而鲜活。张江教授指出西方文论有"场外征用""主观预设""非逻辑证明"和"混乱的认识路径"等特征，这些在我们看来是缺陷的东西，在西方人看来则可能是我们所不及的优长。著名科学家爱因斯坦说过：

> 人们总想以最适当的方式来画出一幅简化的和易领悟的世界图像，于是他就试图用他的这种世界体系来代替经验的世界，并来征服它。这就是画家、诗人、思辨哲学家和自然科学家所做的。他们都按自己的方式去做，个人都把世界体系及其构成作为他的感情生活的支点，以便由此找到他在个人经验的狭小范围里所不能找到的宁静和安定。[①]

这是西方人典型的一种生存智慧。中国人对于外部世界的感知则更偏重于天人相通式的直觉感悟。如林语堂说：

> 我喜欢春天，可它过于稚嫩；我喜欢夏天，可它过于骄矜。因而我最喜欢秋天，喜欢它金黄的树叶、圆润的格

[①] [美]爱因斯坦：《探索的动机——在普朗克六十岁生日庆祝会上的讲话》，载《爱因斯坦文集》第1卷，许良英等编译，商务印书馆1976年版，第101页。

调和斑斓的色彩。它带着感伤，也带着死亡的预兆。秋天的金碧辉煌所展示的不是春天的单纯，也不是夏天的伟力，而是接近高迈之年的老成和良知——明白人生有限因而知足，这种"生也有涯"的感知与精深博大的经验变幻出多种色彩的调和：绿色代表生命和力量，橘黄代表金玉的内容，紫色代表屈从与死亡。月光铺洒其上，秋天便浮现出沉思而苍白的神情；而当夕阳用绚丽的余晖抚摸她面容的时候，她仍然能够呈现出爽悦的欢笑。初秋时分，凉风瑟瑟，摇落枝叉间片片颤动着的树叶，树叶欢快地舞动着飘向大地。你真不知道这种落叶的歌吟是欣喜的欢唱还是离别的泪歌，因为它是新秋精神的歌吟：镇定、智慧、成熟。①

这是中国人特有的感知世界的方式，也是一种生存智慧的体现。在中西这两种生存智慧之间，我们实在很难做出优劣高下的判断。

当然，这么说并不意味着中西方的思维方式及其文化不存在各自的缺陷。

西方理论素以所谓的"科学"著称，但西方学者对此作了清醒的反思和批判。如，法国著名哲学家柏格森指出，用语言符号只能得到相对的知识，凭借理性逻辑仅能获得表面的知识，至于"生命意志"的"绵延"——柏格森称之为"唯一的实

---

① 林语堂：《中国人》，郝志东、沈益洪译，浙江人民出版社1988年版，第308—309页。

在"——是无法由逻辑、符号来寻找的。认清了语言、符号的局限之后,柏格森肯定了直觉、悟性的重要。美国当代哲学家M. 怀特评述柏格森时说:"理性最多也不过是能够在一座预先构造的科学房屋四周'环行',而直觉则有进入这座生命、感觉和经验大厦的高贵特权。"① 德国著名哲学家恩斯特·卡西尔对所谓的"理性"也作过极为清醒的批判:"当人被一种特殊神明的启示开导之后就会发现:理性本身是世界上最成问题、最含混不清的东西之一。理性不可能向我们指示通向澄明、真理和智慧的道路";"有些事物由于它们的微妙性和无限多样性,使得对之进行逻辑分析的一切尝试都会落空"。② 牟宗三也犀利地批评西方理论:"凡以西方那种外在的、观解的思考路数,以及其所派生的一切,来解析中国学问,甚至整个道德宗教的,俱是差谬不相应。……凡是那种外在的、观解的思考路数所决定的学问,对于人性俱无善解。因此,不能知性尽性,即不能开价值之源,树立价值之主体。"③ 然而,不少中国学人茫然不知西方思维方式的先天性缺陷,盲目崇拜、追随西方理论,"偶尔着研究自己的文化时,常不敢堂堂正正地面对自己所处理的对象,深入到自己所处理的对象,而总是想先在西方文化的屋檐下找一容身之地"。④ 难道不是这样吗?

---

① [美] M. 怀特编著:《分析的时代——二十世纪的哲学家》,杜任之主译,商务印书馆1981年版,第62页。
② [德] 恩斯特·卡西尔:《人论》,甘阳译,上海译文出版社1985年版,第18、20页。
③ 牟宗三:《生命的学问》,广西师范大学出版社2005年版,第25—26页。
④ 徐复观:《中国艺术精神·自序》,广西师范大学出版社2007年版,第3页。

在一次学术访谈中，高建平谈到，西方分析美学致力于对艺术批评的概念进行分析，与直接的艺术现象处在一种较为隔膜的、间接的状态。当代美学则在进行一种转向，重新关注社会文化的一些现实问题，比如关于现代艺术中出现的问题、环境中出现的问题等。实际上是美学这个学科本身在现代社会中经历着更新。分析美学帮助人反省自身的经验、思考和激情，中国美学必须经受分析美学的"洗礼"。因为没有这一"洗礼"，学术界在概念使用上缺乏语言的自觉，美学讨论的学术水平得不到提高，中国美学就不能向上走一格，使美学更像一门学问。为此，高建平试图在中国材料的基础上建构一种与西方思想有着对话性的中国理论，以补充和发展西方已有理论，揭示出西方人由于自身传统而被遮蔽的思想要素。[①] 显而易见，高建平认识到了中国传统美学思维方式的缺陷，而加强美学研究的逻辑分析，并融通中西以彰显中国美学理论的现代价值。

二

现代使用的"理论"（theory）一词的近亲分别为拉丁文 theoria 和希腊文 theoros，既意指内心的沉思与想法，也表示供观众观看的某种景象。从此逐渐演绎为同实践相对的、作为假设和假说的一种思想体系，其作用是对实践提出解释，再由这

[①] 刘大先：《中外交流中的美学寻求——高建平研究员访谈录》，《文学教育》2007 年第 6 期。

个意思进一步演绎出代表指向某种规律（law）的东西。在某种意义上，"理论"其实蕴含有作为一种观念表演的意思。在 17 世纪以来的某些英语语境中，这个词一度甚至与"投机的"（speculative）一词有些暧昧关系。在日常使用中，理论常常可以同"虚假"组合，并同"实用"（practical）的概念相对照。① 这表明，理论原本并不具有颐指气使君临天下的权势。法国思想家埃德加·莫兰强调说："一个理论不是认识，它只是使认识可能进行的手段；一个理论不是目的地，它只是一个可能的出发点；一个理论不是一个解决方法，它只是提供了处理问题的可能性。换句话说，一个理论只是随着主体的思想活动的充分展开而完成它的认识作用，而获得它的生命。"②

从不同的理论视角切入，西方理论家参与到文学艺术的批评，他们一方面对文学艺术作品有着丰满的感性体验，另一方面又表现了某种理性的澄明与超越。如海德格尔对凡·高油画《一双农鞋》的著名阐释：

> 从鞋具磨损的内部那黑洞洞的敞口中，凝聚着劳动步履的艰辛。那硬邦邦、沉甸甸的破旧农鞋里，聚集着那寒风料峭中迈动在一望无际的永远单调的田垄上的步履的坚韧和滞缓。鞋皮上粘着湿润而肥沃的泥土。暮色降临，这双鞋底在田野小径上踽踽而行。在这鞋具里，回响着大地

---

① ［英］威廉斯：《关键词》，刘建基译，生活·读书·新知三联书店 2005 年版，第 486—490 页。
② ［法］埃德加·莫兰：《复杂思想：自觉的科学》，陈一壮译，北京大学出版社 2001 年版，第 270 页。

阐释的限度

无声的召唤，显示着大地对成熟的谷物的宁静的馈赠，表征着大地在冬闲的荒芜田野里朦胧的冬冥。这器具浸透着对面包的稳靠性的无怨无艾的焦虑，以及那战胜了贫困的无言的喜悦，隐含着分娩阵痛时的哆嗦，死亡逼近时的战栗。①

美国艺术史家梅叶·夏皮罗通过考证，认为凡·高所画的鞋子并不是农妇的鞋子，相反，它们是城里人的鞋子，具体地说，就是凡·高自己的鞋子。德里达还告诉我们，凡·高所画的鞋子甚至不是"一双"。②假如这一切都符合事实，那么，我们能不能由于这"一双农鞋"是"假"的，就推导出海德格尔的这一阐释是"无效判断"呢？问题可能没有这么简单，因为，《一双农鞋》是一件艺术作品，并非一件实物。

当文献学证明特洛伊战争中的海伦属于误传幻象、真实历史中的海伦当时在埃及时，德国著名马克思主义哲学家恩斯特·布洛赫（1885—1977）对于"荷马史诗"所蕴含的文学精神经验作了超越实证的诗意阐释：

这件事情的真正深刻之处在于：特洛伊的或者说幻影的海伦比埃及的海伦更为优越，因为前者在梦中活了十年，并使梦想真正获得了实现。这是不能完全由后来的真正现

---

① ［德］海德格尔：《艺术作品的本源》，载《林中路》，孙周兴译，上海译文出版社1997年版，第17页。
② 参阅陆扬主编《20世纪西方美学经典文本》第2卷，复旦大学出版社2000年版，第414页。

实所取消的;……只有特洛伊的海伦而不是埃及的海伦和军队一道行军,只有她使她的丈夫度过十年苦苦的徒然思念的岁月,使他备尝痛苦与又恨又爱的感情,使他背井离乡地度过许多夜晚,尝尽艰苦的军营生活,急切地盼望胜利。……砝码已经被轻易地互换了一下:在这个迷惑混乱之中,同一个罪恶的、受苦的但主要是有希望的世界连接在一起的、幻想出来的特洛伊的诱人的女妖几乎是唯一的现实,而现实倒几乎变成一个幻影。①

海德格尔对凡·高《一双农鞋》艺术魅力的揭示亦应作如是观。海德格尔说:"走近这作品,我们就突然进入了另一个天地,其况味全然不同于我们惯常的存在。"② 换句话说,这幅画向每一个观看者敞开了一种本真的生存,它真切表明了农妇劳作的艰辛与生活的勤劳,呈现一个农妇或农民的生活世界。因此,在有形的艺术品之中,实际存在着一种无形的东西,这种东西常常通过我们内在的生命冲动表现为一种精神性的现象,充盈于天地之中,并借助艺术家之手被赋予了生命,最终作为"存在"的"去蔽"显现于艺术作品之中。

可与海德格尔、布洛赫的上述经典阐释相媲美的,是精神分析大师弗洛伊德对列奥纳多·达·芬奇《蒙娜丽莎》的"蒙

---

① [德] 恩斯特·布洛赫:《希望的原理》第 1 卷,第 201 页以下,法兰克福,1959 年版。中译文转引自 [英] 利·拉贝兹编选《修正主义》,叶寿曾、裘辉等译,商务印书馆 1963 年版,第 204 页。

② [德] 海德格尔:《艺术作品的本源》,载《林中路》,孙周兴译,上海译文出版社 1997 年版,第 19 页。

阐释的限度

娜丽莎微笑之谜"的阐释：

> 蒙娜丽莎的微笑中结合着两种不同的因素，这一思想打动了好些批评家。因此，他们在美丽的佛罗伦萨人的表情中发现了那种支配着女性性生活的冲突的最完美的表现——冲突在于节制与诱惑之间，在于最诚挚的温情与最无情的贪婪的情欲（贪婪地要毁灭男人，似乎他们是具有敌意的存在）之间。

弗洛伊德还引用了意大利作家安格罗·孔蒂的话说：

> 这位夫人在庄严的宁静中微笑着；她的征服的本能、邪恶的本能、女性的种种遗传、诱惑和俘获其他人的意志、欺骗的魅力、隐藏着残酷目的的仁慈——所有这些依次隐现于微笑的面纱后面，埋藏在她的微笑的诗中，……好的和坏的、残忍的和同情的、优秀的和奸诈的，她笑着……[①]

《蒙娜丽莎》画的究竟是谁？按照意大利作家、画家和建筑师乔其奥·瓦萨里（1511—1574）的说法，《蒙娜丽莎》的原型是佛罗伦萨银行家弗朗西斯科·德尔·吉奥孔达的第二任妻子——丽莎·吉奥孔达；英国艺术史家伊芙琳·维尔奇博士

---

① ［奥］弗洛伊德：《弗洛伊德论美文选》，张唤民、陈伟奇译，知识出版社1987年版，第79、80页。

则认为,《蒙娜丽莎》的原型是当时曼图亚的统治者弗朗西斯科·冈查加的妻子——伊莎贝拉·德斯特;还有人认为是列奥纳多·达·芬奇赞助人朱利亚尼·美第奇的异国情妇——伊莎贝尔·桂兰达,或是一位充满冒险精神的"悍妇"——康丝坦莎·达瓦沃斯。进入 21 世纪,在米兰州立史料馆,人们发现一份重要档案,其中一份材料与列奥纳多·达·芬奇的终生助手卡普洛蒂有关。材料中有一份绘画清单,在所开列的作品中有一项名称写着"La Jonda"的被划掉,改为"La Gioconda"(意思是"微笑的人"),这个名称是达·芬奇一位已婚模特儿的夫姓,她的本名是丽莎·吉奥蒂尼(Lisa Gheradini)。卡普洛蒂的清单表明达·芬奇可能把这幅杰作留给了她,而丽莎·吉奥蒂尼就是《蒙娜丽莎》的原型。米兰的重大发现证实了 500 年前瓦萨里的说法。至此,《蒙娜丽莎》画的究竟是谁的问题,已水落石出。[①] 2012 年 7 月 17 日,意大利考古学家声称找到了疑似丽莎·吉奥蒂尼的遗骨。2014 年 2 月,研究人员对遗骨做的 DNA 测试表明,她就是《蒙娜丽莎》的原型丽莎·吉奥蒂尼。

这些关于原型的"考古"式研究,似乎并无助于我们破解《蒙娜丽莎》的"神秘微笑"。1547 年,乔其奥·瓦萨里较早留意到《蒙娜丽莎》所呈现的笑容非同寻常:

> 在列奥纳多的这幅作品中,有着一种令人心醉的微笑,

[①] 参阅胡跃生《细看达·芬奇》,广西师范大学出版社 2005 年版,第 100—103 页。

阐释的限度

那样的超逸，那样的圣洁，此微笑难以捉摸，不可思议，生活中没有比此更具活力的微笑了。①

此后 500 多年来，人们对这"神秘微笑"作了形形色色的解读，大致可分实证主义与审美心理两大派系。

实证主义派的代表人物是美国哈佛大学神经学家玛格丽特·利文斯通教授。她认为，人们之所以感觉《蒙娜丽莎》的微笑扑朔迷离，原因在于一种视觉系统的工作原理。根据视觉系统的工作原理，我们分别通过中央区域和外围区域来看外部世界。中央区域负责最强烈的视觉刺激，使我们具备看到色彩的能力，最适宜辨别细节，却不适宜识别影子；而外围区域获取辅助视觉，专门负责感觉黑白、阴影和运动。当人们凝视一副面容，视觉中心往往集中在眼睛上，精确度较低的外围视觉则集中在嘴上。由于外围视觉对细节比较迟钝，而"乐于接受"来自画面人物颧骨的阴影，使整体趋于模糊，强化了蒙娜丽莎笑容所涉及的阴影。一旦凝视蒙娜丽莎的嘴，中心视觉就很难看见阴影，便看不到她的笑容了。利文斯通还对《蒙娜丽莎》作了扫描，并用电脑对扫描结果进行处理，重现图像但是过滤掉了阴影，图像的每个细节都很清楚，但再看人物时微笑就不易看到了；但若把阴影再次加强，微笑便会再次浮现出来。

实证主义阐释帮助我们理解真、把握真，体现了科学主义的精神；审美心理阐释则启发我们认识美、欣赏美、懂得美。

---

① ［意］乔其奥·瓦萨里：《著名画家、雕刻家、建筑家传》，刘明毅译，中国人民大学出版社 2004 年版，第 235 页。

审美心理派的代表人物是美国耶鲁大学临床外科教授舍温·纽兰,他说:

> 她在笑什么?她是否知道了我们不知道的事情,她怎么会知道文化的想法?这连我们自己都不知道。达·芬奇听见了一般人听不见的声音。我觉得这个微笑表示着:我知道一些你们从来都不知道的事情,我了解你和这个世界,而你却永远也不得而知。这是达·芬奇传达给全世界的信息,同时也有一种夫子自道。所以,我觉得在这幅肖像画中,达·芬奇描绘的是自己,同时绘就了自己一生的故事。

审美心理派的专家学者认为,达·芬奇自幼得到的母爱是蒙娜丽莎的微笑之源,母亲那充满神秘和慈爱的微笑深深铭记在画家童年的记忆里,而丽莎·吉奥蒂尼的微笑则唤醒、激活了画家对母亲的微笑的追忆,画家将记忆中的微笑形诸画笔,并结合到了丽莎·吉奥蒂尼的形象上。[①] 不过,在我看来,弗洛伊德的上述阐释似乎要比舍温·纽兰更有说服力,因为它揭示了《蒙娜丽莎》所表现的历史特征或心理特征。

法国艺术史家丹纳指出:"文艺复兴是一个绝无仅有的时期,介乎中世纪与现代之间,介乎文化幼稚与文化过度发展之间,介乎赤裸裸的本能世界和成熟的观念世界之间。"[②] 在丹纳

---

① 参阅胡跃生《细看达·芬奇》,广西师范大学出版社2005年版,第103—106页。
② [法] 丹纳:《艺术哲学》,傅雷译,安徽文艺出版社1991年版,第160页。

看来，意大利文艺复兴运动瓦解了中世纪以来的信仰，造成道德沉沦的"时代病"，表现为"感官的诱惑太强，幻想的波动太迅速；精神上先构成一个甜蜜的、销魂的、热情汹涌的梦境，至少先编好一个肉感又强又有变化的故事；一有机会，平时积聚的浪潮便一涌而出，把一切由责任和法律筑成的堤岸全部冲倒"①。另外，当我们仔细地研究文艺复兴时期的恋爱道德时，又发现一个鲜明的对比：小说家们和喜剧诗人们使我们了解到爱情只是在肉欲享受，但是，在那些最好的抒情诗人和对话体作家的作品中，我们又看到另一种最高贵的、深挚纯洁的感情，人原来与神合一的古代信念得以复活。换言之，生活的两极——一是世俗的肉欲享乐，乃至通奸、凶杀、猥亵；二是优雅的骑士风度、圣母的仁爱和高贵的罗马精神——构成了文艺复兴的时代精神气候，正是这种"情感结构"形成了文学艺术作品的二重性。弗洛伊德对《蒙娜丽莎》的精神分析，由于生动剖示了文艺复兴时期人们的"情感结构"（Structureoffeelings）而令人信服！

文学艺术有着极大的广延性，它绘制了一幅完整的世界版图，有助于我们建立经验的、文化的连续性和统一感。海德格尔、布洛赫、弗洛伊德等人的批评实践，没有对复杂的精神世界作简约化的处理，而是生气灌注，有光泽，有渗透力。在我看来，这些批评既非"场外征用"，亦非"主观预设"，它们有着独立的精神价值，我们不必拘泥于它们是否符合史实或作者

---

① ［法］丹纳：《艺术哲学》，傅雷译，安徽文艺出版社1991年版，第214页。

意图。清代诗人袁枚早就说过："作诗者以诗传，说诗者以说传。传者传其说之是，而不必尽合于作者也。……遽谓吾说已定，后之人不可复而发明，是大惑也。"(《程绵庄诗说序》)

三

19世纪以降，西学东渐，西方文化一直以"科学"的面目作为一种真理话语出现，中国学人多唯其马首是瞻，与西方文化思潮亦步亦趋，过分倚重西方现代学术思想或理论，从中寻得某个思想框架以阐释中国文化现象，毫无抵抗地让"中国问题"成为这些理论的现成例证，致使对本土文化丧失了应有的理论把握力和思想原创力。

在《人生之体验》的"导言"里，唐君毅坦言：愈是现代的人生哲学之著作，愈是让人喜欢不起来。何故？这些著作纲目排列整整齐齐，叠床架屋，除了可助教学或清晰些观念性知识，实无多价值；它们不能与人以启示，透露不出著者心灵深处的消息，且足以窒息读者之精神的呼吸。[1]

因此，有人主张坚守中国文化立场又不抱残守缺，而是有所通变，以对传统学术的"祖述"与"引申"、师承与创新来抵御西方学术的巨大压力。如，1901年，文体学家王兆芳在撰写《文章释》一书时，写了一封信给俞樾，谈到自己写作此书的设想："今者西术与我学争，我若固守专家之师承，而儒道反不振。兆芳以为学通天地人而考道于古圣贤，论道于事物，

---

[1] 唐君毅：《人生之体验·导言》，广西师范大学出版社2005年版，第3页。

祖述不摇，引申不已。使我儒道之大，足以括西术之长，而且西术之长，不足抗我儒道之大。若是亦善守师承者乎。"① 坚守中国文化立场自然是必要的，但如果研究只是为了保持或恢复原貌，止步于对古籍的整理、校订、注释，"祖述不摇，引申不已"，这种"通变"仍然是有限的。

法国思想家于连在《新世纪对中国文化的挑战》一文里提出："在世纪转折之际，中国知识界要做的应该是站在中西交汇的高度，用中国概念重新诠释中国思想传统。如果不做这一工作，下一世纪中国思想传统将为西方概念所淹没，成为西方思想的附庸。如果没有人的主动争取，这样一个阶段是不会自动到来的。中国人被动接受西方思想并向西方传播自己的思想经历了一个世纪，这个历史时期现在应该可以结束了。"正如王岳川所言，用中国自己的概念来诠释中国的思想传统，一方面可以避免堕入虚假的普世主义的旋涡，另一方面则是以重新检讨过的中国思想光华来丰富世界思想，从而避免陷入民族主义的陷阱。② 为此，首先必须做到准确地理解西方，在中西文化互补、融合中渊远究极，光大、发扬中国文化与学术。

杨义善意地提醒研究者："对于西方理论的本质和源流、精华和偏枯，都应该尽可能地进行深入的洞察和深入的把握。不下这番功夫而轻率痛斥，难免流于虚妄，但经过深入的洞察把握之后，却不能汲取其精华而跳出其窠臼，不能认识其偏颇

---

① 王兆芳：《文章释》卷首《遗曲园先生书》，载王水照主编《历代文话》，复旦大学出版社2007年版，第6256页。
② 参阅王岳川《中西文论互动与文化输出》，载《中外文化与文论》第13辑，四川大学出版社2006年版，第90页。

而破除其缺陷，则难免流于平庸。"① 那么，我们怎样才能做到准确地理解西方文化，并汲取其精华呢？

第一位享誉全球的中国钢琴演奏家、被世界乐坛誉为"钢琴诗人"的傅聪及其艺术实践，或许能给我们一些有益的启示。

1955年，傅聪获"第五届肖邦国际钢琴比赛"第三名，以及肖邦《玛祖卡》演奏最优奖。评委、意大利钢琴家阿高斯蒂教授对傅聪说："只有古老的文明才能给你那么多难得的天赋，肖邦的意境很像中国艺术的意境。"评委一致认为，傅聪的演奏"最赋有肖邦的灵魂"。南斯拉夫报纸也曾以《钢琴诗人》为题赞扬傅聪说，在他的"思想与实践中间，在他对于音乐的深刻理解中间，有一股灵感，达到了诗的境界"，并说他的演奏艺术"是从中国艺术传统的高度明确性脱胎出来的。他在琴上表达的诗意，不就是中国古诗的特殊面目之一吗？他镂刻细节的手腕，不是使我们想起中国册页上的画吗"？

傅聪获奖后，曾有西方记者问他："你是不是完全西方化了才懂得许多？"傅聪的回答是："不！假如是这样的话，就不需要我了，我就不过是你们西方的一个模仿，那就多此一举！……我们中国人……或者也可以说，每一个民族，都可以对另一种文化有所贡献。当然……一定要自己文化的根扎得很深。因为文化这个东西到了高处，在那个顶上，和那个根上都是相通的，这个在世界上还是大同的，原来就是大同的。"

1946年，诺贝尔文学奖获得者德国作家赫尔曼·黑塞（1877—1962）在收音机里听了傅聪演奏的肖邦之后，激动不

---

① 杨义：《文学研究进入二十一世纪》，《文学评论》2000年第1期。

阐释的限度

已,写下了《致一位音乐家》一文:

> 我所听到的不仅是完美的演奏,而是真正的肖邦。……我可以感受到紫罗兰的清香、马略卡岛的甘霖,以及艺术沙龙的气息。乐声悠扬,高雅脱俗,音乐中韵律的微妙及活力的充盈,全都表现无遗。这是一个奇迹。
>
> 他像是出自《庄子》或《今古奇观》之中。他的演奏如魅如幻,在"道"的精神引领下,由一只稳健沉着、从容不迫的手所操纵,就如古老中国的画家一般,这些画家在书写及作画时,以毛笔挥洒自如,迹近吾人在极乐时刻所经历的感觉。此时你心有所悟,自觉正进入一个了解宇宙真谛及生命意义的境界。[①]

艺术到了最高的境界,是不分畛域的。赫尔曼·黑塞与傅聪,一个文学家,一个音乐家,两人从未谋面,却是灵性上的同道中人,彼此心心相印!

傅聪演奏的是纯西化的钢琴音乐,然而,他是用中国人的心灵来演绎、升华西方音乐的。傅聪是怎么把东方的文化"化"进去的呢?傅聪说:"我并不是故意这么做的!一个人的气质,内心的修养,是无形中存在的。作为一个中国人,我身上有了中国人的文化修养,在演绎西方音乐时,就多了一个角度去理解西方音乐,这给了我一种想象力,或者说我很 Chinese

---

① [德]赫尔曼·黑塞:《致一位音乐家》,金圣华译,《爱乐》2003年第12期。

(中国），很特别，像是总有自己的话要说；然而这不是哗众取宠的东西，不是故意加入的，而是无形中存在的。我绝对没有去故意'东方化'或'中国化'。"

傅雷曾写过《傅聪的成长》一文，他说："我和意大利教授一样，认为傅聪这方面的成就大半得力于他对中国古典文化的认识与体会。"接着又说："的确，中国艺术的最大特色，从诗歌到绘画到戏剧，都讲究乐而不淫，哀而不怨，雍容有度；讲究典雅、自然，反对装腔作势和过火的恶趣，反对无目的地炫耀技巧。而这也是世界一切高级艺术共同的准则。"傅雷坚信："只有真正了解自己民族的优秀传统精神，具备自己民族的灵魂，才能彻底了解别个民族的优秀传统，渗透他们的灵魂。"[①] 1963 年 11 月 3 日，在致傅聪信中，傅雷写道："真了解西方的东方人，真了解东方人的西方人，不是没有，只是稀如星凤。对自己的文化遗产彻底消化的人，文化遗产决不会变成包袱，反而养成一种无所不包的胸襟，既明白本民族的长处短处，也明白别的民族的长处短处，进一步会截长补短，吸收新鲜的养料。"[②]

傅雷是一个在中国最优秀的传统中植根极深的知识分子，他培养儿子傅聪时，既强调传统文化教育，同时又告诫傅聪应无书不读，博览群书："像你这样的艺术家，应当无书不读，像 Busoni, Hindemith 那样"；"名家的音乐论著，可以帮助我们

[①] 傅雷：《傅雷文集·傅雷谈艺术》，江苏文艺出版社 2010 年版，第 318 页。
[②] 傅雷：《傅雷文集·傅雷家书》（最新增订本），江苏文艺出版社 2010 年版，第 420 页。

更准确地了解以往的大师，也可以纠正我们太主观的看法。我觉得艺术家不但需要在本门艺术中勤修苦练，也得博览群书，也得常常作 meditation，防止自己的偏向和钻牛角尖，感情强烈的人不怕别的，就怕不够客观；防止之道在于多多借鉴，从别人的镜子里检验自己的看法和感受"。①

文化滋养了音乐，音乐从文化中得到了巨大的力量。傅聪既是一位钢琴演奏家，又是一个学问家；他带给听众的不仅仅是音乐上的享受，还有一个古老国度的文化精髓，一种人文主义的广度、深度和高度。1982年1月20日，傅聪与华韬对谈时说：

> 你知道吗？我弹肖邦的音乐，就觉得好像自己很自然的在说自己的话。德彪西呢，是我的文化在说话，弹德彪西的时候，觉得感情最放松，德彪西音乐的根是东方的文化，他的美学是东方的，他跟其他作曲家完全不一样。……莫扎特是什么呢？那是我的理想，就是我的理想世界在说话。……舒伯特像陶渊明，舒伯特的境界里有一些我觉得就像中国知识分子尤其是文人传统上特有的那种……那种对人生的感慨。……像陶渊明关于生死的那些诗，是对人生的一种有哲学意味的感慨，这也是中国文人的传统，在文化上达到了很高的境界。②

---

① 傅雷：《傅雷文集·书信卷》，安徽文艺出版社1998年版，第522、610页。
② 傅敏编：《走出家书——与傅聪对谈》，天津社会科学院出版社2005年版，第236—237页。

在傅聪眼里，西方作曲家的世界，跟中国传统的最优秀文化人的世界，并没有一点点的隔阂，完全相通。为什么会这样呢？1982 年 5 月 25 日，傅聪在台北太平洋国际商业联谊社举行的记者招待会上说：

> 我觉得作为一个中国人——不管你作为哪一国人——一定要对本国文化有非常深刻的认识，自己文化的根扎深的话，有了升华，才能更深刻地体会其他民族的文化，这看起来好像很矛盾，其实不矛盾，因为一切文化都有深刻的人民性，是真正地挖掘了这个民族的根、民族的心灵。可是，事实上，所有人类的心灵是相通的，都一样。自古到今，这个世界搞不好，总是为了种族的分别、国家的分别、性别的分别，或者"代沟"——老一代和年轻一代的分别——打得头破血流，却忘了这些分别都是小分别，最大的"同"——都是"人"。①

傅聪自称是音乐的"传道士"，他说：

> 世界上所有的文明，在根子上，在最高点上都是相通的。只不过是生在不同的土壤，那么发展的过程，可能不一样；可是基本上来讲，人类的智慧，全人类的智慧是通的。……他们的世界跟中国传统的最优秀文化人的世界，

---

① 傅敏编：《走出家书——与傅聪对谈》，天津社会科学院出版社 2005 年版，第 198 页。

阐释的限度

>并没有一点点的隔阂，完全相通。只不过用的语言不一样，可精神本质是通的，都是全人类所追求的一种最高的境界。①

人性到了某种极致，人心相通，人文相通，且自然呈现。与世界上最优秀的灵魂对话，领受其弥漫、渗透作品的灵气和悟性，傅聪自然创造出了属于自己的形象、语言、思想和境界。

在与王蒙的一次对谈中，被誉为"国际汉学大师"的叶嘉莹提出，西方的东西不是不可以用，但一定要把中国的传统弄清楚了以后，才能够真正理解、接受西方的东西。她打了一个比方，一个有血有肉的活人，不管什么营养他都可以吸收，但是，如果本身是死的、僵化的，任你打什么营养的针，吃什么营养的药，也不会发生什么作用。所以，一定要熟悉自己的传统，有一个鲜活的生命；一定要有本身的自己的我们国家民族的文化的根基，然后才可以用人家的东西，也可以吸收人家的养分；如果没有自己的深厚的根基，什么都没有，一无所有，那不过是一具僵尸，是死板的，没有生命的，勉强去跟人家这里偷窃一点，那里摘取一点，只能是牵强附会，这都是盲目的，没有什么好结果的。② 百余年来，我们热衷于学习西方的新理论，但是对于自己国家的古典文化传统却已经相当陌生，这种陌生造成了要将中西新旧的多元多彩的文化加以选择取舍和融

---

① 傅敏编：《走出家书——与傅聪对谈》，天津社会科学院出版社2005年版，第44页。
② 参阅王蒙《王蒙文集·谈话录（下）》，人民文学出版社2014年版，第125页。

会结合时，存在一个重大的盲点，即无法将这些理论和术语在实践中加以适当地运用。①

面对"强势"的西方文化，中国现代学者如果缺少必要的精神支撑，是极易失去自己声音的。鲁迅先生当年力主"以自己为主""自己裁判"和"自立其则"，以摆脱"被描写"的命运，走出一条中国人自己的学术创造之路；倘若缺乏了自强自立，缺乏了现代思想——包括思想方式、情感方式与心理素质——只"不过敬谨接受"，那只会形成双重"桎梏"，最终窒息了自己。傅雷也提出，借鉴外来艺术的要诀是"保持自我""融为己有"。关于前者，他认为，"被外来文化征服而完全抹杀了自己"，是艺术发展到颓唐时代的一种表现。中国优秀的传统文化，对于"数典忘祖"的现代中国人而言，是亟待"补课"的。傅雷与刘抗谈话时说过："不从古典中'泡'过来的人空言创新，徒见其不知天高地厚而已（亦是自欺欺人）。"②"保持自我"的真义在于，保持"中国人的灵魂、中国人的诗意、中国人的审美特征"，③"使自己的内生活丰满、扩实，把自己的人格磨炼、升华，观察、实现、体会固有的民族之魂以努力于创造"。④

叶嘉莹少承家学，大学时期受业师顾随熏炙，国学根基深厚，加上又有鲜活、丰富的诗词创作和研究的体验与发现，故

---

① 《百年词学的文化反思——叶嘉莹教授访谈》，《中国社会科学报》2010年3月18日。
② 傅雷：《傅雷文集·书信卷》，安徽文艺出版社1998年版，第310页。
③ 傅雷：《傅雷谈美术》，当代世界出版社2005年版，第52页。
④ 傅雷：《傅雷文集·艺术卷》，安徽文艺出版社1998年版，第251页。

阐释的限度

对中国文学及其诗学传统有比较全面、深入的理解与把握。立足于中西文化交汇的高度，叶嘉莹自然地将中国诗词之美感特质及传统的诗学、词学与西方现代理论予以参照、对比，并在整理和分析中做出颇具逻辑思辨性的阐发。如叶嘉莹文学批评理论的核心——"兴发感动说"，便吸纳了英伽登、伊瑟尔、姚斯等人的现象学、接受美学等西方理论资源，而以之统摄文学的创作、欣赏、批评等全过程，使这一学说成为一个富有新意、有着鲜明理论个性和时代特色的中西融合、体系完整的诗学范畴，有力推动了中国传统文论的现代化进程，[1] 真正做到了于连所说的"用中国概念重新诠释中国文论思想传统"。叶嘉莹说："我们重视内心与外物感应的这一点，与西方的现象学也有暗合之处。现象学重视内心主体与外物客体接触后的意识活动。他们所说的主体就是人的意识，我们中国人称之为心。当你的主体意识与外在客体的现象一接触的时候，就一定会引起你主体意识之中的一种活动。所谓现象学就是要研究你这个主体投向客体的时候，你的主体意识的活动。你可以感受，你可以感动，可以是回忆，可以是联想，各种活动都包括在其中了。我们中国所重视的心与物，交相感应的作用就正是相当于西方现象学所说的主体意识与客体外物现象相接触的时候产生的活动。这本来是我们所有的人类、凡是有意识的人类一个共同的意识活动。"[2] 叶嘉莹就是这样用现代化的理论反思证明了

---

[1] 参阅朱巧云《跨文化视野中的叶嘉莹诗学研究》第三章，中国社会科学出版社2008年版，第46—96页。

[2] 叶嘉莹：《唐宋词十七讲》，河北教育出版社1997年版，第438页。

中国传统诗学、词学理论的价值，使它们在世界文化的大坐标系中找到了应有的位置。这正如现代考古学家李济所言："中国历史是人类全部历史的最光荣的一面，只有把它放在全人类的背景上面，它的光辉才显得更加鲜明。"①

傅聪杰出的艺术实践，以及叶嘉莹成功的学术创造表明，我们之所以与西方文化之间存在隔膜，无法理解、吸收西方文化的精髓，除了中西方思维方式的差异，更重要的恐怕还是自身的民族文化之根扎得不深、扎得不稳。因此，"融合中西艺术观点往往会流于肤浅、cheap、生搬硬套"。傅雷说得好："唯有真有中国人的灵魂、中国人的诗意、中国人的审美特征的人，再加上几十年的技术训练和思想酝酿，才谈得上融和'中西'；否则，仅仅是西洋人采用中国题材或加一些中国情调，而非真正中国人的创作；再不然只是一个毫无民族性的一般的洋画家，看不出他国籍，也看不出他民族的传统文化。"②

置身于新媒介社会，随着电子经验逐渐取代传统的自然经验，一切都被能指化、叙事化，我们生活在片断之中、断裂之中、差异之中，并未能拥有一个共同的整体性生活；表面上一片"扰攘"，内里却相当"荒凉"。面对时代变迁不断甩出来的问题，许多自命不凡、傲慢自负和夸夸其谈的"思想者"，大多是些操弄、贩卖西方假观念（Pseudo-concepts）的所谓专家学者；他们总是有意或无意地回避了苦闷、沮丧、挣扎、屈服、

---

① 转引自岳南《千年学案——夏商周断代工程纪实》，"扉页题记"，浙江人民出版社2001年版。
② 傅雷：《傅雷文集·书信卷》，安徽文艺出版社1998年版，第29页。

无奈的"精神生活",根本不可能从历史与现实中提取稀薄的、弥足珍贵的某些东西,更不可能积攒起一种令人震颤的、将一切裹挟而去的精神力量。这些专家学者不过熟练掌握了某种"精神致幻术",所谓经验的整合、生活的整体性想象,由于淤积了诸多文化阻隔而显得芜杂、浮泛、僵硬、无趣;他们所营造的"仿像世界",由于匮乏丰沛而深厚的质地,以及饱满的生命力和温润的底色,不再让人体悟到灵魂经验的内在性、切身性和超越性,而只能是加剧混乱现实的混乱。以是之故,现代中国学术不乏第一流的丰厚而独特的资源,但第一流的、自成体系的理论创造却并不多见。

因此,张江教授提出中国文论建设必须"坚持民族化方向",一是要回到中国语境,"包括中国特有的历史文化、鲜活的现实经验等";二是要充分吸纳中国传统文论遗产,"对中国传统文论遗产进行价值重估和精神接续";"唯有如此,中国未来的文艺理论所发出的,才是中国的声音"。[①] 这是颇有见地的思想。

那么,怎样才能做到"外之既不后于世界之思潮,内之仍弗失固有之血脉,取今复古,别立新宗",[②] 也就是在中西之间取得一种平衡,实现真正意义上的中西会通呢?

在中国当代文艺学史上,童庆炳是国内文艺思想自成体系、屈指可数的学术大家之一。数十年来,童庆炳在审美诗学、心

[①] 张江:《当代西方文论若干问题辨识——兼及中国文论重建》,《中国社会科学》2014 年第 5 期。
[②] 鲁迅:《文化偏至论》,载《鲁迅全集》第 1 卷,人民文学出版社 2005 年版,第 57 页。

理诗学、比较诗学、文体诗学和文化诗学等诸多领域纵横捭阖，卓然自成一学派，并以其深邃的学术思想一直引领着新时期以来中国文学理论潮流和发展。童庆炳指出，在诠释中华文论著作中提出的观念、体系时，必须克服两种倾向：一是"返回原本"，它多承乾嘉饾饤考订之余弊，这种致力于古代文论的校勘、训诂一类"文物考古式"的研究，把古代文论当作博物馆的一堆现成东西来对待，这种工作的意义是极有限的，尚未进入真正研究的层次；二是"过度阐释"，即将中国古代文论纳入西方文论的逻辑框架，当作佐证西方文论的材料，消解了中国古代文论原有的、精微的民族个性。为此，童庆炳提出了古代文论研究的"三项原则"。

其一，历史优先原则。这就是要尊重历史史实的本来面貌，对它作真实性的把握；研究古代文论，必须置于具体的历史文化语境中来考察，让它们从历史的尘封中苏醒过来，以鲜活的样式呈现在我们的眼前，变成可以被人理解的思想。

其二，"互为主体"的对话原则。西方文论是一个主体，中国古代文论也是一个主体，要取得一个合理的结论，需要两个主体互为参照系进行平等的对话，盲目的本土主义是不足取的。

其三，逻辑自洽原则。中西文论对话是有目的的，不是为对话而对话，而是为了古今贯通、中西汇流，让中国古代文论焕发出青春活力，实现现代转化，自然地加入中国现代形态的文学理论体系之中。这里的"逻辑"不仅是形式逻辑，更是辩证逻辑；所谓"自洽"，即"自圆其说"，实现古今学理的贯通与融洽。①

童庆炳倡导"中西互证、古今沟通"不是务虚,而是极其务本、身体力行的。童庆炳已出版的《中国古代心理诗学与美学》《文体与文体的创造》《中国古代文论的现代意义》和即将出版的《〈文心雕龙〉三十说》,是这一研究范式的具体示例;它们对中国古代文论诸多核心的范畴和命题作了系统清理,一个一个问题地解决,可谓铢积寸累、足踏实地的研究力作。无论是理论还是实践,在我看来,"中西互证、古今沟通"的研究范式都有着非常重要的指导意义。中国古代文论传统博大精深,而传统作为一个民族的"经历物",是永远不会消失的,它不仅体现在"物"(如文化典籍、出土文物等)的方面,而且凝结于观念和制度之中,并以无意识的状态深藏在人们心里。许多事实表明,中国诸多文化典籍中有很多可贵的东西尚处于"沉睡"状态,以往那种"文物考古式"研究,"因其过于零碎、浅薄,常常流于虚妄。所以这一派人士所作的研究工作,往往是以科学的口号开始,以不科学、反科学的收获告终"。②牟宗三的批评一针见血:"今之治史者,其头脑皆成无色者,其心灵皆成光板者,无性无情,无仁无义,只印上一些事件之黑点。此之谓科学方法之用于史,其结果是治史者不懂史,成为历史意识文化意识之断灭,成为慧命之斩绝。虽曰纵贯,实是横列。他们把历史事件化、量化、空间化,哪里还有纵

---

① 童庆炳:《中华古代文论研究的现代视野》,《东方丛刊》2002年第1期。
② 徐复观:《"王充思想评论"序》,载黎汉基、李明辉编《徐复观杂文补编》第一册,"中华研究院中国文哲研究所"2001年版,第476—477页。

贯？"① 牟宗三沉痛地指出："不能通过历史陈迹而直透华族文化生命之源，不得谓能接通华族之慧命。接不通慧命，不得谓为有本之学，其学亦不能大；不得谓为真实之中国人，其为中国人只是偶寄之习气之存在。"② 因此，研究那些传世文化典籍或出土文物并没有错，问题的关键是，研究者与研究对象的真正相遇，只在于一种生命的沟通；只有一个精神富裕的人，具有足够生命强度的人，才能通过诉诸切己生命的阐释，使传世文化典籍或出土文物所深深顾念的那个世界焕发出生命，在接续传统文化血脉的前提下，"中西互证、古今沟通"，将一切人类精神财富尽收眼底，开拓万古之心胸，向人性更高层次的自由不断攀升、超越。

正如童庆炳所指出的，文艺理论研究的对象是文学事实、文学经验和文学问题；文艺理论不只是一种对象化的知识性存在，它还对社会、生活、文化、现实等进行反思、判断，其核心归根结底还是人的存在与发展问题。知识、学问是看得见的，境界则看不见，但比看得见的知识、学问更为重要得多。"境界"所涉及的是"人生的意义何在"的问题，以及由此引申的人生应当如何理会当下并超越当下的问题。作为一种人格标志，境界与灵魂一样，都是从皮肉、大脑、心脏里熬出来的东西，岂可预期的简单复制或挪用？为此，每个人都必须在精神上把自我统一起来，由知识到学问到眼光，由人格到风骨到境界，不断超越自己成就新的自我。换言之，只有焕发出经由传统文

---

① 牟宗三：《生命的学问》，广西师范大学出版社2005年版，第121—122页。
② 同上书，第122页。

化长期浸润而形成的韵致与光泽，在与西方理论借鉴、参照、对话乃至对抗的过程中，才能从自己身上生长出整体性把握自己的能力，形成与激荡的现实生活强有力对话的能力，衍生、创造出直逼人的内心世界的新文化，释放出生命的质感、力量感，以"深邃壮大"国人的"精神生活"（鲁迅语）！

（作者单位：中国社会科学院文学研究所）

强制阐释与文论异化症*

朱 斌

一

强制阐释问题，主要是由张江教授发表的一系列论文引发的。尤其是 2014 年，他在《中国社会科学》上发表的《当代西方文论若干问题辨识》和在《文学评论》上发表的《强制阐释论》，以及《中国社会科学报》对他的长篇访谈《当代文论重建路径——由"强制阐释"到"本体阐释"》等，都明确指出：当代西方文论的根本弊端是强制阐释——脱离文学实践，用现成理论强行解释文学经验，并将之推广为普遍的文学规则；而当下，"我们面临一个难以解脱的悖论：一方面是理论的泛滥，各种西方文论轮番出场，似乎有一个很'繁荣'的局面；另一方面是理论的无效，能立足中国本土，真正解决中国文艺实践问题，推动中国文艺实践蓬勃发展的理论少之又少"。① 因

---

* 《文艺争鸣》2015 年第 9 期。本文为国家社科基金项目（批准号：11BZW127）。

① 张江：《当代西方文论若干问题辨识》，《中国社会科学》2014 年第 5 期。

而，有必要对当代西方文论进行认真反思，尤其是深入考察其对中国文艺实践的有效性，并重新思考中国文论的建设问题。

这犹如一枚枚石块，连番投进当下文学研究的湖面，激起了诸多波澜，引发了诸多反响。2014年年底，《文艺争鸣》转载了其《强制阐释论》全文，并召开了一次小型的专题讨论会，探讨强制阐释问题，还开辟了"强制阐释论"研究专辑栏目，发表了姚文放、王学谦和赖大仁等学者的文章，就此问题展开学术争鸣。此外，张江还与朱立元、王宁、周宪等著名学者就此问题进行了热烈的通信讨论，形成了一系列学术笔谈文章，发表在2015年年初的《文艺研究》《探索与争鸣》和《清华大学学报》等重要刊物上，引起了更多的热切关注。可以说，强制阐释问题方兴未艾，正日益成为文学研究领域的一个热点话题，以至于有论者宣称："'强制阐释'问题受到了广泛的关注，已经成为一个热点性话题，更可望成为今后文论研究中的一个新的问题域。"[①]

那么，强制阐释究竟是一种怎样的阐释呢？对此，张江教授作了明确界定和详尽说明。在他看来，强制阐释是指背离文本话语，消解文学指征，以前在立场和模式，对文本和文学作符合论者主观意图和结论的阐释。其基本特征有四：第一，场外征用，广泛征用文学领域之外的其他学科理论，导引文论偏离文学；第二，主观预设，论者主观意向在前，强制裁定文本意义和价值；第三，非逻辑证明，论证和推理

---

① 党圣元：《二十世纪早期中国文学批评史研究中的"强制阐释"谈略》，《文艺争鸣》2015年第1期。

违背基本逻辑规则,所得结论失去依据;第四,混乱的认识路径,从既定理论和主观结论出发,颠倒了认识和实践的关系。①

这是当代西方文论的根本缺陷,但它并非当代西方文论的专利,在中国不同时期的文学研究中也都能见到。尤其是改革开放以来,随着国门的打开,西方各种文学思潮和文学理论蜂拥而至,中国文学研究者在落后焦虑心理的驱使下,往往对西方文论大胆拿来,全盘吸收,常常缺乏必要的质疑、清醒的反思与有机的消化,更缺乏令人满意的本土转化。因此,在文学批评与研究中,往往简单横移,粗暴套用,生硬比附,以至于强制阐释病象比比皆是,不胜枚举。而且,强制阐释并不仅仅存在于文学研究中,实际上,它是整个学术研究领域的一种普遍病象。因此,周宪先生洞若观火,明确指出:如果我们把眼光放得更远一些,可以说强制阐释大约是这个理论宰制时代人文学科研究的普遍倾向,不仅文学理论,而且其他人文学科,甚至社会科学,也深受强制阐释之累;尤其是"不少做文学理论研究的人,喜好理论预设,观念先行,把玩概念,把具体文学作品作为强制阐释其理论主张的标靶,造成了当下文学理论研究的某种误区"。②

在我看来,这种普遍的强制阐释病象,在文学研究中与文论异化症密切相关:在很大程度上,正是文论异化症促成了强制阐释,因而,强制阐释是文论异化症的一种必然表现。

---

① 张江:《强制阐释论》,《文学评论》2014年第6期。
② 周宪:《也说"强制阐释"》,《文艺研究》2015年第1期。

二

从马克思主义的观点看,"异化是同阶级一起产生的,是人的物质生产和精神生产产品变成异己力量,反过来统治人的一种社会现象"①。按我的理解,所谓异化,是一种畸形的存在状态或变态的发展境况,是特定事物丧失其本性,变成了非我,以至于被异己力量所奴役、所支配,却心甘情愿或毫不自知。譬如:猎狗一旦丧失了捕猎本性,比如自以为是一头贪吃贪睡的猪,猎狗便发生了异化,成了非猎狗;而人一旦丧失了人性,比如自以为动物般的物欲本能就是人之所以为人的根本,人便异化了,成了非人。中国当今的文学批评与研究也具明显的异化倾向:早就被各种非文学的异己力量所占领、所控制,迷失了文学本真,却津津有味,乐此不疲,因而患上了严重的文论异化症。

其最突出的症状是非文学倾向:不再在文学领域心无旁骛地精耕细作,而都争先恐后,向诸多他者领地奔去,因而心甘情愿,被各种异己力量所支配、所统治。具体而言,这主要体现在以下三个方面。

第一,异化成了其他学科的奴仆。在理论资源上,争相跨学科、跨专业,跨出了文学后花园的边界,沉溺于各种非文学的他者理论而乐此不疲。因此,许多文学批评与研究都扔掉了

---

① 王先霈等主编:《文学理论批评术语汇释》,高等教育出版社 2006 年版,第 17 页。

本己的文学知识，而痴迷于操练各种异己学科，如心理学、语言学、人类性、民俗学、生态学和文化学等的知识，因而为诸多非文学的理论所占据，以至于异化成与文学对立的一种异己存在：难以激发真正的文学兴趣，只能激发各种非文学的理论兴趣；难以提高真正的文学能力，只能提高各种非文学的学科能力；难以给人真正的文学知识，只能给人各种非文学的学科知识，如心理学知识、语言学知识、生态学知识、民俗学知识和人类学知识等。其实，这是对文学以外其他学科理论的强行征用，将之强行横移到文学领域，并以它为最高标准，去支配文学批评与研究，从而对作家、作品和文学现象进行强制阐释。因此，张江教授明确指出：当代文学批评与研究，其许多概念、范畴，甚至基本认知模式，都是从场外"拿来"的，它们本无任何文学指涉，也无任何文学意义，却被用作文学理论与批评的基本范式和方法，"直接侵袭了文学理论与批评的本体意义，改变了当代文论的基本走向"。[1] 尤其是对文学的文化研究，从全球化到本土化，从权力话语到文化霸权，从身份认同到性别、种族……如朱立元先生所言，"几乎无所不包，从而成为多学科、跨学科的、面面俱到、大而无当的超级巨无霸学科"，这使"文学研究和批评本身日益远离文学和文本，逐渐消融、消失在包罗万象的文化研究中，沦为其招之即来、挥之即去的奴仆"[2]。

---

[1] 张江：《强制阐释论》，《文学评论》2014年第6期。
[2] 朱立元：《关于"强制阐释"概念的几点补充意见》，《文艺研究》2015年第1期。

第二，异化成了前置理论的奴隶。在方法论上，背离文学现实，理论先行，唯理论马首是瞻，沉溺于预设理论而难以自拔。因此，许多文学批评与研究都从先入为主的理论出发，对作家、作品和文学现象做出符合理论意图的阐释——往往也是一种强制阐释，其结论不是对文学现实的如实反映，也不是对阅读经验的真实表现，而是削足适履对预设理论的曲意迎合。甚至为了理论而虚构文学现实，根据理论需求，强行读出文学现实并不具备的因素，以证明理论的真理性，具言之，即便文学现实并不符合理论预设，也要强行打碎作家、作品和文学现象的原生结构，改变其真实性质，简单粗暴地把它们镶嵌到理论所需要的既定模式中。因此，根据弗洛伊德的精神分析文论，有人把李商隐"何当共剪西窗烛"中的"西窗烛"理解为阳具的象征，从而读出了被压抑的性欲本能；而根据生态美学理论，有人则从爱伦·坡的恐怖小说《厄舍老屋的倒塌》中读出了生态环境意识。这样，虚假的文学体验取代了真切的文学感受，迎合理论的强制阐释取代了切合文本的有效解读，批评与研究便异化为各种理论的跑马场，严重遮蔽了文学现实，作家、作品与文学现象，只是证明理论合理性的一种必要点缀。所以，凭借女性主义文论，你无须细读张爱玲等女性作家的文本，就可以认定她们作品中女性意识的具体内容；凭借大众文化知识与大众传播理论，你无须细读网络文学作品，就可以判定网络文学的突出特征；同理，凭借生态美学知识，你无须细读当代小说文本，就可以总结出当代小说叙事的诸多生态意识倾向。这样，批评与研究就异化为理论的奴隶：不是为了探讨文学现实，总结文学经验，而是为了证明预设理论，因而只按图索骥，为其寻找必要的材料和根据。

第三，异化成了实用功利的俘虏。在价值取向上，背离了超实用功利的审美取向，往往唯利是图，沉溺于实用功利而乐此不疲。利益的最大化，成为驱动批评与研究的飞轮，非文学的实用功利取得了至高无上的决定权和支配权。这使批评与研究丧失了文学本性，失落了审美本心，异化成利益的俘虏，商品价值取代了艺术价值，实用意义取代了审美意义。批评与研究就心甘情愿，且服服帖帖，为功利服务，专家教授们的批评与研究，往往旨在谋取职称和津贴；而各类学子们的批评与研究，则主要旨在谋取学分、学位和文凭。文论成果就成了以赢利为目的的文化商品，难以为文学提供任何真正有审美价值的东西。批评与研究就堕落为对文学赤裸裸的强行利用，往往是对文学进行功利目的明确的强制阐释。当然，这根源于外在评价体系的功利化，是当今学术评价体系功利化和社会评价体系功利化在文学研究领域的一种必然反映。当今学术成果考核的重点，是你文章发表的刊物级别和专著出版的档次高低，以及获奖级别和申请到的项目级别等，而且把每一级别的成果都转换成不同的科研工作量或积分，从而直接与津贴、奖金、职称、学位和工资等切身利益紧密联系起来，而根本不会认真考核你成果的内容怎样、质量怎样、价值何在、独创性何在等。更为偏颇的是，一些富有真知灼见和审美感受力的文学评论，由于写得生动活泼，自由灵动，极富感性色彩，因而难以符合评价体系所认同的"基本学术规范"，往往也难以发表在"正规"

阐释的限度

学术刊物上，故常常被判定为没有多少"学术价值"和"学术含量"，甚至不被认同为"科研成果"。因此，在当前功利化评价体系的"循循善诱"与严酷制约下，文学批评与研究难以真正静下心来，去潜心探讨艺术价值和审美问题，因而已普遍丧失了对文学的痴情与热爱，也普遍失去了探寻艺术魅力和追寻文学真理的激情，所以正日益堕落为一门纯粹的职业和一个纯粹的饭碗：只是为稻粱谋的一种实用功利手段。难怪有论者会严正指出："文学批评如今日益被学术消费体制所捆绑，置身学院的文学批评家被越来越严苛的学术数字化管理模式所宰制，文学批评因此而沦为没有灵魂的学术消费品。"[1]

可见，当今文论患上了严重的异化症，为各种非文学力量所吞并，并被其当了家、做了主。因此，许多文学研究者都丧失了文学兴趣，成为一种非审美的存在：是中国学术论文大批量机械生产线上的熟练操作工，他们只在意其文论是否合乎学术规范与评价标准，是否能"多快好省"地转化为"学术商品"，而毫不在意其是否契合自我的审美体验和文学感受，也毫不关心其是否具有独特的文学价值和审美意义。因此，许多文学研究者，尤其是中文专业的一些硕士生、博士生和教授们，往往缺乏基本的审美判断力，正如陈思和先生一针见血所指出的：他们"面对一部文学作品，不会从自身的感动中提炼出艺术的分辨力，不会判断其艺术魅力与艺术价值，只会生搬硬套一些不知所云的理论术语来胡说八道言之无物"。[2] 这样，中国

---

[1] 李遇春：《如何"强制"，怎样"阐释"？》，《文艺争鸣》2015年第2期。
[2] 陈思和：《文学教育窥探两题》，《天津师范大学学报》2007年第2期。

当今文论虽然貌似建构了诸多辉煌的学术宫殿，但在很大程度上，却使真正的文学宫殿摇摇欲坠，岌岌可危，甚至形成了诸多断壁残垣。难怪在文学研究"硕果累累"、相关成果井喷式的层出不穷之时，我们依然一直能听到诸如"批评的危机"或"文论的困境"之类的呼声，隐隐约约，从文学研究的胜利狂欢与喧哗中执拗地传来。

三

众所周知，正常而健康的文学批评与研究具有极强的实践性品格：源于文学实践，并用以指导文学实践，还在文学实践中得到检验和发展。因此，其出发点、立足点和根本目的地，都只能是文学实践。然而，中国当今的文学批评与研究，却因其严重的文论异化症，而往往缺乏应有的实践性品格。这主要表现在如下几个方面。

其一，不再来源于文学实践。正常而健康的文学批评与研究总立足于文学实践，来源于文学实践，其具体观点和结论，无一不是从文学活动的各种实践——譬如创作实践和阅读实践等——中总结、提炼出来的。但当今异化的文学批评与研究却不再关注文学实践，往往只是从理论到理论，从论文到论文。这使文学批评与研究常堕落为对相关研究成果的简单粘贴、机械复制和必要的取巧式整理。譬如，你研究当代西部文学，不必阅读大量的西部诗歌、散文与小说，而只需阅读一些相关的研究成果，就可以写出一篇篇像模像样的西部文学研究论文；

你研究沈从文，不必细读沈从文的具体作品，而只需读几篇相关的研究文献，就可以顺利写出合乎规范的沈从文研究文章——它们往往都能顺利通过学术不端查重检测、论文答辩或编辑评审之类。实际上，诸多有关文学的期刊论文、课程论文、学年论文、毕业论文、学位论文、职称论文和项目论文，甚至许多相关专著等，都是如此操作出来的。因此，从事文学批评与研究，不需要文学兴趣，不必有审美激情，不需要深入文学现实，不必把握文学现状，你只需熟知五花八门的理论和基本学术规范，并能有效利用唾手可得的相关研究文章，加之多结识一些学界权威人士——尤其是权威期刊编辑或主编，便可游刃有余地生产出大量的批评文本，便可一帆风顺地推出一系列"最新研究成果"，从而就能在文学批评和研究领域混得如鱼得水，甚至青云直上。

其二，不再指导文学实践。正常而健康的文学批评与研究，通过阐释作品，总结创作经验，概括创作规律，提炼基本原理，能有效地指导文学实践：可以引导作者的创作，提高其理论素养和文学能力，让其有效克服缺陷，发挥优长，从而扬长避短，少走弯路；可以引导读者的阅读，提高其欣赏水平和鉴赏能力，培养其审美趣味，让其有效领略文学的魅力所在，以准确把握具体作家作品的缺陷与优势。但当今异化的文学批评与研究，却始于理论，也止于理论，丧失了对实践的指导功能。因为它脱离了文学实践，无法总结出科学的文学规律和有效的文学原理，也无法揭示出文学的发展趋势和未来走向，因而难以给文学实践以切实有效的指引，既无法引导作家的创作实践，也无法指导读者的阅读实践，批评与研究就丧失了话语沟通的基本功能，从而异化为一种自言自语：难以促成与作家的精神交流，难以实现与读者的审美对话。这样，作家、批评家与读者之间应有的良好互动关系，以及他们主体间的平等对话关系，便被扭曲了：批评与研究者的学术能力越强，研究成果越多，理论知识越丰富，其文学敏感力和审美感悟力往往就越贫乏，就越难给作家和读者真正有效的审美启发与引导，批评与研究因而常常陷入自说自话的独白式狂欢而难以自拔。

其三，不再接受文学实践的检验。正常而健康的文学批评与研究，终归要回到文学实践中去，经受实践的检验与修正。实践是检验真理的唯一标准，批评与研究的具体结论必须为文学实践所验证，而且必须经得起实践的检验，"所以它总是随着文学运动、文学创作、文学接受的发展而发展，它永远是生动的、变化的，而不是僵化的、静止的"。[①] 但当今异化的批评与研究，却在独白式狂欢中，丧失了在实践中获得自我修正与自我完善的机会。因此，诸多文论话题，都无可奈何，只能在批评与研究的小圈子里激荡、回响，而无法抵达作家的创作圈和读者的阅读域。这样，批评与研究获得的诸多观点与结论，就因未经历实践磨刀石的有效砥砺，而难以真正锋芒毕露，也难以真正一试锋刃。这既使它们的优长难以得到真正发挥与展示，也使它们的缺陷难以得到有效修正与弥补，因而丧失了文论应有的灵动性、变化性与发展性，以至于沦落为一劳永逸的僵化教条和自得其乐的恒定结论。而且，许多批评者和研究者

[①] 童庆炳主编：《文学理论教程》，高等教育出版社2010年版，第5页。

沉溺于累累的学术成果而沾沾自喜，只需它们能够换来津贴、职称和学位之类即可，而根本无意将其放到文学实践中，去接受实践的检验，更无意根据实践去修正它们、改进它们并完善它们。所以，一篇文学批评和研究论文发表后，很少有人真正关心其文学价值何在，审美意义如何，是否具有现实针对性和普遍适用性，其观点和结论是否完全切合文学现实，是否存在进一步改善和提升的空间。他们的关注点更多地聚焦于它刊发在什么级别的刊物上，是否核心期刊或权威刊物，能兑换成多少津贴或工作量，是否能争取到什么成果奖或科研项目。

综上可见，当今的文学批评与研究已经患上了严重的文论异化症，强制阐释是其突出的病象表现。这亟须引起学界的认真关注和深入反思，并积极探寻能有效治疗其顽症的各种良方。当务之急，应对症下药，努力做好以下工作：首先，在方法论上，应努力摒弃理论先行的强制阐释模式，努力从文学实际出发，从真切的阅读感受出发，以促成理性与感性的彼此互动，实现理论与实践的理想沟通，从而重建学者、作者与读者之间的良好对话关系。其次，在研究心态上，应努力摒弃急功近利的浮躁心理，从文学兴趣出发，从长远的文学发展出发，全身心地投身于文学事业，从而把批评和研究从实用功利的桎梏中解放出来，以回归并坚守文学的自身与本性。最后，在评价体系上，应努力摒弃一刀切的评价标准，根除独尊学报气、专著气、讲章气和学位论文气的评价陋习，尊重文学批评与研究的自身规律，尊重批评个性的丰富性和研究风格的多样性，允许文论的感性言说与自由表达，以形成灵活多样且更加合理的评价格局。

　　唯如此，文学批评与研究才能消除其异化危机，才能有效克服各种强制阐释，从而才能重建文论尊严，并重新激发出文论的蓬勃生机与活力。这当然需要长期而艰辛的付出，却值得文学研究领域的学人为之而不懈努力，因为这才是其安身立命的真正根本。

（作者单位：西北师范大学文学院）

理论泡沫化与学科转基因[*]

高小康

一 过度阐释与理论的泡沫化

2014年以来,张江先生提出的"强制阐释"概念已成为文艺学的一个热词。关于这个概念的解释和评价有许多争议,但已经发生的影响则是不容置疑的事实。

什么是"强制阐释"的准确含义,这个问题也许不如这个概念发生的学术史背景重要。虽然强制阐释是个刚刚出现的概念,但对于理论阐释正当性和价值的怀疑乃至争论却早已发生。对于文学文本乃至整个文学活动进行意义分析和阐释,这似乎是包括文学理论或文艺学学科研究在内各种人文学术研究的题中应有之义,但在近几十年的中国学术研究中,这种理论分析与阐释的正当性问题却遇到了信任危机。早在10年前,文艺学界就讨论过文学理论研究中的"理论过剩"与过度阐释问题。[①] 那么,中国文艺学研究中的这种理论正当性危机是如何发生的呢?

---

[*]《文艺争鸣》2015年第10期。
[①] 参见高小康《理论过剩与经验匮乏》,《文艺研究》2005年第11期。

理论泡沫化与学科转基因

从事文艺学研究的人们都知道,中国的文艺学学科基本上是在苏联影响下形成于20世纪50年代的学科。从50年代到"文化大革命",文艺学研究中的理论阐释由于意识形态的绝对指导地位而具有独断的正当性,或者说只有理论本身的意识形态正确性判断,而不存在理论分析、阐释方法的正当性问题。到了20世纪80年代思想解放时期,意识形态理论所具有的独断的正当性受到质疑,"新方法""新观念"的探索成为理论研究的主导方向。从存在主义、形式主义、精神分析等西方近现代文学理论到信息论、系统论、控制论等所谓的"新三论",似乎任何理论只要可以操作,就都可以无条件地成为文艺学研究的思想工具。这是理论阐释具有绝对正当性的时期。这种绝对正当性观念源于突破思想禁锢的理论探索要求,带来了80—90年代中国学术思想的多样性,同时也造成了理论应用范围的无限制扩张和过度阐释的问题。一位学者在谈到20世纪末的小说批评状况时这样评价道:

> 批评家们在貌似繁杂的流派纠结中不断地出概念给命名,在眼花缭乱的文学现象中经常地发现新路向新动态,遂将世纪末文坛渲染得且温且火,衬托得有声有色。惜乎热衷于理论的批评家恰恰缺乏本土性和原创性理论的导引与充实,只能借助西方的新批评观念对当代小说作隔靴搔痒式的论述和总结,于是这样的小说评论越是热热闹闹则越让人产生空空洞洞之感。[①]

[①] 朱寿桐:《论世纪末的中国现当代小说研究》,《东南学术》2002年第4期。

阐释的限度

理论阐释的过度发展表现为越来越刻意寻绎和发掘作品中高深莫测的形而上内涵：弗洛伊德的弑父情结或阉割恐惧、荣格的集体无意识、加缪的荒诞孤独感、海德格尔的"在"之澄明、福柯的权力—知识、利奥塔的宏大叙事……大量新奇而深刻的理论观念和术语给人以耳目一新甚至振聋发聩之感。但随着这类阐释的日渐泛滥，读者越来越陷入层出不穷的新奇深奥的观念中，理解这些莫测高深的概念术语变得比对作品的直接感受更加重要。当研究者举出某种形而上的理论概念——终极关怀、生命体验、本真存在、权力关系等——作为分析作品意义、评价作品的标准时，这类很容易使人不知所云的玄奥评价使研究者获得了一种独特的话语权力。

需要注意的是，这种过度阐释并非中国学术界特有的现象。美国学者拉塞尔·雅各比曾经写了一本书叫《最后的知识分子》，对20世纪80年代以来美国人文知识分子从公共领域向所谓专业化研究退缩的倾向进行了批评。他在书中提到80年代的马克思主义文学和文化批评因理论术语的"过剩"而变得越来越艰涩难懂，对杰姆逊的《政治无意识》需要别人另外写导论来帮助理解表示不满："问题不只在于杰姆逊的过剩术语，而在于术语本身：一切都是文本加文本。"[①] 对于造成这种理论过剩现象的原因，雅各比提到大学人文学科的专业主义倾向带来的问题。他引用了希尔德曼书中对大学专业化的评述。

[①] ［美］拉塞尔·雅各比：《最后的知识分子》，洪洁译，江苏人民出版社2002年版，第139页。

理论泡沫化与学科转基因

> 今天发表的文章如果不是登在适当出版社的适当的刊物上并受到大学褒奖的话,那么就完全可能是发表了文章也灭亡。这个制度不是用来欢迎无名小卒的……①

这是美国 30 多年前出现的情况,但对于今天在中国大学任教和研究的人来说听上去似乎也挺熟悉。在雅各比看来,大学人文学科的专业主义倾向是导致学术研究变成"文本加文本"的理论术语过剩现象的原因;也就是说,当文学研究变得越来越理论化、专业化时,理论阐释的所指对象就被逐渐推开,能指本身变成了研究兴趣的中心,理论术语不断衍生而形成了理论的泡沫化。中国大学的学术研究自 20 世纪末以来也走上了与美国大学相似的学院化、专业化道路,"权威期刊"成为学院知识分子成就的量化标志,驱动学者的研究朝着专业标准和量化写作的方向发展;理论通过术语、模式和体系所体现的专业性成为评价研究成果是否具有学术价值的重要标准。这种学院化和专业主义学术生态助长了"文本加文本"的理论泡沫化趋势,理论研究变成了过度阐释,理论的正当性危机由此产生。

二 从泡沫化到转基因

理论的过度阐释制造着不断膨胀的学术话语泡沫,成为中

---

① [美]拉塞尔·雅各比:《最后的知识分子》,洪洁译,江苏人民出版社 2002 年版,第 139 页。

阐释的限度

国文艺学研究在20世纪90年代后期以来研究范式越来越庞杂、研究对象越来越溢出传统领域、研究内容越来越泛化的一个原因。理论的泡沫化似乎不足以构成学术讨论的重要议题，10年前文艺学界关于过度阐释的讨论没有凝聚成集中的焦点问题便不了了之。今天当人们在谈论"强制阐释"的时候，"过度阐释"的概念再度被提起，可能意味着这个话题还没有真正完结。

从"过度阐释"与"强制阐释"这两个概念来看，所涉及的学术现象有相关性，但含义不尽相同。关于"强制阐释"的具体特征，提出概念的张江先生有个说法叫作"场外征用"，具体说就是"脱离文本和文学本身，裁截和征用场外现成理论，强制转换文本主旨的做法，不能恰当地阐释文本，也无法用文本佐证理论"[①]。

这里出现了一个特殊的概念就是"场外"。所谓"场外"，指的是文学研究话语"场"域之"外"，即在文艺学学科之外的其他学科领域。"场外征用"就是用其他学科的理论或研究模式来阐释文学文本。历史地看，其实无论西方还是中国的文学研究，历来都有借用文学观念之外的理论、观念、概念或方法模式研究文学经验的做法。即使经典如亚里士多德的《诗学》中关于文学的有机统一性隐喻，刘勰《文心雕龙》中关于道、圣、文关系的论述，都可以看到借用文学之外的理论观念来阐释文学特征或意义的做法。可以说，没有从其他学术理论或话语场域借用或借鉴思想资源，很难设想文学研究会形成今天这样丰富深刻的理论成果。我们常常用"他山之石可以为

[①] 张江：《强制阐释论》，《文学评论》2014年第6期。

错"来说明这种借用场外理论资源的正当性和价值,这和关于"场外征用"的批评是否有些矛盾呢?

不过就张江的解释来看,"场外征用"的问题不是借用了其他理论,而在于"强制转换文本主旨",也就是说对文学的研究阐释脱离了文学自身的意义和话语场域,成为一种场外化的研究活动。10年前谈论的"过度阐释"主要是指"文本加文本"、阐释加阐释的理论泡沫化,也可以说是理论话语的能指狂欢;而"场外征用"则突出强调了场外理论话语被强制嵌入文学研究话语场域而造成的理论研究的场外化。

当然,如果"场外征用"的结果只是强制转换文本主旨,那么这个问题的症结只在于如何严谨科学地进行学术研究。但实际上文学研究的场外化是个比学术研究方法和态度复杂得多的现象。例如早在20世纪早期弗洛伊德用他的精神分析学说解读《哈姆雷特》、摩西坐像等文学和艺术文本,可以说就是较早的"场外征用"案例。弗洛伊德的精神分析学说对文学艺术文本的研究不是关注于通常意义上的文本即叙述表达的字面意义,而是试图通过叙述中的某些反常、怪异、矛盾或叙述的缝隙去寻找那些隐藏在字面背后的、可能连叙述者自己也没有意识到的意义。他对文本的分析阐释依据是文学研究场外的病理学,而且那种精神分析主要依靠内省自证而非生化实验,阐释的结果往往脱离人们的阅读经验很远且因无法证明而令人愕然。可以说,弗洛伊德的文学分析既是将场外理论征用于强制阐释文学,同时也是将文学文本作为征用的对象移出文学研究场域,用来"强制阐释"精神病理现象;所以这种理论研究的正当性

阐释的限度

在精神病理学和文学研究两个领域都受到质疑也就不足为怪了。然而尽管如此，精神分析理论却对20世纪的文学研究乃至整个文学活动产生了重要的影响。弗洛伊德式的文学阐释虽然很难判断是否符合文本主旨，但却引导出从不同知识领域和心理层面对文学体验、阐释的多样化，而且还影响了文学文本的再生成。20世纪初以来的现代文学，从对现成文本意义的分析阐释到新的文学写作，都或多或少地受到精神分析学说的影响。

　　列维·施特劳斯的俄狄浦斯神话结构分析是另一个经典案例。列维·施特劳斯的结构主义分析方法对神话文本的分析与一般意义上对文学文本的理解阐释在分析和处理对象的方法上有根本的不同。他像洗牌一样完全打乱了神话叙述的字面结构顺序，也就是说完全抛弃了作为文学文本的叙述逻辑，而根据一些自己确定的神话要素之间的关系重新排序，从而构建出神话的"深层结构"。这是一种明确地以文学文本为案例的文化人类学研究，研究方法完全肢解了神话的文学性，而且关于列维·施特劳斯对俄狄浦斯神话系列的"深层结构"序列组合是否合理也有种种不同看法，因此几乎可以把这种研究置于文学研究门外而不予理睬。然而有趣的是，这种看似与本来意义上的文学研究没有太大关系的结构主义人类学研究，却衍化出了20世纪文学研究中的一个新的研究方法和流派——法国叙事学。叙事学以文学文本的叙述结构为研究对象，似乎应当说是正宗的"场内"研究了。但实际上从列维·施特劳斯的结构主义分析到法国叙事学和符号学，形成了一种特殊的结构分析方法：从文本内部分解文学文本的整合性，进而从不同文本的结构相似性中发现普遍的"文学性"和文化意义。从普罗普的故事形态学到罗兰·巴特的符号学、格雷马斯的结构语义学、托多罗夫的叙事诗学等,文本分析变成结构和符号分析的同时便已游离出特定的文本,在寻找不同文本所具有的普遍符号结构时,从这种普遍性中发现的意义内涵也就超出了传统意义上的文学场域。罗兰·巴特在《神话》一书中关于大众文化符号的神话意义阐释可以作为这种符号学研究的一个范例。书中分析阐释的对象不是文学文本,而是各种当代大众文化符号——摔跤、电影明星、商品广告等,这些东西和文学有什么关系呢?对此罗兰·巴特解释说:

> 当我对显然与文学无关的现象投注兴趣时(一场摔跤赛、一道精致的菜肴、一次塑料制品展览),我倒并不觉得自己在远离资产阶级世界的一般符号学领域,我先前的文章所研究的只是这个领域的文学层面罢了。然而,只有在研究了许多当今社会现象以后,我才尝试系统地定义当代神话。[①]

显然,在罗兰·巴特看来,符号学的文学文本分析只是对"当代神话"(contemporarymyth)进行文化分析的一个层面。符号学并不仅仅属于文学研究领域特有的方法,那么当符号学的文化分析与文学分析放在同一个研究体系中时,哪个算"场外"哪个算"场内"似乎也成了问题。

---

① Roland Barthes, *Mythologies*, the Noonday Press, 1991, p.9.

阐释的限度

这些"场外征用"案例之所以是经典，不仅在于分析的方法和结论与人们在阅读文学文本时直接获得的感受和理解大相径庭（也可以说是强制转换了文本主旨），更重要的是使文学研究从文本主旨研究向场外溢出，形成了文学研究场外化的趋势。20世纪80年代起，欧美学界的文化研究越来越多地被介绍到中国学界。许多文化研究与传统意义上的学科并不吻合，对中国学界影响较大的如法兰克福学派，有文学与美学研究的知识背景，但作为一个社会研究所，其成员的学术背景包括社会学、哲学、文学批评等不同学科，研究领域包括了社会研究的多层面。在法兰克福学派和其他一些文化研究理论的影响下，20世纪90年代以来中国文艺学和美学界的学术研究视域从传统的文学文本和审美观念溢出，转向了文化研究。在"日常生活审美化"的概念下，研究领域扩展到了后现代主义文化批判所及的许多方面——后殖民主义、女性主义、消费文化、身体政治，等等。如同罗兰·巴特关于当代"神话"的研究和雅各比所批评的杰姆逊关于波拿文都拉酒店（Bonaventure Hotel）的叙事学分析，中国的文化分析也转向文学文本和传统美学问题之外。

这种研究领域的场外扩张同时意味着理论模式、方法和研究目的转向，因此在2000年年初引起学界关于这种"转场"研究正当性的论争，即文艺学的文化研究转向是否"越界"之争。有的反对越界的学者认为那种"日常生活审美化"等与当代大众文化相关的研究不属于文艺学和美学研究，应当归入其他相关学科，比如研究身份政治应该在社会学学科，研究消费

理论泡沫化与学科转基因

和广告（如同罗兰·巴特那样）就应该去营销学或传播学之类学科。但实际上这种"转场"越界的研究并非真正转入另外一个学科领域，与其他学科的关系在某种意义上说可以认为是一种"逃票入场"的行为。文化研究转向实际上是在文艺学和美学学科中开辟了一种被称为"审美文化研究"的跨界研究领域。

十年前这场关于文化研究转向的争论实际上不了了之，文化研究是否具有学术正当性以及中国的文艺学研究是否实现了向文化研究的转向，这样的争论其实没有产生理论结果。从此后 10 年来文艺学的发展状况看，文艺学学科并没有彻底"转向"成为文化研究，但同时文化研究也没有因为"逃票"越界而失去学术的正当性。基于不同理论基础的文化研究一直在文艺学和美学的概念下继续发展，因而使得文艺学、美学的学术范式和学科特征变得越来越模糊杂乱。各种"场外理论"的"进场"产生的后果并非仅仅是强制阐释造成的对文学文本意义的误读、歧义和认识扭曲，而且对作为研究对象的"文学"这个概念内涵和外延的理解也发生了歧义，因此造成了文艺学学术生态的变化——从"场外征用"到学科语境的场外衍生和蜕变，生成了许多跨界的研究领域、对象和方法。这种衍生发展也可以说是学科的"转基因化"。

如同生物的转基因工程一样，学科的转基因化制造出传统学科无法界定的研究领域和对象，甚至包括学术话语和评价体系。文化研究就是这样一类"转基因"产物。作为传统文艺学主要研究对象的文学文本在"场外"的文化研究中被征用为某种文化现象的符号或案例,这从传统文艺学的"场内"研究来说可能意味着强制性的意义曲解、附会或增生。但作为一种"转基因"的衍生学术研究领域,对文学文本的分析阐释因溢出文本阅读语境而形成了多层次衍生的意义;而正是这些衍生的意义研究,构成了对文学活动与更广泛的文化形态和更深层的社会心理结构之间关系的认识。弗洛伊德把《哈姆雷特》解读为杀父娶母情结的表现,是否符合莎士比亚的创作意图以及剧本读者、戏剧观众对这个剧作意义的基本解读,这可能是个无法确定的问题;但弗洛伊德的这个强制阐释式的解读对20世纪文学创作产生的影响之深远却是无可置疑的——文学、艺术与美学的现代主义思潮在很大程度上可以说是在弗洛伊德理论影响下产生和发展起来的。对这些"转基因"产品的评价有非常大的差异和争议,但它们在当代文化与学术研究中的存在及其影响却是当代学术必须面对的问题。

三 "为承认而斗争"

"转基因"学术的出现对于文艺学学科发展造成的最明显的焦虑就是因为传统学科研究领域中心的离散而产生的歧路亡羊之忧——从此以后文艺学研究的学者们还能够坐在一起好好说些互相听得懂的话吗?

这种焦虑的思想背景就是关于学科统一性的前置观念:既然是一个学科的学术研究,当然就要有共同的知识背景、研究领域和话语逻辑,否则还怎么讨论和判定是非?中国的文艺学学科当然是一个比较晚近出现的学科,具体地说就是20世纪50年代在苏联影响下建立的学科,但文艺学研究的基本领域和研究模式还是属于比较传统的人文学科。这类从属于大学学科体系的人文学术研究形态来自西方学术传统,这一点应该是没有疑问的。人们往往以为人文学术的西方传统源自古希腊——柏拉图的雅典学院似乎就是一个证据。但作为大学学术传统的学科化学术研究其实和古希腊的哲人学问不大一样。通过学科体系建立起来的研究模式具有向心性:学者们操作可沟通的工作语言,使用统一的论证逻辑对同一命题进行正反质证以求获得唯一的正确结论。这种向心性保证了学术研究目的和价值的确定性,简单地说就是"为真理而斗争"。

然而这种学科化的学术研究其实并非古希腊的学术研究方式。古希腊哲人的求知方式虽然有苏格拉底式的辩证和亚里士多德的逻辑,但主要的思想成果还是来自哲人的形而上学冥想、推理和独白式的论断,几如中国先秦诸子之学。不同学者之间通过严谨的逻辑推理进行命题质证以求唯一正确结论的研究方式其实是源自中世纪的经院哲学(Scholasticism)——这才是大学人文学术的滥觞,也是学科化研究的前奏。经院哲学虽然争论的都是不着调的神学问题,但自安瑟姆开始就采用了学术争论的方式,即通过亚里士多德的形式逻辑来论证是非。这种学术研究在外行看来可能烦琐无谓不得要领,但却有助于形成特定学术共同体的共同话语和评价体系。这种学术共同体造就了大学人文学术的学科基础。文艺学研究从学科诞生起就沿袭了这种传统的学术共同体模式,在不同时期都有共同讨论的核心命题，如文学与政治、文学与人性、现实主义与浪漫主义、外部研究与内部研究、传统与现代、中国与西方，等等。这些核心命题来自文艺学学科的共同知识背景和研究领域，围绕这些核心命题进行的研究和争论目的是寻求能够在学术共同体中获得普遍认可或理解的正确认识。这种学科背景与"转基因化"的变异学术领域之间存在隔阂和冲突当然也就不奇怪了。

然而吊诡的是，造成学科衍生变异的基因其实早就埋藏在经院哲学时代的学术中了。为了确证上帝存在的真实性而进行的论证同时却又造成了怀疑主义和异端学说滋生的语境。14世纪著名的剃刀手奥卡姆削掉了唯实论视为真理之本的"实体"，启迪了19世纪学术的怀疑主义思潮。从19世纪到20世纪的反形而上学和反本质主义观念造成了学科语境的衍生变异，成为20世纪以来异端学术蜂起的渊源。从更大的历史文化背景来看，这个时代学术的反形而上学、反本质主义和与"全球分裂"（斯塔夫利亚诺斯语）的文化冲突背景相关的反中心、反霸权的后现代文化、政治思潮趋同，学术"转基因化"本质上是文化分裂衍生的产物。如伊格尔顿描述的20世纪60年代以来形形色色文化理论兴起的状况：

> 在这期间，政治上的极左派在陨落得几乎无影无踪之前曾一度声名鹊起。新的文化观念，在民权运动、学生运动、民族解放阵线、反战、反核运动、妇女运动的兴起以及文化解放的鼎盛时期就深深地扎下了根。这正是一个消费社会蓬勃发展，传媒、大众文化、亚文化、青年崇拜作

为社会力量出现,必须认真对待的时代,而且还是一个社会各等级制度、传统的道德观念正受到嘲讽攻击的时代。社会的整个感受力已经经历了一次周期性的改变。我们已从认真、自律、顺从转移到了孤傲冷漠、追求享乐、抗命犯上。如果存在着广泛的不满,那么,同时也存在着虚幻的希望,存在着普遍兴奋感:现在是正当其时。如果此话成立,部分是因为现在显然预示着,新的未来是通往无限可能性的国度的入口。①

伊格尔顿认为激进时代发生的理论影响在消失,21世纪已经进入"理论之后"时代。但他所描述的文化状况正是全球化时代的文化冲突带来的知识与价值观念冲突,以及在这种冲突影响下文化理论的产生和走向怀疑主义的"理论之后"的演变。

对于中国学术研究而言,20世纪60年代的宏大文化批判理论和21世纪"理论之后"的学术思潮都已成为学科语境"转基因化"衍生的知识背景,因此形成了众声喧哗而相互之间难以通约的学术话语旋涡。学科的"转基因化"现象已经成为学术生态蜕变的一种事实,自经院哲学时代传承下来的"为真理而斗争"的学术交流、评价范式遇到了挑战。现在需要面对的问题是如何认识这种失去共同范式和价值标准的学术研究形态的意义。

---

① [英]特里·伊格尔顿:《理论之后》,商正译,商务印书馆2009年版,第25页。

阐释的限度

　　法兰克福学派第三代传人霍耐特在研究社会交往理论时提出了一个源自黑格尔的观念"为承认而斗争",用以解决社会冲突的伦理正当性:

　　　　在黑格尔看来,社会伦理关系是主体间性的一种实践形式,承认运动保证了对立主体相互依赖的一致性和必不可少的相关性。在黑格尔看来,一切相互承认的关系结构永远都是一样的:一个主体自我认识到在主体的能力和品质方面必须为另一个主体所承认,从而与他人达成和解;同时也认识到了自身认同的特殊性,从而再次与特殊的他者形成对立。①

　　霍耐特对耶拿时期黑格尔的承认思想做了进一步解释和发展,他认为社会冲突源自个体被承认的需要,而社会交往的最高境界是实现主体间性的自觉,从情感经验的爱,到社会法律规范下的自尊,最后到达主体间性的承认即"团结":"彼此对等重视就意味着根据价值互相评价,这就使他者的能力和特性也对共同的实践有意义。这种关系就可以说是'团结'。"②

　　对于人文学术而言,借用霍耐特的"为承认而斗争"这个观念是一种对学术研究转基因蜕变意义的描述——从"为真理而斗争"到"为承认而斗争"意味着学术交往目的的现代转

---

　　① [德]阿克塞尔·霍耐特:《为承认而斗争》,胡继华译,上海人民出版社2005年版,第21页。
　　② 同上书,第134页。

— 400 —

向：从向心统一的学科知识体系转向后学科时代不同学术研究观念、范式的主体间性自觉和对话交往关系的建立。"为承认而斗争"是学术研究中主体间性差异的自觉和自主性构建。这种自主性的意义在于，学术生态的蜕变不一定是被动和强制性的消极后果，而可能是新的学术自觉和文化自觉。21世纪初胡经之先生提出了"走向文化美学"的观点：

> ……我国目前的文化现象，极为错综复杂。我们急需对现代化过程中涌现出来的错综复杂的具体的文化现象作文化研究，也需要及早对文化发展作宏观审视，从整体上关注文化发展的美学方向……文化美学、文化研究，两者相辅相成相联系，美学如能面对当下现实，更多关注文化现象，进一步发展，正可走向文化美学。
>
> 无疑，文化美学首先应关注当代审美文化。但当代审美文化并不只限于大众文化，高雅文化当亦在其列。文化美学可以通过对高雅文化和通俗文化的研究，探索当代文化如何走雅俗共赏之路。不只是当代审美文化，就是非审美文化也应列入文化美学的视野。艺术文化之外，政治文化、道德文化、科技文化、教育文化等也应得到文化美学的关注，从美学上加以审视、评析。研究领域因现代化的发展而日益扩大，这正是文化美学和文化研究相近之处。研究领域因现代化的发展而日益扩大，这正是文化美学和文化研究相近之处。[1]

---

[1] 胡经之：《走向文化美学》，《学术研究》2001年第1期。

这里主张的文化美学实际上是对文化研究略加学科约束的一个概念,可以说是在为文艺学、美学的场外扩张正名。作者并不讳言文化研究与当代西方文化理论的关系,但更强调了文化美学研究内容的当下性和中国问题意识。因此,"文化美学"这个从传统文艺学和美学学科溢出的转基因产物具有在学术自觉和文化自觉基础上获得发展的可能性和学术正当性。在中国文艺学、美学界发展起来的生态美学、都市美学、新媒介美学、民间文艺学等与当代中国审美文化现象相关的各种创新的文艺学美学研究,在某种意义上都可以视为这种跨学科多元化发展的例证。

事实上,中国的文化研究在 20 世纪 90 年代的开展与中国社会文化转型发展的现实有关,而进行大众文化研究的思想资源和理论工具则主要来自 20 世纪 80 年代中期以后逐渐介绍到中国的各种西方文化批判理论。经过十多年的发展后再回过头来看,中国的大众文化研究还存在一些值得反省和探讨的问题。最主要的问题是过于简单化地套用西方文化理论。从阿多诺、本雅明到波德里亚、费瑟斯通等,各种理论观点似乎都能够在改革开放后的中国社会中找到对应的文化现象和问题:机械复制、平面化、消费主义、意识形态编码、传媒的操控等观念好像都可以解释中国的大众文化,于是了解西方文化理论的学者便可以轻车熟路地研究中国问题了。查看一下这个时期关于大众文化的研究论著,会发现很多研究都是蜻蜓点水般掠过文化现象然后直奔现成的文化理论观点——"消解深度"可解释各种通俗艺术，"消费主义"是对所有时尚进行研究后的结论，资本的霸权是社会万恶之源，如此等等。因为几乎每一种理论都可以找到现实中的对应物，所以听上去都言之凿凿，但理论之外的中国文化现实的特殊性却可能被遮蔽了。也就是说，转基因化研究的问题关键不在于学科外延的扩张，而在于对场外理论的普适性想象。正是这种关于理论无所不能的想象造成了强制阐释剥夺研究者主体性的消极后果。"为承认而斗争"所唤起的主体间性意识和多元文化共享的需要，在学术研究中意味着从强制性普适理论的桎梏中把研究视野解放出来，认真面对具体发生和发展中的文化现实；重视个案、重视特殊、重视差异、重视田野工作，使大众文化研究真正切入活的文化过程。

这是一个回到知识生态现场的转向，对于传统的文本中心研究来说，也是破解向心性封闭研究的一个机会。以文本为研究对象，它的知识、智慧都体现为对客观、固化对象的发现、阅读、阐释，这是所有这种学术的共同特点。但固化了的文本背后存在一个使文本得以产生、演变、发展和获得意义的过程，这一点被经典学术忽略了。研究对象从文本的内在意义转向文化生态和生成过程，意味着探求历史事件和文本背后具体发生的形形色色生动具体的文化活动。这种研究视野的离散化在造成学科基因蜕变的同时可能带来的是学术研究在更高层面上的多元化共享与相互承认。

（作者单位：南京大学文学院）

强制阐释论与西方文论话语

——与"强制阐释"相关的三组概念辨析*

刘 剑 赵 勇

近一年多来,随着张江先生"强制阐释论"的提出,相关的讨论已渐次展开并逐步走向深入。从某种意义上看,我们认为张江先生对当代西方文论的批评与西方古典人文主义批评的价值指向是殊途同归的。概言之,古典人文主义批评秉持文化保守主义观点,承认作者权力,提倡文本细读,重视文学趣味。像 F. R. 利维斯、莱昂纳尔·特里林、格奥尔格·卢卡奇、艾伦·布卢姆、哈罗德·布鲁姆和乔治·斯坦纳等人,无论他们的国籍、学术出身和政治立场有多么不同,其文学批评观却非常接近。即他们都从古典人文主义的立场反对各种先锋理论和激进诠释,主张回归文本细读。这与张江先生提出的以文本为核心的"本体阐释"① 不谋而合。与此同时,我们也认为,"强制阐释论"在全面反思当代西方文论的时候,也吸取了西方阐

---

* 《文艺争鸣》2015 年第 10 期。
① 张江、毛莉:《当代文论重建路径:由"强制阐释"到"本体阐释"——访中国社会科学院副院长张江教授》,《中国社会科学报》2014 年 6 月 16 日。

释学中"过度阐释""阐释有效性""反对阐释"等理论成果。作者曾坦承强制阐释论与阐释学之间的内在关联:"从1964年桑塔格提出'反对阐释',到1967年赫施提出的'解释的有效性',再到1990年艾柯提出'过度阐释',西方的理论家业已开始反思文学阐释中存在的种种问题,'强制阐释'是这个理论链条上的一个新节点,是在对过去理论资源的总结基础上的一个推进。"① 鉴于这种话语关联,本文拟从三组概念的辨析出发,试图清理"强制阐释论"与西方相近阐释理论之间的联系与区别,以期在比较分析中对该理论有更深入的理解。

一 强制阐释与过度阐释

种种迹象表明,"强制阐释"论深受艾柯"过度阐释"说的影响。艾柯认为,过度阐释(over-interpretation)是对诠释限度的无限突破和对诠释者权力的无限夸大。解构主义者在诠释过程中滥用了"无限衍义"(unlimitedsemiosis)这一观念,因此他将某些解构式诠释打入"武断的诠释"之另册。② 从字面意义上看,"武断的诠释"和"强制阐释"的提法比较接近,两者都意味着阐释者在主观上是侵犯文本、任意闯入文本的。武断/强制地在文本中植入"先在理念"(主观预设)产生的解读后果,就是"过度阐释"。从语义色彩上说,"强制"的感情

---

① 李明彦:《反思与重构:"强制阐释论"理论研讨会综述》,《文艺争鸣》2015年第8期。
② [意]艾柯等:《诠释与过度诠释》,王宇根译,生活·读书·新知三联书店1997年版,第17页。

阐释的限度

色彩比"武断"要更强烈一些,因为"武断"阐释有可能因个性鲁莽而起,而"强制"则明显是来自强硬的主体意志。相比较而言,"强制阐释"论针对的批评对象是西方文论整体,主要是在理论的层面,高屋建瓴地指出当代西方文论存在的总体缺陷;而"过度阐释"只是一个基于后果的描述,其表达也更温和一些。"过度"有可能是无心或无知造成,只是阐释结果不被很多人接受而已。同时,"过度阐释"也主要是在文本操作的层面,希望依此判定某些文本阐释是无效的。尽管存在如此细微差别,但二者的相通之处却很明显。

首先,他们都强调"文本权力"。艾柯认为开放性阅读必须从文本出发,因此它会受到文本的制约。诠释者应该研究"文本权力"和"读者权力"之间的辩证关系。读者的积极作用就在于对文本意图进行推测。文本不只是文字物质形式放在那里的文本本身,而是在阐释循环过程中按其合法性逐渐确立起来的一个客体。在他看来,"不确立边界,就不可能存在城邦"。布鲁姆的误读理论只是证明了文学阐释并不存在唯一正确的解释,而并不能证明一味任意阐释是没有限度的。"我接受文本可以有许多不同的诠释这样的观点,但我反对那种认为文本可以具有你想要它具有的任何意义的观点。"[①] 他认为在清醒而合理的解释和妄想狂式的解释之间,还是有着巨大区别的。我们必须尊重作品文本,而不是生活中的作者本人。为强调"文本权力",艾柯提出"作品意图"(intentio operis)这个概

---

① [意]艾柯等:《诠释与过度诠释》,王宇根译,生活·读书·新知三联书店1997年版,第172页。

念,"作品意图"既不同于"意图谬误"中的先于文本的作者意图,也不同于"感受谬误"中读者的自由发挥,而是内在于文本本身的结构之中。"作品意图"可以通过作品的连贯性整体加以检验。艾柯的"作品意图"是动态的,就像接受美学中文本的"召唤结构"。

张江先生指出:"强制阐释是指,背离文本话语,消解文学指征,以前在立场和模式,对文本和文学做符合论者主观意图和结论的阐释。"① 接下来,在重建本土阐释话语的"本体阐释"部分,他提出应该以文本的自在性为阐释依据,以文本为出发点和落脚点,分三个层面进行主张:第一层核心阐释是对原生话语(文本确切含义、作者传达给我们的全部信息)的阐释;第二层本源阐释是对次生话语(作者创作动机、文本社会背景)的阐释;第三层效应阐释是对衍生话语(文本传播过程中受众和社会的反应)的阐释。与新批评狭隘的"文本中心主义"的文本观不同,他强调"文本阐释是文学理论建构的核心,但不是全部;在文本细读中归纳概括出的结论,需要有本源阐释和效应阐释的丰富和修正"②。他认为文学阐释是有边界的,这个边界围绕文本的原生话语展开,但也不排斥次生话语和衍生话语,这就使得他的文本阐释观更富有某种弹性了。

其次,他们都重视"经验作者"。艾柯认为自己作为《玫瑰之名》的"经验作者"(the Empirical Author),在阐释这部

---

① 张江:《强制阐释论》,《文学评论》2014 年第 6 期。
② 张江、毛莉:《当代文论重建路径:由"强制阐释"到"本体阐释"——访中国社会科学院副院长张江教授》,《中国社会科学报》2014 年 6 月 16 日。

作品时是享有某种特权的。他的"在场"无疑为更好地理解作品的创造过程（比如理解文本是由哪些偶然的选择构成、是由哪些无意识驱动等）和文本的隐含策略提供了帮助。他认为作者所代表的"前文本的意图"（pre-textual intension）确实不能成为阐释有效性的标准，但是"经验作者"确实对其作品的"合法阐释"有更多的发言权。张江也认为，文学创作是作家独立的主观精神活动，作者的思想和情感支配着文本。"对一个文本展开批评的首要一点，也必须是对文本存在的本体认知。其二，作者意欲表达什么，其表达是否与文本的呈现一致。其三，文本的实际效应是什么，读者的理解和反映是否与作品表现及作者意图一致。这是正确认识、评价文本的最基本准则。"[1] 在这里，"作品表现"和"作者意图"同时起作用，因此不至于陷入"新批评"所言的"意图谬误"的泥淖，"作品表现"近似艾柯所说的"作品意图"，它和"作者意图"共同规定了文本的"标准读者"。

再次，他们都谈到"诠释"文本与"使用"文本不同。张江认为，场外理论的挪用、转用和借用，都是一种对文本的"利用"，而非从文本出发的"理解"。文本的文学阐释是有边界的，文本的自在含义有限，不能对文本的有限意义做无限阐释。"把批评者的意图无端强加给文本，对文本做自在含义以外的非文学阐释，超越文学阐释的边界。以文本为原点，使用或利用文本做挥发式言论，不是文学和文本的阐释，可定义为'再生阐释'，再生阐释的话语是'再生话语'。'再生话语'可

---

[1] 张江:《强制阐释论》,《文学评论》2014年第6期。

以产生强大的社会影响和号召力。但再生话语已非文学话语。"①

艾柯也主张在"诠释文本"和"使用文本"之间做出区分。他认为理查德·罗蒂对《玫瑰之名》的阅读就有断章取义之嫌,"因为他关心的只是小说的某个方面,而有意忽视了其他的方面。他出于自己哲学观点的需要——或,如他自己所示,出于其自身修辞策略的需要——部分地'使用'了我的小说。他仅仅关注的是我小说解构性的一面(即反阐释的一面)"②。美国文学理论家乔纳森·卡勒也认为,只去问文本的"使用",不关心文本意义形成的诸多"问题",是成问题的。尽管他不完全同意艾柯所说的"作品意图"之类的概念,担心这些概念会阻碍意义的敞开从而变成"意义专制"的绳索。在他看来,意义确实必须受制于"语境",而这个"语境"却是无法事先确定的;③并且随着时间的推移,语境自身会变得越来越开放。但是卡勒仍然希望文本意义理论"问题"得到重视。对"文本的运作机制以及诠释问题"应该保持应有的好奇心,并进行不倦的探索。

伽达默尔对"诠释"和"使用"的论述则同样具有启发性,他认为我们说"使用"一个文本与"使用"一把锤子是不同的。在精神科学里,应该承认应用是一切理解的一个不可或

---

① 张江、毛莉:《当代文论重建路径:由"强制阐释"到"本体阐释"——访中国社会科学院副院长张江教授》,《中国社会科学报》2014年6月16日。
② [意]艾柯等:《诠释与过度诠释》,王宇根译,生活·读书·新知三联书店1997年版,第173页。
③ [美]乔纳森·卡勒:《文学理论》,李平译,辽宁教育出版社1998年版,第71页。

缺的组成要素，比如在法律条文、神学布道条文里文本被用于某个具体使用时刻，已经先在地包含了理解。"理解在这里总已经是一种应用。"① 因此，他反对将"理解"文本和"使用"文本做二元对立的区分。

最后，它们都存在理论只能证伪的问题。"强制阐释"论面临的现实困难是："谁"可以断定"别人的"阐释是"强制阐释"？读者的趣味各有偏好，价值观和"先见"又往往不同。有人喜欢黑格尔的体大思精、包罗万象，有人喜欢克尔凯郭尔的游戏笔墨、碎片反讽；有人觉得百花齐放、百家争鸣是"自由繁荣"，有人认为各言其道、莫衷一是是"动荡混乱"；有人认为追求确定的意义是坐享其成，有人认为一味追新逐异是走火入魔；有人最害怕出现意义的独裁者，有人最担心阐释的无政府状态。也就是说，在面对具体文本时，判定"强制阐释"这个标准很难把握，也很难操作。张江先生在《强制阐释论》中所举的例子尽管都很典型，但也并非所有例子会被所有人认定是"强制阐释"。

比如海德格尔关于农妇鞋的解读。那双鞋到底是农妇鞋还是凡·高自己的鞋，在诠释中有时并不被看重，阐释的"准确性"和阐释的"启发性"是两个不同的值，二者不可兼得时，有人甚至还会选择后者。人们更愿意从这种对"物"的凝视、对天命的聆听中，展开大地与世界的冲突，感受人与自然的冥合，诗与思的交融，并且推而广之用这种现象学的方式解读现

---

① ［德］伽达默尔：《真理与方法》（上），洪汉鼎译，商务印书馆2011年版，第314页。

代生活中各种日常物件。本土批评家汪民安对家用电器、对宋庄艺术家生活方式充满想象力的解读,就是一个很好的例证。当然也可以用海德格尔这种方式解读中国古代诗歌。既然诗的本意是以有限的语言,表达不可言说之奥秘,我们便可以经由海德格尔对"诗与思"的思考,体悟我们民族特有的生存方式。例如《诗经·豳风·七月》中那个饱经风霜的老农,聆听着四时的节奏,感受着天道不变、四季如期。以"天行健,君子以自强不息"的进取精神,一年到头日日辛劳,周而复始,安守着与土地的友情,接受着生活微薄的馈赠,没有怨艾,没有反抗,这是对自身命运另一种"恭顺的聆听"。张祥龙先生曾经著述分析海德格尔思想与中国天道之间的关系,所以这种对《七月》的现象学解读,可能也就只能算"多元"解读中的"一元",而海德格尔对凡·高鞋的"强制阐释",并无太大危害,有时还能被看作有意义的"误读"。

艾柯的"过度阐释"论也曾面临相似的困境。他自己坦言,并不强调有某种固定的理论,可以帮助人们界定"过度阐释"。但是他认为自己的提议是"类波普尔式"可以证伪的,他的题中应有之义足以使人认识到,并非任何阐释都是可行的。因为存在文化意义系统,也存在文本的内在运行机制。对于解读者来说,"要理解文本的运行机制意味着去断定为了得到一个连贯的诠释,他的众多特征中哪些是相关的,哪些是不相关、不能支持连贯性解读的"[1]。这使诠释的可接受性存在不同的等

---

[1] [意]艾柯等:《诠释与过度诠释》,王宇根译,生活·读书·新知三联书店1997年版,第182页。

级。再者,因为"过度阐释"是一个事后效果判断,而非一个主观价值判定,所以艾柯试图求助于某种"文化达尔文主义"的策略,把"历史"选择看作是一个大浪淘沙的过程。尽管群体的共识形成是一个需要不断得到修正的长期过程,但是经过了时间淘汰,某些解释自能脱颖而出,获得比其他解释更大的读者群认同。

二 本体阐释与本体论阐释学

如果说"强制阐释"是"破",破除对西方理论话语轻信盲从的迷障,那么"本体阐释"就是"立",意在重建中国本土的阐释话语。可以说,"强制阐释"对艾柯的"过度阐释"基本上采取了向心的借鉴方式,而"本体阐释"对伽达默尔的"本体论阐释学"则采取了完全离心的借鉴方式。毋宁说"本体阐释"的理论旨归更接近赫施对伽达默尔的批评。

首先,二者所强调的"本体"含义不同。"本体阐释"中的"本体"强调的是"文学本体",是把文学文本看成阐释过程中第一性的东西;而"本体论阐释学"意义上的"本体",是"人与神"共在的"世界",是"生存本体"。相对于传统的方法论阐释学,本体论阐释学的阐释焦点发生了位移,由过去重视通过阐释(这种方法)追究作者原意,转移到通过阐释(这种本体存在方式)加入对世界的理解。"本体论阐释学"的焦点是理解活动和理解事件本身。它把每一次理解都看成是和人的存在有关,认为理解活动中发生的真理不是指科学真理的主客观相符,而是"意义的发生和持存的方式"。因此真理在艺术经验中发生的样式是涌现、是绽开,永远在过程之中。有别于狄尔泰等人将"共通的人性"看作解释的前提,伽达默尔强调了"传统",也就是我们(作者和读者)共同处身的世界本身,在这样的存在中,"我"总是带着"先见"而来,总是与他人"共在",因而意义总是"共享"和"交谈"。"传统"在这里不是封闭的,而是向未来开放。

其次,二者理论侧重点不同。"本体阐释"强调阐释的相对确定性和有效性。张江指出,文学阐释不能超越文本的自在性边界和作者的有限主观意图,做无限发挥。这和赫施的主张很是相近——重视文本含义和作者原意。赫施在批评伽达默尔时曾经谈到,文本有"意思"(meaning)和"意义"(significance)之别,作者"意思"相对确定,而文本"意义"有待于后来者的补充理解。这样,"意思"和"意义"便虚实结合,既有实体部分,也有相对的开放性。"本体阐释"重视理论的先在完整性,比如综合内部研究和外部研究,三个阐释圈层之间是辐射与反射的关系,并且分层综合考虑了文本、作者、社会语境、读者理解等在阐释过程中"变"和"不变"的因素,解释的有效性有赖于和文本意图、作者"意思"的重合程度。

而"本体论阐释学"强调阐释的有限性和历史性,重视具体阐释展开过程中的"问答—对话"逻辑。在伽达默尔看来,"我"并不能完全把我"植入"别人的体验,完成狄尔泰意义上的"移情","我"总是被抛入历史,带着"先入之见"。"理解"的意义总是来自"我"对文本的意义期待与文本的"召唤结构"之间形成的"视域融合"。在这里,"文本"不是一个纯客体,而是一个准主体,它用自己的存在向我们提问,并回答我们提出的问题。"问答逻辑"使他把理解过程看作读者与文本之间的平等对话。理解一个文本,就是要恰如其分、如其所问地重构文本提出的问题,并去文本中进一步寻求答案。我们并不能任意地自说自话,而是受文本"期待视域"的限制。我们边阅读边提问,而文本一面被阅读,一面对我们的问题进行回答或者修正。因此,我们不妨把伽达默尔的"问答逻辑"看作一种试探逻辑,同时它也是"视域融合"具体展开的动态过程。

再次,二者理论形态不同。"本体阐释"是一个同心圆的阐释结构,文学文本是核心阐释的主要内容,本源阐释和效应阐释都是围绕这个核心阐释辐射生发的,分别属于第二圈层和第三圈层,一圈一圈向周围扩散开去,文本的原生话语作为阐释核心是相对确实的,而外围越来越虚化,以便在历史进程中保持阐释的开放性;"本体论阐释学"则重视阐释发生过程,读者加入对意义的理解更像是跳进一条流动的河流,你只能汇入河流而无法穷尽这条河流的模样。阐释的意义不是追求回到最初,而是加入流变的历史。伽达默尔认为:"理解不只是一种复制的行为,而始终是一种创造性的行为。"[①] 意义不是先于阅读、先于读者理解的"自在之物",而是在阅读过程中的"生成物"。理解是一场"效果历史"事件,总是与文本的接受史不可分离。可见,"本体阐释"是一个宏观的文本阐释理论

---

① [德]伽达默尔:《真理与方法》(上),洪汉鼎译,商务印书馆2011年版,第383页。

建构，具有整全、实用、清晰的特点；而"本体论阐释学"是一个微观的阐释过程发生学分析，以流动、细腻和精微见长。

最后，二者阐释路向不同。"本体阐释"更倾向于是一种"恢复性"阐释，重视回到作者原意，这和赫施对伽达默尔的批评意趣相通；而"本体论阐释学"更倾向于"生发性"阐释，关心个体如何加入历史的合唱，在理解过程中产生新意。在伽达默尔看来，方法论解释学所代表的独断型阐释是一种本质主义的思维方式，认为文本的意义是客观的、固定的，它就是作者的意图，"理解"所做的就是把确定无疑的真理用于个别案例；而本体论解释学所代表的探究型阐释则是一种历史主义的思维方式，认为作品的意义是构成物，是在历史的长久时间里不断建构、沉淀、累积而形成的，探讨字句在全文中传达的具体意义，会随具体时代具体人而有所不同。伽达默尔认为："这不是打开任意解释的大门，而是揭示一直在发生的事情。"[①] 应该看到，作为一种"恢复性"阐释，"强制阐释论"关心意义的相对确定性确有其道理，尤其是在文学教学和文化公共传承中，这种意义的相对确定性就显得尤为重要；而伽达默尔的"生发性阐释"，则更适合描述私人读者每一次个体阅读的展开过程。

三　反思阐释与反对阐释

在其精神气质上，张江先生对"强制阐释"的反思和桑塔格的"反对阐释"论也有很多相通之处。首先，他们都在一定

---

① ［德］伽达默尔：《真理与方法》（上），洪汉鼎译，第485页。

程度上表现了对西方主流理论话语的反感。张江反思当代各种西方文论主流话语对文学文本的"强制阐释",桑塔格也曾经在20世纪60年代反对精神分析、马克思主义等非文学理论任意阉割文学文本,他们都表现出对当代理论话语过剩、过于强势的不满。张江希望找到文学阐释的边界,捍卫文学的审美自主性和独立性;而桑塔格则希望恢复艺术中的"新感受力",捍卫艺术的自主性。在这里,艺术不仅包括诗歌、小说等文学样式,也包括绘画、电影等艺术样式。

其次,他们都代表了一种从边缘出发、抵抗中心的声音。桑塔格抵抗的是以特里林夫妇为首的纽约高雅文化圈,她要用大众文化和艺术的新感性抵抗平庸保守的中产阶级趣味,向主流文化圈挑战;她是流浪的街头艺人、为中产阶级所不齿的波西米亚生活方式、贫穷而富有激情的艺术的代言人;她以"反对阐释"的声音宣告同主流社会高级文化的格格不入。张江也表达了全球化语境中的弱势民族对西方主流话语的批判和反思,以"强制阐释"论质疑西方权威理论的合理性,希望国内同道在引进西方话语时充分考虑文化差异、伦理差异和语言差异,试图重建具有独创性和本土特色的文学理论话语。

但二者也存在明显的不同之处。首先,理论的出发点不同。张江在申明西方文论"强制阐释"的整体缺陷之后,提出了"本体阐释"的一系列主张,他的反思路径是从理论回到文本批评,但他并非不要批评的理性,而是力求对借鉴西方文论有更理性的批判和认识,建立本土文学批评的理性话语。而桑塔格则认为,正是因为艺术批评中理性过剩,才导致了"阐释是智力对艺术的报复"①,她期待一种像罗兰·巴尔特等人那样的贴近艺术文本的感性批评。因此,她"反对阐释"的出发点是希望从理性回归到批评的感性,或曰新感性。

其次,话语风格不同。张江的"强制阐释论"呼唤中国文化的主体意识,他多次引用马克思、恩格斯的理论话语,希望重建具有社会主义现实主义特色的当代中国文论。同时,他也响应大数据时代的召唤,主张建立一种文本统计学。这种整全缜密的理论风格,以及最后的理论归宿,都指向了科学理性主义。从《人民日报》"观象"专栏题目可知②,张江致力于弘扬一种主流的、健康的、正能量的批评。在追求秩序、和谐,旨在提升文化这一点上,可以说他与桑塔格的潜在论争对手、具有古典现实主义美学倾向的特里林遥相呼应。而桑塔格却主张破除智力"过度阐释"之弊,让批评回到艺术、回到生命,回到审美和感觉,为新感性(马尔库塞)的解放鸣锣开道,其主导精神是唯美—浪漫主义的。她的写作风格灵动多变,善于呈现断片式思想,不求精深,但求灼见。她号召对各种新艺术门类和大众文化进行"形式"研究,反对经由文本的"内容"分析导向陈腐的中产阶级道德说教。在马尔库塞和桑塔格身上,充分体现了美国20世纪60年代的"反文化"精神。其理论话语风格具有另类的先锋性和艺术性。

通过以上辨析,我们发现张江先生的"强制阐释论"与他

---

① [美]苏珊·桑塔格:《反对阐释》,程巍译,上海译文出版社2003年版,第9页。
② 许徐:《"强制"之后,如何"阐释"——〈人民日报·文学观象〉之观象》,《文艺争鸣》2015年第6期。

所反思的西方文论存在千丝万缕的联系。这至少说明，在"反对阐释""过度阐释""阐释有效性"等环节，张江先生一方面与西方阐释学家拥有着同一个话语谱系；另一方面，他又想打破这一谱系中已成某种定论的话语格局，在其"阐释链"上增加一环。这种思路和做法是启人深思的，因为在今天这样一个全球化的时代，各民族的文化往往处于"共享"状态。这也意味着，经过改革开放 30 多年来的大量"引进"，西方文论已在很大程度上融入我们的血液之中，成为我们理论肌体或思想武库中的有机组成部分。另外，越是民族的就越是世界的，这又意味着我们必须扬西方之长避西方之短，而不能跟在西方文论家后面亦步亦趋。于是发出我们自己的声音，建构出属于我们自己的文论话语便显得至关重要。如何解决这一矛盾，很可能是摆在中国文论界面前的一项长期、艰巨并且复杂的任务。在此期间，甚至会引发全球化与地方化（或本土化）、西方文化霸权与东方主义之间的抵牾或冲突。冲突不可怕，因为冲突之处是疼痛之处，也是反思之处；是理论创新的起点，也是建构中国当代文论话语的生长点。

（作者单位：北京邮电大学数字媒体与设计艺术学院；北京师范大学文艺学研究中心）

"过度阐释"与"强制阐释"的机理辨析[*]

李啸闻

"过度阐释"源于意大利小说家、文学批评家安贝托·艾柯于1990年在剑桥大学与理查德·罗蒂、乔纳森·卡勒等人就阐释之边界展开的辩论。这场讨论有效地唤醒了人们对散落的文学本质、文本意义的追寻,使文学批评从信马由缰的失控状态回归到作者和文本规定的限度,关注阐释的可能性、有限性等问题。时隔20余年,学者张江提出"强制阐释"的概念,直观看来它处于阐释学与批判理论的交叉口,既是阐释学链条的延伸,也是对中国现当代文学发展的反思,具有较为特殊的位置坐标。然而从各家学者对"强制阐释"的讨论来看,未尝不将"强制阐释"归依到理路更为人熟知、声名更显赫的"过度阐释"中去。如陈定家《文本意图与阐释限度》[①] 无论从题目还是文章,更偏向于从阐释的"程度"上论述;赖大仁《反向性强制阐释与"文学性"的消解》一文中引用的关于列车时

---

[*] 《文艺争鸣》2015年第11期。
[①] 参见陈定家《文本意图与阐释界限》,《文艺争鸣》2015年第3期。

刻表、诗歌《便条》等文本作为案例所解释的问题也似乎与"过度阐释"有近缘……"过度阐释"和"强制阐释"并不因为共享了"阐释"这个中心语，便可断定它们出自相同的阐释学谱系；也并不因为它们同样不满于文学阐释的某些现象，便可划拨为同一种批判精神。二者无论从产生的文化传统、历史时期，还是关注焦点、理论建构上都有明显区别，有必要将二者进行比较，以求对强制阐释的认识更为明晰。

一　以理论为中心的研究范式

艾布拉姆斯将文学世界分为了作家、作品、读者三个部分，这三者之间的关系互动所构成的文学场域，基本上可以概括文学活动的要素。文学研究对三者兴趣次第转移，也构成为文学阐释学、文学理论、文学批评发展的不同时期断代的依据。多年来鲜有人能够超出三种划分讨论文学的问题，更少有学者注意到文学世界出现了"第四者"。

艾柯提出"作者意图""阐释者意图"和"本文意图"一组概念展开自己对"过度阐释"现象的批判，实际也是指出了阐释学的三种范式。艾柯反对的是在神秘主义、实用批评、新批评等文学批评流派的推波助澜下，"读者"被赋予无拘无束地解读权力，因而主张以"文本"和"作者"这两个在意义生成过程中起着重要作用的角色，对这种脱缰状态予以限制。可见艾柯的文学理论是在传统的文学视域中展开的。不仅艾柯如此，历来的文学理论家都借用了作家、作品、读者组织架构自己的理论逻辑。按照伊格尔顿的观点,现代文学理论大致可以分为三个阶段:"全神贯注于作者阶段(浪漫主义和19世纪);绝对关心作品阶段(新批评);以及近年来注意力显著转向读者阶段。"① 赫鲁勃用这三个元素概括文学批评之中存在的转向,即"从作家—作品到文本—读者这种普遍的转向"。② 周宪用"重心转移"来梳理20世纪文学活动的发展脉络,认为自浪漫主义开始考察,文学理论从作者中心范式到作品中心范式,是现代文学理论范式建成的标志,形成了以作者意图和字面词语为根据的意义解释模式。20世纪60年代从作品中心范式转向读者中心范式,则明显呈现出后现代理论范式的基本特征。南帆研究20世纪文学批评的转折时,也是以三者为视点,梳理从作家为中心转移到作品为中心,再到读者为中心的发展脉络。

作家、作品和读者本应该是文学理论、文学批评所关注的对象,历史上的文学研究围绕着这三个主题展开,也在各自捍卫的主题下交锋争论,但似乎还没有哪一家派别注意到当代文学世界的生态出现的"第四者",即文学理论、文学批评本身。而这恰恰是张江的"强制阐释论"所关注的问题:强制阐释"背离文本话语,消解文学指征,以前在立场和模式,对文本和文学做符合论者主观意图和结论的阐释"。在意义生成的参与要素之中,彼此间存在相互制衡的文学阐释权之争,但强制阐释发觉到,作者、作品、读者的相互关系已经被悬置,目前

---

① [英]伊格尔顿:《二十世纪西方文学理论》,伍晓明译,北京大学出版社2005年版,第83页。
② [美]罗勃·C. 赫鲁伯:《接受美学理论》,董之林译,台湾骆驼出版社1994年版,第2页。

更为迫切的问题是，文学要面对一场捍卫自身实践与场外理论对文学第一性的争夺。

截止到接受美学理论，文学的意义依然是在作者、作品和读者这三者作用的平衡与制约中逐渐形成合乎限度的阐释，但当代西方文论打破了三者关系，添加了"前在的立场和模式"这个新要素，实质上是将一切与文学相关的要素遮蔽在某种既定理论之后。强制阐释发现了文学研究中一经出现便生息繁衍的新形态——以文学理论为中心的研究范式。作者中心范式，可以追溯到文艺复兴以来对人性的发现，诗人被尊崇为神一般的英雄。浪漫主义文学思潮，强调艺术的情感表现力，宣扬感性与想象的贲张，而启蒙运动中以理性促进感性的提升，进一步巩固了诗人的地位，雪莱慷慨陈述道："诗人是世间未经公认的立法者。"20世纪以来，作者在文学活动中的地位逐渐削弱，对作者意图的追寻也不再被文学批评所关注。形式主义文论、新批评、结构主义等文学批评流派，渐渐形成了一股以文本为中心的势力，致力于将文学研究的重心从作者的主观精神转向文本自身的表达，重视修辞策略、着迷于文字间抽象的结构单元。20世纪下半叶，接受美学、读者反应批评、解构主义等文论派别，为读者在文学历史上的地位积极张目，意在以多元化的个体主动参与，来取代传统意义上集权化的作者权威的存在。数百年来的文学理论，关心文学作品的意义究竟由谁来确认，作者是意义的来源，文本是意义的载体，读者却是意义最终实现者……哪一种观点都曾对文学的发展起到了积极的作用，意义也必然在三者的制衡中继续丰富。"过度阐释"不妨视为对读者权力倾轧作者权力和文本权力的担忧,但终归是文学世界的内部争论。目前更为致命的是一支"理论"部队异军突起,攻破了文学地域的城池,把文学的创造性思维改写为理论的抽象思维。

二 以理论为起始的阐释路径

"过度阐释"的核心观点大约可以表述为,文学作品基于自身的特质,必然会为阐释的合理性、有效性设立一定的范围和边界。然而面对当代西方文论指导和运用于中国文学实践的现状,任何讨论阐释限度、疆界的问题都是未能直击本质的。强制阐释切中肯綮的地方在于揭示文本与理论谁指向谁、谁落脚于谁,谁是根本、谁是第一性的问题。这也是强制阐释与过度阐释的根本区别——换句话说,过度阐释关心的是"半径"的问题,即以文本为圆心,阐释的半径可以画到多大;而强制阐释关心的是"圆心"的问题,在文学阐释过程中,是以文本为圆心,还是以理论为圆心。过度阐释从文本的圆心散逸开去,无法收拢回文本,阐释结论无法被文本整体和史实所回证;强制阐释以理论为中心的阐释模式,决定了强制阐释走的是一条被预设理论的中心所牵制,无论从作者、作品抑或读者、文化现象入手,都始终无法脱离理论的牵引,画出一条以理论为圆心的闭合曲线。

美籍华人周蕾用英语写作的《妇女与中国现代性:西方与东方之间的阅读政治》在海外汉学研究领域颇具盛名,1991年斩获首届芝加哥女性出版奖，此后翻译为中文与读者见面。周蕾谙熟西方理论，例如在该书第四章中西方精神分析学说的各种主张陆续登场，以中国现代文学中的文本予以佐证。从经典的弗洛伊德到不甚出名的拉普朗虚，从大名鼎鼎的德勒兹到鲜为人知的卡佳·斯尔沃曼，西方精神分析批评史中的重要篇章悉数亮相，理论的摆位是关键，作者对证明理论的文本选取则剑走偏锋，像萧红的《手》、巴金的《最初的回忆》、冰心的《第一次宴会》等很少进入文学史视线的文章入列，因为这些文本的共同点是较多地涉及了对母亲的情感，符合论者通过标志性女性，印证弗洛伊德精神分析中对恋母、性等问题的论述。[1] 第四章题目为"爱（人的）女人：受虐、幻想与母亲的理想化"，这样一组概念的陈列已经令中国的读者感到陌生而富有冲击力，论述的结构清晰地表明了作者的逻辑思路：提出精神分析文论观点—提供文本论据—证明精神分析中观点的正确。被选取的文本只是被选择为论证材料，离析出这几位作家所处的中国现代文学具体的历史语境，剥离开活生生的文学经验，沦为弗洛伊德弟子们的工具。冰心描写了瑛刚刚出嫁，对病中的母亲难分难舍的感情，放置到拉普朗虚受虐理论的框架下则被解读为"去爱身为她者的母亲，便是将她者的痛苦向内投射进自我形构之中"[2]，进而讨论女性主体生成的问题，行文中不免缀满西式术语与句法表达，"返求回到主体自身的自我

---

[1] 参见［美］周蕾《妇女与中国现代性：西方与东方之间的阅读政治》，蔡青松译，上海三联书店2008年版，第212页。
[2] 同上书，第245页。

之上的施虐"令人费解,"潜藏文本的阴性叙事"用词奇崛,"施虐的优位性"概念生猛。如果把这篇解读还原到几位作家具有标志性的写作风格中,还原到20世纪30年代的中国文学观念经验之中,这篇解读则很难在事实中印证。

在强制阐释中,不可否认让我们认识了新的概念、熟悉了西方的理论条目,并且被阐释的文章可以在某个片段上挥发出夺人眼球的魅力,但强制阐释是自我闭合曲线中的自我圆满,无法被事实与史实所印证。

美国学者 Sam Crane 在用中国古典文化支持自己的婚姻观、同性婚姻观时,就存有"强制阐释"的嫌疑。其所著《道家的生命、自由与追求:当代美国生活中的中国古代思想》一书,在第五章"婚姻与家庭"开篇提及中国儒家和道家如何看待同性婚姻。以他的解读,儒家伦理是接受同性婚姻的,因为儒家更多关注婚姻构成的稳定关系而不是关注性。两个人公开承诺然后在日常生活里履行承诺,完全满足儒家的家庭功能,符合建构社会稳定结构的理念。至于道家原本就不关心婚姻家庭,又以其对自然的尊重态度,根本不会在乎婚姻中的性别。甚至阴阳观念也是为同性婚姻放行的依据,因为阴阳并不必须要用单一性别来呈现,每个人自身都包含有阴阳两种元素。[1] 对儒家婚姻观的文本依据是《礼记·昏义》:"昏礼者,将合二姓之好,上以事宗庙,而下以继后世也。故君子重之。"在美国学者的解读中,婚姻中的二人为"两姓",而非异性,只是要求

---

[1] Sam Crane, *Life, Liberty, and the Pursuit of Dao: Ancient Chinese Thought in Modern American Life*, Published 2013 by John Wiley&Sons, Ltd.

阐释的限度

两个独立的个体结合，对宗族和社会履行责任，就符合君子道义。这段对儒家婚姻观的阐释，只要稍有中国古典文化常识的人都能够判断其正误，但这番误读是过度阐释，还是强制阐释呢？如果该文的作者是以解读儒家典籍为目的，以分析儒家的婚姻观为核心任务，但是由于文化背景差异等原因，错误地引申了原文中"两姓"的意义，那么当属过度阐释。然而从该书此节的标题及下文内容看，作者的目的在于论述同性婚姻的合法性，以此为前置立场，在中国的伦理经典著作中摘取章句支持他的论断，这便是对《礼记》的强制阐释了。并且这种阐释完全不能经受文本整体的检验，《礼记》下文有言："男女有别而后夫妇有义，夫妇有义而后父子有亲……故曰：昏礼者，礼之本也。"[1] 婚姻强调男女有别，提到"两姓"更多的是通过姓氏控制宗亲内姻亲关系的建立，为证明预先设定的"同性观"而强制解读儒家古代的"两姓"说，可指认为强制阐释。

当代西方文论新方法、新概念、新名词层出不穷，每种新生理论都迫切需要文本来证明自己存在的价值。有学者在一篇介绍"幽灵理论"的文章中，半篇对"幽灵批评"的说明之后不乏自嘲精神地写道："我们总算隐隐约约知道什么是幽灵批评了，那么，我们似乎可以手持'幽灵批评'的手术刀去解剖和分析那些具体的文学文本了。"[2] 可以推想，当代西方文论以肢解文本、碎化文本的方式，强行将文学材料填充在自己的理

---

[1] 《礼记》第四十四篇《昏义》。
[2] 曾艳兵：《"幽灵批评"与批评的"幽灵"》，《中国图书评论》2013 年第 3 期。

论框架之中，这个过程很多批评者都是有感性经历的。"强制阐释"适时将零散的批评经验聚拢起来，将解文的"手术刀"现象提炼出支点性的概念。

三 以理论为目标的定向思维

张江在《强制阐释论》一文中，对强制阐释的过程与机制做了描述，他在文学批评活动的整个过程中，截取了起点、路数模式、结论三个节点，剖析了当代西方文论强制阐释文学文本时所采取的反序思维路径。具体来说即文学批评活动的起点不是从文本出发，而是从批评者的前置立场出发；批评过程中所依据的不是文本内容，而是批评者预先选取的理论模板；批评结论不是经过句读分析和逻辑推演得到的，而是在批评之前就已经确定。作者还以女性主义文学批评家对莎士比亚经典剧目《哈姆雷特》的颠覆性解读为例，展示了前置意向、前置模式、前置结论对文本阉割、冲轧、框定的演练方式。

文学阐释是一种发散性、创造性思维，它的发散圆点是文学文本。过度阐释是在发散的过程中产生了过于奔逸的联想，超过了文本所接受的范围。强制阐释则一切都是被框定的，一切都是理论打造好的标准动作。仍以《哈姆雷特》中有的一段为例，文中叙述到哈姆雷特刚回到丹麦，看到几个掘墓人，把挖出来的骨头往外扔，其中有一个是头骨，并说这是原来宫廷小丑尤利克的头。哈姆雷特想起婴儿时这个小丑曾与自己十分亲昵，而此刻化为骸骨，不禁令人恶心生厌。掘墓人挖的正是

阐释的限度

奥菲利亚的墓穴,这是哈姆雷特所不知道的。随后他道白了一通议论,大意是感叹人的生命有限,在死亡面前荣华富贵概为乌有,王侯将相终归抔土……孤立地看这一幕这段独白,有人将其阐释为莎士比亚借哈姆雷特之口表达的生死观,有人认为这暗示了哈姆雷特直觉到这是奥菲利亚的墓穴已经疯癫……这些论述总有差强人意之感,便不免产生"过度阐释"的嫌疑。但是张隆溪对这段的解读,证明了发散性、创造性思维在阐释中的意义。他认为如果对西方绘画传统有所了解,特别是熟悉中世纪末期所谓"mementomoti"主题的表现风格时,就会对这个桥段理解更深一步。"mementomoti"拉丁语直译为"记住你只是一个凡人,记住你终有一死",是一种与死亡相关的艺术表现风格,这一时期绘画形成了一种传统,一种与宗教和死亡挂钩的艺术风格,在描绘的基督教圣徒中,手中都会持有一个骷髅头,使人勿忘生命有限。[①] 哈姆雷特拿着尤利克的头骨,是戏剧艺术对这一思想和绘画传统的回应,也可能暗示着莎士比亚对基督圣徒的某种评论。以发散性的思维把这一段场景的设置放到整个西方中世纪后期到文艺复兴的大背景下去理解,获得的意义便能够更深刻。

强制阐释的思维是定向思维。固然文学文本中存在空白和隐喻,存在歧义和矛盾,这些都是需要由批评家的创造性思维进行阐发从而揭示出来的。既然允许批评家的创造性存在,文本的意义就是开放的,对意义的追寻便成为一场没有终极的旅

---

① 参见张隆溪《阐释学与跨文化研究》,生活·读书·新知三联书店 2014 年版。

途,但文本的开放性绝不是允许理论强行改造文本,绝不允许理论对意义做定向的塑造。

被誉为"美国20世纪下半叶最重要的小说家"的雷蒙德·卡佛,被冠以"简约主义"大师的头衔,写有《当我们谈论爱情时,我们在谈论什么》《大教堂》《我打电话的地方》等作品,文字简约、干脆、精练,甚至有些冰冷、凌厉、严酷,灌注着一种对爱隐忍的渴望。极简的文风也使得卡佛获得了与海明威几乎齐名的盛誉。但是,当卡佛去世之后,他的小说《新手》于2015年出版,这部小说实际是他的成名作《当我们谈论爱情时,我们在谈论什么》(以下简称《当》)的原版。小说《当》的本尊被披露的同时,被暴露的是这部作品产生的真相:"极简主义"的标签规定了文本的面貌,《当》一书是被大刀阔斧砍截过的《新手》,为了满足"极简主义"的写作要求,为了迎合当时美国中产阶级读者的期待,原作中拖沓而温暖、延宕而细腻的地方基本被阉割殆尽,仅保留了故事结构和文风的冷酷。与此有相似遭遇的还有英国作家安东尼·伯吉斯的《发条橙》,作者本来书写的是一个冷漠堕落的青年回归于平静善良的故事,但作品来到美国,被预先设置了表达功能:表现"酷"的生活状态,发泄对社会意识形态的不满,于是作品在拍成同名电影时被大肆改写。在原著中最后一章,堕落的地痞青年从监狱里出来,成了一个有孩子的父亲,过上了平凡普通的生活。这种结尾非常不符合美国观众对暴力美学和性美学的追求,作品要按照预先构想好的解读方案,变成一部一酷到底,彻底暴露社会暴力的文本,这样一来文本的最后一节被删减,伯吉斯的作品在美国电影导演的解读下，确实获得了新的意义，充满了暴力、堕落和绝望。

不得不承认的是，无论是卡佛被改写的《新手》，还是伯吉斯被重释的《发条橙》，纵然被重写的新文本获得了世界级的关注和声誉，其所达到的艺术造诣确实不乏超越原著之处，但是这样的改写是预先设定目标的阐释，已经与原著无关，而且与原著的文学性无关，阐释的目的指向的是预先前置的观念，它解读的不是文本，而是用游戏文本的方式，达到商业的、社会的利益，无论它们最后收到了怎样的效果，都不能逃脱其对文学"强制阐释"的指控。

四 以理论为归旨的价值判断

文学理论成为文学批评的主导性参与要素，导致文学批评的价值取向改变，从文学的解说者变成了理论的仆役。文学批评的意义首先是为了阐明文字中的含义，剖析文学所特有的形式意味，理清作品内在的复杂结构，展示艺术的审美生命力；其次是挖掘作品的时代蕴含，总结读者鲜活的阅读经验，将作品的思想当下所需的社会价值取向相比照，从中鉴赏文品，承担社会风尚、民族精神的建构；最后是为文学理论自身的发展提供实践的给养，通过探索具体的、真实的文学活动，发现文学批评的新方法、新理论……总之，文学批评的价值绝不应该是用作品验证理论有效性，特别是非本土、非文学理论的有效性。一个娴熟掌握各家理论的学者，借助既定的模式、方法来

"过度阐释"与"强制阐释"的机理辨析

操演文学分析不乏新见,细致入微,但真挚的创作经验、真实的阅读感受是文学史、文化史更扎实的根基。

前文所述的批评家周蕾站在对通俗文学赞赏有加的立场上,希望通过西方文化生产理论,为新文化运动后的鸳鸯蝴蝶派小说拔擢地位。她选取了张恨水的《平沪通车》,这是一部读者相对陌生的作品,而且在鸳鸯蝴蝶派和张恨水本人的创作中都不具代表性。在进入文本之前,批评者预设了本雅明的机械复制时代的艺术理论,批评的目的已经不是分析小说的艺术和内涵,而是为了解构"五四"新文学观念,为鸳鸯蝴蝶派小说翻案。作品展开批评的过程,也按照设定好的理论模式进行:本雅明的《机器复制时代的艺术作品》中有一套现成的理论话语,对《平沪通车》的评论选取的是描述艺术与感受之间关系变化的氛围理论,认为这趟"代表了被新世界所摧毁的人无法回到旧世界的困境"的旅程,"松动了传统认定的权力二元对立关系,而不只是肯定这种二元对立关系"[1]。北平这座城市是"旧"的隐喻,上海则是"新"的代表,南下的列车上扑朔迷离的叙事,暗含了"现代世界的晦涩不明",男性为女色所迷导致人财两空的结局,则揭示了"只能够以自己方式来阅读他者的人,输给了以他者阅读方式来进行阅读,并且将他者阅读方式运用于自身的人"的意义。心机叵测又风情万种的女人也被贴附上了"被贬抑为窃贼、娼妓"的"异国者"形象。这篇文学批评的结论与前置的理论、前置的批评模式是绑定的,她

---

[1] [美]周蕾:《妇女与中国现代性:西方与东方之间的阅读政治》,蔡青松译,上海三联书店2008年版,第126页。

的立场是在《平沪通车》这部旧文人小说中，挤榨出解构性的现代意义，提升鸳蝴派小说在中国现代文学史上的地位，用这种方式重新书写"五四"经典文学史，这也就无怪乎这部充斥着缠绵香艳的小说，在本雅明的理论解读下，成了预示着"传统脉络的永久性崩解"①的战斗篇章。

用了过多的西方理论，又要在一篇容量有限的文本里塞下这些异域引进光怪陆离的理论，必然牵强附会罔顾作品原意，必然经不起文学史实的联系和考证，必然产生强制阐释。这部长篇通俗小说讲的是银行家胡子兴，携带十几万元巨款从北平乘直达上海的火车。途中邂逅一位年轻貌美的女子，攀谈之中知道她叫柳絮春，未能买到卧铺票。女人极尽娇嗔，胡子兴见色起念，盛情邀请到他的包厢歇息，二人度过了风流一夜。第二天两人重戏鸳鸯，然而胡子兴一觉春梦醒时，列车已快进上海站，身边皮箱里的巨款不翼而飞，此时柳絮春也早已在苏州站下车……张恨水展开纯熟的笔法，将一个包厢里的一个昼夜写得惊险与柔情跌宕，空间与时光纵横，令人宛若置身于20世纪30年代的列车上。小说集情欲、肉欲、金钱、地位、阴谋诸多彼时流行元素，初登于30年代的流行刊物《旅行杂志》上，特别适合用于消磨漫长无聊的旅途时光。如果因为通俗文学更能够被西方的理论所阐释，更适合做证明文学理论有效的材料，借此可以判断它在文学史上的地位，那么鲁迅的杂文大抵不如张爱玲的小说投合女性主义文学批评的口味，茅盾的小说也不

---

① ［美］周蕾：《妇女与中国现代性：西方与东方之间的阅读政治》，蔡青松译，上海三联书店2008年版，第127页。

比新月派诗歌更经得住"细读法"对意象的挑拣。但是,如果让西方当代文论为中国现代文学史投票,用风月缠绵的通俗小说代替救亡图存的战斗檄文,用朦胧雨巷代替烈焰红烛,那20世纪70年代末开启的西方文化引进之风,几十年的借鉴学习,无疑是最可悲的开门揖盗。

文学批评的价值取向应该如何呢?张江这样表述过对诗学使命的看法:"说到底,诗之兴衰,在根本上取决于它在人类精神生态中的位置!换言之,能不能以文学特有的方式有效地与现实对话,汇入到时代发展的滚滚洪流中去,回应大众的精神关切,满足大众的精神需求,这是诗歌的存亡之道!"[①] 文学的价值在于它所创造的精神高度,在于它如何回应现实的需要。强制阐释主导下的文学批评,改变了文学作品的价值体系,最后影响的是人们的精神生态。

文学批评来源于文学阅读,是把阅读经验中的所思所感加以整理和提炼,形成一种相对系统的见解,是合法的、必要的动作。可一旦抽象的文学批评不再依据于具体的文学实践,而是依据于抽象的理论,批评就不再是文学阅读的后续环节,不再是文学实践的组成部分,而是站在了文学活动的对立面,成为各路理论在文学场域中沽名钓誉争权夺利的帮凶。文学批评不再是通过阅读、理解和阐释,对语言意义的追寻活动,而是以理论为图纸对文学进行加工,对理论意义的生产活动。它凸显的不是主体的创造性,而是理论的制造性;它不是自觉引领

[①] 张江:《当代诗歌的"断裂"与成长:从顾工到顾城》,《文艺研究》2013年第7期。

人们的审美趣味，而是对理论的风向趋之若鹜。

2005年有学者发文指出："文学批评也成为当代方法论的实验场，不断翻新的批评方法丰富了人们对世界的认识，像多棱镜一样展示出文学中所蕴含的人类社会的各个层面，引导公众对其存在方式的思考，从而对人类认识史做出贡献。"[①] 几年前在文学批评研究者们看来，理论的发展和繁荣增添了人们看待世界的多重视角，刷新了人们对文学艺术的认识，因为新的批评标准确立而发现了文学史上曾经被忽略的作品，打破了许多文学惯例并重新确立了新的问题关系……但是十年后，理论的实验场不加反思地发展下去，愈演愈烈下去，即将变成文学的屠宰场。

对于过度阐释现象来说，需要忠告的是：对意义的理解多元状态事实存在，但理解的多元并不是一种没有规律、毫无章法、任意而为的多元，它的分散和分布是指向某个核心的。而强制阐释的提醒是：对一部文学作品的理解是多元的，但为了证明某个前置的、既定的理论并不在文学的多元阐释之列。为了达到理论的意图，一切意义的生发都不属于文学实践，即使某段阐释耦合了作品本身的意义，但从阐释的动机、过程和价值看，它是为理论服务的。

（作者单位：山东大学）

[①] 胡亚敏：《论当今文学批评的功能》，《社会科学辑刊》2005年第6期。

"强制阐释"与中国当代文学研究

王 尧

反思和批判当代西方文论是重建中国文论和文学批评理论的基础之一。与此相关的，还涉及对中国古代文论、马克思主义文艺理论与批评以及苏联文艺理论的反思。"重建"，则要清理"重建"之前的文论和批评，这涉及学术史的诸多关键问题。如果不笼统地说"扬弃"，那么，我们实际上面临很多具体问题：去除什么，接受什么，改造或者转化什么，又能再造什么。一旦深入下去，就会发现这都是难题。这也是多年来，学界一直呼吁建立中国特色文艺理论和文艺批评话语体系，但又尚未建立起来的重要原因之一。无论是文化现实的诉求，还是当代文论和文学批评自身的发展，解决这些问题都尤显迫切。

我们都意识到，与西方当代文论进行总体性的对话极其艰难。当代西方文论本身斑驳陆离，译成中文的应该只是其中一部分，而在翻译和接受中无疑有这样那样的"误读"。这意味着，我们在和当代西方文论对话时，也有文本选择的问题，是中文版的当代西方文论，还是外文版的西方文论？但这些困难

---

* 《文艺争鸣》2015 年第 11 期。

并不妨碍我们在深入思考的前提下,选择具有代表性的当代西方文论论著,进行反思和批判,诊断出一些文论的局限和错误,这些局限和错误也许带有当代西方文论的总体性特征。正如张江先生所说,当代西方文论为当代文论的发展"注入了恒久的动力",但"一些基础性、本质性的问题,给当代文论的有效性带来了致命的伤害"。确实,这种致命性的伤害同样存在于中国学界,"特别是在最近三十多年的传播和学习过程中,一些后来的学者,因为理解上的偏差、机械呆板的套用,乃至以讹传讹的恶性循环,极度放大了西方文论的本体性缺陷"。因此,如何概况和提炼能够呆板核心缺陷的逻辑支点,对中国学者而言,仍是应该深入研究和讨论的大问题。我们一直讲跨文化对话,但在很长时间内,我们和当代西方文论并不构成实质性的对话关系,而是"说话"和"听话"的关系,我们处于"听话"的位置上。我也曾经消极地认为,如果要"对话",我们拿什么来对话?现在看来,在对当代西方文论已经有相当程度的接受和运用之后,提出一些质疑,应该是对话的开始。

在这个意义上,我对张江先生关于当代西方"强制阐释"的系列论述给予积极的评价,并且认同张江先生的立场、方法和关于相关问题的重要阐释。这是当代中国学者对当代西方文论所存问题的一次颇具学术分量的揭示、命名和论述,是对西方文论进行反思和批判的有效开始,在相当程度上改变了中国学者与当代西方文论对话的疲弱状态,将对重建中国文论的路径和方法产生重要和持续的影响。尽管我们还没有足够的把握将"强制阐释"视为当代西方文论"核心缺陷的逻辑支点",

但张江先生精辟地揭示了作为当代西方文论根本缺陷之一的"强制阐释"的基本特征,是重建中国文论这一过程的重要起点之一。在某种程度上说,中国学界存在双重的"强制阐释"现象,一是对当代西方文论"强制阐释"的接受,二是用西方文论"强制阐释"中国文学。如果不局限于文论研究,拓展到中国当代文学研究领域,可以认为对当代西方文论"强制阐释"的揭示和剖析具有方法论的意义。以张江先生的思路和方法,反思中国当代文学研究,我们同样能够发现研究中的"强制阐释"问题,而这一问题与当代西方文论的"强制阐释"相关。因此,在反思当代西方文论的"强制阐释"时,我觉得需要和反思中国文学研究(尤其是中国当代文学研究,包括理论、批评和文学史)相结合。

当代西方文论"强制阐释"的特征,深刻影响了中国学者接受和运用西方文论研究中国文学的思路、方法和具体成果。这一现象的产生,如果追溯历史,应该说与现代中国文论和现代中国文艺批评的建立有很大关系,或者说是现代中国文论史和现代文艺批评史的一个部分。在中国文学由古典向现代转型的过程中,现代中国文论和现代中国文艺批评基本上是接受"西学"和苏联"文艺学"的影响,中国古代文论并没有成为现代中国文论或者文艺批评理论的知识体系,提出中国古代文论的创造性转换问题,则在"新时期"之后。也就是说,我们一直缺少自己的知识体系。西方"现代性"的深刻影响和中国学者的文化身份焦虑,是困扰现代以来中国学者的基本问题之一。对"西方"或者"苏联"文艺理论的接受,自然与中国现代文学受西方和俄苏的影响有关，"西方"或者"苏联"文论与已经在内容与形式上存在"西方"或"苏联"因素有某种切合。当"中国文学"已经和"世界文学"有着这样那样的联系时，西方文论对中国文论、文艺批评的建立和发展确实起到了积极的作用。这是我们今天讨论"强制阐释"问题时不能轻视的。但缺少自己的知识体系的学术史，无论如何是令人尴尬的。就文学创作而言，如果用母语写作，就不可能完全脱离自己的传统，脱离自己的生存方式，脱离自己的文化现实；如此，不仅从学术本身的创新而言，就理论、批评与创作实践的结合而言，当代西方文论和批评理论是不足以面对和解释中国当代文学的；同样，在新的语境中，中国古代文论也不足以解释中国现当代文学。

现代中国文论和文学批评的内在矛盾和冲突，制约了中国当代文学研究。中国当代文学这一学科，最初建立在左翼文艺理论家、批评家的思路和框架之上。其中现实主义理论，特别是社会主义现实主义理论，在很长时间内既用来解释 20 世纪 30 年代以来的左翼文艺，也用来阐释中国当代文学。这在倡导社会主义现实主义的文艺界领导周扬的文论中有鲜明的记录。冯雪峰在他的文论中，也曾经用社会主义现实主义阐释"五四"以来的文学和鲁迅的创作等。茅盾用现实主义和反现实主义的斗争解释中国古典文学，也是我们熟悉的一段历史。这些理论家、批评家对中国现代文学、当代文学都有重要的贡献，而且在他们的文论中也强调反对教条主义的错误，但在运用一些理论和方法时，同样犯了教条主义的错误。"教条主义"在某种意义上说是最严重的"强制阐释"。这表明,"强制阐释"的问题,常常是不以人的意志为转移的。与之相应的是,在当代文论史、批评史上,对西方文论的解释,我们也多少进行了"强制阐释",我曾经比较《辞海》在1979年之前的各种版本中对西方文论条目的修订,这些不同时期的条目修订有诸多强加的内容。"文化大革命"结束以后的中国当代文学研究,可以说去除了以前的教条主义和"强制阐释"。对"现实主义""社会主义现实主义"和"革命现实主义"的重新理解,构成了重写文学史的一条线索;对"现代主义"合法性的确认,又构成了重写文学史的另一条线索。这两方面侧重不同,当代文学史著作的基本面貌也有大的差异,突出表现为对文艺思潮的重新阐释、对作家作品的再次历史化。在这个意义上,不妨说新时期以来的理论和批评,是用一种"强制阐释"代替另外一种"强制阐释"。

如果没有当代西方文论的激活,我们很难设想中国当代文学研究会处于什么样的状态。但是,即使这样看似繁荣的状态的背后,仍然是缺少自主的知识体系、话语体系的危机。这种危机并不否定接受和运用西方文论的合理性,但反映出西方文论阐释中国当代文学时的局限。以近30年文学研究为例,这种局限是显而易见的。关于新时期以来的文学秩序,通常是以伤痕、反思、改革、寻根、先锋、写实为序的,这是典型的以时间为序的"现代性"建构方式。但事实上,就在"伤痕文学"阶段,已经有了《今天》;"寻根文学"通常认为发生在1985年前后,但汪曾祺等人的小说在"反思文学"阶段就已经出现。而"寻根文学"和"先锋文学"也不是以对立的、前后更替的方式出现的。类似的"强制阐释"还出现在具体的思潮、作家作品的研究中。用西方现代派理论，很容易解释"先锋小说"，但用来解释"寻根小说"就不那么得心应手。在20世纪80年代逐渐形成了关于"纯文学"的观点，这样的观点在20世纪90年代以后受到挑战。我也是坚持"纯文学"观的学人，对大众化语境下的许多文学现象不以为然，但如果仅仅从"纯文学"的立场出发去批评、否定一些现象，似乎又不足以解决问题。如同我们曾经用现实主义理论去否定现代主义作品一样，用"纯文学"观去解释大众文化的有效性显然值得怀疑。

　　重建中国文论和文学批评，无疑是一个艰巨的过程。在对当代西方文论的缺陷开始学理上的质疑之后，这一重建是值得期待和努力的。

（作者单位：苏州大学文学院）

文学思想的两种阐释路径[*]

夏　静

就文学思想的阐释路径而言，值得关注的有二：一为历史思想史路径；另一为哲学观念史路径。前者侧重文学思想的相关性研究，重点关注文学思想史上文论家与文论流派以及思想体系赖以生成的具体的、复杂的历史情境，通过重现过往的思想发展历程来呈现出思想的复杂性和丰富性，偏重于文学研究的"外在路径"；后者注重文学思想的逻辑性研究，重点关注文学思想体系自身的整体性与连续性以及问题意识的自主性，常常借助于概念、范畴、命题之间的逻辑论证来呈现不同思想体系之间的内在理论脉络，偏重于文学研究的"内在路径"。两者虽然在理论预设、研究对象、研究方法上取径不通、各具特色，但相辅相成、此消彼长，成为20世纪以来文学思想研究领域极为常见的方法路数，产生了一系列大师级人物以及杰出的追随者，其中也不乏大量的经典论著。

---

[*]《文艺争鸣》2015年第11期。本文为中国社会科学院重大项目《中华思想通史》子项目"文艺思想编"阶段性成果。

阐释的限度

一

　　历史的理解思想，是思想史阐释路径的理论预设。所谓历史的理解思想，是认为所有文化均孕育、发展于特定的独有的自然、社会的历史条件之中，因此，它所具有的价值和独特之处，就在于它的历史性。譬如在倡导思想史研究的柯林武德看来，历史事件之所以成其为历史事件，是由于它有思想。柯林武德反对史学中的自然科学、实证主义思潮，在他看来，"历史的过程不是单纯事件的过程而是行动的过程，它有一个由思想的过程所构成的内在方面；而历史学家所要寻求的正是这些思想过程。一切历史都是思想史"[①]。换言之，我们可以说，一切历史研究的对象都必须通过思想加以说明。作为文学史研究的一部分，文学思想是对过往文学经验的一种阐释，其功能在于理解那些共同构成过往文学生产或文学消费的观念、思想、立场、预设、主张以及成见等，而这种生产或消费必然与当时的社会政治、经济生活保持着某种关联性甚或一致性。在那些偏重于思想史阐释路径的研究方法中，常常主张选取那些对文学传统产生深远影响的文本，借助文本形成及传播过程的分析，来挖掘作者的真实意图，以期窥探思想文化的变迁乃至时代思潮的转向等重大问题。

　　思想史的阐释路径，重视的是阐释者的历史性与视野融合

[①] ［英］柯林武德：《历史的观念》，何兆武等译，商务印书馆1997年版，第302页。

等问题。对于思想史研究所面对的问题，史华兹认为："在文本和解释者之间存在一种永恒辩证的互动关系……对文本的关注反过来又必定激发人们对于文本得以诞生的历史环境的关注。"① 因而常见的研究路数，是通过对原始文献的搜集、整理、编著，进而对文学活动的过程、文学思潮、文学流派的演变以及对文论家的历史定位进行理解与阐释，尤其会对同一时期各种文学活动之间的联系详加勘查，对其间原委乃至细节予以合理的解释，以期重建当时的文化语境，重现过往的思想发展历程。也正因为建立在具体的历史情境基础之上，思想史的阐释路径更多地关注一个体系自身的多重性和多方面性，在确认思想体系内含多重性、多方面性的同时，试图从不同侧面解释分析一种思想观念和一定时代的社会历史背景之间的内在根源，特别注重从经验层面上考察制约思想体系的多重原因，包括文化制度、审美风尚乃至师承关系、个人际遇以及阐释者的心路历程与价值立场对文学思想产生的影响。凡此种种，思想史阐释路径注重的是阐释者在具体历史处境中所面临的问题及其进行回应的全部努力，阐释者如何经由阐释经典而完成"自我理解"，并与其原生意义体用辉映，是此一路径的主要关切。

在研究对象的选择上，被筛选出来作为分析对象的，往往集中于特定的思想家，或以卓越的批评才能或文学天赋出众，或以读者众多见长，即便这样做的原初意图可能只是建构一种更为广阔的文学图景的手段。但从习见的研究套路来看，其研

---

① ［美］史华兹：《古代中国的思想世界》，程钢译，刘东校，江苏人民出版社2004年版，第2页。

究的重点往往在于过往时代的主流或较为高级的思想观念，特别是同一时代的公共话语或学说流派，以及那些在文学实践活动中提出自己独特见解的知识分子。然而文学思想史研究的价值，主要在于它能为经典诠释提供多种可能性和全部丰富性，可以进一步推进阐释者对于过往文学思想复杂性和含混性的理解。要理解文学思想史的全部丰富性，不仅需要了解少数杰出人物的精神世界，还需要了解当时社会不同文化阶层有影响的观点。同时，研究主流思想与边缘观念之间的融合渗透，还可以引导我们的研究关注那些隐而不显的思想史资源，从而为未来的研究带来新的、更多的可能性。

与此相关的问题还在于，思想史阐释的路径虽然在展现文学历程的复杂性、多元性方面获得了极大的自由，但在对文学思想发展的整体脉络与大局判断上，较之观念史的阐释路径在时空意识方面的优势则显得明显不足。加之伴随着百余年科学主义、实证主义的深入人心，史料至上的风气弥漫在文、史、哲研究的各个领域，这一方面极大地扩展了材料的来源，另一方面也导致各种"窄而深"的专门化研究大行其道。在具体的文学批评实践中，文学思想与历史意识、哲学思辨如影随形，其间错综复杂、互动频繁，具有复杂多面的存在样态与呈现方式。阐释者缺乏对历史思想的总体性理解，常常"只见树木，不见森林"，对重大的思想文化事件以及大的思想转型也就缺乏有效的阐释了。[1]

---

[1] 夏静：《文气话语形态研究》第一章"解释的偏向"，商务印书馆 2014 年版；《中国文论早期形态研究的问题与方法》，《齐鲁学刊》2014 年第 3 期；《编年批评史的意蕴与理解》，《首都师范大学学报》2014 年第 6 期。

二

　　思想具有自身的逻辑自洽，是观念史阐释路径的理论预设。思想观念具有自身的内在整体性，所衍生的问题具有相同的知识谱系与共同的运思逻辑，核心的问题意识既内在又超越，有着自足的逻辑脉络与自主的生命力，并不依赖具体的文学活动或一般所谓的"社会文化语境"。譬如在施特劳斯看来，人类的根本处境并没有随着历史变迁发生根本性的变化，哲学、政治、宗教等领域值得人们思考的问题也没有发生根本性的变化。针对历史主义认为没有任何思想能够超越历史局限性的论点，他认为人类处境的这种相似性与"根本问题"的持久性，有可能在某个时刻突破人类历史性的局限，从而获得对于"根本问题"的真正洞见。[①] 而在倡导观念史研究的诺夫乔伊看来，历史上确有一些最基本的或重复出现的概念，考察这些观念的某些思想成分是否或者以何种方式出现在批评家的思考之中，以及这种成分是否达到了"观念单元"所理应达到的那种"理想类型"，就是观念史家的研究工作。[②] 对于这一类问题的研究，常常可以穿越不同的时空、语言、民族、国家，也可以贯通不同的学科领域，正因为如此，观念史的阐释路径是现当代学术研究中一种相当有效的方法。

---

① ［美］列奥·施特劳斯：《自然权利与历史》，彭刚译，北京三联书店2003年版，第25页。
② ［美］诺夫乔伊：《存在巨链——对一个观念的历史的研究》，张传有等译，邓晓芒等校，江苏教育出版社2002年版，第5页。

阐释的限度

厘清谱系，找寻规律，是观念史阐释路径的价值指向。如何凸显出问题意识的自主性，如何将元问题、元范畴视为自律性的"根本问题"，以此出发，研究元问题与次生问题以及问题丛的结构形态，从而揭示出思想系统衍化的内在条理、内在秩序以及结构形态、发展规律，是此一阐释路径的主要关切。在研究对象的选取上，不同于思想史阐释路径常常选取个案进行研究，观念史阐释路径更倾向于取道类型的研究。注重内在逻辑的论证与推衍，常常以归纳、提纯、抽象的手段，以分类、层级的形态加以呈现，是此一阐释路径的重要特色。作为研究方法，这种论证、推衍，就同一系统内部而言，主要在于揭示、提炼出此一系统的主导原则、普遍观念、永恒问题及其各种原则、观念范畴之间的关系；就不同的系统而言，则更多地侧重于揭示各个系统之间的一致趋向、脉络走向与逻辑关联。这种运思逻辑，强调理论体系及其概念范畴的整体性、同一性和连续性，倾向于围绕着一个中心，譬如原则、意义、精神、世界观、整体形式等，把所有的现象集中起来展开一种全面的描述。如此这般，经由观念史阐释路径提纯、抽象后的各种"先见之明"、理论脉络、规律法则，也就成为与此相关的概念史、范畴史、观念史、文体史研究中惯见的逻辑前提，从而极易形成"论者主观意图在前，前置明确立场，无视文本原生含义"[1]的阐释弊端。

反观观念史的阐释路径，理论预设上存在的整体性、连续性幻觉，以及由此带来的言说主体的缺失与结论的简约化倾向，

---

[1] 张江：《强制阐释论》，《文学评论》2014年第6期。

是其最为明显的内在缺陷。譬如在否定"纯历史""纯知识"的怀特海看来,观念的历史源自我们对历史的理解,而我们的解释有可能并不符合真实的历史进程。因为知识的产生总是伴随着情感、目的等多种因素,所以独立的存在只是一种神话,"纯知识"这一类高度抽象的概念,应该从我们头脑中被清除。据此,他断言观念史研究的巨大危险在于简化,建构一个思辨的观念体系来解释历史的进程,则无异于一场"观念的冒险",观念之史便是错误之史。① 同样,在强调断裂、不连续性、界限、极限、转换等问题域的后现代研究视野中,观念史的阐释路径也是难以接受的。譬如福柯认为:"某种概念的历史并不总是,也不全是这个概念的逐步完善的历史以及它的合理性不断增加、它的抽象化渐进的历史而是这个概念的多种多样的构成和有效范围的历史、这个概念的逐渐演变成为使用规律的历史。"② 对观念史阐释路径进行颠覆性批判的,是"剑桥学派"的斯金纳。他认为观念史研究的最大错误,就在于证实某种"观念"的"基本意义"必然存在,并且假定这种意义基本"保持不变"。如此一来,所有考察的学说被化约为某一实体,其发展过程则被描述成一个不断成长的有机体,于是主体消失了,代之以观念之间的格斗,在这样的历史写作中,我们的叙述很快便与言说主体失去关联,因此,他彻底否定了在经典文本中包含有"普遍观念"与"永恒问题"等理论预设的存在,

---

① [英]怀特海:《观念的冒险》,周邦宪译,译林出版社2012年版,第9、11、29、31页。
② [法]福柯:《知识考古学》,谢强等译,顾嘉琛校,生活·读书·新知三联书店1998年版,第3页。

并且针对当时观念史研究领域流行的各种理论预设,包括"学说神话""连贯性神话""预见神话"等各种"先见之明"进行了激烈的攻击。① 情况的确如此,观念史阐释路径影响下的研究,忽略了言说的主体,排除任何不连续性的概念,以逻辑的、科学的后设价值来解释概念范畴,并追究其历史发展的规律,而更多不合乎这种逻辑脉络或规律标准的内容,则被当成没有思想含义的东西视而不见了。这些理论预设所导致的种种缺失,譬如材料选取上的遮蔽、路数选择上的固化以及结论方面的简化,业已成为过往文学思想研究中极为常见的情形。

三

上述两种阐释路径各有利弊,长短易见,对于文学思想的阐释都是不可或缺的,很难截然分开。如果仅仅专注于历史地解释文学思想,忽略了思想体系自身的复杂关系,往往就会使文论研究流于一些琐碎细节的关注、单纯材料的杂陈或者具体个案的描述,而难以真正把握文学思想发展所具有的内在脉络关联。反之,如果仅仅关注逻辑的论证思想观念,忽视了思想的具体的历史的解释,往往就会有意或无意地忽略文学思想演变过程所具有的复杂性和丰富性,除了积累起一大批内容详备却干瘪乏味的概念清单外,很难从根本上厘清文学思想史上是

---

① [英]昆廷·斯金纳:《观念史中的意蕴与理解》,收入《政治的视野》("Meaning and Understanding in the History of Ideas", *Visions of Politics*, vol.Ⅰ, Regarding Method, Cambridge 2002)。中译本收入《什么是思想史》,任军锋译,上海人民出版社 2006 年版,第 95—135 页。

否存在那些具有普遍意义的"根本问题"或"观念单元"。

阐释过往的文学思想,不仅意味着阐释者必须设身处地地思考古人在做某一件事情时是如何思想的,而且意味着一切过去的历史必须联系当下才能得以理解和阐明。因此,"知人论世"的社会历史语境分析路数,是文学思想史阐释中最为常见甚或日用不知的研究范式,常常被视为文学研究"内在路径"的主要代表。但是,问题的另一方面在于,历史上的经典文本,虽然"知人论世""设身处地"地追溯还原是研究的重要途径之一,但是语境还原并不一定能够穷尽经典文本所蕴含的全部意义,因为经典文本一经形成,便在一定程度上具有超越具体历史语境的独立性,加之超越具体的历史语境进行普遍性思考素来也是经典阐释者进行研究的原初意图,无论这一意图是否得以真正实现。至于尔后的诠释者是否有能力把握所要考察的思想观念的社会历史语境,能否写出值得信赖的思想史论著,仍然存在相当多的疑问。有鉴于此,文本意图与产生之时的特定语境、作者的人生经历之间,究竟存在多大程度的关联以及关联的方式,不同的文本在程度和方式上恐怕也会有所不同。

譬如以"竹林七贤"的阮籍为例。就阮籍的论著来看,既有与特定的历史语境、作者人生经历联系密切的部分,也有超越具体的历史语境具有普遍意义的部分。其中一类是针砭具体人、事,如《大人先生传》《东平赋》《亢父赋》等;另一类虽然有针对的人、事,但其文本具有一定的时代超越意义,如《咏怀诗》中体现的精神痛苦与心理危机,身处黑暗时代的知识分子大都感同身受;还有一类代表了该时代哲学、政治理论原则的最高层次的抽象，如《通易论》《乐论》等，这与文本产生之时的语境或作者个人经历等并没有直接的关联，如果仅仅佐以思想史的阐释路径，便会显得捉襟见肘。因此，如何审视经典文本的具体历史性和普遍超越性之间的关系，本身也是值得经典阐释者认真考量的问题。

受到20世纪西方哲学转向的影响，对于如何历史地理解思想，经典阐释者常常会倡导文本细读或精读的方法，并将其视为文学研究"内在路径"的主要代表。就中国古代文学思想的研究而言，再高明的解释也离不开对文本的精读与细读，思想史家作为文本的阐释者，充分理解其选择的文本本身构成了研究的目标。正因为如此，文学思想的研究不仅需要在相当程度上借助于综合文、史、哲各个领域不同学科的研究方法，还需要某些专业化技能的训练，毕竟广博的知识和驾驭众多原始资料的能力，不是每一个研究者都具备的。但即便如此，这种对于文本的处理是否能够真正地挖掘出作者的真实意图，本身还是存疑的。如果希望理解阮籍及其《乐记》这样的论著，仅仅通过精读、细读对文本中的前提和主张进行分析是不够的，我们还需要理解阮籍提出这些政治音乐主张时的其他所作所为。换言之，我们必须确知他在多大程度上接受了汉以来的老生常谈（譬如对音乐本质的认识，如何杂糅儒家的神秘主义宇宙观与道家的自然主义宇宙观），或者他进行了重新表述并改写（譬如礼乐与政治关系的深度分析），或者是对它们的彻底批判和否定（譬如对近世以来音乐的彻底否定以及鲜明的复古倾向）。由此，可以从一个人们所熟知的话题中引出新的视野或新的话题,那就是魏晋时期类似阮籍这样具有多重人格、在精神分裂与心理危机中挣扎的士人有一大批,其文本传达的意义与著者的真实意图之间是否具有一致性,假如我们仅仅局限于分析文本本身的内容,那么,我们显然无法获知不同文本之间的同一性,也无法深知作者写作时背后的所有意图。

当然,上述问题的产生,并非仅仅源自两种不同的阐释路径,许多问题是经典阐释者必然遭遇的。虽然经典的创立者自己言说其学说的方式及内蕴是唯一的,但不可否认的是,经典的阐释者可以采用形形色色的方法去阐释既定的学说,在这种阐释的重构中,尔后的阐释者总是有意或无意地尝试比创立者本人更好地阐释其思想,为此常常漠视或忽略观点的矛盾处或体系的漏洞,甚或加以掩饰、曲解,这也类似于张江先生所言的"强制阐释",也即在本文不符合理论需求的情况下,为实现目标而肢解文本、重置文本,使文本符合理论[1],这种现象在过往的文学理论著述中并不鲜见。就阮籍的思想来看,正如鲁迅先生认为的那样,阮籍的诗文虽然也慷慨激昂,但许多意思都是隐而不显的。[2] 那么,这些矛盾、隐晦的观点是魏晋时期的一般观点,还是原创性观点,是否具有思想的内在一致性,是否具有经典阐释者所期待的那种一般思想史的谱系与脉络,以及这种谱系、脉络与历史连续性之间的关系等,大抵也是我们今天的研究需要加以重新思考的。

---

[1] 张江:《前见与立场》,《学术月刊》2015年第5期。
[2] 鲁迅:《魏晋风度及文章与药及酒之关系》,收入《而已集》,《鲁迅全集》第三卷,人民文学出版社1973年版,第500页。

阐释的限度

经典阐释者的工作，在于理解并解释过往的思想家，若能"知人论世""同情之了解"还原复活其思想，或"设身处地"有如他们的自我理解，那便是一种极高的阐释境界。这大概是所有经典阐释者所追求的目标，也是文学思想研究中唯一具有客观意义的标准。那种认为作家已死，经典阐释者能够比本人更好地理解作者的看法，虽然并非理论上完全不可取，但就过往的研究而言，那些阐释学上"多出来的意义"，虽然也可能揭示出作者的真实意图，或者文本本身所反映的多重意蕴，然而经典阐释者视域中种种"后见之明"所形成的"层累地叠加"，也极有可能为尔后的理解带来障碍。在以历史传统、文化现象、知识系统为对象的文学思想阐释传统中，身临其境的言内之意的呈现，抉发意蕴的言后之意的发掘，以及囿于时空阻隔、古今异音而形成的种种曲解、臆断，也就不可避免地形成经典阐释的两难处境。面对万壑争流的思想世界，如何与经典合一，同时开出自我理解的新意，为文学的世界提供一个终极的、整体的解释，也就成为所有经典阐释者的宿命了。

(作者单位：首都师范大学文学院)

传统文论理论与批评和创作实践相互融通特点说略[*]

党圣元

"强制阐释论"是近两年来引起学界强烈关注与呼应的一个论题①，之所以如此，是因为这一论题触及了现代文学理论知识生产、话语制造中的一些痛点。"强制阐释论"的反思性、建构性意向相当明确，现实性特征非常突出，在讨论的过程中，所关涉到的不外乎文学理论"何为"与"为何"这一长期困扰

---

[*] 《文艺争鸣》2015年第12期。本文为中国社科院创新工程重大项目《中华思想通史》子项目"文艺思想编"阶段性研究成果。

① 《中国社会科学报》2014年6月16日刊登题为《当代文论重建路径：由"强制阐释"到"本体阐释"——访中国社会科学院副院长张江教授》的长篇访谈，是"强制阐释论"这一问题的初次提出，也是张江先生关于"强制阐释"问题的发轫之作。其后，张江先生又在《文学评论》2014年第6期发表了《强制阐释论》一文，从四个方面全面、细致、深入地阐发了他对这一问题的研究所得和主要学术见解。之后，这一论题渐次在学界展开讨论，张江先生在讨论过程中除了继续展开自己对这一论题的看法而外，还与朱立元、王宁、陈晓明、周宪等诸位先生以书信的形式进行对话式讨论，进一步激活、拓展、深化了问题的讨论；这一论题也成为近两年来文学理论领域举行的一些学术研讨会上聚焦、热议的话题。这一讨论除了问题本身的意义而外，对于整体激活文学理论研究中思想、知识、话语生产所涉及的学术理念、方法论反思，亦产生了明显的效益。因此，称"强制阐释论"为近两年来文学理论研究中的一个"事件"是合适的。相关讨论文章见诸《中国社会科学》《文学评论》《文艺研究》《清华大学学报》《学术月刊》《学术研究》《探索与争鸣》《文艺争鸣》等刊物，可参阅。

阐释的限度

学界的问题，而更深层、更具体的问题，却是如何认识文学理论研究中知识和话语生产的阐释学原则与方法论问题。"强制阐释论"既是一个问题域，也是一种方法论，其对于我们反思中国古代文论研究中的阐释学问题，亦提供了一个很好的问题域和方法论借鉴，我们所提出的"中国古代文论研究中的阐释学重构"问题，就是由此而引发出来的。目前，关于"强制阐释论"讨论的关注点出现了向文学理论与文学批评相互融通方面聚焦的趋向，而我们觉得，传统诗文评所代表的中国古代文论理论、批评、创作实践经验三者相互融通、同生共长的特点，对于思考这一问题不无参鉴意义。因而，本文受"强制阐释论"启发，在阐释学的视野中对传统诗文评理论与批评以及创作实践经验相互融通的特点做一番体认，并认为传统诗文评所体现的理论、批评、创作实践经验三者相互融通的思想、知识、话语产生特点，代表了中国古代文学理论批评以"文学"为轴心、为本位的"本体性阐释"[①] 特征，其当代价值意义值得我

---

① 此处所言之"本体阐释"之"本体"，取宋代理学家张载、朱熹之义。张载《正蒙·明诚》："未尝无之谓体，体之谓性。"又《正蒙·乾称》："感者性之神，性者感之体。"此处之"体"指本性、根本的性与德，"体"与"性"是同一关系。又，《正蒙·神化》："神无方，易无体，大且一而已尔。"又，《正蒙·参两》："太虚无体，则无以验其迁动于外也。"此处之"体"谓形体，"无体"即无形体。朱熹亦经常使用"本体"这一概念，在如"性之本体""天理自然之本体""形器之本体"等，其中之"本体"分别具有"本身""本然""根据"等意思，所指对象均为"理"。朱熹还有"心之本体未尝不善""虚灵自是心之本体"等说法，这里之"本体"指本来具有的内容。朱熹解释"体"的一段话，对于我们理解传统哲学中"本体"这一概念的含义颇有启发，其曰："只就那骨处便是体，如水之或流或止，或激成波浪，是用；即这水骨可流可止，可激成波浪处，便是体。如这身是体，目视耳听，手足运动处便是用。如这手是体，指之运动体撮便是用。"见《朱子语类》卷五、卷六。又，《西北大学学报》2008第1期刊有党圣元《返本与开新：本体性阐释与中国古代文论当代性意义生成问题》一文，对中国古代文论研究中的"本体性阐释"问题进行了议论，可参阅。

们去发现,其对于通过"折中"的哲学智慧来认识与解决当代文学理论批评中理论、批评、创作实践经验三者往往相互脱节、割裂的弊端,以及深入反思中国古代文论研究的阐释学重构问题,当不无裨益。不足之处,祈请方家批评指正。

一 从传统诗文评属于文学批评还是文学理论说起

传统诗文评,是文学理论还是文学批评呢?看法不尽一样。现在我们大家可能会更倾向于认为传统诗文评与其说是文学理论,倒不如说是文学批评。但是,老辈的罗根泽先生则认为,中国古代诗文评更侧重于是一种文学理论,而不是文学批评。罗根泽在其《中国文学批评史·绪论》中对来自西方的"文学批评""文学理论"概念做了十分详细的区分和界说,他认为文学批评分为广义和狭义两种:"'文学批评'是原文 Literary Criticism 的译语。Criticism 的原来意思是裁判,后来冠以 Literary 为文学裁判,又由文学裁判引申到文学裁判的理论及文学的理论。文学裁判的理论就是批评原理,或者说是批评理论。所以狭义的文学批评就是文学裁判;广义的文学批评,则文学裁判以外,还有批评理论及文学理论。""中国的文学批评本来就是广义的,侧重文学理论,不侧重文学裁判。所以研究'中国文学批评'必须采取广义,否则不是真的'中国文学批评'。"[①]在谈到中国文学批评与西洋文学批评各自的特点时,罗根泽认

---

① 罗根泽:《中国文学批评史》,上海古籍出版社1984年版,第5、8页。

为："西洋的文学批评偏于文学裁判及批评理论，中国的文学批评偏于文学理论……所以西洋的文学裁判（狭义的文学批评）特别发达，批评理论也特别丰富。""返观中国，不唯对这些批评理论不甚感兴趣；对文学作家和作品的批评也较冷淡。……但对于文学裁判虽比较冷淡，对于文学理论则比较热烈。中国人喜欢论列的不重在批评问题，而重在文学问题。如文学观、创作论、言志说、载道说、缘情说、音律说、对偶说、神韵说、性灵说，以及什么格律、什么义法之类，五光十色，后先映耀于各时代的文学论坛。在西洋也不是没有，但其比较冷淡，正同中国之对于批评的比较冷淡一样。"[1] 罗根泽之所以如此认为，原因大概在于他认为西洋的文学批评重在"裁判"，而中国的文学批评重在"评论"，而欲行事于"论"，则离不开"理"，因而便以为中国文学批评偏重于文学理论。之所以今人对传统文论特征的认知与罗根泽的认知有如此差异，其中对于"文学理论""文学批评"概念理解的时代差异性是主要原因，当然与学科意识的精严与否也不无关系。罗根泽先生那一辈的古代文论研究者，由于正处于学科初创时期，所以特别注重文学界说和学科区分，学科意识非常敏感。因为正处于中国现代文学理论、文学批评的"立法"时期，所以罗根泽在其《中国文学批评史》的"绪论"中非常执着于对诸如"文学""文学批评""文学理论""文学评论"等概念的厘清，这种厘清本身也包含了对中国传统文学理论批评的身份认同，其严谨程度我们今天是无法比拟的。对于罗根泽先生的看法，需要放在当时

---

[1] 罗根泽：《中国文学批评史》，上海古籍出版社1984年版，第13、15页。

的历史情境中进行体认，我们虽然不完全同意，但是深表理解。这个问题比较复杂，这里悬置不论。

　　抛开这个话头不说，我们的看法是文学理论与文学批评实际上是你中有我、我中有你，两者之间往往难以划界，更是难以分开。非但文学理论与文学批评本来不应该截然划界，即文学理论和文学批评与文学创作也不应该相互脱节，而应该相互融通。然而，当下的情况却是两者的关系正在渐行渐远，分工越来越不同，相互之间似乎到了"井水不犯河水"的地步。这种理论与批评、理论与创作实践，甚或批评与创作实践各自划疆为界、相互脱节、坐大一隅而互不通声气现象的出现，对于文学理论、文学批评，甚至文学创作，都是非常不利的。在我们看来，传统诗文评在理论、批评、创作实践三者之间的相互融通方面特点明显、优长突出，其不但可以为我们思考当代文学理论与批评、与创作实践严重脱节提供一些借鉴，而且对于我们思考当下古代文论研究的阐释学重构问题也不无裨益，确实值得说道一番。毫无疑问，文学理论研究的言说对象是文学，文学理论正是通过围绕研究对象"文学"的种种言说，生产、建构出了关于"文学"的我们称之为"理论形态"的话语系统。就"理论形态"话语生产必不可少的提炼和升华这一特点而言，其对具体的文学创作现象和经验、对具体文学作家和作品的阅读感受及批评意见自然会有大量的归纳、总结、抽绎，乃至逻辑推演和概念化表述，但是文学作为言说之"象"，应该是始终存在其间的，也就是说文学理论之立说，应该见文学之"象"，或者说文学理论的话语不论如何抽象，最终应该能还原回作家、文本、批评的实际场景中去，而不应该是"得鱼忘筌""过河舍舟"般地彻底舍弃掉作家、文本、批评，而成为分疆自治、傲视文学、不知其来历与归宿的异质性话语。我们认为：传统诗文评在进行自己的理论言说时，对于理论、批评、创作三者关系的处理折中得当，保持了文本、作家、批评、理论共同拥有之意义世界的完整性，确实值得我们深入体悟。这就引出了下一节的话题。

二 "当局者"与"旁观者"

文学理论针对自己的研究对象而言说时，是不是存在"当局者"和"旁观者"两种眼光、两种姿态呢？我认为是存在的。而且，我一直认为：当代西方的文学理论，更多地体现出一种"旁观者"的眼光和言说口吻，而中国传统诗文评则更多地体现出一种"当局者"的眼光和口吻。

在传统诗文评之中，并不存在完全独立的"旁观者"，诗文评家都能将自己的理论言说置于具体的文本批评语境和创作实践情境之中。虽然罗根泽先生认为："在中国，则从来不把批评视为一种专门事业。刘勰的《文心雕龙》是一部体大思精的文学批评书，但其目的不在裁判他人的作品，而是'论文叙笔'，讲明'文之枢纽'。"[①] 但是，实事求是地讲，刘勰在《文心雕龙》中"裁判"他人作品的地方实在是多得数不过来，通过选文定篇、通过评价裁定古今作品和作家，以及通过大量

---

① 罗根泽：《中国文学批评史》，上海古籍出版社1984年版，第14页。

创作和批评的实际事例来进行言说,从而实现了他对于文学的"理论"言说的"圆照"境界。即如叶燮之《原诗》,在我们今天看来,叶燮在谈论诗学问题时,与诗歌创作实践的联系还是相当紧密的,但是由于叶燮将一些理学概念、理学思维方式引入诗评之中,并且做了许多抽象的义理阐发,加之叶燮的一些言说方式与之前一般的诗话、序跋中的品评言诗方式有所不同,以致他的《原诗》便被《四库》馆臣们讥讽为"英雄欺人之语"。这也从反面证明了传统诗文评讲求理论与创作、与批评不分疆划立、不分轩轾的特点,不遵此家数,便会受到歧视、挤压。

中国古代诗文评的作者,往往是作家与批评家一身二任,他们本身是作家,有着丰富的创作经验。但是,在创作之余,他们也会热衷于讨论、挑剔文章之优劣,交流创作的心得和独家经验,品第裁判他人的作品,力求对各种诗文创作现象进行规律层面的归纳与总结,从而使得文学理论、文学批评与他们的文学创作实践处于同一过程之中,处于一个共同的意义世界之中。譬如陆机《文赋》既是文论,又是一篇上乘的赋;刘勰《文心雕龙》是一部"笼罩群言""体大虑周"的理论著作,但刘勰又是通篇采用精美的骈文来写就这部著作的,是不是可以这么说,刘勰在进行他关于"文学"的理论性建构和批评性言说时,还分享着揭秘"文"的奥妙和创造美"文"所带来的喜悦与美感呢?我认为是可以的。更有甚者,古代许多诗人往往喜欢通过诗篇来言说自己的诗学思想,出现了大量的"论诗诗",而《二十四诗品》则更是通过二十四首齐整、优美的四言诗,通过每首诗所营构出的栩栩如生、姿态各异的整体意象或曰意境,来"象喻"种种具有深度哲学底蕴的诗学风格或曰诗歌美学类型,从而成为一种独特的诗文评形式。同时,古人也更喜欢通过书信、序跋、笔记、小品文、评点等文笔来进行关于文学的理论和批评言说,亦成为传统诗文评的主流形态之一,而如东汉王充《论衡》那样体量大、成系统的"论体"文评,反而少见。同时,在传统诗文评看来,似乎只有诗文创作的实践者才有资格参与到诗文评的活动中来,曹植、刘勰、刘克庄等人都发表过这方面的言说,一些看法不免苛刻,却代表了一种普遍倾向。

这就形成了传统诗文评与诗文创作实践相互融通的特点,使传统文学理论批评始终不脱离诗文之怀抱,即便明清时期的小说、戏曲理论批评也是如此。这一特点也促使诗文评更贴近文学实践活动,贴近文本世界,也更重视文学创作的一般规律,并且形成了创作与理论批评之间良性的互哺关系。总的来说,植根于诗文创作实践、从具体的批评入手的诗文评,在文学的"场内"与"场外"之间出入自在、应付裕如,很好地折中协调了文学理论的"场内"与"场外"之间的关系,并以文学性作为重要的评价标尺。也正是由于诗文评的身份并不是完全独立的,诗文评在传统学术中的定位一直极为尴尬,在传统目录学上最终也不过只是附骥于集部之尾。但这并不意味着诗文评不重要,这些由种种具体的文学现象实践所抽绎出的经验和规律,以其针对性强和言说有效性,可以被直接用以指导文学创作实践,可以有效地用来批评具体的文本,并且还可以有效地

传统文论理论与批评和创作实践相互融通特点说略

避免出现"以文害辞""以辞害意"、偏颇过执之"过度阐释""强制阐释"弊端。

中国古代诗文评重视文学实践的传统，可以为我们今天思考如何走出"强制阐释"的困境提供思路。文学理论应该抽象自具体的文学实践，而非架空文学甚至解构或者消解文本的独特意义世界。无论是中国古代诗文评还是西洋古典的文艺思想，都不否定文学场域、文学实践的根本价值，"旁观者"理论、批评姿态的关键在于冷静地观照与自省，而完全脱离文学场域、文本场域的理论言说，却实际上是背离"旁观者"姿态的极端化言说，必然有违于折中之道。张江先生认为当代西方文论存在"场外征用"的情形，存在运用文学以外其他学科的现成理论阐释文本、解释经验造成了脱离文学实践的现象。[1] 这一情况的确存在，然而这是否就意味着文学场域之外的理论不能介入文学理论的言说中来呢？如果我们回顾中国古代诗文评的发展历程，可以发现，在其肇端之初，便与文学场域之外的其他思想文化相杂糅。或者说，这种杂糅，本身便是诗文评发生期的本来状态。在文学、文学批评逐步自觉并且独立成形态之后，文学场域之外的思想因素和话语成分也一直或多或少地渗入文学理论批评之中，乃至纠缠难分。在这方面，我们可以举出许多传统文学理论批评中的例子来，比如《诗大序》《诗小序》中对于《诗》的那些言说，也很难说刘勰在《文心雕龙》开头三篇中对于文学"原道""征圣""宗经"的整体价值建构框架

---

[1] 参见张江《强制阐释论》，《文学评论》2014 年第 6 期；《当代西方文论若干问题辨识——兼及中国文论重建》，《中国社会科学》2014 年第 5 期。

中没有"场外征用"的言说痕迹,而宋明理学家们言说文学时的"场外征用"就更不用说了。因此,文学理论批评话语作为一种泛文化的知识结构,实际上是中国古代诗文评的一个重要特征,也是西洋西方文论,尤其是现当代西洋文论在逐步发展中产生的一种倾向,解释学的兴起便是一个典型的例子。当代西方文论之所以要进行"场外征用",既有拓展文学疆域、模糊学科边际的考虑,也有突破理论瓶颈的现实困境,因为一般来说"场外征用"最具有话语颠覆效应,这也是现当代西洋文学理论一直喜欢在话语解构与颠覆中行进的原因所在。在我看来,问题一定程度上出在"场外征用"上,但是"场外征用"又无法尽免,所以问题的关键点便是"场外征用"是不是以文学为本体,是不是围绕文学这一轴心而进行,其聚拢点和落脚点是不是文学本身,场外理论的征用能否密切结合文学实践而进行。如果是,则通过"场外征用"带来的思想、知识方面的话语杂交优势而增强理论的创新性和穿透力,只要控制得当,能入乎其内、出乎其外,最后还是回到文学本体、本位上来,其实倒也不失为好事一桩。实际上,张江先生在其文章中也已经充分注意到了这一点,并且进行了辨析,说明"强制阐释论"的讨论又深入了一个新的层面。只是这一问题相当复杂,涉及的面非常广泛,因此还需要我们进一步深入探究。

传统诗文评立足于文学创作实践,与文学批评融通为一,由此形成的不同于西方的传统,我们不妨称之为"当局者"姿态。因为"当局",所以置身其中而冷暖自知;也正因为"当局",诗文评的"理论"独立性也往往随之缺席。这一传统使诗文评与文学实践之间有着天然的亲近感,对于我们今天反思"强制阐释"无疑是很好的启示。但其缺陷也是客观存在的,那便是"旁观者"姿态的缺失,使中国古代比较缺乏独立的文学理论家与批评者:一方面,作家将感性的创作思维带入诗文评中,一味地"象喻",而在纯粹的理性思辨和逻辑演绎方面比较薄弱了一些;另一方面,作家在创造诗文评的过程中难免陷入"当局者迷"的窘境,难有客观、独立的"裁判"态度,锐利的反思性批判意识和观念、话语方面的颠覆能力也比较弱了一些。当代中国的文学理论,如何在密切结合文学创作实践的基础上,通过理论与批评之间的融通,在不丢弃传统诗文评"象喻"特点("当局者"身份)的情况下,又体现出一定的"旁观者"身份,是值得我们思考的。

三 我们应该如何阐释传统文论

我们再把话题转到中国古代文论研究之阐释学重构这一问题上来。我们应该如何阐释传统文论?传统诗文评很古老,属于旧物,是已经消逝了的那些时代的诗性智慧之集中体现。然而,传统诗文评并不浅薄,更不丑陋;相反,在这一"古物"身上通体蕴含和折射着独特的中华诗性文化智慧的幽光。我们在研究中对传统诗文评所进行的当代阐释,应该致力于发现它对于当代中国文论所具有的价值意义,应该将阐释兴趣和价值诉求定位于发现这一"旧物"中的美丽,以及它在时间过程和空间转换中的意义延伸。

阐释的限度

毫无疑问，在我们对于传统诗文评的当代阐释之背后，蕴含着每一个阐释者个人的文化、诗学眼光与立场，以及独特的学术理念和方法，这是不可避免的，而且我们正是努力通过这种阐释来折射出处于转型期中国学者的思想、文化、学术的姿态与价值趋向。毋庸讳言，已往我们对传统诗文评所进行的现代阐释，更多的是从西方文论的视点来体会、理解传统文论，体现的是西方的学术品位和标准，尽管这种理解和体会不乏深刻和敏锐之处，但是如果一味地以西方文论的视点来阐释中国传统文论，能真正理解和体会中国传统文论吗？能避免掉入"强制阐释"之窠臼吗？因此，我们认为，在对传统诗文评进行当代阐释时，充分展示中华文化、中华美学的视点是非常必要的。尤其是在当下，中国文化元素已经成为世界瞩目的热点，和平崛起过程中的中国，更需要对自身的传统人文思想乃至传统的诗意文化倾注热情，以增强我们的民族文化、民族美学自信和自为意识，增强当代中国文学理论和美学的内创能力，并且以此而拓展、丰富世界文化的多样性。这正是我们强调当代中国文学理论研究和传统文论研究中要突出中国视点之原因所在。这里所谓的中国视点，指在对传统文论进行当代阐释时，提问和价值评价是不可避免的，但是我们所需要的提问和评价，不应该是完全按照西方文论的问题意识和提问方式来进行，不应该是完全按照西方文论评判问题的标准来评判，而是需要根据从中国本土的思想文化现实中生成的问题来进行提问，以如何更加有利于解决中国现实文化、文艺问题为标准来进行评价，而这种提问和评价最终又能够获得世界的理解和认同，只有这样才能使我们的阐释具有一定的现实针对性和思想原创性。这就是"强制阐释论"作为一个问题域和一种方法论，所给予我们的启示。

对传统诗文评进行创造性阐释和创新性传承，应该成为当下研究古代文论的一个学术目标。传统诗文评对于当代中国文学理论体系建构价值意义是不言而喻的，我们称之为传统诗文评的当代价值意义。但是，传统诗文评的当代意义并非现成的，也不是一成不变的，而是一个发现与思想生成的过程。正因如此，这就需要我们一方面深入历史情境中去，另一方面回到现实情境中来，在历史情境与现实情境两重视域之融合中，通过重新解读而发现之，通过"解蔽"而彰显之，这样才能在发现的过程中生成传统诗文评的当代意义：一方面，如果不历史性地回溯，便没有古代文论"过去视域"之呈现；另一方面，如果没有当下的意义诉求，便没有研究的"现在视域"之生成，而"过去视域"与"现在视域"的缺失，必将妨害经典语境与当代语境的动态生成。我们知道，所谓"现在"即是"过去"的"现在"，"过去"即是"现在"的"过去"；离开"过去"，"现在"根本无所附丽；离开"现在"，"过去"也将无处着落。这也就是说，回到传统诗文评的历史语境，是理解其"当代意义"的一个前提。因此，历史性地理解、阐释传统诗文评，应该成为我们研究古代文论的一个方法论前提。传统诗文评的当代意义并不是一种现成的随手可取的状态，它有待于理论价值阐发和现实意义的生成，因而纯粹地"回到原典"已无可能，任何一种历史"还原"，其实都是对历史的某种阐释，而且阐释活动本身又必然隐含着研究者当下的文化立场，越深层次的阐释，其中所包含的历时性内蕴和当下性诉求就越深刻、越丰富。其实，在理论阐释之中根本不存在所谓可以原原本本地回到原典、还原古代的事实，如果有人这样宣称，那只能表明其作为阐释者还没有形成自己的阐释立场和时代理解。我们认为，阐释立场与时代理解之形成，可以使传统文论中那些至今仍然具有生命力和范型意义的资源得以激活和释放出来，并且通过创造性阐释而使传统文论实现创新性传承与发展，使传统文学遗产保持旺盛而持久的生命力。这一点是非常重要的。

在"回到原典"的过程中，除了阐释者的时代性外，还有一个所谓"解释学循环"的问题。在西方解释学的语境中，解释的循环是理解的存在方式，是理解的展开。在早期施莱尔马赫的语境中，"解释学循环"作为理解文本的一种技艺，是指在对文本进行解释时，理解者根据文本细节来理解整体，又根据整体来理解文本细节，这种理解的循环运动沿着文本来回移动，在文本被完满理解时才会消失。对此，狄尔泰进行了发展，他认为循环包括三种相互依赖的关系：单个词与文本整体、作品本身与作者心理状态、作品与它所属的种类与类型，这就把循环扩展到解释活动中理解与经验的关系中。海德格尔认为未知文本的理解，永远由被理解的前结构所决定，完满的理解不是整体与部分之间循环的消除，而是这种循环得到最充分实现。伽达默尔的理论重在说明传统与理解之间的循环，正是知识的历史性表现。他认为理解就是不断地从整体到部分，再从部分到整体的过程，我们的理解必定受到传统的影响，而认识事物

传统文论理论与批评和创作实践相互融通特点说略

之后得到的解释又转变为新的传统，正是在这种循环中形成了新的问题视域，而视域的融合也是在这种循环中得以实现。

西方阐释学的若干原则，在中国的经典阐释传统中，也可以找到一些相似或相近的成分。近些年来，一批具有中国传统文化知识背景的学者已经开始思考、研究中国古代经典中存在的阐释传统，并力图借此来构建一种不同于西方阐释学传统的中国经典阐释学。这种研究路径，既可以视为站在中国文化本土立场上对西方阐释学关注问题的一种回应，也可以视为中西文化、中西阐释学之间所进行的一种平等、自由的对话，以期使我们当下语境中的传统文史哲研究实现"现在的视域"与"过去的视域""中学的视域"与"西学的视域"的融合。因此，在与西方阐释学的观点与方法相互比较、相互对话的过程之中，尝试建构中国文化本位的古代经典阐释系统，确实可以视为一条古今、中外比勘会通的路径。

我们认为，传统文论作为研究阐释的对象，其文本的意涵是客观的，是先于我们的理解而存在的。因此，正如赫施所说的那样："一个文本具有着特定的含义，这特定的含义就存在于作者用一系列符号系统所要表达的事物中。"[1] 而我们阐释文本之目的，则在于获知作者或作品之原意。悠久历史的中国经典阐释传统也认为，经典文本所具有的原意是一种客观存在，无论是作为最高真理的"道"，还是最高存在的"气"，或是最高理想的"志"，都深藏于经典之中，阐释之任务就是通过特

---

[1] ［美］赫施：《解释的有效性》，王才勇译，三联书店1991年版，第16—17页。

阐释的限度

定的方法和过程,将经典文本的内在意义揭示出来。清人焦循在总结当时的经学阐释境况时说:"今学经者众矣,而著书之派有五:一曰通核(主以全经,贯以百氏,协其文辞,揆以道理);二曰据守(信古最深,谓传注之言,坚确不移,不求于心,固守其说);三曰校雠;四曰摭拾(指辑佚);五曰丛缀(丛考字句名物)。"① 由此可见,古人在经典阐释活动中,所关注的是具体阐释路径的选取,对于经典本身内蕴的意义是不予质疑的。实际上,在传统经学阐释系统的内部,无论是汉学与宋学之争,还是理学与心学之辩,所不同的只是对于阐释经典的途径与方法在选择上有所不同而已,而对于经典文本所蕴含的微言大义,则均无异议。100多年的西学东渐,形成了中国近代以来过度崇拜西方阐释方法的新的述学传统,这是因为中国近代以来积弱的国势滋生了对于西方科学方法的膜拜与推崇,西方的阐释方法被视为揭示本质、显明"体"的唯一有效路径。这种心态在相当程度上还左右着我们今天对于传统文论的阐释,并且产生了传统文论研究中的种种"强制阐释"现象,我们往往熟练地"援西入中""以西解中",以西方文论中本来就是"强制阐释"之产物的阐释路数和套数为模式,对传统文论再来一次"强制阐释",从而裁剪、割裂了传统文论的整体意义世界,这似乎越来越成为我们的一种阐释惯性,以致我们越是阐释,与传统文论之间的知识隔膜就越来越大,与古代文论的精神越来越疏远。法国哲学家保罗·里克尔曾指出:"所有诠释学的目的,都是要征服存在于经典所属的过去文化时代

---

① 焦循:《辨学》,《雕菰楼文集》卷八。

传统文论理论与批评和创作实践相互融通特点说略

与诠释者本身之间的疏远和距离。借由克服这距离,使自己与经典的时代合一,注释者才能够使其意义为自己所有:他使陌生成为熟悉,也就是说,他使它属于自己。这正是他透过理解他者而得到他所追求之自我理解的成长。因此,每一诠释学,无论外显地或隐含地,都是经由理解他者而有的自我理解。"[1]我一向很不同意什么以所谓西方科学的方法对传统人文经典进行现代阐释之类的说法,因为这么一来,阐释传统人文经典似乎变成了如自然科学实验中从某种物质中提取某种元素那样,从经典中提取某种客观原意的过程。其实,古代文论研究中大量的"强制阐释"正是发生于这种所谓"科学"的阐释过程之中的。这是因为从阐释过程来看,我们对研究对象进行阐释时是不可能不融入我们的社会经验、生命体验等的;从阐释目的来看,我们的研究也不仅仅只是为了单向度地理解经典文本,同时也是我们与经典文本展开对话,以及投射自我、理解世界的一个过程。

我们阐释传统文论,也需要超越唯历史主义与主观主义的二元对立。这里存在一个如何实现文本所代表的"过去视域"与作为阐释者的我们所代表的"现在视域"两者很好地融合的问题。在阐释过程中,我们不能将"现在视域"与"过去视域"割裂开,把"现在"和"过去"看成是孤立的、不相联系的存在;既不能仅仅局限于"现在"而不关注"过去",也不可以执守于"过去"而不关注"现在",这样庶几可以避免在

---

[1] [法]保罗·里克尔:《诠释的冲突》,林宏涛译,台北桂冠图书公司1995年版,第14—15页。

阐释的限度

阐释过程中出现种种"强制阐释"的问题。对此，陈寅恪先生的一段论述常常为学者引用，今再引之："凡治中国古代哲学者，其对于古人之学说，应具了解之同情，方可下笔。盖古人著书立说，皆有所为而发。故其所处之环境，所受之背景，非完全明了，则其学说不易评价，而古代哲学家去今数千年，其时代之真相，极难推知。吾人今日可依据之材料，仅为当时所遗存最小之一部，欲借此残余断片，以窥测其全部结构，必须具备艺术家欣赏古代绘画雕刻之眼光及精神，然后古人立说之用意与对象，始可以真了解。所谓真了解者，必神游冥想，与立说之古人，处于同一境界，而对于其持论所以不得不如是之苦心孤旨，表一种之同情，始能批评其学说之是非得失，而无隔阂肤廓之论。否则数千年前之陈言旧说，与今日之情势迥殊，何一不可以可笑可怪目之乎？但此种同情之态度，最易流于穿凿附会之恶习。因今日所得见之古代材料，或散佚而仅存，或晦涩而难解，非经过解释及排比之程序，绝无哲学史之可言。然若加以连贯综合之搜集及统系条理之整理，则著者有意无意之间，往往以其自身所遭际之时代、所熏染之学说，以推测解释古人之意志。由此之故，今日之谈中国古代哲学者，大抵即谈其今日自身之哲学者。所著之中国哲学史者，即其今日自身之哲学史者也。其言论愈有条理统系，则去古人学说之真相愈远。"[1] 深入领悟这段话的意涵，有助于我们克服阐释经典文本时极易发生的种种"穿凿附会""隔阂肤廓"之错误。

---

[1] 陈寅恪：《冯友兰中国哲学史上册审查报告》，载《金明馆丛稿二编》，上海古籍出版社1980年版，第247页。

四　让"古代文论"重新回归文学史的怀抱

在文论研究中，如何保持理论、批评、创造实践三者之间的相互融通呢？如何避免理论高悬在上、自言自语，既不及物也不接地气的弊端呢？我们认为，就传统文论的研究而言，在对传统文论经典文本进行阐释时，首先要做到的就是要让"古代文论"重新回到文学史的怀抱之中。为什么要这样说呢？这是因为近一个世纪以来，在西方学术体系的规训和西方文学理论的耳提面命之下，古代文论研究和传统文学批评史著作的编纂思路也逐渐向"理论""概念""演绎"的方向汇拢。我们的研究、我们的阐释，逐渐成为一个"理论"提纯的过程。但是，这样的"理论"提纯或曰醇化的阐释思路，必然导致理论史与批评史、理论史与文学史割裂现象的出现。本来在传统文论的原生态中，这三者之间的关联是十分密切的，古人在进行文学言说时，他的理论阐发多数是直接针对具体的文学现象而发的，这便体现出了传统文学理论史和批评史对文学史的强烈依附关系，我们所指出的传统诗文评理论、批评、创作实践相互融通特点，正是因于此而形成的。因此，如果我们在阐释过程中一味地将理论史从具体的批评史语境、从特定的文学史情境中剥离抽取出来，不注意它们之间的原生态关系，在阐释中缺乏对此关系的充分揭示，便会导致我们言语中的古代文学理论成为一堆孤单的范畴、概念、术语、命题等关键词的汇总，使听者无法知道这些理论观念在当时是在一种什么样的批评场域、什么样的文学氛围中产生的。

理论与批评史、与文学史的分疆划界，固然使得文学理论研究高度专业化，然而也会在追求自足的过程中走向封闭，从而使研究文学理论者与研究批评史者及研究文学史者互不往来，陌如路人。尤其是理论与宽泛意义上的批评意识的割裂，更应该值得我们警惕。在传统文论的原生状态中，批评观念并不都是以范畴、命题等形式出现的。批评作为一种话语，它的包容面要宽泛得多，范畴、命题只是其中的一小部分。多样具体的批评观念错综复杂地交融在一起，既形成了一个时期文学批评的总体风貌，也构成了这个时期文学理论的具体样态。但是，如果我们仅仅选择其中若干个具范畴形态的概念来说明一个时期、一个阶段的文学理论，那就肯定会筛选过滤掉那些隐含在大量批评实践中的、理论抽象化程度还不是太高的批评观念或批评意识，这就会导致阐释过程中的片面性、随意性。

另外一个问题就是要重视个案研究、个案阐释，而不应该过分迷恋理论通史的书写。在一些理论通史之中，通常给我们的往往只是一种简要的理论方面的轮廓描述和体系建构，而其中的细节大多未经深入的个案研究，以致这些理论的历史细节在通史体的宏大理论叙事过程中被遮蔽、被忽略。也就是说，这样的通史书写，在没有进行具体而深入的个案研究的情况下，便先有了一个预设的总体框架，其后所进行的具体书写只不过是给这个框架添加一些举隅式的理论事件罢了，而且很可能是随意添加的。这种情况的存在，非常不利于传统文论阐释性研究的拓展与深化。客观而言，以一个人所具有的学力和从事研究的时间与精力，根本不可能保证他在有生之年对传统文论史的所有环节、所有问题都有深入的研究，由于不可能穷尽阅读所有的原始典籍，并且能发现其中未被关注过的问题，因此可以说迄今为止传统文论的大量的原始材料仍被搁置一边，这些材料不能进入阅读视野，自然也就谈不上对其中所包含的理论现象、批评情境予以认知，以及进行具有原创性的阐释。深入细致的个案阐释的缺失，在相当程度上影响了研究的学术进程，使得传统文学理论史研究的路子越走越窄。对于这一问题，我们在反思古代文论研究中的"强制阐释"之时，亦应引起重视。

（作者单位：中国社会科学院外国文学研究所）

强制阐释：西方文论的一个理论母题[*]

高 楠

理论母题是就所提出理论问题的理论涵盖性、动态性及进一步展开研究的问题生成性而言的重要概念。埃里埃泽·梅勒坦斯基曾用"世纪课题"称呼这类重要问题以强调其时间延续性。詹姆逊称这类问题是隐盖着深刻的"历史断代性"的问题，以强调它的历史关联性和时代的横向拓展性。阿尔都塞在思考马克思的思想体系时曾提出一个关系思想的整体性生成及在思想所及的各个方面保证思想的流贯性的概念即"问题式"或"总问题"，认为这类问题是内化的时代结构与历史结构，各种具有重要性的问题可以不断地从这类问题中生成出来，理论的重要性由这类问题的重要性决定，并提出就"问题式"或"总问题"而言，提出问题就是求解问题，换句话说就是既然问题是从"问题式"的总体结构中彰显出来，那么，问题的求解也自然已经存在于彰显出问题的同一结构中了。[①]

---

[*] 《文艺争鸣》2015 年第 12 期。
[①] [法] 阿尔都塞：《保卫马克思》，顾良译，商务印书馆 1984 年版，第 47 页。

强制阐释：西方文论的一个理论母题

张江在《强制阐释论》中对近年来西方文学理论进行的"强制阐释"批判，就具有上述理论母题的性质，具有理论母题需要的批判理念与批判的社会心理动力。[①]

首先，就这一批判的历史积淀而言，对于深受西方理论影响的中国文学理论界它确实是触及了一个重要的"世纪课题"。自20世纪初渐成潮流的西学东渐到20世纪末至今所形成的规模巨大的西论中化潮流，西方理论包括文学理论一直持有一种对于中国理论研究的压倒性强势。这种强势状况大体体现为四个历史阶段：第一个阶段，是19世纪末20世纪初跨世纪的西方理论涌入。当时西方理论涌入的性质是民族求救性的，这里很少有真正意义的理论研究的兴趣或精神信仰的性质，而主要是民族生存性的社会变革的实用性选择，其中急就而浅近的选择与厚重而久远的传统形成尖锐冲突，这一冲突的力度又因为民族求解的西方理论导入性质转化为西方理论导入的逼迫性取向。第二个阶段，是马克思主义传入中国，成为中国无产阶级革命力量的理论基础。它不仅孕育与催生了中国共产党，而且作为共产党人的信仰指导共产党人领导的中国革命实践。对马克思主义的信仰性的接受，使这一源自西方的理论包括马克思主义文学理论获得了与中国革命实践相结合的广度与强度，它成为中国革命理论的指导思想。这种信仰性的接受本应该引发对于马克思主义经典理论的深入研究，然而，当时相当沉重的民族危机、相当严峻的革命局势，均导致深入研究的理论语境

[①] 张江：《强制阐释论》，《文学评论》2014年第6期。本文后面对《强制阐释论》的引意与引文均取于此。

的难以形成，于是，便不同程度地在实践中形成急就章式的马克思主义理论研究状况，往往是情感重于理性，简单化、教条化、实用化地对待经典理论成为马克思主义理论接受中被革命领袖不断批评的倾向性问题，《人的正确思想是从哪里来的》《实践论》《反对本本主义》等，是毛泽东实施这种倾向性批评的代表性著作；20世纪80年代的真理标准大讨论，是针对简单化、教条化地对待马克思主义理论的实践性纠正，正是这一纠正，开启了中国改革开放的历史进程。对于马克思主义信仰的接受中，蕴含着延续于传统的很复杂的历史情愫，怎样结合中国的社会实践与历史实践，面对、思考、运用马克思主义经典理论，怎样以中国自身为主体深刻建构中国马克思主义文学理论，并以此形成对于纷乱复杂的西方文学理论的批判机制，这是一个强而有力的历史呼唤。第三个阶段，是20世纪50—60年代对苏联马克思主义文学理论的全面而细致的接受。这一接受，一方面是前一阶段信仰性接受的延续，它伴生着理论接受的强烈的政治热情，同时，随着理论学习与研究队伍体制性地扩充，理论教学深入大学课堂，苏联马克思主义文学理论的接受得以体系性地进行，并在此基础上形成了有一定体系的，结合着中国文学实践及理论接受状况的文学理论建构。这类建构对苏联文论的模仿、套用、转用的理论色彩很突出，即便是小心翼翼的批判也很难见到。第四个阶段，是激发于20世纪80年代的西方理论的开放性引入及随之而来的西方理论在中国的汹涌成潮。这一西方理论涌入的初始阶段，与第一阶段急就式的饥不择食有着社会情绪与社会心理动力指向的相似性，它是伴随着当时西方经济发展、科技进步、文化繁荣的社会强势汹涌而来的，这决定着这一理论接受的被动性与盲目性，至20世纪末，十几年的时间便把西方上千年数百年先后形成的诸多理论流派走马灯似的介绍进来，尽管多数只是蜻蜓点水似的一掠而过，却足以让理论积累单一而贫弱的中国理论界震撼与倾往。西论深刻、严谨的慨叹至今仍在有力地延续着。与这种西强中弱的慨叹同时发生的，便是中国理论界传统理性的压抑、学术尊严的贬损、理论批判与建构力量的消弭。20世纪末"文学失语症"提出后，很快成为至今仍然争论不休的焦点话题，正在于这一评断的点穴式的准度，它点到了中国文学理论面对西方理论缺乏自己的接受主体性，并不加转化地生硬接受这一致命之处。上述四个阶段，紧紧地围绕一个历史轴线展开，这就是作为一个历史悠久的民族，它的接受主体身份的世纪性贫弱及因贫弱而不断渴求强壮并自我确认的理论研究者群体性的理论压抑。

这一长久积聚的中国文学理论界的世纪压抑，在"强制阐释"这一对于西方文学理论的整体性面对与征兆式评断中，获得了一个泄洪的闸口。中国文学理论界对《强制阐释论》发表一年来的震动性与推进性反响，可以说是这种世纪压抑得以泄洪的初见端倪。

其次，张江对西方文论"强制阐释"的概括性反思与症候式评断，对于百余年来西方文学理论的总体状况，是一个很有启发意义并且很有实在针对性的透视。这种透视，昭显了这段时间里西方文论的一个"历史断代"。固然，在上面谈到的

"世纪课题"的泄洪效果中,借助于觉醒的批判理性,完全可以对百余年流派纷呈的西方文学理论进行不同侧重点及要点或者不同征兆的评断,"强制阐释"之说不是唯一的准确之说或正确之说,它的批判理性的启发性在某种程度上要大于甚至远大于张江在《强制阐释论》中对"强制阐释"所做的阐释。理解《强制阐释论》的这一意义,要特别抓住张江"强制阐释"批评的理论根据,这也是他实施批判的理论武器,即对文学不能进行"场外征用"式的阐释,而应进行围绕文学并合于文学的阐释,换句话说,张江所坚持的是文学理论的文学对象论及文本中心论。那么,这种坚持性的西方文学理论批判,为什么说就是昭示了一个西方文学理论隐盖的"历史断代"呢?

西方文艺复兴以来的历史过程中,科技的发展、科学思维的领域化趋向及由此强化的崇尚逻辑思辨的趋向,不断地分化着、消解着由古希腊传承下来的世界万物整体融一的世界观,消解着这一整体融一的世界何来何是何往的总体性思维方式。被后来统称为西方现代性的进程中,职业的领域化、文化的分层化、学科的疆域化,越来越使西方生活、科学研究及人文理论研究分疆而治,这种情况如韦伯所说,西方整体性的宗教神秘感消失了,奠基于整体性思维方式的探求世界终极之是、永恒之在、确定之维的形而上学思维也失去了世界实在的整体性根据。因此,如哈贝马斯所说,宗教统治的结束、形而上学的衰落,作为西方现代性的必然结果,不可避免地成为眼前最真切的实在。现实生活离启蒙精神愈来愈远,主体性与自我意识越来越面临被消解的困境。① 因此,上帝死了、人死了、作者死了、文学死了这类呼喊,不是哪个西方理论家标新立异的理论标榜,而是历史的挤压与限定。近年来,当一些西方理论家把这类见于不同理论流派的批判形而上学的努力或建构后形而上学的努力——或者说,是把引发这种努力的历史挤压与限度,归咎于西方现代性后果时,尤其是在种种的后现代现象的参照下,他们才进一步认识到,百余年来西方世界的理论研究包括文学的理论研究,形式主义的、精神分析的、现象学的、实用主义的、符号学的、存在主义、语义学的、结构主义的、西方马克思主义的、解构主义的等,其实都是此前具有理论的历史合理性的西方传统本体论、认识论,特别是以德国古典哲学为代表的西方理论传统被现代性进程所瓦解的碎片式的拾取、提炼、重组、建构而已。因此,可以肯定地说,百余年来历史断代式的西方文学理论看似精彩纷呈、纷至沓来的景观,其实是从历史的不合理性而来的而当下看上去合理的东西。一些中国学者自20世纪80年代以来形成的百余年来西方文学理论的合理性印象,以及维护这一合理性的义正词严的论证,不过是一种仍深陷于对百余年西方文学理论被动接受状况的理论固执。

百余年来西方文学理论对于其传统理论的碎片式的拾取、提炼、重组与建构,正是通过一种不合理的阐释得以进行的。这一历史断代的理论阐释的不合理性是相对于此前理论运作的合理性

---

① [德]哈贝马斯:《现代性——一项未完成的工程》,载汪民安、陈永国、张云鹏主编《现代性基本读本》,河南大学出版社2015年版,第111—113页。

而言。此前的西方文学理论,如贺拉斯、朗吉努斯、莱辛、德锡尼、伏尔泰、狄德罗、歌德等的著作,都认真地守持着文学理论的文学在场,而且,不仅是在场,更是核心在场。文学理论是研究文学的理论这一常识性说法正是从这样一种历史合理性中概括出来的。众所周知,起于古希腊的文学传统强调现实生活的摹仿,柏拉图、亚里士多德的摹仿说对这一传统进行了理论概括,这成为此后延续久远的西方文学传统,写实、纪实、现实主义、自然主义、批判现实主义,对此一脉相承。这一传统中的文学以其自身一体性与生活的一体性相对应,而且,即便是在后来的分类中被划入与摹仿或写实相对的浪漫主义文学一脉,也在与生活的一体性对应关系及与生活的一体性表现关系中,守持着文学的有机整体性。梅勒坦斯基在回顾西方文学日益被文学理论切割与分裂的演进过程时说:"中世纪时修辞学根本没有谈到的,如英雄诗、短篇小说和若干戏剧形式,到文艺复兴时期都获得了某种承认。作品内容部分地失去了昔日的神圣特征,逐渐程序化,尤其是在启蒙时代。18 世纪后半期出现了明显的非修辞化现象。而浪漫主义则以哲学美学代替了规范性质的诗歌创作。"[1] 这一体现着文学理论肢解文学的历史回顾,合于历史的实际情况。20世纪初的形式主义理论着重表述了文学一体性被消解的状况,文学被分为形式与内容,并被认定唯有形式才是使文学获得文学性因而与其他东西区分开来的标志。文学不到场的单纯的形式研究

---

[1] [俄]埃利埃泽·梅勒坦斯基:《社会、文化与文学史实》,见[加]马克·昂热诺等主编《问题与观点:20 世纪文学理论综述》,百花文艺出版社 2000 年版,第 19 页。

获得以文学名义出场的正当性。而当形式被强调时,与形式相对的内容便从文学的一体性中筛落出来。接着,被形式主义所冷落或冷落形式的另一些理论家们便把研究的热情向文学作品的内容凝聚。于是,内容说、意蕴说、主题说、历史说、语义说等便相继获得代表文学出场的合法性,传统的文学理论被从研究场域逐出。苏珊·桑塔格曾就内容说的理论研究对于文学研究的负面效应发表看法:"内容说本身在今天就是这种情况,无论内容说以前是怎样的,它在当今看来主要是一种妨碍、一种累赘,是一种精致的或不那么精致的庸论。"① 西方现代性导致文学在文学理论研究中被肢解。被肢解的文学碎片不仅仍以文学的名义被置于文学对象的位置,而且,这些被肢解的文学碎片又以同样的合法性把与之相应的学科理论、知识、经验及体系性结构带入文学理论,同样使之以文学研究的名义实施对于文学理论的进驻。这里发生了两个偷换,即肢解的文学碎片对于文学的偷换,以及对应于文学碎片的理论研究对于文学的理论研究的偷换。通过这两个偷换,西方文学理论逐渐蜕变为没有文学的文学理论或非文学理论的文学理论。在这两个偷换中,作为隐盖着"历史断代"的百余年来的西方文学理论,也就群体性地表现出类似于张江所描述的"强制阐释"的流行征兆。张江对"强制阐释"的概括是"背离文本话语,消解文学指征,以前在立场和模式,对文本和文学作符合主观意图和结论的阐释"。对"强制阐释",张江又进而概括了四个特征性要点,即"场外征用""主观预设""非

---

① [美]苏珊·桑塔格:《反对阐释》,程巍译,上海世纪出版集团译文出版社2003年版,第5页。

逻辑证明"及"混乱的认识路径"。从百余年来西方文学理论隐盖的历史断代性来看,"强制阐释"的诊断是有其根据的。

再次,张江《强制阐释论》对于西方文学理论"强制阐释"的批判,不是偶发性或偶得性的批判,而是有中国文学理论时代结构与历史结构根据的批判,是从这样的结构中涌起的"总问题"的批判。社会认知心理学揭示了一个根本性的社会认知发生与控制的机制,即具有某种社会一般性或普遍性的认识活动,不是以某种具体的理论方式或经验方式发生及控制,也不是以某种理论一般性或经验一般性(概括经验、概括表象)方式发生与控制,而是以一定的社会心理结构的方式发生及控制。社会心理结构是在同类社会现象、社会活动的重复刺激中,日益普遍而稳定地形成的,用结构主义心理学的话说,社会心理结构是社会结构重复性压抑的心理化即内化。即是说,人们用于日常认知的社会心理活动,其实是社会结构通过经验(包括一定的知识理论)——主要是指压抑性经验的重复性强化而形成的内在心理结构的认识运作。对此西方结构主义多有研究,在西方结构主义理论中凸显一时的"生成性理论构架"之说,集中阐释了这一理论运作机制,对此皮亚杰的建构性格局、乔姆斯基的深层语言功能转换构架、格雷马斯的结构语义论、德里达建立在结构整体性基础上的延异说等,都阐释了这个问题。阿尔都塞谈到的"总问题",所以是概括着社会普遍性或社会本质性的问题,正在于这类问题是从内化的社会结构中总体性地产生出来的。[①] 此处阐释这类在学术界并不生疏的

---

① [法]阿尔都塞:《保卫马克思》,顾良译,商务印书馆1984年版,第47页。

说法，是在于指出，张江对西方文学理论所进行的"强制阐释"批判其批判性认知得以提出的根据，乃是具有在历史中积淀又在现实理论活动中建构的整体性的社会结构根据。

从20世纪80年代以来中国文学理论界不同时期构成热点的理论活动来看，各次活动所集中求解的课题，可以说都是围绕文学理论的学科属性这一线索展开，即文学理论是研究什么的理论，这一理论的正当性该为何而用。不同的观点以此为线索，编织各自时代性的文学理论结构及总体性的中国文学理论结构，这正是《强制阐释论》适逢其时地落入其中或由其中生成的结构。20世纪80年代初，文学走出政治捆绑后该如何理解文学及政治与生活关系的讨论，唤起文学理论对文学何是、文学何用的批判性思考，文学的自律性问题浮出水面，并引发文学主体性及文学研究方法论的大讨论。这一讨论被后来有的学者概括为"文学的向内转"即转向文学自身。讨论强化了文学理论是文学的理论这一命题，这命题可以说是《强制阐释论》批判"强制阐释"的根据性的命题。即是说，在张江看来，"强制阐释"所以要批判，是因为它违背了文学理论研究文学，或者说，研究文学的理论必然是文学理论的根据。这一要点之后，在中国文学理论建构中成为热点问题的是令理论界应接不暇的西论涌入的大潮，中国文论传统及起于五四的新文学传统在西论冲击中风雨飘摇。由此引发的理论思考是中国古代文论的价值重估及面对西论的中国文学理论身份，这是一个充满压抑的课题，也是一个引发进一步的传统文论与当下文论自主性或主体性沉思的问题。在压抑中，对西方文学理论的对峙性力量便同时得以积聚。跨入 21 世纪，文学经典的价值问题引起普遍关注，经典价值讨论很快成为热点，这是中国文学理论起于 20 世纪 80 年代的文学中心论在 21 世纪初的告别性回望。在这一讨论中，西方肢解文学的文学理论倾向把文学由此前文学理论研究的中心推向边缘。① 这种使文学边缘化的力量随着大众文化在几年时间里的快速繁荣被不断放大，酿成使文学向着生活各领域泛化、文学理论多方面走出"场外"的文学理论研究时潮。这一时潮的代表性问题是 2006 年前后发生的文学性之争。文学性之争引发文学理论试图重新确认身份的策略性的"家园"（研究文学的家园）出走，当时的一个代表性说法是文学已然边缘化，文学理论要通过研究文学性而全面进入生活从而找回自己的重要位置。新的理论问题由此便水到渠成地而且集中地产生出来，即文学理论的研究对象究竟是不是文学。争论是激烈的，其激烈程度甚至使一些有影响的学者接着便走出或者部分地走出了文学理论领域。这个过程中，大众文化与文学的关系之争、文学的道德属性之争、文学的商品属性之争等，这些直接关系着文学理论是否集中地研究文学的争论，从文学理论属性角度先后展开，争论的核心在于随着文学研究对象的改变（文学、文学性、社会文化），文学理论被其他学科理论进驻的合法性。随后，延续十余年的文学理论的对象之争及其理论实践，在 2013 年中外文学理论年会上有了一个成果

---

① 在 21 世纪初的文学经典研究中，文学被提取为文学价值、文学价值历史形态、文学功利性接受、文学功能等问题，并由此把社会学、文化学、政治学、价值论等文学理论之外的理论，以文学研究的名义带入文学理论。《强制阐释论》所说的"场外征用"在国内这番讨论中已见出规模。

性的确认,即文学理论扩容。① 扩容,就是向着文学理论既有的理论场域及文学理论既有对象之外的对象进行扩展性的理论研究与建构。这一被确认的成果成为当下一些学者质疑"强制阐释"场外征用说法的理由。

在上述文学理论研究对象及文学理论属性要点性问题争论的过程中,一个重要的,从20世纪末便展开至今的贯穿性的争论问题,便是西论中化问题。在西论中化这个焦点性的贯穿问题上,体现着三种力量,第一种是热衷于追随西方理论的力量,这一力量的热衷性表现主要并不在于要借助西方理论来研究中国理论问题,而是把某一西方思想理论作为中国文学理论研究的标准或尺度,前者是他山之石,后者则是以西律中。第二种力量是拒绝或批判西方,其代表性理由是西方理论就理论研究理论,是理论空谈,是不解决中国文学理论问题的理论。第三种力量强调西方理论中国化须注重借用与转换,相信他山之石可以攻玉。这三种力量相互交织,此消彼长,在每次学术会议上都彼此相遇,但经常是各论其是,并不交锋。在围绕《强制阐释论》展开的讨论中,这三种力量各从自己角度发力,不断壮大着争论势头。

通过上述梳理可以看出,20世纪80年代以来中国文学理论的建构历程,以其问题性历史地纺织出来一个实在的理论语境结构和一个将之内化的理论思维结构。文学对象论、文论主

---

① 2013年,有学者在中国中外文艺理论学会年会上明确地把文学理论吸收其他学科领域理论及知识,从而扩大文学理论既有疆域的状况,概括为"文学理论扩容",并将之确认为文学理论研究的一个成果。见中国中外文艺理论学会年刊(2013年卷)。

体论、传统寻根论、文论扩容论、西论中化论等，这些具有重要理论意义的基本问题，交错地围绕文学理论的属性及功用而编织着《强制阐释论》得以提出、得以响应的理论语境，从不同角度形成支持、阐释、批判"强制阐释"的批判要点或论证要点。每一位参与讨论、思考甚至争论的学者，都可以从"强制阐释"中发现各自多年来研究与思考的轨迹，都可以有预先准备地拿出各自的看法。这就是一种"总问题"效应，亦即一种理论母题效应。

最后还要提及的是，在理论运作方面，西方人似乎比我们更有经验，他们能适时地提出一些引起普遍关注的理论母题，然后通过各种流派的、学术刊物的、学术年会的研讨，组织各国学者参与，大家各抒己见，从而使这类理论问题快速集中而有力地推展开去，成为各方面共思共议的理论热点。国内学术研究、理论研究则缺少这种有力度的理论运作，即便组织了某个专题性学术会议，也常常各说各话，较少交叉性发言、针对性争论，并且很少获得某些问题的延续性坚持。《强制阐释论》推出后，一些学者用特征泛化的方式，质疑"强制阐释"，提出强制阐释无处不在，甚至认为这是一种阐释的"宿命"。如有学者以《论语》中"巧笑倩兮"为例，指出由"巧笑倩兮"转为"礼后乎"这就是"强制阐释"，进而引申说这类强制阐释古今中外随处皆是。对此类特征泛化的质疑，有三个问题可以商榷：其一，特征普遍性与集中性问题。特征不是孤立现象，而是与之相关的同类事物的现象，是它们普遍具有的现象，特征不过是这类现象在特征之物上的集中体现而已，因此不能用特征现象的普遍性否认特征在特征事物上的集中性。就"强制阐释"而言，即便"强制阐释"有其阐释的普遍性，也不能就此否定西方文学理论"强制阐释"的特征性。其二，把"巧笑倩兮"这类中国古代常用的表述方法生硬地解释为"强制阐释"从而否定西方文学理论"强制阐释"的特征性概括，不符合中国古代阐释的实际，"巧笑倩兮"的"礼后乎"的阐释，用的是中国古代通用的"取譬连类"方法，取譬连类的精要在于借助某种相似性而以彼喻此，诗的比兴手法即属此类。"巧笑倩兮"与"礼后乎"的相似性在于彼先此后，这是妙譬而非"强制阐释"。其三，"强制阐释"是对于西方文学理论的诊断，借用医学诊断而言，征兆是某种疾病的征兆，但很多征兆，在非此类疾病的情况下也会有，如胃病之于心梗，但这并不影响某类疾病的诊断。"强制阐释"就是这样的征兆性诊断。这里可能有误诊，可以复查甚至推翻诊断，但那也仍是征兆性的，这里最令人担心的是将诊断常态化从而使之化为乌有。所以会出现上述三个商榷性问题，究其原因是一个，即是否认识到"强制阐释"是一个理论母题，从而像西方人那样进行积极的理论参与。理论母题是历史、时代、当下综合形成的整体结构性的问题，它一经提出便会引起学科内的综合反响，它需要大家共同去凝练，将研究推向深入，而不该是兑水将之冲淡，把母题说成一般问题，再把这一般问题常态化为非问题。

（作者单位：辽宁大学文学院）